Gustav Gerber

Die Sprache und das Erkennen

Gustav Gerber

Die Sprache und das Erkennen

ISBN/EAN: 9783744600415

Hergestellt in Europa, USA, Kanada, Australien, Japan

Cover: Foto ©ninafisch / pixelio.de

Weitere Bücher finden Sie auf **www.hansebooks.com**

DIE

SPRACHE UND DAS ERKENNEN

VON

GUSTAV GERBER.

BERLIN 1884

R. GAERTNERS VERLAGSBUCHHANDLUNG

HERMANN HEYFELDER.

Vorrede.

In der vorliegenden Schrift habe ich versucht, die Grundzüge zu einer Kritik der Sprache zu entwerfen,
welche ich als noch zu liefern bezeichnet habe. Ich
hatte („Die Sprache als Kunst", Bd. 1, p. 262) gesagt: „Wenn
in unserer Zeit wissenschaftliche Untersuchungen, welche von
blofsen Begriffen, Abstraktionen ausgehn, in Mifskredit gekommen sind und mit Unglauben aufgenommen werden, wenn
empirische Forschung als grundlegend gefordert wird, so ist
auch klar, dafs, was Kant als „Kritik der reinen Vernunft"
zu untersuchen begann, fortzuführen ist als Kritik der unreinen
Vernunft, der gegenständlich gewordenen, also als Kritik
der Sprache."

Auch bei dieser Arbeit hat der Umstand, dafs sie nur
mit längeren Unterbrechungen fortgeführt werden konnte,
mancherlei Mängel der Komposition herbeigeführt, welche ich
zu entschuldigen bitte.

Bromberg, den 6. August 1884.

G. G.

Inhaltsangabe.

Einleitung.

Dreifache Richtung in der wissenschaftlichen Betrachtung der Sprache. — Die Sprache als Kunst, als Erkenntnis, als Mitteilung. Wie diese Richtungen der Sprachbetrachtung in einander greifen und einander bedingen.

Durch Sprechen stellen wir in artikulierten Lauten für menschliches Verständnis die Seelenakte dar, durch welche wir uns des Universums bewufst werden. Es läfst sich also eine dreifache Weise denken, wie Sprache zu wissenschaftlicher Betrachtung kommen kann. Sie ist zunächst dieses Darstellen, ein Schaffen von besonderer Art und von besonderer Wirkung; sie ist weiter Darstellung von allem, was Gegenstand unseres Bewufstseins ist; und sie ist ein Darstellen dieses Wissens für das Geschlecht der Menschen. Betrachtet man das Sprachschaffen an sich selbst, so führt dies zur Untersuchung eines Könnens, einer Kunst, welche unserer Natur eigen ist; diese Untersuchung gehört in das Gebiet der Aesthetik. Kommt Sprache zur Betrachtung, sofern sie die Form hervorbringt, in welcher die Akte unseres Bewufstseins sich darstellen, so kann versucht werden, zum Verständnis dieser Form durchzudringen als derjenigen, durch welche unser Erkennen bestimmt wird. Ein solcher Versuch steht auf dem Boden der Philosophie; er ist Kritik der Sprache. Es wird endlich Sprache Gegenstand wissenschaftlicher Behandlung als das Mittel, durch welches das Geschlecht der Menschen zu mehr oder minder ausgedehnten Einigungen auf Grund eines gemeinsamen Besitzes bestimmt formulierter Vorstellungen und Begriffe gelangt. Da sie nach dieser Seite ihres Wesens uns in Förderung unserer Zwecke für Theorie und Praxis

unmefsbar grofse Dienste leistet, da unsere Kulturentwickelung
dieser Dienste gar nicht entraten kann, so ist natürlich, dafs
Sprache als Mitteilung am frühesten und am häufigsten zur
Betrachtung, zur Erforschung, zur systematischen Darstellung für
den praktischen Gebrauch gekommen ist. In dieser Richtung
wird untersucht die Technik der einzelnen Sprachen, wie sie zu
bestimmten Zeiten gesprochen wurden oder gesprochen werden,
und es wird festgestellt, in welcher Art durch sie eine bestimmte
und angemessene Mitteilung erfolgt. Diese Untersuchungen fallen
der Philologie zu. Indem dann weiter Forschungen angestellt
werden über das Leben, über die Geschichte der Sprachen, ferner
der Bau der verschiedenen Sprachen und Sprachgruppen einer
Vergleichung unterzogen wird, gewinnt man eine tiefere und allgemeinere Einsicht in die Mittel, durch welche die Sprache überhaupt den Zweck der Mitteilung zu erreichen weifs. Sofern
philologische Forschungen diese Richtung einschlagen, werden
sie als Sprachwissenschaft oder Glottik bezeichnet.

Es kann keine dieser drei Weisen der Betrachtung rein für
sich, ohne Verflechtung mit den anderen, durchgeführt werden,
denn gerade in der gegenseitigen Durchdringung dieser drei
Richtungen des Wirkens besteht das Wesen der Sprache. Indem
die Sprache Kunst ist, stellt sie auch unser Erkennen dar, und
wenn die Akte des Sprachschaffens und Erkennens immer nur von
den Individuen ausgehen, so erhalten sie doch ihre Vollendung
nur durch Mitteilung derselben an andere Individuen, durch die
Beteiligung der Gattung, und sie erscheinen in ihrer Formierung
von Anfang an auf die Abstreifung des Individuellen berechnet.

Wir geben über das Verhältnis dieser Richtungen zu einander
noch einige vorläufige Bemerkungen.

Leib und Seele der menschlichen Individuen entwickeln sich
innerhalb des universalen Lebens; diese Entwickelung derselben
aber wird dann im besonderen derart umschlossen und bedingt
von dem Leben der Gattung, welcher sie angehören, dafs sie nur
von diesem getragen sich völlig auswachsen, ihre Bestimmung
erfüllen zu können scheinen. Aber auch umgekehrt ist zu sagen,
dafs das Individuum mitschaffend sich verhält zu dem Leben des
Universums, und dafs die Menschengattung im besonderen nur
besteht und sich entwickelt durch ein Mitschaffen der Individuen.

Betrachten wir an dieser Stelle nur das Leben der Seele,
so sehen wir, wie zwar Reiz und Anregung zur Bethätigung des-

selben dem Individuum durch das Wirken des Universums zu-
geführt wird, wie aber Empfindungen, Vorstellungen, Gefühle dem
Universum fehlen müſsten — Vorgänge, die uns wenigstens wertvoller scheinen, als ihre Verursachungen — wenn sie nicht von
Lebewesen geschaffen würden, um als neue Lebens- und Wirkens-
reize zu dienen, welche von unendlich feinerer Beschaffenheit sind,
als die Anregungen, nach denen wir sie bildeten.

Und wenn ferner die uns eigentümliche Wesenheit, durch
welche wir uns auszeichnen vor allen anderen uns bekannten
Bildungen, in welchen ein eigenes Leben von uns angenommen
wird, zu der ihr möglichen Entwickelung allerdings nur gelangt
innerhalb des Lebens der Menschengattung, so geht doch diese
Macht und Herrschaft der Gattung nur hervor aus der Bethätigung der individuellen Kräfte, welche ebensowohl die Geschichte
der Gattung bestimmt, wie von dieser das Leben der einzelnen
bestimmt wird.

Es ist ja wahr, daſs die Individuen nur wirken können, sofern
sie durchdrungen werden von der Bildekraft des Universums, aber
es ist, als ob eben auf Grund dieser Bildekraft sich in jedem von
ihnen ein Statthalter erhöbe, versehen mit ausreichender Voll-
macht, nach Maſsgabe der ihm zu Gebote gestellten Kräfte das
universale Gesetz in einem besonderen Bezirk selbständig zu
handhaben, dasselbe dessen Bedürfnissen anzupassen und so zu
bewirken, daſs ein Leben höherer Art gewonnen wird, um nach
einer gewissen Zeit abgeschlossen und im Dienste des Universums
weiter verwandt zu werden. Darum werden Reize innerhalb dieses
Bezirks sofort zu einem Höheren, zu Empfindungen, umgestaltet:
es verwandeln sich im Individuum Sinnesaffektionen sogleich in
Wahrnehmungen und Vorstellungen; und mit diesem in ihm selbst
sich abschlieſsenden Bilden fühlt sich dann das Lebewesen als
Individuum. Aber es verharrt nicht in dieser geschlossenen Form,
in seiner eigenen Werkstätte. Was es als Individuum geleistet,
wird vom Universum verwandt, indem dieses die Sprödigkeit des
Einzeldaseins überwindet und es in seinen Dienst zieht, zu welchem
in der ihm gelassenen Freiheit es sich vorbereitet hat. Denn das
menschliche Individuum reicht in seinem Streben, in dem Ur-
grunde seines Strebens, über seine Individualität hinaus, und es
dient eben dadurch der universalen Bildekraft, daſs seine individuelle sich voll entfaltet. Es wirkt so in Freiheit das Notwendige, und zwar ist es die Sprache, welche durch Hervorbringung einer Lautwelt die Innerlichkeit des Individuums der

Aufsenwelt übergiebt, so dafs es ergriffen wird von dem Leben
seiner Gattung, welches höherer oder doch einer anderen Bestimmung folgt, als den Menschen zu wissen beschieden ist. —
Wie dies sich vollzieht, darauf deuten wir zunächst nur durch
wenige Worte allgemeiner Natur.

Offenbar liegt es in dem Wesen der Menschen, dafs sie sich
mit dem Haben ihrer individuellen Empfindungen, Gefühle, Wahrnehmungen, Vorstellungen nicht begnügen als solchen, die ihnen
gegeben werden durch Anregung der Aufsenwelt. Sie wollen
diese Hervorbringungen auch wissen als die ihrigen, sie sich
zum Bewufstsein bringen in der Form und mit der Bedeutung,
welche sie selbst ihnen gegeben haben. Dieses Gestalten und
diese Bedeutung ist aber in ihnen selbst immer nur im Werden,
im Hervorgebrachtwerden; es hat kein Dasein, gelangt nicht
zur Wirklichkeit, zu einer bestimmt für sich abgeschlossenen
Form, so lange es nichts ist als Bewegung der Seele für sich.
Um die eigene Habe auch zu besitzen, um durch sie zu weiterem
Reichtum zu gelangen, mufs der Mensch, was er erhielt von der
Allmutter Natur, nach dem Worte des Dichters sich erwerben,
indem er es, wie es das seine ist, so auch als das seinige hervorbringt und gestaltet. Darum spricht er sich aus. Indem er so
den Laut bildet, ihm eine Form giebt, gehorcht er nicht den auf
eine Praxis hindrängenden Gefühlen von Wohl und Wehe, welche
sich aus den Empfindungen erzeugen und ihn zu Bewegungen des
Strebens oder Wegdrängens veranlassen, wie sie seinem individuellen Bedürfnis entsprechen, sondern einem Kunsttriebe, der
ihn dazu begeistert, das Empfinden, Vorstellen, als die Welt, wie
sie ihn in ihren Lebensakten ergreift, wie er sie in seinen Seelenakten begreift, seinem Bewufstsein als diese zu einem Abschlufs
geführte Empfindung, als diese Vorstellung, gegenständlich zu
machen, damit es sie besitze. Das Individuum scheint seine
Laute der Wirklichkeit irgendwie nachbilden zu müssen, aber es
schafft sie nicht dieser nach, sondern seiner Empfindung. Nur
symbolisch deuten also die Lautbilder das Wirkliche an, und mit
dieser Symbolik schaffen sie für den Menschen die wirkliche Welt um zu einer idealen.

Und zwar wirken sie so über das Vermögen der Individuen
hinaus. Denn diese Verkörperungen der Seelenakte, welche von
dem, der sie schafft, auf einzelne Vorgänge eines sinnlichen
Hier und Jetzt bezogen werden, wandeln sich, der Aufsenwelt
übergeben, in der Seele der Hörenden zu Bildern, deren An-

schauen das Bewufstsein nicht mehr gebunden hält an die zufällige Erscheinung eines einzelnen Ortes und Zeitmoments: sie
entwickeln sich zu Begriffen und werden zu einem Besitz, der
unvergleichbar ist mit jedem anderen Erwerbe. Die Ideen.
welche das Menschengeschlecht an ihnen gewinnt, sind für unser
Bewufstsein das Höchste, werden uns zum gröfsten Wert unseres
Daseins: und sie enthüllen sich in dieser Bestimmtheit. in dieser
Erkennbarkeit nur gerade in dieser Form von symbolischen Kunst-
werken im Material des Lautes. Nirgend nehmen wir sonst sie
wahr. niemals werden sie so durch Erfahrung gewonnen.

Und eben dies. dafs sie aus uns selbst stammen, dafs sie von
uns geschaffen werden. macht die Lautbilder zu Trägern unseres
Erkennens, denn nur dadurch sind wir befähigt. sie zu fühlen
als ein Gegenständliches. welches uns angehört. Auf ihrer
formbestimmten Festigkeit beruht die Möglichkeit. dafs die Vielen
sich in ihrem Vorstellen und Denken zusammenfinden. dafs anerkannt werde der Begriff der Wahrheit als ein für die
Gattung geltender. Aus der Seele des Individuums wird
Sprache geschaffen. und infolge der Sprache wird die Seele
der Gattung mächtig in der Seele des Individuums. Es ist
wesentlich Aufgabe der folgenden Betrachtungen. zu zeigen, wie
dies geschieht. wie das individuelle Sprechen und Erkennen
durch die Beteiligung der Gattung zur Erkenntnis wird und
zur Sprache.

Es ist bisher die Sprache. wenn sie philosophischer Betrachtung unterzogen wurde, zu wenig bestimmt abgegrenzt worden
nach den beiden Seiten hin. dafs sie Produktion des Individuums ist und erst durch diese ein Besitz der Gattung
wird. Als Produktion des Individuums zeigt sie uns in Bezug
auf deren Gestalten eine Kunst. in Bezug auf deren Inhalt ein
Erkennen, und erst nach Betrachtung dieser Kunst und dieses
Erkennens kann dann das Wesen der Gattungssprache richtig
gewürdigt werden. Wir haben in dem Werke: „Die Sprache
als Kunst" dargestellt. wie das Sprechen. als naive Kunst vom
Individuum hervorgebracht, dann in der ausgebildeten, so zu sagen:
fertig gewordenen Sprache der Gattung. sich weiter als eine mit
Bewufstsein geübte Sprachkunst bethätigt. und so ergänzt die
vorliegende Schrift jene frühere insofern. dafs die beiden Be-
trachtungsweisen der Sprache als Kunst und der Sprache als
Erkennen. welche bis jetzt als solche nicht behandelt wurden.
nunmehr in die Wissenschaft eingeführt worden sind.

Das Kunstwerk des Sprechens und der Sprache ist der Satz, nicht schon von Anfang der grammatische, denn die Wörter bildeten sich später, als was wir unter dem Namen des Satzes begreifen. In seiner am wenigsten entwickelten Gestalt führt er den Namen der Sprachwurzel. In und mit seiner Entwickelung vollendet das Sprachschaffen seine Arbeit. Die fortlaufende Rede, wie sie von irgend welchem theoretischen Interesse oder von irgend welchen praktischen Zwecken gefordert wird, wiederholt nur immer das Gestalten des Satzes unter grofser Mannigfaltigkeit der Formierung; und sie entlehnt diesem auch die Mittel, vermöge welcher sie ihn bestimmter und reicher ausbaut, durch welche sie weiter die Verbindung und die Beziehungen der einzelnen Sätze unter einander andeutet. Man kann deshalb wohl sagen, dafs die Sprache wesentlich schon geschaffen werde mit der ersten Sprachwurzel, mit dem ersten Satzgebilde, denn auf der gröfseren oder geringeren Menge der in Lauten dargestellten Seelenakte beruht ihr Wesen nicht, aber freilich wäre dies die Sprache nur eben dieses Individuums als solchen. Mir scheint, als ob die tiefe Betrachtung W. v. Humboldts (Über das vergleichende Sprachstudium in Beziehung auf die verschiedenen Epochen der Sprachentwickelung. Ges. W. Bd. III, p. 243), in welcher er ausführt, dafs „die Sprache nicht anders entstehen kann, als auf einmal", dafs sie „in jedem Augenblick ihres Daseins dasjenige besitzen müsse, was sie zu einem Ganzen macht", an dem von uns Vorgetragenen den Halt und die bestimmtere Fassung findet. Es ist eben der Satz, welcher anfänglich als Werk unbewufster Kunst zum Ausdruck des Seelenmoments herausgearbeitet wird — und in Momenten lebt das Leben der Seele überhaupt — der dann innerhalb der vollendeten, in der litterarischen Sprache sowohl als selbständiges Ganze, wie im Dienste der Rede, durch die Mittel einer bewufsten Sprachtechnik an dem freieren Spiel seiner Gestaltung sich als Kunstwerk erkennen läfst und so das Kunstschaffen des Individuums innerhalb des von der Gattung erworbenen Sprachbesitzes immer neu zur ästhetisch wirksamen Erscheinung bringt.

Wenn für die weitere Begründung und Durchführung unserer Ansicht wir lediglich auf das erwähnte Werk „Die Sprache als Kunst" zu verweisen haben, so besprechen wir hier doch in Kürze die gewöhnliche Meinung in dieser Sache, soweit aus der Widerlegung derselben die Auffassung des Sprachschaffens als einer Sprachkunst sich zu rechtfertigen scheint.

Es wirken die Sprachkunstwerke auf die Menschen mit grofser Stärke, weil sowohl deren Lautform als die ausgedrückten Vorstellungen der Menschennatur angehören. Auf der Wirkung dieser Erregungen beruht die innerliche Vergesellschaftung und damit die geistige Entwickelung des Menschengeschlechts. Zeigt sich also die Sprache als den Menschen unentbehrlich, so liegt es nahe, auch ihr Entstehen und ihr Wesen aus der Zweckmäfsigkeit ihres Wirkens begreifen zu wollen. So erscheint es selbstverständlich, dafs die Sprache sowohl zuerst hervorgerufen sei durch das Bedürfnis der Mitteilung, als auch, dafs ihre weitere Entwickelung sich erkläre als eine Folge der Ausbreitung, Verfeinerung und Veredelung der menschlichen Zwecke.

Ein Bedürfnis zu Mitteilungen an Geschöpfe derselben Art ist auch bei vielen Tiergattungen zu bemerken, und die höher organisierten genügen ihm vornehmlich dadurch, dafs sie von ihren Stimmmitteln Gebrauch machen. Der Mensch verfügt seiner feineren Organisation gemäfs über eine bei weitem gröfsere Mannigfaltigkeit solcher Naturlaute, und es ist nicht zu bezweifeln, dafs er durch sie anderen Menschen Mitteilungen zu machen im stande ist. Ist dies nun Sprache?

Es unterscheiden sich Naturlaute von Sprachwurzeln dadurch, dafs sie zwar von Erregungen der Seele Kunde geben, dafs sie aber nicht versuchen, dieselben in diesen Lauten darzustellen, so dafs diese Darstellung stellvertretend eintreten könnte für den Vorgang, welcher die Erregung veranlafste. Der Naturlaut ist uns unmittelbar mit unserem Organismus gegeben, Darstellen aber, Benennen, fordert eine Wahl, zeugt von Freiheit. Den Vater herbeizurufen, mag ein Naturlaut genügen, ihn durch eine Sprachwurzel zu benennen, setzt ein Schaffen, eine Artikulierung des Lautstoffs voraus.

Man könnte zwar meinen, dafs dieser Unterschied sich wegerklären lasse. Wäre nicht denkbar, dafs derselbe Naturlaut, wenn er unter ähnlichen Umständen öfter ausgestofsen wird, eben dadurch von selbst zur Benennung geworden wäre, so dafs von einem Schaffen überhaupt nicht zu reden sei? Wer aber so meint, schreibt Naturlauten eine Ausdrucksfähigkeit und Bestimmtheit zu, welche sie nicht besitzen.

Ein Ast bricht; ein Sonnenstrahl durchblitzt das Gewölk; ein Luftzug erhebt sich; es fängt an zu regnen. Mögen solche oder ähnliche, in Bezug auf das Gegenständliche durchaus verschiedene, also auch verschieden zu benennende, in Bezug auf die Art und Intensität der erregten Empfindung ziemlich gleichstehende Vorgänge Naturlaute — vielleicht denselben — hervorgelockt haben. Welchen von den genannten Vorgängen sollte einer dieser Laute nun vorzugsweise zur Benennung dienen, so daſs er gerade für diesen üblich geworden wäre?

Und andererseits. Warum sollte ein zweites, drittes Mal derselbe Naturlaut demselben Vorgange folgen? Was sollte ihn bei dem beständigen Wechsel der begleitenden Umstände zu einem bleibenden machen?

Es fängt an zu regnen, wann ein Gewitter im Anzuge ist, aber auch, obwohl die Sonne scheint; es fängt an zu regnen nach langer Dürre, aber auch von neuem, wenn alles schon überschwemmt liegt. Wird nun der Naturlaut derselbe bleiben, ob nun Besorgnis oder Verwunderung, Freude oder Angst ihn hervorrufen? Offenbar dient der Naturlaut einer ganz anderen Art von Seelenbewegung zum Ausdruck als die Sprachwurzel; jener entlastet die Seele von einem Gefühl der Lust oder Unlust, diese giebt Kunde von einer Vorstellung, welche die Seele gebildet hat: der Naturlaut meldet nur die Erregung des Subjekts, die Sprachwurzel deutet auf die Bewegung, den Zustand, die Beschaffenheit der Objekte, wie sie vom Subjekte vorgestellt werden.

Aus den naturbedingten Wiederholungen derselben Laute hat sich bei den Tieren niemals Sprache entwickelt, und auch der spielselige Gebrauch der Stimme bei den Singvögeln bringt es zu keiner Sprache, weil er nicht danach strebt, Objekte zu bezeichnen. Die Seele des Menschen tritt dagegen in ein theoretisches Verhältnis zu den Objekten. Sie will die Dinge erkennen; sie eignet sich die Dinge an, indem sie dieselben sich vorstellt und als die ihrigen in den Lautbildern wiederfindet, welche sie schafft. Dieses Schaffen des Lautbildes, nur, damit es sei und damit es ein Bild sei, ist ein Kunstschaffen. Die Menschen wiederholten diese Lautbilder und hielten sie fest, weil sie als treffend empfunden wurden und weil sie gefielen.

Man kann fragen, wie denn eine Kunst sich zeige in der Bildung jener einsilbigen Wurzeln, welche die Sprachwissenschaft als Elemente der arischen Sprachen annimmt, und worin sie irgend welchen Naturlauten überlegen seien. Wir behaupten keineswegs, daſs an den Sprachwurzeln eine besondere Kunsttechnik nachzuweisen sei, und können, da der Lautstoff derselbe ist für die Naturlaute und für die Bildung der Sprachwurzeln, zugeben, dafs gar manche von diesen nur eben einen Naturlaut wiedergeben. Der Unterschied liegt darin, dafs mit der Bildung der Sprachwurzel der gegebene Laut zu einem erstrebten wurde. Als der Zwang der Natur für die Empfindung aufhörte, und damit das Bewufstsein Freiheit erhielt zur theoretischen Betrachtung der Vorgänge, da ergriff der Schaffungstrieb das Lautmaterial, um das Vorstellen sinnlich zu gestalten und damit zum Abschlufs zu bringen. Wie dieser Trieb es ergriff als ein Kunsttrieb, mit welcher Kraft, in welchem Sinne, das erkennen wir erst später an der ausgestalteten Sprache, wie wir ja überhaupt nach jeder Richtung den Unterschied zwischen der Tierseele und der Menschenseele erst hervortreten sehen an dem weiteren Verlauf, welchen deren Entwickelung nimmt. Mit diesem Verlauf ändert sich dann auch Wesen und Art der Mitteilung. Für Ziele, welche die Tierseele zu erstreben befähigt ist, reichen die Naturlaute zur Mitteilung aus. Der Hund bellt, um eingelassen zu werden, Fremde anzukündigen oder zu verscheuchen; er kann sich selbst des Bellens enthalten, wenn sein Herr es ihm verbietet, hat also Bewufstsein davon, dafs er sich mitteilt. Ähnlich also würde der Mensch sich helfen können durch Verwendung von Naturlauten, wenn seine Bedürfnisse ähnlicher Art blieben. Diese aber erweitern, vertiefen, verfeinern sich beständig, und es ist klar, dafs dies die Folge ist der fortschreitenden Erkenntnis und des hierdurch mitbestimmten Wollens eines Nützlichen, Sittlichen, Schönen u. d. m. Sind nun aber, worüber später zu sprechen ist, die Fortschritte im Erkennen wesentlich von dem Schaffen der Sprache abhängig, so ergiebt sich, dafs nicht durch die Veredelung der Ziele und Zwecke sich die Sprache aus Naturlauten herausgebildet hat, sondern dafs umgekehrt die Menschen erst mit der Entwickelung der Sprache und durch dieselbe zum Bewufstsein von tieferen Bedürfnissen, zum Setzen höherer Ziele gelangen konnten. Wie armselig würde auch unsere Sprache geworden sein, wenn sie durch den Zwang der Bedürfnisse, etwa mit zweckmäfsiger Beihülfe kluger Überlegung, zu ihrer Gestaltung gekommen wäre! Ihr Reichtum zeugte dann nur von Ungeschick und Verschwendung; ihre Poesie, die Freiheit ihrer Bewegung wäre ein unerklärlicher Abfall von ihrem Ursprung!

Das Kunstwerk aber des Sprachschaffens, der Satz, ist ebenso auch die Form für die Akte unseres Erkennens. Nur meinen wir, wenn wir den Satz als Kunstwerk betrachten, die Darstellung des

Seelenakts in Bezug auf diesen selbst, wenn als Form des Erkennens, die Darstellung des Seelenakts in Bezug auf das Universum, wiefern wir es vorstellen. Das Kunstwerk ist ja um
seiner selbst willen da, es will nichts, als daſs dieser Inhalt in
dieser Form sich versinnliche; dem Erkennen ist es darum zu
thun, daſs durch die Darstellung des Inhalts sich die Seele
eines Objekts bewuſst werde.

Wenn wir sagen, es sei der Satz auch die Form des Erkennens, so heiſst dies nicht, daſs wir erstens ein Erkennen als
in der Seele vorhanden annehmen und zweitens für dieses Erkennen
den Satz als die an sich ihm äuſserliche obzwar allein geeignete
Form betrachten, durch welche es zu einer sinnlich erfaſsbaren
Verwirklichung gelange. Vielmehr fassen wir den Akt des Erkennens lediglich auf als das Erreichen dieser Form, ohne welches
er überhaupt nicht zu stande kommt, so daſs eben in diesem
Formieren dasjenige bestehe, was man Erkennen nennt. —
Das Erkennen ist uns also ein Schaffen, ein Hervorbringen. Man
stellt es sich wohl eher vor als einen Zustand, in welchem wir
uns einer genauen und umfassenden Anschauung der Dinge, einer
besonders lebendigen Vorstellung oder des Begriffs derselben bewuſst
sind; man nimmt an, daſs das Erkennen abhängig sei von seinen
Objekten, den Dingen, daſs also etwa von einem Nachbilden derselben, nicht aber von einem Schaffen zu sprechen sei, wenn man
das Erkennen charakterisieren wolle.

Vorläufig bemerken wir hierüber nur folgendes.

Schon mit der Empfindung ist Thätigkeit der Lebewesen
gegeben, obzwar keine von ihnen selbst erstrebte sondern die von
dem Leben des Universums bedingte. Es gestaltet dann die er-
innerte Erregung infolge der Erinnerung sich zu einer Vorstellung, deren sich die Seele wie eines zu einem räumlichen Nebeneinander sich ordnenden Bildes bewuſst wird, aber dieses Bild
wird immer nur mit dem Akt, durch welchen es zum Bewuſstsein
kommt. Das Eintreten der Vorstellung in den Lichtkreis des
Bewuſstseins bezeichnet den Beginn des Erkennens der Vorstellung,
und es schafft nunmehr die Bildekraft des Individuums dieselbe
um und macht sie zum Eigentum des Subjekts, indem sie den
Akt des Vorstellens durch Hervorbringung einer artikulierten Lautform zum Abschluſs bringt.

Daſs so der innere Vorgang in einem Äuſserlichen, dem
Laut, seinen Abschluſs findet, ist allerdings ebensowenig zu er-

klären, wie dies, daſs äuſserliche Vorgänge, die uns erregen, sich in Innerliches, in Empfindungen, umsetzen. Hinterher erweist sich freilich, daſs die Veräuſserung der Vorstellung als Mittel dient, um das individuell Vorgestellte zum Eigentum der Gattung zu machen als ein zu Denkendes.

Sofern man nun die Richtung dieses Schaffens nach auſsen hin ins Auge faſst, scheint es, als sei es in dem Lautbilde zu einer daseienden Erkenntnis geworden, in welcher das Schaffen erloschen sei, als sei diese sinnlich wahrnehmbare, bestimmte Lautform losgelöst und unabhängig von dem Schaffenden. Aber bei genauerer Betrachtung verschwindet dieser Schein eines festen Daseins — welches ja auch mit seinem Erklingen wieder verschwunden ist — und es erweist sich das Lautbild lediglich als eine veränderte Form der ursprünglichen Erregung zum Vorstellen.

Sicher ist eine Schöpfung von dem Schaffenden nicht losgelöst, welche als Darstellung eines bestimmten Vorstellungsaktes nur für ihn Geltung hat, für ihn wirklich ist. Der sinnlich vorhandene Laut ist als solcher nur Mittel zur Erregung einer allgemeineren Vorstellung auf Grundlage der individuellen, deren Abschluſs er bezeichnet. Wie freilich das Individuum durch die von ihm geschaffenen Lautsymbole sich die Erinnerung an seine Vorstellungen und damit die Kontinuität seines Bewuſstseins sichert, so liegt für die Gattung in der ausgebildeten Sprache der Schatz von Erkenntnissen, welche die Individuen geschaffen haben, bereit, wie in einem Gedächtnis der Gattung, welches die Resultate der geistigen Entwickelung des Menschengeschlechts aufbewahrt, und hier also hätte man das Begreifen eines Geschaffenen, wie es scheint, nicht mehr ein Schaffen, wenn man erkennt.

Aber wie es keine Sprache giebt ohne Sprechende, so giebt es keine Erkenntnis ohne einen Erkennenden. Immer wieder muſs auch die als fertig erscheinende Sprache innerlich gesprochen werden, immer wieder muſs der Laut sich als von innerlicher Natur erweisen, als eine geistige Wesenheit wirken, damit Erkenntnis wirklich sei. Die im Laute gleichsam gebundene Kraft der Erregung wird dann frei, und wieder erregt sie die Seele zum Schaffen des Erkennens. Es liegt nahe, dies als ein bloſses Nachschaffen zu bezeichnen, und in der That bewegt es sich in jener Richtung, nach welcher der mit dem Laut abgeschlossene bestimmte Vorstellungsakt, also die Bedeutung des

Wortes, hinweist, so daſs es scheint, als erneuere der Wortlaut
in der Seele nur eben das ursprüngliche Vorstellungsbild. Aber
so ist es nicht. Die Erregung, welche von dem Lautbilde ausgeht, ist von mehr geistiger Art, als diejenige, welche vom Universum unmittelbar gewirkt wurde, auch wenn sie nach derselben
Richtung hin die Seele bewegt; zwar erregt sie nicht anders, als
die Natur, aber es ist nunmehr eine menschliche Natur, welche
wirkt, indem sie spricht. Nicht mehr der einst von dem
Sprache schaffenden Individuum angeschaute „Baum" wird vorgestellt, wenn der Laut dieses Wortes zum Schaffen einer
vorstellenden Erkenntnis anregt, sondern der Begriff „Baum"
kommt uns als ein gedachter zum Bewuſstsein, und das vorstellende Schaffen wird zu einem Schaffen des Denkens, das
Erkennen selbst ein denkendes.

Diese fertige Sprache, deren Wörter uns die Dinge bezeichnen, spricht von nicht wirklichen Dingen, d. h. sie spricht
nicht so von ihnen, wie sie erscheinen, wann sie unmittelbar auf
unsere Empfindung wirken. Den Dingen der denkenden Erkenntnis kommt nur eine ideale Existenz zu, ein Sein, welches
unserm Erkennen nach im Universum wirklich sein soll,
da es bei uns wirklich ist.

Der Satz ergiebt sich als Ausdruck des vollendeten Denkakts
dem Erkenntnis schaffenden Individuum, welches im Besitz der
fertigen Sprache ist d. h. im Besitz eines Reichtums von Erkenntnissen, nicht mehr unmittelbar. Man arbeitet da mit Begriffen,
und es fehlt den einzelnen Wörtern, in denen die Begriffe sich
ausdrücken, an jener lebendigen Kraft der Realität, an den Wirkungen der realen Dinge auf uns, welche immer mit deren
Erscheinen verbunden sind, und welche verursachen, daſs
jedes vorstellende Erkennen durch eine verbale Aussage zum
Ausdruck gelangt, so daſs ja selbst die Namen der Dinge — der
scheinbar selbständig für sich abgeschlossenen, festen Existenzen
— sich vor der Sprachwissenschaft als Prädikate erweisen.

Wenn also erkannt wird innerhalb der Sprachwelt, welche
durch das Zusammenwirken der Seelen für unser Denken an die
Stelle der realen Welt getreten ist, so muſs, da jener das natürliche Leben fehlt, da die Bildekraft des Universums den künst-
lichen Lautsymbolen unserer Begriffe abgeht, der menschliche
Wille an deren Stelle die menschliche Bildekraft bewegen, und
die dem Menschen allein unter den Lebewesen eigene Denk-

bewegung muſs die Verknüpfung der Wortdinge herbeiführen, welche das reale Leben an den Dingen durch sich selbst beständig verwirklicht.

Für eine solche in seinem Wollen begründete Verbindung der vorhandenen Lautbilder zum Satz fühlt nun der Erkennende sich verantwortlich: die Verbindung soll in sich gerechtfertigt sein d. h. der Satz soll Wahrheit enthalten. Und so wird, wie wir sehen werden, der Erkennende auf einer höheren Stufe abermals sprachschaffend aus dem Material der Sprache selbst, und der Satz des denkenden Erkennens erweist sich als die Form für unsere Urteile, wie er sie ist für unsere Vorstellungen.

Daſs es die Sprache ist, durch welche dieses Schaffen, das denkende Erkennen zu stande kommt, sah oder fühlte schon W. v. Humboldt. Er sagt (l. c. p. 262 fg.): „Die Sprachen sind nicht eigentlich Mittel, die schon erkannte Wahrheit darzustellen, sondern weit mehr, die vorher unerkannte zu entdecken." „Gerade da, wo die Forschung die höchsten und tiefsten Punkte berührt, findet sich der — mechanische und logische Verstandesgebrauch am Ende seiner Wirksamkeit, und es tritt ein Verfahren der inneren Wahrnehmung und Schöpfung ein, von dem bloſs soviel deutlich wird, daſs die objektive Wahrheit aus der ganzen Kraft der subjektiven Individualität hervorgeht. Dies ist nur mit und durch Sprache möglich."

Beim Erkennen wird sich das Subjekt seiner selbst, wie es für sich ist, bewuſst im Gegensatz zu einem Objekt, und das Schaffen des Erkennens erscheint insofern an ein von ihm Unabhängiges gebunden, als unfrei. Aber diese Unfreiheit ist nur für das denkende Bewuſstsein vorhanden, welches sein Schaffen auf die objektive Welt bezieht: an sich, als ein Schaffen von Sprache, welche lediglich unsere eigenen Seelenakte verkörpert, hat das Schaffen des Erkennens den Charakter des Kunstschaffens, zunächst eines instinktiven, weiterhin des bewuſsten. Durch das Schaffen der Lautbilder treten Symbole unserer Vorstellungen an Stelle der realen Vorgänge, auf welche das Bewuſstsein sich bezieht, d. h. es wird geschaffen ein Erkennen menschlicher Realität statt der objektiven, so jedoch, daſs die menschliche Natur sich nur insofern enthüllt, als von der objektiven auf sie gewirkt wird. Dieses Wirken aber hört nie und nirgends auf, und die unaufhörlich sich fortsetzende Verifikation unserer Empfindungen. Wahrnehmungen, Vorstellungen, wie sie aus der Erfahrung der

Gattung sich ergiebt, wendet sich kritisch gegen die Verwendung
unserer Lautbilder als Vertreter der objektiven Realität, und es
wird dadurch verhindert, daſs in unserm Bewuſstsein der Gegensatz
zwischen Subjekt und Objekt und damit das Schaffen des Erkennens
jemals erlösche.

Wie nun der Kunstcharakter der Sprache unserm Erkennen
aufgeprägt bleibt bis zu den letzten Fragen, zur Bearbeitung des
Ideengebiets, zu welcher die Sprache selbst die Anregung giebt,
wird aus den folgenden Betrachtungen erhellen. Die Sprache
ist es, welche das Wesen des Menschen im Verhältnis zum Universum offenbart.

Kapitel I.

Ein alter Mythus vom Erkennen.

'Αλλ' ἄγε μύθων κλῦθι.
Empedocl. ap. Simpl. Phys. fol. 34 a.

Empedokles, der ein Dichter war, ein Weiser, ein Staatsmann und Redner, ein Priester, Arzt und Wunderthäter, hat so zu den Menschen gesprochen: Wer mit den Augen des Geistes (1) den Kreislauf (2) des Entstehens und Vergehens im All betrachtet, der sieht, dafs diese Wandlungen so nicht sind, wie sie erscheinen. (3) Nach dem Gesetze der Notwendigkeit (4) vereinigen sich bald die Elemente, wie in Liebe, dann wieder trennen sie sich, als schiede sie der Hafs. (5) Jedes Entstehen entsteht so durch Auflösung früherer Bildungen, jedes Vergehen vergeht in neuen Gestaltungen, und der Mensch, welcher diesem Vorgang verschiedene Namen giebt, bezeichnet mit ihnen nur die Verschiedenheit der Standpunkte, von denen aus er ihn betrachtet. (6)

Wir ehren in diesem Gesetz der Notwendigkeit einen göttlichen Willen, (7) aber freilich ist das Göttliche uns nur fafsbar als das einigende Eine: den Streit, das Böse wissen wir mit der Liebe, dem Guten in ihm nicht zu vereinigen und halten dies ferne von ihm. (8) Nur des Menschen Seele finden wir unterworfen der Unruhe des Streites, (9) wie sie denn sich verbannt fühlt aus dem Reiche des Göttlichen und erst durch mannigfache Gestalten wandert, bis sie gereinigt wieder dorthin zurückkehrt. (10)

Nicht etwa blofs der Mensch ist eine Seele: Alles in der Natur ist beseelt und wird von demselben Geiste durchströmt. (11) so dafs ganz von selbst ein Erkennen sich bei uns einstellt. Die Stoffe nämlich und deren Beseelung empfinden sich als zusammengehörig, wie immer sie an verschiedene Gestalten verteilt sein

mögen, und deshalb schauen wir Erde an durch Erde, Wasser
durch Wasser, den göttlichen Aether mittelst des Aethers, Feuer
durch Feuer, die Liebe durch Liebe, den Hafs durch den Hafs. (12)
Worauf aber die Möglichkeit beruht, dafs die Stoffe verschiedentlich zu Gestalten sich mischen, darauf beruht auch die Sinnes-
wahrnehmung (13), denn Ausströmungen finden unausgesetzt statt
von jedem Dinge, und jedes Ding hat ebenso Poren, die jenen in
höherem oder geringerem Grade entsprechen (14).

Heute erzählt man nicht leicht in dieser Art, wenn man
weise ist, aber doch mag wohl unsere Weltanschauung im Grunde
über solchen Mythus auch heute nicht zu weit hinauskommen.

Ταῦτα δεδόξασται μὲν ἐοικότα τοῖς ἐτύμοισιν.
Xenophanes (Plut. Symp. IX, 14, 7).

Gar lange erschien den Menschen die Welt nur als chaotisches
Getriebe, in dessen Schicksal sie einbegriffen waren. Entstehen
und Vergehen, Leben und Tod gaben ihnen dann als Gegensätze
zu denken, und den einen erschien der ewige Wandel als die
Wirklichkeit des Ganzen, andere betonten diesem gegenüber die
Einheit des Universums, indem sie den Wechsel für Sinnenschein
erklärten. Immer bestimmter sonderte sich für die Betrachtung
ein Herrschendes, Einigendes aus dem trüben Durcheinander der
Stoffe, aus der unselbständigen Vielheit, das Feinste und Reinste
aller Dinge, so dafs es den Sinnen sich entzog und nur wahrzunehmen war an seiner weltordnenden Kraft. (15)

Am deutlichsten aber zeigte sich diese Kraft, denkend, ordnend,
gebietend, in dem Wirken des Menschen: die Entwickelung unserer
Geschichte erschien als ein ununterbrochener Triumph des Geistes
über die Welt der Stoffe, und je höher man den Wert dessen
anschlug, was unser Geschlecht für sich erarbeitete, destomehr
widersprach es dem Gefühl, die Einordnung des geistigen Prinzips,
wie es aufleuchtet im Ich, in die ihrer selbst unbewufste Bewegung
des Universums gelten zu lassen. So kamen denn viele zu einer
(dualistischen) Weltanschauung, nach welcher Körper und Geist
als selbständig einander gegenüberstehend zu denken seien, während
kühnere Denker (monistisch) entweder das Geistige aus dem Körperlichen, oder umgekehrt das Körperliche aus dem Geistigen zu begreifen suchten.

Wie möchte man leben wollen, wenn man nicht Achtung hätte
vor dem geistigen Streben und vor dessen Erfolgen in der Kultur
des Menschengeschlechts, aber wie wollte man doch auch über-

sehen können, daſs wir bei solchem Werturteil Richter sind in
der eigenen Sache? Noch ebenso, wie an dem ersten Tage, als
der Mensch sich über sich selber besann, finden wir uns umschlossen von jenem Ungeheuren, dem uns kein Fortschritt entzieht,
ohne den auch kein Fortschritt erfolgt; Geburt und Grab sind
uns dieselben Rätsel geblieben, zwischen denen alle Erscheinungen
haltungslos schwanken, an denen unser Denken zum Träumen
wird. Einiges Mittlere hellt sich uns auf, für Anfang und Ende
bleibt uns nur Mythus.

Hinblickend auf die rastlose Bewegung können wir von einem
Zuge des Bildens sprechen, der in den Stoffen lebt, nur auch an
ihnen erscheint, und sie zu besonderen Gestaltungen aneinander
bindet, und von einem gleich mächtigen Zuge, der in dem Gebundenen dessen Auflösung wirkt und es dem allgemeinen Weben
zurückgiebt, so daſs es frei wird für andere Bildungen. Ein Gegensatz von Leben und Tod ist in dieser Bewegung nicht vorhanden.
Für die Betrachtung des Denkenden endet die Rückbildung der
Formen nicht in dem Niederschlage einer kraftlosen Masse, sondern
in dem Leben eines anderen Stromes, im Leben des All, als ob
gegen einander arbeiteten der Zug zur Bildung der einzelnen
Wesen und der Zug zur freien Bewegung des Universums. Uns
aber erscheint die allgemeine Lebenskraft nur eben wieder in
Einzelgestalten, und so begreifen wir in ihr einzig die quellende,
schaffende Liebe, nicht den zurückdrängenden, zerstörenden Haſs,
sofern er doch eins sein müſste mit seinem Gegenteil. Darf aber
dann gesagt werden, daſs wir auch nur Erkenntnis hätten von
der Liebe — setzen wir daneben: vom Guten — wenn wir in ihr
nicht zu erkennen vermögen den Haſs und das Böse? — Nicht
dies; aber vielleicht wird zu sehen sein, wie dies Nicht-Erkennen
eben in der Natur unseres Erkennens liegt. Wenden wir uns
also zu unserm Mythus vom Erkennen.

Die einzelnen Lebewesen tauchen zu bestimmter Zeit auf aus
der ewigen Bewegung und gehen in ihr unter zu bestimmter Zeit;
ein Anfang und ein Ende umschränkt sie, und so grenzt sich für
ihr Dasein ab der Tod vorher und nachher, dazwischen ein Leben.
Abgemessen ist dies alles nach den Gesetzen des Universums, denn
nichts anderes ja lebt auch in ihnen, als jenes sich selbst auf-
hebende Leben, jenes lebenatmende Vergehen. So erzeugen sich
die Formen der Einzelwesen im Assimilationsprozeſs immer neu,
und der Assimilationsprozeſs des Planeten bildet sie wieder zurück
und löst sie auf in ihre Elemente. Nur als flieſsend, im Blut-

umlauf, erhält sich infolge dieser Assimilation der Nahrung die
als fest erscheinende Form unseres Körpers; als entstehend lebt
sie dort in dem Blut der Arterien, als vergehend in dem der
Venen; ebenso wird im Atmungsprozefs unser Organismus ebensowohl erneuert und erfrischt, als er verflüchtigt wird und ver-
brennt. Wie aber durch den Nahrungstrieb die Assimilation
mit den Stoffen herbeigeführt und damit das Leben des Individuums gesichert wird, so verlangt der Geschlechtstrieb die
Vereinigung des in Mann und Weib differenzierten Menschen und
erhält so die Gattung.

Das von der äufseren Form umschlossene geistige Sonderleben
des Individuums, die Seele, erhält sich nicht weniger durch Assimilation des Universums, von dessen Prinzip des Einigens, Formens
es durchströmt wird. Mit Lebenshunger strecken sich die Sinnesorgane des Organismus den Erscheinungen des Universums entgegen, sich einbildend die Welt der Formen. Verwandtes bleibt
auch hier in Verbindung mit dem Verwandten, denn diese Formen
rufen in der Seele auf das Wundern, den theoretischen Reiz (16),
auch sie mit der eigenen Form zu umfassen, sich zu assimilieren
und nach der Eigenart weiter zu gestalten. Auch die Seele wächst
durch dieses Interesse, scheidet das ihr nicht Bezwingliche aus,
hält fest, wodurch sie sich gefördert fühlt. Und auch in ihr
bringt es der Zug des Einigens, des Bildens, zu einem Abschlufs
der inneren Form, welche, obwohl fliefsend ohne Rast, dennoch,
vermöge des Erinnerns, als ein Dauerndes, Festes, als eine Einheit
von uns gefühlt wird.

Die Natur aber bezeugt uns beständig in der Theorie wie in
der Praxis, dafs ihr Formengesetz auch unsere Seele durchgeistet.
Ist es nicht unsere Mathematik, deren Operationen sie in ihren
Bewegungen als verwirklicht aufweist, sind es nicht die Konstruktionen der angewandten Mathematik, durch welche wir sie
für unsere Zwecke zu interessieren verstehen, weil uns gelungen
ist, ihre Beziehungsformen uns zu assimilieren?

Wir versuchen, von der angestellten Betrachtung aus die
wesentlichen Lebensbethätigungen der Seele in diesem Verhalten
zum universalen Leben zu kennzeichnen. Auf der verbindenden,
formierenden Kraft des Universums, welche auch in uns lebt,
beruht zunächst die körperliche und geistige Entwickelung und
Erhaltung des Individuums. Es bietet sich, um unsere Befähigung
zu den hierfür erforderlichen Assimilationsprozessen zu bezeichnen,
das Wort Einbildungskraft, wenn wir es zugleich auf Körper

und Geist beziehen. Freilich wäre dies eine Erweiterung der gewöhnlichen Bedeutung, aber das philosophische, diskursive Erkennen gelangt zu einem Fortschritt, da Neubildungen mißlich sind, gewöhnlich auf diese Weise, worüber noch zu sprechen sein wird. Einbildungskraft würde zwar auch so unsern Begriff nicht vollständig bezeichnen, so wenig, wie Phantasie oder Imagination, und ich würde für ihn etwa das Wort Bildekraft vorschlagen. (17)

Diese Bildekraft des Universums baut den Seelen ihre Leiber, und zwar nicht aus etwa vorgefundenen Stoffen einer hypothetischen Materie, (18) sondern so, daß in Einheit sind von Anfang an das Bewegende und das Bewegte, das Bildende und Gebildete. Das Individuum aber, nunmehr ein besonderes Kraftcentrum, entwickelt vermöge derselben ihm innewohnenden Bildekraft sein Sonderleben physisch und psychisch (19) — freilich nur innerhalb seiner Grenzen, da es immer Teil bleibt des Universums und dessen Bewegung sich zu entziehen keine Macht hat.*) Bildungen also, wie sie im Leben des Universums entstehen und vergehen, die wir als „wirklich" zu bezeichnen pflegen, vermag das Individuum nur hervorzubringen, sofern die Natur auch weiter in ihm herrscht, wann es als solches in der Vereinigung der Geschlechter zu Grunde geht, dienend dem Fortbestand seiner Gattung. Freilich zeigt sich auch bei dieser Bethätigung des Universallebens die Bildekraft des Individuums als mitwirkend, denn die Eigentümlichkeiten der elterlichen Individuen, z. B. in Bezug auf die äußere Form, auf Temperament, Neigung, Anlage, übertragen sich auf die Kinder.

Das Individuum aber als Herr seiner selbst, wirkend zwar mit derselben Bildekraft, wie das Universum, aber doch so, daß diese nunmehr abhängig ist von den besonderen Bedingungen seiner Organisation, also so, daß sie nur analog gestaltet wie die universale, bildet ein dem „Wirklichen" nur Analoges, welches, in seiner Form andersartig, übrigens sowenig ursprünglich ist, so vergänglich, flüchtig, unsicher, wie das Individuum selbst dem

---

*) Zur Klarheit über das menschliche Lebewesen verhilft uns, wie mir scheint, wenn wir bedenken und festhalten, daß unser Leben so den gedoppelten Zug zeigt, den des Alllebens und den des Individuums; das Wirken der Natur in uns und die bedingte Selbständigkeit einer ethischen Persönlichkeit; ein „Wirkliches" und ein „Erscheinendes". Für jenes Naturleben — Leben des Universums in uns — haben wir ein Wissen im Gefühl, für dieses im Bewußtsein; jenes erwacht in uns unmittelbar, ist gegeben, dieses beruht auf der Bildekraft, die von dem sich unterscheidenden Individuum · als solchem ausgeht.

Universum gegenüber erscheint. (20) — Schon bei der Aneignung
des ihm vom Universum Gebotenen verhält sich die Seele bildend,
nämlich umbildend das Ergriffene für ihre Eigenart. Die Sinne
bilden uns Bewegungen des Universums um zu Licht- und Farbe-
erscheinungen, zu Tonempfindungen; alle Reize überhaupt übersetzt
sie für sich in Empfindungen. Das naturgegebene, leibhafte Individuum sieht die Welt durch seine Sinnesorgane, aber als das sein
Sonderleben gestaltende Individuum sieht es in dieser Welt eine
andere, wie sie seinem Wesen zusagt, keine jedoch, die etwa nur
erschiene, zu sein schiene, sondern die wirkliche so, wie sie
mit ihm in Wechselwirkung tritt.

Auf Grund der Wahrnehmungen bildet die Seele dann weiter
sich ihre Vorstellungen, erhält auch und bewahrt dieselben im
Gedächtnis mit wachsender Eigenkraft. Die Vorstellungen halten
sich auch ohne Unterstützung der Aufsenwelt, sie assimilieren sich
der Seele in so inniger Weise, wie die Nahrungsstoffe dem Körper.
Wir können die allmähliche Verschmelzung nicht in ihren einzelnen Vorgängen beobachten, aber wir finden am Ende, dafs wir
gewachsen sind und fühlen ein gesteigertes Vermögen, welches
einerseits in Äufserungen der körperlichen Kraft, andrerseits
in den Erinnerungen der Seele sich erproben zu lassen bereit
ist. Nach Mafsgabe der besonderen Veranlagung bethätigt sich
dann weiter die Bildekraft in freier Verbindung und Umgestaltung
der gesammelten Schätze als Phantasie durch künstlerisches Schaffen,
und sie erweist auch durch Hervorbringung von Phantasmen ihre
Analogie mit dem üppig in Keimen wuchernden, wie zwecklos für
baldigen Untergang schaffenden Bildungstrieb des Universums.

Aus der Besonderung, welche das Allleben sich in den Individuen giebt, folgt zugleich das Wirken eines Willens in diesen
und die Entwickelung eines Bewufstseins; Wille und Bewufstsein
sind die praktische und theoretische Bethätigung eines besonderen
Lebewesens, welches doch nur besteht durch seine Verbindung
mit dem Universum. Beide Bethätigungsweisen der Seele sind
Resultate der Wechselwirkung zwischen Individuum und Universum.
Eben dadurch erweist sich eine Daseinsform als Individuum, als
ein in sich geschlossenes Kraftcentrum, dafs es seine Lebensäufserungen von sich aus bestimmt, d. h. dafs es will. Nicht alle
diese Lebensäufserungen erfolgen durch sein eigenes Wollen, aber
alle, welche Bethätigungen sind seines eigenen Wesens dem Universum gegenüber. Zu unterscheiden ist nämlich auch hier das-

jenige Wollen, durch welches die sich individualisierende Bildekraft des Universums ihre Verbindung mit dem Individuum auch an dessen Sonderexistenz darthut, von demjenigen, durch welches dieses Individuum eben diese Besonderung, d. h. seine Selbständigkeit aufrecht zu halten sucht. In den naturgegebenen Bewegungen der Triebe, des Begehrens, praktisch z. B. in den Assimilations- und Gattungsprozessen, theoretisch z. B. beim Aufmerken infolge von Sinnesreizungen, beim Erinnern zur Wiedererkennung, wird das Individuum mehr gewollt, als dafs es sich selbst bestimmte. wenn dagegen das Individuum seiner Thätigkeit Zwecke setzt. Mittel wählt, dann erkennen wir Akte individueller Freiheit. Es können darum beide Arten des Wollens, das der natürlichen und das der eigenen Bildekraft entstammende, in Gegensatz treten, denn das Individuum kann sich getrieben fühlen, kann begehren, weil seine Natur die Trennung vom Universum aufzuheben drängt, während es doch nicht will, und es kann wollen, obwohl die Natur widerstrebt. Weder aber der Trieb noch der Wille sind als neu auftretende besondere Kräfte neben der Bildekraft zu betrachten; sie ergeben sich einfach aus dieser, sofern sie in Individuen zur Erscheinung kommt. Es läfst sich auch leicht bemerken, dafs die Bildekraft notwendige Bedingung bleibt für jedes Wollen des Individuums. Der Trieb, welcher das andere sucht, welches dem Individuum für Bedürfnisse die entsprechende Befriedigung gewährt. das der Empfindung eines Mangels folgende Begehren eines denselben ergänzenden Objektes, setzen Empfindungen des Angenehmen und Unangenehmen und damit auch Vorstellungen voraus; das Wollen, indem es Ziele verfolgt, entzündet sich an den Bildern. die es entwirft: das Wollen des Sittlichen lebt in Bildern von Idealen, obwohl es das Wirkliche sucht.

Es ist dann weiter das Bewufstsein, durch welches das Individuum sich als eigene, selbständige Daseinsform erweist, durch ein Wissen also um das Sein und um sich selbst als ein Seiendes. Im Wollen ergänzt sich das Individuum durch die Welt, um selbst zu leben. im Wissen ergänzt das Individuum von sich aus die Welt, um sich in ihr zu finden; beide werden nur möglich durch die Trennung des Individuums vom Universum. beide heben diese Trennung wieder auf. indem der Wille die Welt sucht, um sie für sich zu subjektivieren, das Wissen aber das Ich sucht (im Wirklichen). um es objektiviert zu schauen. Beide führt das Leben des Universums zur Auflösung ihrer selbst, wann sie ihrer Sonderaufgabe genügt haben.

Der Mensch als wollender beginnt seine Laufbahn, obschon unter dem Zwange des praktischen Interesse, im Gefühl von Selbstbestimmung und Freiheit; er vermag jedoch sein Wollen nur in dem Maße zu bethätigen, wie seine Kraft dem Weltlauf und dessen Bedingungen sich anpaßt, und er endigt damit, daß er, wollend oder widerstrebend, in dem Walten des Universums sich verliert. Den Menschen als wissenden weist sein theoretisches Interesse an die mit dem Wechsel ihrer Erscheinungen ihn beunruhigende Welt, und er folgt dem Reize, deren Fremdheit zu überwinden, aber sobald er sie in dem Grunde ihrer Bewegung zu fassen sucht, macht er die Erfahrung, daß sie ihm überhaupt nur soweit zugänglich ist, als sie seinem eigenen Wesen entspricht, und er endet damit, daß er die Welt aufgiebt und zu sich zurückkehrt. Die Bereicherung, welche ihm als wollenden und wissenden auf diesem Wege zu teil wird, füllt das Leben aus, aus den Bruchstücken seiner Erfahrung erwächst ihm die Zuversicht, daß in dem Universum selbst jene Kraft lebe, aus welcher jedes Einzelwollen sein Streben schöpft, und ein Bewußtsein, durch welches jedes Einzelbewußtsein ermöglicht wird.

Das Wissen — wir bezeichnen mit diesem allgemeinen Ausdruck zunächst die theoretische Herstellung der Verbindung zwischen Individuum und Universum — erzeugt sich aus den Wahrnehmungen, welche mittelst der Sinnesorgane der Seele zugehen, und aus dem schauenden Finden der Beziehungen, unter deren Walten jedes Wahrgenommene erblickt wird. (21) Auch das Wissen erhebt sich allmählich im Individuum aus einem mehr passiven Anwachsen zur selbstthätigen Ausübung der eigenartigen Bildekraft, und immer stärker betont sich im Laufe dieser Entwickelung der Gegensatz zwischen dem infolge seiner Besonderung angeregten Wissen des Individuums und dem Universum. In dem Maße, als dieses dem Wissenden ein Anderes, ein Objekt wird, findet er schauend sich als den Eigenen im Selbstbewußtsein. Man kann das Verhalten der Seele, sofern sie wahrnimmt und empfindet, sofern also das universale Leben sich ihr individuell einbildet, als ein Innewerden dieser Affektionen bezeichnen. Auf ihm beruhen die verschiedenen Seelenzustände, verschieden je nach der jedesmaligen Stellung von Affektionen zu einander, welche als angenehme oder unangenehme empfunden werden. Wir nennen das Gewahrwerden und Empfinden eines solchen Zustandes ein Gefühl und bezeichnen das Wissen, welches demselben inne-

wohnt, als ein Kennen*). (22) Das Gefühl**) (23) ist zeitlich
Vorstufe zum Bewußtsein, das Kennen ist zeitlich Vorbedingung zum Erkennen: das Ich des Individuums ist zwar im
Gefühl schon vorhanden, aber unbewußt, das Kennen hat die
theoretische Verbindung mit dem Universum schon vollzogen, aber
unbewußt. Es bedarf des Wissens um die Trennung vom Individuum und Universum, damit Bewußtsein hervortrete, ein
Erkennen sich bilde: beides ist Einigung aus Zwiespalt,
und die Tierseelen, welche zu einer Entzweiung mit der Natur
nicht fortschreiten, kommen deshalb über ein Empfinden ihrer
selbst und über ein Kennen nicht hinaus, wie sie auf praktischem
Gebiete sich vom Begehren zum Wollen nicht erheben.

Das Kennen kennt nur das Gekannte, das Erkennen kennt
dieses als Objekt seines Wissens und bethätigt seine Eigenart an
demselben, indem es dasselbe als das so oder so von ihm gekannte,
so oder so von ihm begriffene setzt. Damit scheidet sich ein
erkennendes Subjekt von dem Gekannten, an welches es reine
Thätigkeit anknüpft, und die Seele wird sich ihrer bewußt als
einer urteilenden, vor der sich das Kennen auszuweisen hat, wenn
es als dem Individuum zugehörig gelten will.

Wie aber kommt es zum Kennen? — Der alte Mythus sagt,
daß das Gleiche im Universum von dem Gleichen der Seele geschaut werde, woran so viel richtig ist, vielleicht auch nur so viel
gemeint, daß die theoretische Verbindung, in welche die Seele
durch ihr Wissen mit dem Universum gesetzt wird, auf irgendwelcher Zusammengehörigkeit des einzelnen und des allgemeinen

---

*) Das Kennen bleibt auch erhalten als Grundlage alles weiteren Er-
kennens. In den Erfahrungswissenschaften wird es zum Erkennen, wird als
Erkanntes aus einem diskursiv Gedachten zum unmittelbar, intuitiv Gewußten,
zu festem, inneren Besitz. Man kann so sagen, daß alles Erkennen zum
Kennen hinstrebt — dies Kennen aber ist der Tod des individuellen Lebens.
**) Das Gefühl ist auch ein Bewußtsein, das des Universums in uns,
ein unbewußtes Bewußtsein, wie es ohne Entgegensetzung des Ich ist, ein
Ich ohne ein Ich; das Bewußtsein ist auch ein Gefühl, aber von einem ihm
bewußten Zustand. Wir gelangen zu einem Bewußtsein von unserm Gefühl, wir haben auch ein Gefühl unseres Bewußtseins, schmerzlich und er-
hebend zugleich, wiefern wir unsere Energie als frei oder bedingt bemerken.
Es ist dies Gefühl in unserm Bewußtsein, — der Universalsinn in uns,
der — dunkel — seine Meinung abgiebt über den Zustand desselben, über seine
Befriedigung oder seine Zerrissenheit, ob es Wahrheit habe oder Irrtum.
— Das Gefühl ist, (Léon Dumont, „Vergnügen und Schmerz", p. 125)
„eine begleitende Modifikation des Bewußtseins" (cf. Wundt, physiol. Psychol.,
2. Aufl., p. 490).

Wesens beruhen muſs. Bei völliger Gleichheit der Elemente in
der Seele und im Universum würde eine Entwickelung von Wissen
unbegreiflich sein; denn durch welches Bedürfnis des Individuums
sollte es dann hervorgerufen werden? — Im Universum als solchem
regt sich ja auch kein Wissen, nur in dem aus demselben sich
sondernden Leben des Individuums meldet es sich der Seele an.
dort nur wird es gefordert durch Reizung, Staunen, Sehnsucht.
Streben, und es ist wie ein frohes Wiedersehen eines Verwandten
nach langer Trennung, wenn es sich vollzieht. Platos Erklärung
des Wissens als einer Wiedererinnerung gründet sich auf ein
wahres Gefühl.

Erklärt sich also aus der Trennung des Individuums vom
Universum, also aus der Verschiedenheit beider, das Bedürfnis
des Kennens, und die Möglichkeit desselben aus der Dieselbig-
keit der Elemente in beiden, so erfolgt demnach das Kennen durch
gleiches Verhalten des Inhalts im Individuum und Universum bei
Verschiedenheit der Daseinsformen d. h. auf Grund einer Analogie
des individuellen Wesens mit dem universalen, wie es ja auch
selbst nicht das Wirkliche sich aneignet, sondern ein dem
Wirklichen Analoges.

Das Kennen aber ist Vorbedingung für die Thätigkeit des
Erkennens, durch welches das Gekannte weiter gebildet wird.
Während das Kennen des Individuums das sich ihm bietende Universum mit den Sinnesorganen nach seiner Organisation sich aneignet und mit dieser Aneignung abschlieſst. so daſs wesentlich
die Bildekraft des Universums in ihm hervortritt, verleiht das
Erkennen dem Gekannten sein eigenes Leben. indem dabei die
Bildekraft des Individuums nach der Analogie — nicht der Elemente, sondern der Bildekraft des Universums verfährt, wie
diese sich in dessen Bewegungen, Beziehungen, Formierungen, in
dessen Leben also, ausspricht. Das Erkennen formiert also das
Gekannte. Wie aber? — So, daſs das Individuum befriedigt
wird. — In der That sucht das Individuum durch das Erkennen
vor allem Befriedigung für sich. Mit der Rede von dem Erkennen
um seiner selbst willen ist es nichts: ihm äuſserliche Zwecke
allerdings verfolgt es nicht. aber doch nur um unseres Selbst
willen. um unser Ich von der Beunruhigung durch unsere Fremdheit im unbegriffenen Universum, von dem Verwundern über
das Wunder — und Wunder ist uns eben alles — wiederherzu-
stellen und aufzurichten, um der Liebe willen streckt sich unser
Wesen von Natur zum Erkennen. So beginnt Aristoteles seine

Metaphysik: Alle Menschen strecken sich nach dem Wissen von
Natur; davon zeugt auch schon die Liebe zu den Sinneswahrnehmungen, denn sie lieben diese auch ohne Nutzen um ihrer
selbst willen. — (24) Wenn nun das Kennen, welches aus diesen
Sinneswahrnehmungen sich erzeugt, unserem Gefühl angenehm
ist, indem es dem Individuum einen gewissen Grad von Ruhe und
Sicherheit der Natur gegenüber verschafft, so verlangt das Erkennen für sein tieferes Bedürfnis zwar ebenso die Befriedigung
des Gefühls, aber auf höherer Stufe; es will diese sich selbst
geben, will sie als die seinige besitzen in seinem Bewufstsein. (25)

Wir brauchen das Wort Bewufstsein in dem engeren Sinne,
in welchem es gerade dem Menschen zukommt, so dafs es uns
wesentlich auch das Selbstbewufstsein bedeutet. Das Selbst,
d. h. derjenige höchste Grad verwirklichter Bildekraft, bis zu
welchem das Universum nur in dem menschlichen Individuum sich
erhebt, ist der Grund des Bewufstseins. Das Selbst ist gegenwärtig schon im Gefühl, es macht sich geltend im Wollen, und
es erscheint uns am hellsten, wenn es das Wissen seines Kennens
wird, wenn es sich selbst als das Schauende erfafst, welches sich
eins findet mit sich als dem Wollenden.

Die Benennung „Selbstbewufstsein" hebt nur dies schauende
Wissen als das Selbst kennzeichnend hervor; freilich ist es nicht
immer vorhanden, obwohl das Selbst sich erhält. Um von sich
d. h. von seinem Inhalt wissen zu können, verlangt das Bewufstsein von den Akten des Kennens schon eine gewisse Energie und
Vollendung, wie sie in den Zuständen des blofsen Gefühlslebens
noch nicht erreicht wird, und sein Inhalt bleibt somit begrenzt
auf einen gewissen wechselnden Umfang der Beobachtung und
inneren Erfahrung.

Wenn aber das Selbst — nennen wir es unser „Ich" — als
ein blofses Kraftverhältnis, ein erreichter Grad, als aufblitzender,
erhellender Lichtpunkt bezeichnet werden kann, so ist doch das
Selbstbewufstsein keineswegs von ebenso einfacher Art. Um
als solches auch für sich selbst vorhanden zu sein, ist diesem eine
bestimmte Formierung unerläfslich; erst, wenn der Inhalt seines
Wissens dieser Formierung sich gefügt hat, fühlt das selbst-
bewufste Individuum sich befriedigt, hat es „erkannt".

In der That ändert sich die Art, wie die Seele weifs,
wesentlich, wenn das Gekannte zu einem Erkannten wird. An
dem Gekannten besitzt die Seele Analoga des universalen Daseins, so weit dies durch die einzelnen Akte des Wahrnehmens

und Empfindens dem Individuum zugänglich wurde. In das Bewußtsein erheben sich diese Augenblicksbilder aber nur in dem
Maße, wie wir unsere Aufmerksamkeit auf sie richten, sie also
zu Objekten unseres Willens werden, und ein Interesse sie unserer
Erinnerung bewahrt. Ergriffen von der individuellen Bildekraft
der Seele, büßen sie ein die Bestimmtheit, in welcher sie der
Wahrnehmung sich zeigten, Farbe, Glanz, überhaupt den sinn-
lichen Reiz, durch welchen sie unsere Empfindung erregten, und
sie erblassen zu bloßen Umrissen der ursprünglichen Formen.
Sie sind nicht etwa Analoga des Gekannten — denn Kennen und
Erkennen sind nur verschiedene Stufen desselben Wissens — sie
sind das für ein wollendes Wissen, d. h. das für den beobachtenden
Geist Wesentliche des Gekannten, Abstraktionen, wie sie eben die
Menschenseele bildet, ohne ein wirkliches Dasein als eben im
Geiste der Menschen; sie sind die Bilder des Erkennens, geschaffen von der Bildekraft des „Ich", und wir sagen von der
bewußten Seele, welche in diesen Formen sich bewegt, daß sie
denke.

Während also das Kennen sein Ziel erreicht, wenn es den
Gestaltungen des Universums entspricht, der Seele Analoga zuführt,
welche aus der Berührung mit diesem sich erzeugen, kehrt sich
für das Erkennen das Verhältnis um. Die Formen des Denkens
finden sich im Universum nicht: das Bewußtsein weiß sie als
seine eigenen Bildungen, und nur für das Bewußtsein sind sie
vorhanden. Das Erkennen also, um dem Wissenstriebe, dem Triebe
zu theoretischer Vereinigung mit dem Universum, zu genügen,
prüft nunmehr denkend, wie weit das Universum seinen Gedanken entspreche, Analoga zeige zu jenen abstrakten Formen,
den Umrissen des Gekannten: es stellt selbst die Bedingungen,
unter welchen es dem Individuum möglich ist, sich eins zu wissen
mit dem Universum, nachdem es von ihm sich getrennt.

Und nicht sowohl um diese Formen handelt es sich hierbei,
als um deren Bewegung, als um deren Beziehungen zu einander
und zu ihrem Einheitspunkte im Bewußtsein. Denn das Streben
der Seele zum Erfassen des Universums, vom Bewußtsein, als dem
höchsten Grad der Entfernung von diesem am stärksten, gespannte-
sten sich entwickelnd, ist rastlose Bewegung in sich selber; und
von keiner äußeren Bedingung umschränkt, fügen sich leicht die
Erkenntnisbilder den verschiedensten Kombinationen des Fühlens,
Wollens und Denkens, und sie haben nach einem Halt zu suchen,
um nicht zu verschwinden, die blutlosen Schemen, vor den zu-

dringenden Reizen des Universums, dem Wechsel der Wahrnehmungen und Vorstellungen aus dem Gebiete des Gekannten.
Für dieses Bewegen also im Denken sucht die erkennende Seele
die Analoga auf im Universum, und sie wird befriedigt, wenn das
von dorther Gekannte in die Form des Bewufstseins sich ein-
fügt, wenn das Bewufstsein, aufnehmend den Inhalt des Gekannten,
diesen als den auch ihr eigenen Inhalt anzuschauen und zu fühlen
vermag. Auch begnügt die Bildekraft des Individuums sich nicht
mit den Umrissen, welche dem von aufsen her Gekannten entstammen. Das Beziehen zwischen diesen Bildern, die Bewegungen
ihres Denkens selbst, wie die bewufste Seele sie beobachtet, hält
sie an, konzentriert sie zu einer Einheit nach dem Muster ihres
„Ich" und prüft, ob diese Gedankenbilder leben können im Universum, ob sie dort sich verwirklichen.

Das Erkennen hat also seine Erfahrungen zu machen; es hat
der Bildekraft des Universums nachzuspüren, wie sie bald als
$\varphi\iota\lambda\iota\alpha$, bald als $\nu\varepsilon\tilde{\iota}\varkappa o\varsigma$ in der Natur wirkt, wie sie beherrscht, was
der Welt Lauf in der Geschichte des Menschengeschlechts hervor-
bringt, es wird Analoga und Analogieen finden oder zu finden
glauben — dies soll uns hier nicht beschäftigen —, aber nur
dann wird es befriedigt sein können, wenn die Resultate seines
Strebens in die Form seines Bewufstseins sich fassen, denn nur
dann weifs es sie so sicher, so klar, als es von sich selbst weifs.
Ein höherer Grad der Sicherheit ist für uns nicht erreichbar.

Vergleichen wir die Entwickelung der Seele nach der theoretischen Seite, wie sie im Kennen und Erkennen hervortritt, mit
der ihres leiblichen Daseins, so ist ein gewisser Parallelismus
zwischen Seele und Leib auch hierbei leicht zu bemerken. Denn
wie der Assimilationsprozefs durch Verdauung und Ernährung
das Individuum als Einzelwesen erhält, indem er die dem Organismus dienlichen Stoffe verleiblicht, im Generationsprozefs
aber der durch die Geschlechtsdifferenz getrennte ganze Mensch
die Trennung aufhebt und damit die Erhaltung der Gattung
sichert — ($\dot{\eta}$ $\dot{\alpha}\varrho\chi\alpha\iota\alpha$ $\varphi\upsilon\sigma\iota\varsigma$ $\dot{\eta}\mu\tilde{\omega}\nu$ $\dot{\eta}\nu$ $\alpha\ddot{\upsilon}\tau\eta$ $\varkappa\alpha\iota$ $\dot{\eta}\mu\varepsilon\nu$ $\ddot{o}\lambda o\iota\cdot$ $\tau o\tilde{\upsilon}$ $\ddot{o}\lambda o\upsilon$
$o\tilde{\upsilon}\nu$ $\tau\tilde{\eta}$ $\dot{\varepsilon}\pi\iota\vartheta\upsilon\mu\iota\alpha$ $\varkappa\alpha\iota$ $\delta\iota\dot{\omega}\xi\varepsilon\iota$ $\ddot{\varepsilon}\varrho\omega\varsigma$ $\ddot{o}\nu o\mu\alpha$. Plat. Symp. 192) — so
zeigt sich das Kennen nährend und entwickelnd für die Seele
des Einzelindividuums, welche es sich aneignet, das Erkennen
aber, indem es das unterscheidende Kennzeichen der Menschengattung, die Form des Selbstbewufstseins, dem Inhalt der Seele
aufprägt, schafft den geistigen Besitz für die Gattung.

Auch die Sprache braucht das Wort „erkennen“ ebenso für die Aufhebung der Trennung von Mann und Weib, wie für die von Ich und Universum, (26) und es ist das Erkennen wesentlich ein Hervorbringen des Subjekts. — Damit aber das Erkennen aufhören könne, Einzelbesitz der am eifrigsten und glücklichsten sich streckenden Seelen zu sein, damit es wirklich zur Vermittelung diene zwischen den Einzelwesen und der Gattung, die Einheit wiederherstelle zwischen dem Menschen und dem Universum, mufste die Bildekraft des Menschen die Seelenakte auch leiblich ausgeprägt haben, durch eigene Schöpfung, damit sie gekannt werden könnten, und sie hatte dies in Wechselwirkung mit der Natur durch die Sprache geleistet.

Anmerkungen.

1) φιλότης — τὴν σὺ νόῳ δέρκευ.   Emp. Phys. I, 81.

2) ἀκίνητον κατὰ κύκλον.   Emp. Phys. I, 74.

3) φύσις οὐδενός ἐστιν ἁπάντων
θνητῶν, οὐδέ τις οὐλομένου θανάτοιο τελευτή
ἀλλὰ μόνον μῖξίς τε διάλλαξίς τε μιγέντων
ἐστί.   Emp. Phys. I, 98 sq.

4) Ἐμπεδοκλῆς δύο ἐν τοῖς στοιχείοις ἐναντιώσεις ὑποθέμενος — εἰς μίαν τὰς δύο συνεκορύφωσε τὴν τοῦ Νείκους καὶ τῆς φιλίας, ὥσπερ καὶ ταύτην εἰς μονάδα τὴν τῆς Ἀνάγκης.   Simpl. Phys. fol. 43 a.

5) Empedokles klebt nicht am Ausdruck. Er nennt die Liebe: φιλίαν, φιλότητα, ἁρμονίαν, Ἀφροδίτην, στοργὴν, γηθοσύνην, den Hafs: Νεῖκος, Κότον, Δῆριν, Ἄρη. Aristoteles (Met. A, 4) nimmt φιλία auch als ἀγαθόν, νεῖκος als κακόν.

6) Aristoteles (Met. A, 4) wirft dem Empedokles vor, dafs er beides, das Mischen wie das Trennen ebensowohl vom νεῖκος bewirken lasse, wie von der φιλότης.

7) ἔστιν ἀνάγκης χρῆμα, θεῶν ψήφισμα παλαιόν.
          Emp. ap. Plut. de Exsil. 17.

8) Aristoteles (Met. B, 4) zeigt, dafs Empedokles dieses Nicht-Erkennen in Gott setzen mufs nach seinem Prinzip: συμβαίνει αὐτῷ τὸν εὐδαιμονέστατον θεὸν ἧττον φρόνιμον εἶναι τῶν ἄλλων· οὐ γὰρ γνωρίζει τὰ στοιχεῖα πάντα· τὸ γὰρ νεῖκος οὐκ ἔχει, ἡ δὲ γνῶσις

τοῦ ὁμοίου τῷ ὁμοίῳ. Es heifst dies eben, dafs Emp. in seinem Gotte das Böse nicht begreift.

9) φυγὰς θεόθεν καὶ ἀλήτης, Νείκει μαινομένῳ πίσυνος.
Emp. ap. Plut. d. Exsil. 17.

10) So sprach Emp. von seinem Vorleben (Diog. Laert. VIII, 77): ἤδη γάρ ποτ᾽ ἐγὼ γενόμην κοῦρός τε κόρη τε θάμνος τ᾽ οἰωνός τε καὶ εἰν ἁλὶ ἔλλοπος ἰχθύς.

11) Arist. (de an. I, 2): εἶναι δὲ καὶ ἕκαστον (τῶν στοιχείων) ψυχήν. Bei Stobaeus (ecl. phys. I, 51) wird dem Parmenides, Empedokles und Demokrit die Lehre zugeschrieben (wozu cf. Arist. de plant. I, 1), ταυτὸν νοῦς καὶ ψυχή, καθ᾽ οὓς οὐδὲν ἂν εἴη ζῶον ἄλογον κυρίως. Sext. Empir. (adv. Math. VIII, 286): Ἐμπεδοκλῆς — πάντα ἠξίου λογικὰ τυγχάνειν, καὶ οὐ ζῶα μόνον ἀλλὰ καὶ φυτὰ ῥητῶς γράφων· πάντα γὰρ ἴσθι φρόνησιν ἔχειν καὶ νώματος αἶσαν.

12) Bei Arist. de an. I, 2, 6:

Γαίῃ μὲν γὰρ γαῖαν ὀπώπαμεν, ὕδατι δ᾽ ὕδωρ
Αἰθέρι δ᾽ αἰθέρα δῖον, ἀτὰρ πυρὶ πῦρ ἀίδηλον
Στοργῇ δὲ στοργὴν, Νεῖκος δέ τε νείκεϊ λυγρῷ.

13) Οἵ γε ἀρχαῖοι τὸ φρονεῖν καὶ τὸ αἰσθάνεσθαι ταὐτὸν εἶναί φασιν, ὥσπερ καὶ Ἐμπεδοκλῆς εἴρηκε· πρὸς παρεὸν γὰρ μῆτις ἀέξεται ἀνθρώποισιν cet. Arist. (de anim. III, 3).

14) Plat. (Men. p. 76 C.): Οὐκοῦν λέγετε ἀπορροάς τινας τῶν ὄντων κατ᾽ Ἐμπεδοκλέα; καὶ πόρους, εἰς οὓς καὶ δι᾽ ὧν αἱ ἀπορροαὶ πορεύονται; καὶ τῶν ἀπορροῶν τὰς μὲν ἁρμόττειν ἐνίοις τῶν πόρων, τὰς δὲ ἐλάττους ἢ μείζους εἶναι; Ἔστι ταῦτα. Theoph. (d. sens. 7): Ἐμπεδοκλῆς φησι τῷ ἐναρμόττειν (τὰς ἀπορροὰς) εἰς τοὺς πόρους τοὺς ἑκάστης (αἰσθή-σεως) αἰσθάνεσθαι.

15) Ἀναξαγόρας· πάντα χρήματα ἦν ὁμοῦ· εἶτα νοῦς ἐλθὼν αὐτὰ διεκόσμησε. Diog. Laert. (II, 6).

νόος — λεπτότατόν τε πάντων χρημάτων καὶ καθαρώτατον.
Anaxag. ap. Simpl. fol. 33 b.

16) theoretisch, θεωρία, ist zusammengehörig mit θεάομαι, θαῦμα, schauen, staunen, Wunder. (Curtius, gr. Etym. p. 253.)

Schön, wenn auch nicht nach der Etymologie richtig, hat Alex. Aphrod. ad anal. pr. fol. 2. b. τὸ θεωρεῖν — σημαίνει τὸ ὁρᾶν τὰ θεῖα. „Spekulative Philosophie" ist eigentlich nur „theoretische", wie z. B. Arist. Anal. post. I, 18: ἀδύνατον δὲ τὰ καθόλου θεωρῆσαι μὴ δι᾽ ἐπαγωγῆς von Boethius (interpr. c. XIV) übersetzt wird: impossibile autem est universalia speculari, nisi per inductionem.

17) „Einbildungskraft" bei Chr. Thomasius (der nach Eucken. Gesch. der phil. Terminologie p. 131 dies Wort als terminus zuerst gebrauchte) ist soviel, wie Vorstellungskraft. In dem „Versuch von dem Wesen des Geistes" (Thes. 146) heifst es: „Die Einbildungs-

Krafft des Gehirnes, ob sie schon keine abstractiones machen und rechnen kann, hat dennoch eine vernünfftige Einbildung von alle dem, was dem Viehe schädlich und nützlich ist." — Daneben (z. B. Th. 142) wendet er „imagination" an, vermöge welcher z. B. „Schaaffe und Ziegen bei deren Bespringen nach Beschaffenheit der ins Wasser gelegten Stäbe einfärbige oder bunte Lämmer und Zickelgen empfangen." — Kant (Krit. d. r. Vern. ed. Erdm. p. 103) bezeichnet es als „Wirkung der Einbildungskraft, einer blinden, obgleich unentbehrlichen Funktion der Seele, ohne die wir überall gar keine Erkenntnis haben würden, der wir uns aber selten nur einmal bewufst sind," dafs wir Synthesen zu Stande bringen, d. h. „verschiedene Vorstellungen zu einander hinzuthun und ihre Mannigfaltigkeit in einer Erkenntnis begreifen." (l. c. p. 151 sqq.) Er nennt weiter „Einbildungskraft das Vermögen, einen Gegenstand auch ohne dessen Gegenwart in der Anschauung vorzustellen." So sei Einbildungskraft der Sinnlichkeit zwar angehörig, doch aber auch spontan; sofern sie Spontaneität ist, nennt er sie bisweilen „produktive Einbildungskraft."

Man hat unsern Begriff in dem λόγος σπερματικός der Stoiker. cf. Zeller, Gesch. d. Phil. III. 1, p. 159. A. 2. — M. Aurel. IV, 14 (Der Mensch entsteht und vergeht im λόγ. σπερματικ.): Ἐνυπέστης, ὡς μέρος. ἐναφανισθείσῃ τῷ γεννήσαντι, μᾶλλον δὲ ἀναληφθείσῃ εἰς τὸν λόγον αὐτοῦ τὸν σπερματικὸν κατὰ μεταβολήν.

In Bezug auf imaginatio vid. Fick (vergl. Wörterb. der indogerm. Sprachen, T. I, p. 10 u. 182): sskr. yama adj. geminus + lat. imo aus jamo cet. Davon im — âgo Abbild, Gegenstück. — Über φαντασία in der Definition wenig klar: Aristoteles (de an. III, 3, 13): ἡ φαντασία ἂν εἴη κίνησις ὑπὸ τῆς αἰσθήσεως τῆς κατ' ἐνέργειαν γιγνομένη· ἐπεὶ δ' ἡ ὄψις μάλιστα αἴσθησίς ἐστι, καὶ τὸ ὄνομα ἀπὸ τοῦ φάους εἴληφεν, ὅτι ἄνευ φωτὸς οὐκ ἔστιν ἰδεῖν. Trendelenburg kommentiert: est igitur imaginatio motus isque non primus, qualis a rebus sensibus suscitatur, sed ab ipsis sensibus profectus menti inditus in eaque manens (d. h. Vorstellung). — cf. auch Longin περὶ ὕψους (Rhet. Gr. ed. Spengel, Vol. I, p. 264), der von den φαντασίαι angiebt: εἰδωλοποιίας αὐτὰς ἔνιοι λέγουσι. (vide auch des Verfassers „Sprache als Kunst", Bd. II, 2, p. 68 sq.). Neuerdings hat Frohschammer das Wort in demselben Sinne gebraucht, wie wir die „Bildekraft", in dem Werke: „Die Phantasie als Grundprinzip des Weltprozesses", in welchem er unterscheidet „die Phantasie als subjektives Seelenvermögen" von der „objektiven Phantasie" in der Natur.

18) Man mufs sich 1884 n. Chr. nicht schämen, mit Anaximander (geboren etwa 610 v. Chr.) den Urstoff für das Unbestimmte, Unbegrenzte zu erklären. Plutarch (d. plac. phil. I, 3, 4) giebt an: Ἀναξίμανδρος δὲ ὁ Μιλήσιός φησι τῶν ὄντων τὴν ἀρχὴν εἶναι τὸ ἄπειρον. ἐκ γὰρ τούτου πάντα γίγνεσθαι καὶ εἰς τοῦτο πάντα φθείρεσθαι κ. τ. λ.

und gar schön nennt An. das Auftreten des individuellen Lebens ein Unrecht gegen das allgemeine Leben, welches gebüfst werde durch den Tod. (cf. Simpl. Phys. fol. 6a: διδόναι γὰρ αὐτὰ τίσιν καὶ δίκην τῆς ἀδικίας κατὰ τὴν τοῦ χρόνου τάξιν.)

19) cf. Aristoteles (de anim. 2. 1): ψυχή ἐστιν ἐντελέχεια ἡ πρώτη σώματος φυσικοῦ δυνάμει ζωὴν ἔχοντος und (l. c. 2, 2): ἑκάστου γὰρ ἡ ἐντελέχεια ἐν τῷ δυνάμει ὑπάρχοντι καὶ τῇ οἰκείᾳ ὕλῃ πέφυκεν ἐγγίνεσθαι.

20) Das Wort Analogie wird von uns in dem Sinne von Proportion gebraucht, wie z. B. von Aristoteles Top. I. 70; Quint. I, 3, 6: Analogia — quam proxime ex Graeco transferentes in latinum proportionem vocaverunt; ejus haec vis est, ut id, quod dubium est, ad aliquid simile, de quo non quaeritur, referat, et incerta certis probet. Kant, Prolegg. § 58 (cf. des Vf's. „Sprache als Kunst“ Bd. I, p. 354 sq. u. Bd. II, 1, 78).

21) Das „Wissen“, sofern es nicht blofses „Kennen“ bedeuten soll, ist kein einfacher Akt. Der Ausdruck „schauendes Finden“ entspricht der Etymologie von „Wissen“. cf. Curtius, Grundz. d. gr. Etym. p. 101; „An der Wurzel ϝιδ, die sich dem ὄνομα des Sehens unterordnet (εἶδον, video), können wir als charakteristisch wahrnehmen, dafs sich daraus in fünf Sprachfamilien der Begriff des Wissens entwickelt: οἶδα — skt. vĕda, aber auch vĕdmi — goth. vait — ksl. vĕd-ĕ-ti — altir. rofitir (für rofid-tir) novit. Im Skt. treffen wir aufserdem das augenscheinlich verwandte Verbum vindāmi, ich finde. Vermutlich haftet daher an dieser Wurzel von Anfang an die Vorstellung des erkennenden, findenden Sehens, weshalb der Grieche sich diese Wurzel in ihrer sinnlichen Bedeutung für den Aorist vorbehielt. Man kann in einzelnen Stellen ἰδεῖν nicht treffender als mit finden übersetzen z. B. Plat. Sympos. 174e χθὲς ζητῶν σε ἵνα καλέσαιμι, οὐχ οἷός τ' ἦ ἰδεῖν.“

22) Kant (Logik ed. Jäsche, Einl. VIII) nennt als „dritten Grad der Erkenntnis“: „etwas kennen (noscere) oder sich etwas in der Vergleichung mit anderen Dingen vorstellen sowohl der Einerleiheit als der Verschiedenheit nach“: als „vierten Grad“: „mit Bewufstsein etwas kennen, d. h. erkennen (cognoscere). Die Tiere kennen auch Gegenstände, aber sie erkennen sie nicht.“ Diese Unterscheidung zwischen „kennen und erkennen“ wird auch im allgemeinen im Sprachgebrauch so festgehalten, wenn auch das Wort „Wissen“ zuweilen für „Erkennen“ steht. cf. z. B. Helmholtz (die neueren Fortschritte in der Theorie des Sehens, p. 92): „Neben dem Wissen, welches mit Begriffen arbeitet und deshalb des Ausdrucks in Worten fähig ist, besteht noch ein anderes Gebiet der Vorstellungsfähigkeit, welches nur sinnliche Eindrücke kombiniert, die des unmittelbaren Ausdrucks

durch Worte nicht fähig sind. Wir nennen es im Deutschen das Kennen."

23) Der Terminus „Gefühl" findet sich sehr verschieden gebraucht (vid. Eucken, Gesch. d. philos. Terminolog. p. 209 ff.). Tetens sonderte zuerst das Gefühl als eigenes Seelenvermögen ab, und erachtete es für die ursprünglichste Grundäufserung der Seele. Für die Verbindung von Gefühl und Bewufstsein, welche wir festhalten, spricht der Sprachgebrauch der Stoiker (Diog. Laert. VII, 85): πρῶτον οἰκεῖον εἶναι λέγων παντὶ ζῴῳ τὴν αὑτοῦ σύστασιν καὶ τὴν ταύτης συνείδησιν. Die συνείδησις der σύστασις wäre fühlendes Bewufstsein oder bewufstes Gefühl.

24) Arist. (Met. in.): πάντες ἄνθρωποι τοῦ εἰδέναι ὀρέγονται φύσει· σημεῖον δ'ἡ τῶν αἰσθήσεων ἀγάπησις· καὶ γὰρ χωρὶς τῆς χρείας ἀγαπῶνται δι' αὐτάς.

25) Wir brauchen das Wort „Bewufstsein", welches erst von Wolff eingeführt wurde (Eucken, Gesch. d. philos. Terminol. p. 133) in dem Sinne von Conscience bei Leibnitz (Principes de la nature et de la grâce, fondés en raison): „il est bon de faire distinction entre la Perception qui est l'état intérieur de la Monade représentant les choses externes, et l'Apperception qui est la Conscience ou la connoissance réflexive de cet état intérieur, laquelle n'est point donnée à toutes les âmes, ni toujours à la même âme."

26) Luther (Gen. 4, 1) übersetzt: Adam erkannte sein Weib Heva. Plutarch (Brut. 5): ἐγνώκει γὰρ τὴν Σερβιλίαν ἐπιμανεῖσαν αὐτῷ. Ovid (Her. VI, 133): Medea virum cognovit turpiter virgo. (Auch bei den Franzosen nach der h. Schrift: connaître une femme charnellement; ebenso it.: conoscere, span. conocer, engl. to know cet. cf. auch Gen. 4, 17, 25 cet. יָדַע.) Eine Verwandtschaft der Wurzeln γνω und γεν erkennt Curtius an; von der Wurzel γνω stammt auch wohl skr. nâman (idg. gnâman), ὄνομα, nomen, namo, so dafs die Sprache das Erkennen auch mit dem Benennen zusammenbringt.

Die Stoiker lehrten, dafs der Bildekraft in der Natur, dem λόγος σπερματικός, im Individuum die besondere Bildekraft entstamme (cf. oben, No. 17). Von dem herrschenden Teile der Seele (dem ἡγεμονικόν, dem λογισμός) gehen zunächst die Sinne aus, dann neben der Zeugekraft das Sprachvermögen. (Plut. de plac. phil. IV, 21): τῶν δὲ λοιπῶν τὸ μὲν λέγεται σπέρμα, ὅπερ καὶ αὐτὸ πνεῦμά ἐστι διατεῖνον ἀπὸ τοῦ ἡγεμονικοῦ μέχρι τῶν παραστατῶν. τὸ δὲ φωνᾶεν — ὃ καὶ φωνὴν καλοῦσιν, cet.

Kapitel II.

Das Erkennen, die Wahrheit, die Sprache.

Man bezeichnet mit dem Worte Erkennen gewöhnlich eine
Geistesthätigkeit höherer Art, welche von verhältnismäfsig wenigen
Menschen geübt werde, in welcher sich ein hervorragender Verstand, ein besonderer wissenschaftlicher Sinn kund gebe. Es ist
aber kein ausreichender Grund vorhanden, dem Erkennen nur auf
einer gewissen Stufe seiner Entwickelung diesen Namen zu geben,
und wenn durch unser Wesen selbst wir uns getrieben fühlen, die
Trennung des Ich vom Universum für unser Bewufstsein aufzuheben, so ist auch dem Menschen als solchem schon das Erkennen zuzusprechen, wie ihm die Sprache ja auch den Namen
des Denkenden (sskr. manu) gegeben hat.

Das mit dem Erkennen nicht das Kennen verwechselt werden
dürfe, ist im Vorhergehenden bereits besprochen. Das Kennen
für sich ist keine dem Menschen unterschiedlich von den Tieren
zukommende Lebensäufserung. Es entspringt aus dem natürlichen
Gebrauch der Sinnesorgane, wird, wie bei den Tieren, auch wohl
von Lauten begleitet, bietet jedoch nur erst das Material für ein
Erkennen, gerade wie die ihm eigenen Laute sich nur als Material
verhalten zur Sprache. Mit dem Erkennen drückt die Seele
ebenso ihrem Kennen wie ihrer Lauthervorbringung ihr Gepräge
auf und artikuliert sie. Ohne die Laut-Produkte unserer Bildekraft
würde dem Erkennen ein Körper fehlen, (1) wie ihn jeder geistige
Akt zu seiner Verwirklichung verlangt. Durch diese Lautsprache schafft sich die erkennende Seele ihre besondere Welt,
welche ihr eine wirkliche bedeutet.

Es fragt sich, ob Sprache immer ein Erkennen oder ein
Erkanntes ausdrücke, da sie doch auch z. B. Wollen und Fühlen
kund gebe und mitteile. Wenn wir die Frage durchaus bejahen,
scheint doch eine Erläuterung nötig.

Das Erkennen der Seele kann sich auf jeden Vorgang richten,
der ihrem Kennen unterliegt, also auch auf Akte ihres Wollens
oder Fühlens, von denen sie unmittelbar, als sie bewegend, Kenntnis hat, welche sie fühlt.   Indem aber diese Akte zu einem
sprachlichen Ausdruck gelangen, werden sie geändert.   Sie erhalten die Form, in welcher allein sie dem Bewufstsein zugänglich werden konnten, und die Unmittelbarkeit ihres Wirkens wird
damit gebrochen.   Kundgebung eines Wollens durch Sprache ist
nicht die urwüchsige; das Begehren an sich würde keiner Sprache
bedurft haben und hat keine geschaffen.   Gebärde und Schrei
würden das Objekt des Begehrens und das Begehren selbst bezeichnen können, aber der gebildete Mensch bedient sich
der Sprache als Mittel, um alle Seelenakte zu äufsern.
Der Satz „ich begehre dies oder jenes" besagt: ich bin mir bewufst, dafs in mir ein Begehren ist, und ich bin mir bewufst, dafs
ich das Objekt desselben als solches kenne.   Und ebenso stellt die
Sprache das Gefühlte nur dar als ein Erkanntes.   Gefühle sind an
sich unaussprechlich, und ihre Naturkraft schwindet, wenn sie in
die Formen der Sprache eingehen, in die Helligkeit des Bewufstseins gestellt werden.   „Ich fühle Schmerz" ist kein unmittelbarer
Ausdruck des Schmerzes, sondern des um einen gewissen Zustand
der Seele wissenden Bewufstseins. (2)

In der That wird der Zusammenhang der Denkakte mit dem
Sprechen so unabweislich empfunden, dafs man von je her sie zu
Einem Vorgang zusammenzufassen suchte. $\lambda \acute{o} \gamma o \varsigma$ war den Griechen
Seele und Körper Einer Wesenheit, Vernunft und Sprache, und
so sagt Plato, Gedanke und Rede seien dasselbe, nur so, dafs jener
dessen innerliche Seite darstelle, diese die äufsere.   Wolle die
Seele erkennen, so führe sie mit sich selber ein Gespräch, wenn
auch unter Zurückhaltung der Stimme. (3)

Man führte jedoch diese Ansicht nicht durch, man trennte
Sprache vom erkennenden Denken, und ging endlich bis zu völliger
Entgegensetzung fort.   Freilich boten sich hierfür gewichtige
Gründe.   Denn das erkennende Denken will die Wahrheit, aber
die Sprache folgt diesem Wollen nicht immer und erscheint so
nicht als Verwirklichung des Denkens, sondern nur als ein
mehr oder weniger zufälliges Mittel, es darzustellen.   Aristoteles
sagte z. B. Beweise richteten sich nicht auf die äufsere Rede,
sondern auf die in der Seele, die erstere lasse immer, die letztere
nicht immer Einwände zu.   So unterschieden auch die Stoiker
zwischen dem $\lambda \acute{o} \gamma o \varsigma$ $\grave{\varepsilon} \nu \delta \iota \acute{a} \vartheta \varepsilon \iota o \varsigma$ und $\pi \rho o \varphi o \rho \iota \varkappa \acute{o} \varsigma$, dem Gedanken

und dessen lautlicher Äußerung. jener göttlicher Art. diese auch
den unvernünftigen Geschöpfen nicht versagt. (4) Diese Entgegensetzung ist von den Neueren immer stärker betont worden.
Berkeley z. B. (Einl. zu den Princip. of Hum. Knowl.) redet
von solchen (Locke). die den Rat geben. überhaupt beim Forschen
nicht auf die Worte zu achten. da diese täuschen; und er selbst
bittet den Leser. seine Gedanken rein als solche. ohne die ent-
stellende Hülle der Worte aufzufassen. Hamann (Schriften. ed.
Roth, T. 7) spricht (p. 29) von einem „Schlangenbetrug der Sprache".
obwohl er (p. 151) andererseits „dreimal wiederholen muß: Vernunft ist Sprache, λόγος." (5) Die Männer des Erkennens haben
es denn auch an Lehren nicht fehlen lassen, wie man sich bei
den Arbeiten des Erkennens vor dem unrichtigen Gebrauch der
Sprachmittel zu hüten habe. Aristoteles z. B. wendet sich in
seiner Schrift περὶ σοφιστικῶν ἐλέγχων besonders gegen die Trug-
schlüsse. welche durch unzulässige Verwendung der Wörter herbeigeführt werden. Lockes zehntes Kapitel des dritten Buchs
seines Essay concerning human understanding handelt in 34 Paragraphen von dem Mißbrauch der Worte. und das elfte in 27
von den Mitteln. die hiergegen anzuwenden seien. und Leibnitz'
„Nouveaux essais sur l'entendement humain" begleiten diese Ausführungen an den entsprechenden Stellen mit ihren Bemerkungen.
Locke ist anfänglich, wie er sagt. ohne Arg an die Untersuchung
des Erkennens gegangen, hat aber später gefunden, daß er notwendig vorher sich über das Wesen der Sprache und die demselben anhaftenden Unvollkommenheiten orientieren müsse. da das
Erkennen es immer mit Sätzen zu thun hat. wenn es mit der
Wahrheitsforschung sich beschäftigt. (6) So wurde denn auch
gegen Kants „Kritik der reinen Vernunft". also eine solche
(Vorrede der ersten Auflage): „des Vernunftvermögens überhaupt
in Ansehung aller Erkenntnisse, zu denen sie, unabhängig von
aller Erfahrung. streben mag", die Sprache entgegengehalten,
als welche notwendig in Ansatz zu bringen sei. Hamann (Metakritik über den Purismum der reinen Vernunft, Schriften, T. VII.
p. 5 ff.) bemerkt: „Die erste Reinigung der Philosophie bestand in
dem — Versuch. die Vernunft von aller Überlieferung, Tradition
und Glauben daran unabhängig zu machen. Die zweite (Kant)
ist noch transscendenter, und läuft auf nichts weniger als eine
Unabhängigkeit von der Erfahrung — hinaus." „Der dritte.
höchste und gleichsam empirische Purismus betrifft also noch die
Sprache, das einzige, erste und letzte Organon und Kriterion der

Vernunft." Jakobi sagt (Allwills Briefsammlung. Zugabe, p. 109):
„Werde ich es sagen, endlich laut sagen dürfen, dafs sich mir
die Geschichte der Philosophie je länger destomehr als ein Drama
entwickelte, worin Vernunft und Sprache die Menächmen spielen?"
„Mehrere behaupten, es sei nun (nach Kant) das Ende (dieses
Drama) schon gefunden und bekannt. Vielleicht mit Recht. Und
es fehlte nur noch an einer Kritik der Sprache, die eine Metakritik
der Vernunft sein würde, um uns alle über Metaphysik eines
Sinnes werden zu lassen." Herder sagt (Metakritik zur Kritik
der reinen Vernunft. T. I., p. 451): „Der Bau menschlicher Sprache
von ihrem Grunde aus vernichtet grundaus das Spielwerk eines
gegenstandlosen Verstandes a priori." Er fragt (T. II, p. 56) in
Beziehung auf Kants „Paralogismen der reinen Vernunft": „Konnte,
ja mufste die Vernunft, ihrer Natur nach, unvermeidlich fehl-
schliefsen; womit verbürgt der dialektische Kritiker sich, dafs
nicht auch Er paralogisire?" Er führt dann aus (p. 70ff.), dafs
die Sprache es sei, durch welche solche Paralogismen entständen,
„die höchst unreine, dialektische Zank- und Kathedervernunft, die
auf jedes Wort ein Gegenwort hat." Die kritische Philosophie
besonders habe irreleitende „Wortschälle" eingeführt.

Da ist nun manches unklar. Wir haben nicht die Absicht,
die einzelnen Meinungen zu besprechen, versuchen jedoch, die
Punkte aufzuhellen, von denen aus Klarheit zu gewinnen ist.
Offenbar befriedigen die Resultate unserer Wahrheitsforschungen
uns nicht, sei es, weil sich ihnen zu häufig Irriges beimischt, sei
es, weil sie überhaupt den Ansprüchen nicht genügen, zu denen
wir uns berechtigt halten. Vernunft und Sprache sind die Faktoren,
durch welche uns jene Resultate erworben werden, und es fragt
sich nun, wer von ihnen verantwortlich zu machen ist. Man kann
sich vorstellen, dafs Vernunft, die reine, das Göttliche in uns, für
sich die Wahrheit nicht verfehlen könne, ja sie in sich trage,
dafs aber deren Verbindung mit der Sprache sie in schlimmer
Weise beeinflusse, so dafs gröfste Vorsicht geboten sei in deren
Verwendung, jedenfalls aber beim Erkennen mit Vernunft und
Sprache getrennt zu operieren und die erstere möglichst unabhängig von der letzteren zu halten sei. — Man kann jedoch auch
der Ansicht sein, dafs in Wirklichkeit wir eben keine reine Vernunft besitzen, dafs also zwar auch Irrtum durch unangemessenen
Gebrauch der Sprache allein sich erzeuge, dafs aber im wesentlichen unser ganzer Erkenntnisapparat nur von bedingtem Werte
sei, dafs also durch Sprache nur deutlich werde, wie wenig die

subjektive Vernunft, der nur (nach Jakobi, Hume, über den Glauben, p. 194) die „unwandelbare, objektive" Halt verleiht, im stande sei, unser Streben nach Erkenntnis zu befriedigen. So schreibt Hamann (an Jakobi): „Ich denke ebenso von der Vernunft, wie St. Paulus vom ganzen Gesetz — ich traue ihr nichts als Erkenntnis des Irrtums zu, halte sie aber für keinen Weg zur Wahrheit und zum Leben."

Und so erkennt Jakobi („David Hume, über den Glauben") die Wichtigkeit der Sprache für Begriffsbildung an, „aber, sagt er, „diese aus endlichem Samen gezeugten Worte sind nicht wie die Worte dessen, der da ist". „Lassen wir diesen unendlichen Unterschied aufser acht. so entfernen wir uns in demselben Augenblick von der Quelle aller Wahrheit, verlieren Gott, die Natur und uns selbst."

Wir werden die Begriffe der Wahrheit und der Sprache uns genauer ansehen, um Klarheit zu gewinnen.

Wir haben bisher den terminus „Wahrheit" nicht eingeführt. und wir besprechen ihn auch an dieser Stelle nur, weil eben als selbstverständlich gilt, dafs jedes Erkennen zur Voraussetzung habe, es wolle Wahrheit bringen, ohne welche es ebenso sinnlos wie nutzlos sei. In der That vollzieht sich jeder Akt des Erkennens unter dieser Voraussetzung, aber besser mag man sagen, sie fehle ihm nicht, denn als Zweck setzt er sie um deshalb nicht, weil er sonst „Wahrheit" als ein aufser ihm Liegendes fühlen und annehmen müſste. Aufser dem Akt des Erkennens ist aber kein hinter demselben liegendes Resultat zu verzeichnen; er selbst ist dieses Resultat. Mit dem Satze, in welchem es sich ausspricht, sagt das Erkennen: so also ist dies, denn so findet es sich in meinem Bewuſstsein. Das Erkennen also will nicht unmittelbar die Wahrheit, ebensowenig, wie die Sprache, es hat sie in sich in seiner eigenen Bewegung. Wie verhält sich aber das Erkennen zur Wahrheit?

Protagoras sagte in einer Schrift, die wahrscheinlich Ἀλήθεια hiefs, es sei der Mensch das Mafs der Dinge, des Seienden, wie es ist, des Nicht-Seienden, wie es nicht ist. Hiernach wäre eine sogenannte „objektive Wahrheit" nicht vorhanden, nur eine subjektive Gewifsheit, ein Meinen. (7) Aristoteles dagegen setzte die Wahrheit eines Gedankens in dessen Übereinstimmung mit dem Sein (8), und hierbei ist man im allgemeinen geblieben. Kant z. B. (Krit. d. r. Vern. ed. Erdm. p. 558) sagt: „Wahrheit beruht auf der Übereinstimmung mit dem Objekte. in Anschung

dessen folglich die Urteile eines jeden Verstandes einstimmig sein
müssen, denn consentientia uni tertio consentiunt inter se."

Dies wäre dann also die „objektive Wahrheit", welche bei
Kant freilich nur auf die Dinge geht, wie sie erscheinen, nicht
aber, wie sie an sich sind, während es scheinen könnte, als ob
Aristoteles diese dem Erkennen und weiter auch der Sprache,
speziell den Sprachformen zuschriebe, denn er lehrt sowohl, es
sei nicht in den Dingen das Wahre oder das Falsche, sondern in
den Gedanken, wie er auch findet, dafs die Aussagen, wenn wahr,
sich den Dingen entsprechend verhalten, und dafs die Formen der
Rede ebenso sind, wie die des Seins. (9)

Nun aber würden wir, wenn wir überhaupt von der Wahrheit des Erkennens und Sprechens besonders reden wollen, weder
die Wahrheit, wie sie Protagoras bestimmte, noch die des Aristoteles für die des Erkennens erklären können.

Gesetzt, um mit der „objektiven Wahrheit" zu beginnen, es
sei überhaupt verständlich, wie ein Sein mit einem Gedanken
übereinstimmen könne, so wird doch darüber kaum ein Streit
möglich sein, dafs diese Übereinstimmung in keiner Weise für „die
Urteile jedes Verstandes" nachweisbar sein würde. Ich wüfste
nicht, was man der Rede des Gorgias (10) in dieser Beziehung
entgegenhalten wollte, der da sagte, dafs, wenn es ein Sein gäbe,
dieses doch dem Denken immer unfafsbar bleiben würde, da Ge-
dachtes und Seiendes ganz verschieden sei, wie denn gewifs nicht
dadurch etwas sei, dafs man es denke; und dafs, wenn selbst
das Denken des Seins gelänge, es doch anderen durch die Sprache
nicht mitzuteilen sei, da z. B. durch Laute unmöglich Sichtbares
dargestellt werden könne, aufserdem ja auch der Hörende nicht
dasselbe bei den Worten denke, wie der Sprechende.

Müssen wir uns aber bescheiden, dafs Erkennen und Sprechen
„objektive Wahrheit" nicht gebe, so haben wir doch die sogenannte „subjektive" nicht weniger abzulehnen, denn sie bleibt,
wie jene, in einem Gegensatz befangen, den weder das Sein noch
das Denken zu überwältigen vermag.

Weil der Mensch allein das Wort hat in der sonst sprach-
losen Welt, ist er allein im stande, sich für das Mafs der Dinge
zu erklären, kann er sagen, dafs sein Denken Wahrheit sein
solle. Wer in der Welt aufser ihm giebt sich denn mit diesem
Begriff ab, erkennt ihn an? Aber diese Formalität kann die ihm
fehlende Macht, jenen Begriff zu verwirklichen, zu vollziehen,
nicht ersetzen und giebt ihm keine Selbständigkeit, auch in seinem

Denken, als eine formelle. Ganz und gar bleibt er wie mit jedem Atemzuge so im kühnsten Flug seiner geistigen Bildekraft ein Bestandteil des Universums. Dafs dessen Bildekraft sich in Hervorbringung besonderer Lebewesen äufsert, dafs ein Teil dieser Sonderexistenzen sich als solche zu fühlen, zu denken, seine besondere Bildekraft auch so weit zu bethätigen im stande ist, als seiner Art Macht innewohnt, — dies stellt sie doch nicht aufserhalb der Welt, sondern setzt sie nur in den Stand, eine Beziehung zu ihr zu haben und diese zu wissen und für ihr Sonderleben zu verwenden. Da ist ja klar, dafs die Wahrheit solcher Wesen, die eben nur als besonderte ihre Beziehung zum Universum haben, auch nur eine sonderliche sein kann. Nicht dies wird gesagt, dafs sie eine Wahrheit nicht haben, aber dies, dafs, wenn Individuen ihr Verhältnis zu den Dingen angeben wollen — und das wäre ihre „Wahrheit" — diese Angabe auch durch die Art dieses Verhältnisses seine besondere Form erhält.

Man sage nicht, es sei diese den Menschen zuerkannte Art der „Wahrheit" schliefslich nichts weiter, als die bekannte „subjektive", und wenn das Erkennen in Form der Sprache die „objektive Wahrheit" als seine Aufgabe nicht setze, so bleibe ihm nichts weiter übrig, als sich zu dieser „subjektiven" zu bekennen.

Denn für das Erkennen, wie wir es fassen, besteht eben ein solcher Gegensatz von „objektiver" und „subjektiver" Setzung nicht. Dafs „Wahrheit" ein Begriff ist, den zu vollziehen nur Subjekte wollen können, dafs dieser Begriff nur durch Objekte, auf die er sich richtet, Inhalt erhält, sollte zu den irreleitenden Bezeichnungen von subjektiver und objektiver „Wahrheit" nicht geführt haben; — und die Besonderung des Universums — und nur so sich besondernd lebt es ja — zu menschlichen Lebewesen sollte nicht bis zu einem realen Gegensatz verschärft vorgestellt werden. Für das Erkennen weisen wir ihn ab und werden dies weiter rechtfertigen.

Die Unklarheit verliert sich nämlich, wenn wir zwischen einer Wahrheit des Kennens und der des Erkennens unterscheiden. Beide, das Kennen und das Erkennen, setzen uns theoretisch mit dem Universum in Verbindung und beseitigen so für unser Fühlen und Denken unsere Besonderung, aber das Kennen richtet sich dabei gegen die Fremdheit der Erscheinungen, das Erkennen dagegen denkt und spricht die Beziehungen aus, wie sie, als im Universum wirkend, nach der Natur unseres Bewufstseins von uns

geschaut werden. Das Kennen zeigt uns also, wie die Welt uns
gegeben ist, das Erkennen deutet sie uns, interpretiert sie,
indem es sie in der Sprache abbildet — das Sprechen an sich
selbst giebt dieses Abbild — und so mag man sich so ausdrücken
können: das Kennen gehe auf das Sein des Universums, das Erkennen auf den Gedanken dieses Seins. Da nun das Sein uns
gegeben ist (oder doch gegeben zu sein scheint), der Gedanke
des Seins als solcher nur in uns sich unmittelbar offenbart, so ist
das Kennen wesentlich abhängig von seinem Objekt, das Erkennen
vom Subjekt, jenes wesentlich aufnehmend, dieses produzierend.
Das Kennen befriedigt die Neugierde, die Wifsbegierde durch
Kenntnis und durch Wissen; dem Staunen und der Bewunderung
antwortet das Erkennen durch Erkenntnis, durch ein Kunstwerk
des Gedankens. Dem Kennen folgt in der Praxis der Nutzen,
aus dem Erkennen entwickeln sich die Forderungen der Ethik.

Hiernach könnte man versucht sein, von einer „objektiven
Wahrheit" zu sprechen, welche das Kennen erreiche, wenn es
übereinstimme mit dem Sein, und von einer „subjektiven", welche
dem Erkennen zu teil werde, wenn es in sich selbst übereiu-
stimmend sich gestalte.

Es versteht sich ja aber, dafs in dem lebendigen Menschen
Kennen und Erkennen nicht so geschieden auftreten, wenigstens
nicht so geschieden bleiben, wie wir deren Begriffe auseinander-
halten. (11) Nur ein Gekanntes kann erkannt werden, und mit
der gröfseren Ausbreitung und Genauigkeit des Kennens ermöglicht
sich die Erweiterung und Vertiefung des Erkennens. Andrerseits
würde das Kennen vergeblich zu einem Erfahrungswissen zu
kommen suchen, wenn nicht das Erkennen ihm von der Stelle
hülfe.

So ist denn auch der Begriff der Wahrheit auf ein reines,
sprachloses Kennen gar nicht anwendbar; nur ein irgendwie Erkanntes, bestimmt Ausgesprochenes veranlafst, wenn anderes Erkannte mit ihm verglichen wird, die Frage, ob es Wahrheit enthalte. Verbindet sich aber ein Erkennen mit dem Kennen zu
einem Erfahrungswissen, so ist auch sogleich deutlich, dafs jede
„objektive Wahrheit" doch immer nur als subjektive zu stande
kommt. Denn nicht die Eigenart der reizenden Objekte ist es ja,
durch welche sich die Art unserer Empfindung bestimmt, sondern
die Sinnesnerven sind es, auf welche diese Reize treffen. Diese
aber haben nur eine und dieselbe Antwort auf alle, und unsere
Empfindungen sagen uns deshalb von den Eigenschaften der Objekte

nichts. Und wenn wir nun unsere Kenntnis prüfen, durch Erfahrung und Experiment zur Verifikation des Gekannten gelangen,
ist es dann nicht ein von uns Gesetztes, mit dem übereinzu-
stimmen Sache der Wahrheit sein soll? Sehr gut bemerkt
Leibnitz (Nouv. Ess. lib. IV., 2): Le vrai Criterion en matière
des objets des sens est la liaison des phénomènes — Et la liaison
des phénomènes, qui garantit les vérités de fait à l'égard des
choses sensibles hors de nous, se vérifie par le moyen des
vérités de raison.

Freilich ist uns genug Übereinstimmendes mit den Dingen
gegeben, dafs wir eine Ordnung bringen können in unser Wissen,
dafs wir sie zu unserem Nutzen verwenden können in unserer
Praxis, aber wenn wir einerseits sicher sein können, dafs den
Dingen auch diejenigen Eigenschaften wirklich beiwohnen, mit
denen sie auf uns wirken, so ist andrerseits doch auch eben so
sicher, dafs wir von diesen Eigenschaften nur nach unserer Besonderheit urteilen. Und so wird denn für die Wahrheit des
Kennens doch immer die letzte Entscheidung in unserm Bewufstsein liegen, darin, dafs wir Nicht-Übereinstimmendes nicht als
ein sich Deckendes uns vorzustellen und zu denken im stande sind.

Und umgekehrt kann auch ebensowenig von einer Wahrheit
des Erkennens gesprochen werden, welche in dem Sinne subjektiv
wäre, dafs sie der objektiven Grundlage ermangelte. Sprechen
wir von für uns unbestreitbaren Thatsachen, so meinen wir zumeist
Erscheinungen und Vorgänge des sinnlichen Daseins, aber mit
nicht minderem Recht können wir von Thatsachen unseres geistigen
Lebens sprechen. Descartes hat sein berühmtes „cogito, ergo
sum" von keinerlei anderem Wissen abgeleitet. Er sagt (Resp.
ad II. Obj. p. 74): neque etiam, cum quis dicit: ego cogito, ergo
sum sive exsisto, exsistentiam ex cogitatione per syllogismum
deducit, sed tanquam rem per se notam simplici mentis intuitu
agnoscit; und bemerkt (Princip. Philos. I., 8): cogitatio prius et
certius quam ulla res corporea cognoscitur; — unter der Cogitatio
versteht er aber das Bewufstsein überhaupt (l. c. 9): cogitationis
nomine intelligo illa omnia, quae nobis consciis in nobis fiunt,
quatenus eorum in nobis conscientia est. cet. und so erklärt
Spinoza (Eth. V., 23 Schol.): Mentis oculi, quibus res videt
observatque, sunt ipsae demonstrationes. — Unsere geistige
Natur gehört dem Universum nicht weniger an, als die körperliche, und so übertragen wir mit demselben Rechte unser geistiges

Beziehen auf die Dinge da draufsen, wie wir, was die Sinne von dorther uns bringen, zu einem Wissen in uns verarbeiten.

Nicht darum ist ein Vorgang als in sich nichtig zu betrachten, weil wir ihn gerade nur in uns wahrnehmen, ihn als subjektiv bezeichnen müssen, vielmehr wäre anzunehmen, dafs eine Erkenntnis des Universums lückenhaft sei, welche eine Thatsache subjektiver Art als vereinzelt stehen lassen mufs.

Genauer kann, was für uns Wahrheit ist, indes nur bestimmt werden, wenn wir die Natur und das Wesen unseres Bewufstseins in Betracht ziehen, denn vor diesem hat sich schliefslich alles auszuweisen, was Anspruch erhebt, Wahrheit zu sein.

Die Bildekraft des Universums bringt unser Eigenleben hervor, bedingt und erhält es auch dann, wenn es bis dahin sich entwickelt hat, dafs es sich dem Universum gegenüber als ein eigenes weifs. Erst, wann dies eingetreten ist, kann die Frage, ob wir Wahrheit denken, für das Wissen aufgeworfen werden. An sich ist diese Frage schon gegeben mit der Entstehung des Individuums, welches zeitweise aus dem allgemeinen Sein zu einem besonderen Dasein herausgetreten ist, und die Frage, ob und wie wir Wahres denken, ist nur eine besondere Richtung und Zuspitzung der Fragen, ob wir Wahres empfinden, vorstellen, fühlen, wollen. Von Wahrheit in den Dingen oder Lebewesen an sich selbst zu sprechen, würde Mifsbrauch des Namens sein. Die Dinge an sich mögen dauern oder nicht, mögen den Sinnesorganen der Lebewesen so oder anders erscheinen, sich gegeneinander förderlich oder hemmend verhalten — sie, wie die Lebewesen, blofs nach ihrem Sein betrachtet, sind eben, wie sie sind, und entsprechen, auch als Mifsbildungen, Gesetzen der Natur. Aber mit der Trennung der Sonderexistenzen von dem allgemeinen Sein bildet sich zwischen den getrennten Faktoren ein Verhältnis, und, wenn die Individuen von sich selbst zu wissen die Macht haben, müssen sie, soweit sie jenes Sein auch in sich finden und aufnehmen, sogleich zu der Frage kommen, wenn sie auch erst viel später sie stellen lernen, ob und wie sie sich mit diesem (ihnen bekannten, d. h. von ihnen gedachten) Sein in Übereinstimmung befinden, d. h. in der Wahrheit.

Kant in der „Kritik der reinen Vernunft" hat bei Bestimmung dieses Verhältnisses die Besonderheit unseres Denkens zu stark betont, und der Gedanke, dafs auch wir mit unserm Bewufstsein dem Universum angehören, wird von ihm nicht verwertet. So verschärft er bis zum Unerträglichen das Gefühl unserer Trennung.

Hegel dagegen in seinem Identitätssystem betonte bei Bestimmung des Verhältnisses zu stark die Universalität des Gedankens, welche er völlig zu erfassen meinte, während ihm doch nur dessen Besonderung im Menschen zugänglich war. So überbrückte er uns zwar die trennende Kluft, aber nur dann, wenn wir ihm glaubten, daß sie gar nicht vorhanden ist.

Uns scheint, als hätten wir die naive Auffassung des Aristoteles, mit freilich mehr vertieftem Bewußtsein über die Sachlage, als treffend anzuerkennen. Er nimmt, damit Wahrheit sein könne, eine gleiche Bewegung des Trennens und Vereinigens in den Dingen und in unsern Gedanken an, d. h. also, da doch die Dinge sinnliche Bewegung zeigen, mit welcher der Gedankenprozeß sich nur vergleichen läßt, eine Analogie zwischen beiden, welche die Sprache symbolisch ausdrücke. (12)

Dieses Verhältnis ist ein inniges; bei jeder Berührung offenbart es sich uns irgendwie, thut uns wohl und weh, beseligt zur Hingabe des Einzellebens an das Ganze, aber es bleibt Verhältnis und kann zu einer totalen Einheit nicht werden, so lange eben die partielle Trennung zwischen Individuum und Universum besteht. Kräftig wollende Seelen, denen nicht genug ist, in einer Sphäre der Wahrheit zu leben, welche vielmehr die volle Einheit im Gedanken herbeiführen um jeden Preis, haben materialistische oder idealistische Systeme konstruiert, haben so die eine oder die andere Seite des Verhältnisses beseitigt und dadurch Einheit erreicht. Aber die Einheit des Universums wird auch von uns, d. h. von denen nicht aufgehoben, welche das Bestehen eines Verhältnisses zu demselben für alle Lebewesen anerkennen. Aus der Natur unseres Bewußtseins ergiebt sich für das Erkennen die Notwendigkeit, Stellung zu nehmen innerhalb einer Einheit. Trennung wie Einigung werden als solche nur vom Bewußtsein geschaffen; im Universum erscheint die beständige Beziehung beider auf einander als dessen Leben, im Erkennen wird ihr Gegensatz nur verhältnismäßig überwunden, aber damit eben bringt das Erkennen die Sphäre der Wahrheit erst hervor, oder vielmehr: das Erkennen an sich selbst ist eben die Sphäre der Wahrheit. Wahrheit ist kein Umgrenztes, Fertiges, dessen man sich bemächtigen könnte; sie entsteht und vergeht mit dem Erkennen und nur für das Erkennen. So kann auch von einer Sphäre der Sittlichkeit, der Schönheit, der Religion gesprochen werden, als in welchen das geistige Leben der Menschen sich bewegt, indem es dieselben hervorbringt.

Die Einzelakte, durch welche sich dieses Leben bethätigt, zeigen notwendig nur ein bedingtes verum, nicht die veritas. Bedingt ist ja jeder solcher Akte, da er sich nach der Form unseres Bewußtseins zusammenschließen und abschließen muß, um von uns gefaßt zu werden: da die unendlich vielen Beziehungen seines Inhalts zu anderen Akten und zu anderem Inhalt, je nach den verschiedenen Anlässen, die ihn hervorrufen, notwendig unberücksichtigt bleiben: da unsere Vorstellungen von wirkenden Kräften der Ordnung des räumlichen Nebeneinander, unsere Gedankenbewegung dem Zwange des zeitlichen Nacheinander unterliegen. Die Aufgaben, welche unser Kennen sich zu setzen hat, wachsen nur mit jeder Erweiterung desselben, und jedes Erkennen entwickelt sich nur aus Gekanntem. Man mag nun sagen, es sei die Wahrheit für uns ein Ideal, aber es ist mit dem Wort wenig gewonnen, ja es ist eine schiefe Vorstellung leicht mit ihm verbunden. Nicht darum handelt es sich, was nach irgend welchen Ansichten oder Wünschen das Erkennen leisten sollte, sondern darum, zu begreifen, was es wirklich leistet. Wahrheit als Ideal setzen heißt: für möglich halten, daß wir aufhörten, Menschen zu sein. Man setze statt des Ausdrucks: nach Wahrheit „streben", den anderen: in der Wahrheit leben, statt des „Zieles", nach welchem wir streben sollen, das Gefühl der Befriedigung über das Schwinden unserer Welteinsamkeit in diesem Leben der Wahrheit, so wird man ein Verhältnis bezeichnen von in sich endloser Tiefe und Weite, unerschöpflich für unsere Arbeitslust, bei dem aber jedes Streben an sich schon das Erreichen in sich schließt. Aus dem Gefühl solchen beseligenden Strebens kamen Lessing (Eine Duplik) die Worte: „Nicht die Wahrheit, in deren Besitz irgend ein Mensch ist, oder zu seyn vermeynet, sondern die aufrichtige Mühe, die er angewandt hat, hinter die Wahrheit zu kommen; macht den Werth des Menschen. Denn nicht durch den Besitz, sondern durch die Nachforschung der Wahrheit erweitern sich seine Kräfte, worinn allein seine immer wachsende Vollkommenheit bestehet. Der Besitz macht ruhig, träge, stolz. — Wenn Gott in seiner Rechten alle Wahrheit, und in seiner Linken den einzigen immer regen Trieb nach Wahrheit, obschon mit dem Zusatze, mich immer und ewig zu irren, verschlossen hielte, und spräche zu mir: wähle! Ich fiele ihm mit Demuth in seine Linke, und sagte: Vater gieb! Die reine Wahrheit ist ja doch nur für Dich allein!"

Bleibt freilich unser Kennen wie unser Erkennen ein be-

ständiges Streben, seinem Inhalte nach ein Wissen zugleich und
ein Nicht-Wissen, und kann beides, das Richtige wie das Falsche,
unser Bewußtsein befriedigen, wie mag da noch zwischen Wahrheit und Irrtum unterschieden werden? Und würden nicht schon
um deshalb neben Lessings erhebenden Worten die trostlosen
Byrons (Manfr. II., 4) die gleiche Geltung beanspruchen:

> Knowledge is not happiness, and science
> But an exchange of ignorance of that
> Which is another kind of ignorance?

In der That würde von der unfruchtbaren Ansicht aus, „es
könne, wenn sie wäre, nur Eine Wahrheit geben", man weiter
folgern, also sei alles Erkennen nur Irrtum, obwohl vielmehr dies
anzunehmen ist: es sei in dem Erkennen als solchem weder
durchaus Wahrheit noch durchaus Irrtum enthalten.

Goethe (Spr. in Pr.) sagt: „Kenne ich mein Verhältnis
zu mir selbst und zur Außenwelt, so heiß ich's Wahrheit. Und
so kann jeder seine eigene Wahrheit haben, und es ist doch
immer dieselbige." In der That kommen wir darüber nicht hinaus,
daß Wahrheit dies sei, wie wir denken müssen, obwohl wir die
Möglichkeit des Irrtums in jedem Falle zugeben. Freilich, sagt
Goethe (l. c.) „giebt es Menschen, die gar nicht irren, weil sie
sich nichts Vernünftiges vorsetzen." Für diese Nicht-Irrenden
sowohl wie für die anderen scheint es so bestellt zu sein in der
Welt, daß trotz beständigen Schwankens unser Kennen und Erkennen genügende Richtigkeit und Wahrheit besitzt, um unseren
körperlichen und geistigen Bedürfnissen zu genügen. Wir sehen
oft ein Entweder — Oder, wo doch ein weiter Sehender ein Weder
— Noch, oder ein Sowohl — Als auch finden würde: — folgt daraus,
daß solches weiter gehendes Wissen uns — diese Menschen —
fördern müßte oder auch nur könnte?

Jedenfalls ist der Gegensatz von Wahrheit und Irrtum für
dasjenige Erkennen nicht vorhanden, welches noch ohne ein Erkanntes, ohne ein Wissen ist, also z. B. nicht für ein Erkennen,
welches an ein ihm durch die Sprache Gegebenes als ein der
Kritik nicht zu Unterziehendes anknüpft und von ihm aus weiter
geht, — auch nicht für jedes neu schaffende Erkennen — der
Fortschritt muß hindurch durch dieses Meer des Zweifels, des
Zagens und der Hoffnung. Der Irrtum nämlich geht, wie wenn
er Wahrheit wäre, ohne Hemmung in die Form des Bewußtseins
ein, denn er selbst entsteht nur innerhalb der Sphäre der Wahr-

heit, und er selbst auch ist ein Wissen. Ohne Beziehung auf ein
Wahres wäre er überhaupt nicht: und als aus dem Erkennen
stammend hat er Grund.

Sage ich etwa: die Sonne sinkt, so beruht mein Wissen auf
dem Grunde, daß ich den Vorgang einer Bewegung wahrgenommen habe; der Ausdruck „sinkt" weist aber — für den mehr
Wissenden — außerdem auf mein Nicht-Wissen hin in Bezug auf
die Art der Bewegung. Das genauere Wissen erkennt dann den
Irrtum nicht bloß als Irrtum, sondern auch als (bedingte)
Wahrheit.

Erst dann also, wenn sein Inhalt verglichen wird mit den
Resultaten anderer Akte des Erkennens, wenn er sich diesen
gegenüber auszuweisen hat, kurz, wenn er aus einer Aussage zu
einem Urteil geworden, wird der Irrtum vom Bewußtsein, dessen
Beziehungen er nunmehr stört, als Irrtum erkannt, und dadurch
allein wird er es überhaupt. Für das Leben des Universums ist
auch der Irrtum nur eine Art des Seins, und das Wirken seines
Inhalts als eines Erkannten zeigt sich so stark, wie der des als
wahr Geltenden, ja auch in ethischer Beziehung sind diese Wirkungen von nicht geringerem Werte für das Menschenleben, als
die der Wahrheit, und nicht einmal dies kann gesagt werden, daß
Wahrheit die Individuen glücklicher mache, als Irrtum, daß ihre
Folgen minder zerstörend auftreten in der Geschichte, — wenn
man überhaupt annehmen will, daß sie jemals auftrete ohne den
ihr zugehörigen Irrtum. Für die Wissenschaft ist dieser oft
ein Pfadfinder, oft ein Hemmnis, nicht selten wird er ausdrücklich
als möglich gesetzt und dennoch benutzt.

In Bezug auf bestimmte Beziehungen, welche wir selbst
uns stellen und definieren, werden wir von einer Aussage mit
Recht Wahrheit verlangen, — die auch Erkennen des Nicht-
Wissens sein kann — Irrtum zurückweisen; lassen wir Berück-
sichtigung aller möglichen Beziehungen zu, so wird jeder Irrtum
zu halten sein für relative Wahrheit, jede Wahrheit für relativen
Irrtum. Man spricht wohl von einem besonderen wissenschaftlichen Denken und stellt ihm das „wirkliche" Denken als den
Zufälligkeiten des Individuellen ausgesetzt gegenüber, aber es giebt
überhaupt kein anderes Denken als das „wirkliche", es ist dies
eben das menschliche, und wir handeln weder von einem anderen,
noch kennen wir ein anderes. Die Philosophen erheben im allgemeinen den Anspruch, sich besonders auf das Erkennen zu verstehen. Wir bestreiten ihn nicht, aber Cicero (de div. II., 58)

fand doch: nihil tam absurde dici potest, quod non dicatur ab
aliquo philosophorum. Es ist unnötig, hierüber viel beizubringen,
doch ist mir eine Stelle in Steinthals Vorwort zu seiner „Grammatik, Logik und Psychologie" erinnerlich, die ich sonst nicht
vertreten will, welche über Ciceros Worte noch hinausgeht. Er
spricht von Becker, dem Verfasser des „Organism der Sprache":
„ich fragte mich, wie ist es möglich, daſs ein Mann einerseits seit
Jahrzehenden als Gründer der neuen Grammatik anerkannt wird,
und andrerseits dir in einem Lichte erscheint, daſs du Mühe hast,
ihn von denen zu unterscheiden, die man geisteskrank nennt?
Und hier ist die Antwort, die ich mir gab. Ist denn dieser Fall
Beckers so einzig? Fragt doch Trendelenburg und viele andere,
ob sie Hegel und seine Schule von den Bewohnern Bedlams zu
unterscheiden wissen." Steinthal spricht dann von Geistes-Krank-
heiten, die notwendig, am Ende auch heilsam seien, und meint,
„der Wahn (solcher Leute) sei also ein objektiver, kein bloſs subjektiver". Das mag nun wohl so oder ähnlich so sein, aber woher
konnte Steinthal unter solchen Umständen so groſse Sicherheit im
eigenen Erkennen und Urteilen gewinnen?

Es bleibt uns schlieſslich als allgemeiner Unterschied zwischen
dem wahren Erkennen und dem irrtümlichen nur die untilgbare
Forderung — welche als Forderung sich freilich erst dem Zweifel
gegenüber erhebt — daſs die Wahrheit sein soll, daſs nicht
sein soll der Irrtum; und wir sehen ein, daſs wir, soweit es von
uns abhängt, dieser Forderung zu genügen haben, denn ohne
Wahrhaftigkeit würde ebensowohl unserm individuellen Leben
jeder Halt fehlen, wie der menschlichen Gesellschaft der Zusammenhang des Verkehrs; und selbst, wenn wir in der Kunst frei
schaffend uns bewegen, bindet uns die Notwendigkeit poetischer
Wahrheit, die wir ebensowohl fühlen und fordern, wie die des
Erkennens, denn wir wenden uns ab, wenn sie fehlt.

Daſs dies nun so ist, erklärt sich aus der Natur unseres Bewuſstseins.   .

Wir denken bei dem Worte Bewuſstsein an eine Bethätigung unseres Wesens, vermöge welcher wir von unseren Seelenakten wissen, so daſs wir sie gleichsam schauen. Die Bezeichnung dieser Wissens-Vorgänge durch ein Substantiv giebt uns
natürlich kein Recht, eine besondere Substanz in uns anzunehmen,
welche mit solcher Wissens- oder Schauens-Kraft ausgerüstet
wäre. Es verhält sich ebenso mit dem, was wir als Empfindung,
Gefühl, Wille, Erinnerung, Leidenschaft, Einbildungskraft u. s. w.

substantiviert uns vorstellen. Zeitweilig empfinden, fühlen, wollen
wir, erinnern wir uns, sind wir erregt, bilden wir uns etwas ein,
und es ist unserem Denken eigentümlich, solche Seelenakte auf
eine einheitlich vorgestellte Ursache zurückzuführen, aus welcher
sie quellen.

So wurde auch Romulus der Gründer Roms, Ilos der von
Ilion, und es wäre dagegen so lange nichts zu erinnern, als man
nur dies als von jenen vollbracht melden wollte, daſs sie Rom
und Ilion gegründet.

Die Bildekraft des Universums, welche in besonderer Form
uns beseelt, auch sie von uns nur bemerkt in den Akten ihrer
Bewegung, tritt hervor als Wollen, sofern dem Individuum notwendig ist, sich selbst zu erhalten und als besonderes zu bethätigen, und als Erkennen, sofern es sich gedrungen fühlt, seinen
Zusammenhang mit dem Universum theoretisch sich zu sichern,
so daſs seine Sonderseele sich als Teil des Universums begreift.
Beides aber, Wollen und Erkennen, das Sonderleben des Individuums ausdrückend, erwächst und erhebt sich aus dem Unter-
grunde des Fühlens, aus jenen Akten der Seele, welche unmittelbar von dem in uns fortdauernden Leben des Universums in
uns zeugen. Aus ihnen entnehmen Wollen und Erkennen die
Anlässe zum Hervortreten in ihrer individuellen Richtung, und
zu ihnen kehren sie im Individuum zurück, um sich ihrer selbst
gewiſs zu werden, ob sie in ihrer Freiheit das Eigenleben gefördert haben oder gehemmt, zu Lust und zu Schmerz.

Betrachten wir einen beliebigen Akt des Erkennens, wie er
in einem Satze sprachlich vorliegt, etwa: „es fallen Regentropfen",
so scheint zunächst, als werde uns nur eben das Ergebnis eines
Wahrnehmens mitgeteilt, aber es ist klar, daſs die Wahrnehmung
nicht ohne ein Wollen in das Bewuſstsein des Sprechenden aufgenommen und ausgesprochen wurde, und daſs dies Wollen in ihm
nicht entstehen konnte ohne ein vorangehendes Gefühl irgend
welcher Beteiligung seines (körperlichen oder) seelischen Zustandes
an dem wahrgenommenen Vorgange. Solches Mitwirken des
Fühlens und Wollens bei den Akten des Erkennens bleibt zwar
gewöhnlich unbeachtet, weil es sich auf dem Wege verliert, den
die Seelenbewegung in der anderen Richtung nimmt, aber Fragen,
wie etwa hier: Was kümmert Dich das? — würden es vor dem
Bewuſstsein des Sprechenden auftauchen lassen.

Ist dies aber so, dann wird auch klar, wie dem Erkennen
nach Vollendung (d. h. nach der sprachlichen Darstellung) einer

Produktion neben seinem Wissen um seinen Inhalt zugleich das
Gefühl der Befriedigung eines verwirklichten Wollens beiwohnt.
Dieses Lustgefühl wird sich mit der Energie des Strebens, mit
der Anstrengung des Denkens, mit der Wichtigkeit des Erkannten
steigern, und die Gewifsheit, dafs der neue Inhalt zu wider-
spruchsloser Einheit in die Form des Bewufstseins eingegangen
ist, gilt der Seele als Erweis derjenigen Wahrheit, welche ihr
eben zugänglich ist.

Wir können nunmehr zu der Frage zurückkehren, wiefern
die Sprache uns die Formen unseres Erkennens zeigen kann als
solche, vermittelst welcher wir „die Wahrheit" ergreifen. Nach
der vorangegangenen Erörterung wird es uns nicht mehr beirren,
wenn deutlich ist, dafs die Formen der Sprache sowohl das, was
uns als Irrtum im gegebenen Falle erscheint, wie das, was wir
für Wahrheit zu halten uns gedrungen fühlen, unterschiedslos aufnehmen, als Kriterien für ausschliefsliche Wahrheit also nicht
brauchbar sind. Es bleibt in dieser Beziehung die Aufgabe für
uns, nachzuweisen, dafs die Form der Darstellung eines Erkenntnisaktes, nämlich die Satzform, eben die Form des erkennenden Bewufstseins ist.

Weiter aber, wenn wir Wahrheit als ein Verhältnis be-
zeichneten zwischen dem Erkennen und dem Universum, als eine
Sphäre, in welcher unser Streben sich bewegt, beständig Wahr-
heit hervorbringend, beständig Irrtum zurückweisend, so haben
wir jetzt von der Sprache zu sagen, dafs sie an sich selbst den
Menschen in diese Sphäre versetzt, und dafs erst durch sie das
Eintreten in jenes Verhältnis des erkennenden Individuums zum
Universum auch der Gattung gesichert wird.

Ersteres wird durch unsere weitere Ausführung begründet
werden, und es wird sich aus ihr ergeben, in wie tiefem Sinne
die Sprache als Unterscheidungsmerkmal zwischen Mensch und
Tier zu betrachten ist, über die letztere an sich klare Hinweisung
schliefsen wir noch einige Bemerkungen an.

Erkennen wäre auch dem Individuum nicht möglich ohne
Sprache, aber noch deutlicher ist, dafs der Besitz des Erkannten,
dafs ein Wissen für die Gattung durchaus nur durch Sprache
möglich wird, so dafs sie vornehmlich — ratio et oratio — als
ein vinculum erscheint, quod cernitur in universi generis humani
societate (Cic. de off. I, 16).

Und es ist zu beachten, dafs wenn einerseits die Sprache es
ist, welche die Individuen mit einander vereinigt, sie selbst wiederum

der Beistimmung und der Aufnahme bei der Gemeinschaft bedarf,
und dafs die Festsetzung des Sprechens zur Sprache nur durch
deren Teilnahme und Einwirkung erfolgt. So enthält denn jede
Sprache das gemeinsam Erkannte vieler, die zu verschiedenen
Zeiten und unter verschiedenen Umständen ihr Leben in unserer
Wahrheitssphäre durch die Gebilde ihrer Bildekraft bezeugten.

Wenn aber durch blofses Sprechen schon gewonnen wird das
Erkennen, durch den Besitz der Sprache das Erkannte und das
Wissen, so scheint dann freilich Goethes Faust-Hexe unsere
Meinung auszusprechen:

> „Die hohe Kraft
> Der Wissenschaft
> Der ganzen Welt verborgen!
> Und wer nicht denkt,
> Dem wird sie geschenkt,
> Er hat sie ohne Sorgen."

Wir haben allerdings noch einen Vorbehalt in Bezug auf den
Gebrauch der Worte „Sprechen" und „Sprache" zu machen. aber
im übrigen flöfst uns die Rede der Hexe keine Furcht ein. Wollen
wir sagen, dafs allein etlichen auserwählten Männern, etwa denen,
welche eine gewisse Philosophie bekennen, dies zu eigen werde.
worin doch das Wesen der Gattung bestehen soll, und ist diese
gewisse Philosophie allen zu bekennen möglich?

Mögen jene Weiseren sich nicht vielleicht damit zu begnügen
haben, dafs sie, während das Erkennen einem jeden verliehen ist
in verschiedener Weise, das Erkennen des Erkennens, das Wissen
vom Wissen sich zu ihrer Aufgabe machen? — In noch weiterem
Sinne, als sie zunächst gemeint waren, seien Kants Worte (Kr.
d. r. Vern., p. 859) von uns wiederholt: „Ist das alles, wird man
sagen, was ihr ausrichtet? So viel hätte auch wohl der gemeine
Verstand, ohne darüber die Philosophen zu Rate zu ziehen, aus-
richten können! — Aber verlangt ihr denn, dafs eine Erkenntnis,
welche alle Menschen angeht, den gemeinen Verstand übersteigen
und euch nur von Philosophen entdeckt werden solle? Eben das,
was ihr tadelt, ist die beste Bestätigung von der Richtigkeit der
bisherigen Behauptungen, da es das, was man anfangs nicht vor-
hersehen konnte, entdeckt, nämlich dafs die Natur in dem, was
Menschen ohne Unterschied angelegen ist, keiner parteiischen Aus-
teilung ihrer Gaben zu beschuldigen sei. und die höchste Philosophie in Ansehung der wesentlichen Zwecke der menschlichen

Natur es nicht weiter bringen könne, als die Leitung, welche sie auch dem gemeinsten Verstande hat angedeihen lassen."

Unser — im übrigen selbstverständlicher — Vorbehalt hinsichtlich der Bedeutung, in welcher hier von den Wörtern Sprechen und Sprache die Rede ist, bezieht sich darauf, daß sie beide nur das Hervorbringen, das Schaffen bei dem Darstellen durch Lautbilder bezeichnen, nicht auch auf die verschiedenartige Verwendung derselben gehn, sofern Mitteilung durch Sprache mancherlei Zwecken dienen kann, die mit dem Erkennen nichts zu thun haben, z. B. mit denen des Redners, Sprachkünstlers, Dichters.

Zwar trägt jedes Sprechen die Formen, welche ihm als der Darstellung des Erkennens notwendig sind, aber auch das ganz Individuelle als solches, wie es z. B. als Affekt irgendwelcher Art die Seelenakte beeinflußt, kann durch die Art der Darstellung gezeigt werden, und mit dieser Kunst der Sprache hat unsere Betrachtung nichts zu thun.

Unsere Ansicht, daß das menschliche Erkennen sich zwar in der Sphäre der Wahrheit bewege, der Begriff selbst aber nur die Richtung unseres Strebens bezeichne, wird dadurch unterstützt, daß die Sprache, in deren Formen das Erkennen sich verwirklicht, diese Formen zwar deutlich herausgebildet hat, nie und nirgend aber abschließend und mit vollkommener Schärfe. Der Irrtum ist in ihr nicht minder mit der Wahrheit verbunden, als im Erkennen. Nur auf Eines weisen wir hin.

Wir sprachen bisher von der Sprache und von dem Erkennen, als ob dieselbe Sprache und dasselbe Erkennen bei allen Menschen anzunehmen sei. In Wirklichkeit sind nur die einzelnen Sprachen vorhanden, und daraus folgt, daß wir auch verschiedene Weisen, wir meinen: Grade des Erkennens zugestehen.

Übersetzt man aus einer Sprache in eine andere, so zeigt sich ein Unterschied nicht minder, als eine Gemeinsamkeit im Erkennen. Wenn etwa in der einen Sprache, wie z. B. im Chinesischen das Sprachgebilde, welches wir bei den Indogermanen Satz nennen, wegen harter Trennung der Teile einer genügend ausgeprägten Verknüpfung entbehrt, wenn dagegen in einer anderen, z. B. im Mexikanischen, durch Einverleibung der Teile in eine Wortform die Sonderung der Glieder verloren geht, so wird dort der Mangel einer lebensvollen Einheit, hier einer scharfen Unterscheidung sich auch als eine Bedingtheit des Erkennens kundgeben, aber, wenn auch nicht vom Standpunkt jener Sprachen selbst, so doch von einem günstiger gewählten, können diese Mängel als solche gewürdigt und damit für die Betrachtung aufgehoben werden. Der günstigere Standpunkt ist durch die Flexionssprachen gegeben, innerhalb welcher das Erkennen sich am reichsten und bestimmtesten entfaltet hat. Nur diese haben auch von je zu rein theoretischen Untersuchungen veranlafst, und man darf sagen, dafs die Frage nach Wesen und Form des Erkennens nur an den Sprachen zu untersuchen ist, in welchen sie aufgeworfen werden kann; sie ist eben nur denkbar bei deutlicher Ausprägung der Beziehungsweise unseres Denkens in der Sprachform.

Wir finden so den Erfolg der Sprach-Arbeit von derselben Art, wie beim Erkennen, er liegt einzig im Streben, in der Produktion selbst. Oben führten wir Lessings bekanntes Wort über unsere Wahrheit an; nicht minder bekannt sind W. v. Humboldts Worte über die Sprache (Über die Versch. d. menschl. Sprachbaues, p. 8): „Die Sprache ist kein Werk (Ergon), sondern eine Thätigkeit (Energeia). Sie ist die sich ewig wiederholende Arbeit des Geistes, den artikulierten Laut zum Ausdruck des Gedankens fähig zu machen."

Es giebt nur Eine Sprache des Menschen in dem Sinne, wie es nur Eine Wahrheit giebt, Eine Religion, Eine Sittlichkeit, und es widerspricht dieser Einheit des Begriffes nicht, dafs sie sich in gröfster Mannigfaltigkeit der Formen verwirklicht.

Das Festhalten an der Einheit, welche einzig die wahre sei, obwohl sie immer nur in besonderer Form vorlag, das Bemühen, dies Wahre geltend zu machen für alle, hat viel genützt ohne Zweifel in der Geschichte der Menschen, hat viel auch geschadet: genützt der Gattung, geschadet den Einzelnen. Auch befriedigen wir uns natürlich am liebsten, wenn uns völlige Befriedigung in Aussicht steht; wir fordern ein Festes und ein Letztes; der unaufhörlich gereizte Mensch sucht Ruhe. Aber wir werden uns auch gewöhnen können, das Erreichbare als das uns Genügende anzusehen, freier zu denken, gröfser zu fühlen. Befinden wir uns deshalb nicht im Luftmeer und atmen Leben, weil Unzählige mit uns, auf Höhen und in den Tiefen, an den Polen und unter dem Äquator dieselbe und doch überall eine andere Lebensnahrung einziehen, und geht es nicht allen wie uns? Nicht einmal derselbe Mensch hat dieselbe Wahrheit bei jeder Gedankenfolge, gesund und krank, in Jugend und Alter, in Glück und Elend; er hat sie immer nur zum Teil: er sieht sie, selbst in seinen eigenen Worten, in verschiedenem Licht, er bezieht sie verschieden und ändert damit ihre Bedeutung — immer aber mufs er sie erst wieder-

erzeugen; und bleibt er immer derselbe? Und dennoch ist es
kein Spiel mit Worten, wenn wir von Wahrheit sprechen. Entspringt denn unser Erkennen unserer Willkür? Ist Sprechen nicht
die Gabe, durch welche die Bildekraft des Universums unser
Geschlecht auszeichnet? Eine gewisse Freiheit, das eigene Wesen
zu bethätigen in besonderer Gestaltung durch die in uns besonderte Bildekraft des Universums ist diesen erkennenden und
sprechenden Individuen eigen, und von dieser Freiheit giebt die
Verschiedenheit der Sprachen Zeugnis, aber dennoch sind sie
immer im Umkreise des Daseins, bleiben sie immer innerhalb des
universalen Lebens auch in ihrem Erkennen, und was sie kennen
und erkennen ist freilich niemals n u r so, aber gewiſs jedesmal
a u c h s o. (14)

Es ist etwas Richtiges daran, wenn Comte annahm, daſs die
Geschichte des menschlichen Geistes zeigt, wie das Erkennen sich
durcharbeitet durch die theologische zur metaphysischen, von der
metaphysischen zur positiven Erfassung der Dinge, aber man irrt,
wenn man glaubt, daſs es abzuschlieſsen vermöge mit Resultaten
von Experimentationen. Die Betrachtung der Sprache — die
Sprache aber begleitet uns durch alle Stadien der Entwickelung
— lehrt, daſs, wenn wir immer gröſsere Erfolge erringen im
Positiven, wenn wir uns genötigt sehen, immer mehr Wert auf
ein genaues Kennen zu legen, denn dies ist die Grundlage von
Wissenschaft und fördernder Praxis, doch weder die Theologie
noch die Metaphysik dadurch aus unserm Erkennen entfernt
werden kann. „Kraft“, „Stoff“ sind nicht weniger Götter v o r
d e m E r k e n n e n, als Ormuzd und Ahriman, „Atome“ und „Anziehung der Körper“, nicht weniger Metaphysik, als Leibnitz'
Monaden und Plotins περίλαμψις.

Die S p r a c h e a n s i c h hat jenes an sich, was man als Mythologie und Metaphysik bezeichnet: es sind dies Namen, durch welche
angezeigt wird, wie das Erkennen sich rein abzuheben sucht vom
Kennen, um, losgelöst von demselben, unser Verhältnis zum Universum als eine Einheit der Glieder desselben zu fassen, die
Wahrheit als absolute. (Ἔκστασις καὶ ἅπλωσις καὶ ἐπίδοσις αὐτοῦ
καὶ ἔφεσις πρὸς ἀφὴν καὶ στάσις cet. Plotin. Enn. VI. lib. IX. 11.)

Notwendig haben diese Erhebungen in die Sphäre der Wahrheit auch die Natur des Irrtums an sich, im allgemeinen schon
deshalb, weil sie eben ein Losgelöstes, Absolutes, für erreicht
halten, während ihnen Erkennen und Sprache nur das Weilen in
einem Verhältnis gestatten. Diejenigen, welche ein besonderes

Übersinnliches als Gegenstand des Forschens annehmen, ent-
schliefsen sich leicht, Mangel und Unvollkommenheit der Sprache
hierbei zuzugeben, da sie sinnlicher Art sei, das Erkennen jedoch
halten sie für an sich mächtiger, denn sie fühlen nach jedem
Gesprochenen in sich immer noch ein Überschüssiges, die quellende
Bildekraft, welche im weiteren jeden Irrtum des einstweilen zur
Darstellung Gekommenen berichtigen, alles Unvollständige zu ergänzen imstande sein würde, wenn die Umstände für ihr Kennen
und Erkennen günstig lägen.

In der That fühlen wir so, denn das Fühlen ist Ausdruck
unseres inneren Seins in seiner Totalität, welches seine Einheit
mit dem universalen Sein im Erkennen hervorbringen will. Aber
diese faktische Einheit des individuellen Seins mit dem des
Universums ist eben nur eine gefühlte, sie ist keine erkannte,
denn sie geht so nicht ein in die Form unseres Bewufstseins und
darum auch nicht in die der Sprache. Wir leben in dieser gefühlten Einheit am innigsten in der Musik, im Ton, der mit
dem Erzittern des Stofflichen dessen Natur uns offenbart, aber
dieser Ton ist eben nicht von uns artikuliert, es fehlt ihm die
Bestimmtheit, welche das Erkennen verlangt. Nicht, was wir
fühlen, erkennen wir (und wir fühlen uns eben mächtiger bei
diesem Inhalt, als wir uns erkennend bewähren, weil dort das
Universum, hier das Individuum sich vernimmt), aber das Fühlen,
wie weit es Gegenstand des Bewufstseins werden kann, erkennen
wir nicht minder, als wir in dem Sein aufser uns die Beziehungen
erkennen und darzustellen vermögen, welche uns dessen Lebens-
akte offenbaren.

Wie aber unser Erkennen immer nur ein Verhältnis erfafst,
unsere Wahrheit das Irren in sich schliefst, sehen wir leicht,
wenn wir die Natur der Sprache in Betracht ziehen. Denn das
Mittel, durch welches wir die Akte unseres Erkennens zum Stehen
bringen und ihnen so eine Wirklichkeit schaffen, welche wenigstens
von der Zufälligkeit des Moments und von dem einzelnen Individuum ablösbar und unabhängig ist, ist der Laut, welchen wir
formen, biegen, gliedern, glätten, damit er diese Arbeit verrichten
kann. Der Laut aber, wie immer wir ihm auch die Züge unseres
Wesens aufdrücken mögen, um ein uns darstellendes und so unmittelbar verständliches Sein zu erhalten, er bleibt doch immer
Symbol, zeigt das Erkannte im Bilde, als Gleichnis; es wird durch
ihn nur wieder ein Streben erweckt im Hörenden, den Gedanken

wiederzuerzeugen, welcher aus dem Streben des Sprechenden
hervorging, ihn zu erzeugen. Rückert (W. d. Br. 12 in.) sagt:
„Du fassest selbst nur halb, was Du im Herzen sagst;
Und wenn Du in ein Wort es nun zu fassen wagst,
Wird es nur wieder halb sich darin fassen lassen:
Wie soll der Hörer ganz dies halbe Halbe fassen?
Er faßt so viel er mag und macht es ganz in sich,
Faßt dies auch halb, und glaubt nun ganz zu fassen Dich."
In die Unbestimmtheit des Symbolischen hüllt sich jene Wahrheit, die immer bereit ist zu irren, wenn sie sich genauer bestimmen will. Paulus knüpft an das Gefühl, in solcher Sphäre
zu atmen, seine Hoffnung. das Streben des Erkennens werde einmal erreicht sein (Cor. I, XIII. 12): *Βλέπομεν γὰρ ἄρτι δι' ἐσόπτρου
ἐν αἰνίγματι, τότε δὲ πρόσωπον πρὸς πρόσωπον· ἄρτι γινώσκω ἐκ
μέρους, τότε δὲ ἐπιγνώσομαι καθὼς καὶ ἐπεγνώσθην.*

Anmerkungen.

1) Die Stoiker nannten die Stimme einen Körper, weil sie auf
unser Gehör wirke und Eindrücke hinterlasse, wie ein Siegelring im
Wachs. Plut. (de plac. phil. IV, 20): *Οἱ Στωικοὶ σῶμα τὴν φωνὴν
λέγουσι· πᾶν γὰρ τὸ δρώμενον ἢ καὶ ποιοῦν σῶμα* cet.

2) Schleiermacher (Dialektik, p. 41): „Wissen ist immer ein
Denken." „Ehe sich der Mensch die Sprache aneignet. hat er auch
noch kein Denken. In dem Denken aber, welches sich auf einen
Empfindungszustand bezieht. unterscheiden wir etwas, was kein
sprechendes Denken, aber in dem Denken enthalten ist, nämlich das
Bild. Es ist dies gleichsam der Nachklang des Empfindungszustandes.
Kommt nun das Denken hinzu, so wird das Bild in die Sprache
übertragen, das Wort zu einem Zeichen dafür fixiert, welche Thätigkeit, den Empfindungszustand im Bilde festzuhalten, andrerseits auch
immer schon dem Denken voraufgeht. Hier ist nun grofse Analogie
mit dem Zustand der Tiere nicht zu verkennen, nur dafs diesen das
Denken und Sprechen fehlt. Die Richtung auf das Denken und die
Sprache ist also nicht gegeben in der auf die Empfindung, denn die
haben auch die Tiere, auch nicht allein in der Richtung auf die Thätigkeit, denn auch diese haben die Tiere in ihren Kunsttrieben, sondern

die Richtung der Sprache ist eben die auf das Wissen, und
weil jedes Denken, auch das um des Genusses und um der
Praxis willen, ein Sprechen werden muſs, so liegt auch in
jedem Denken die Richtung auf das Wissen."

3) Plat. (Soph. p. 263, *E*): διάνοια und λόγος sind ταυτόν. —
(Theaet. p. 189, *E*): τὸ διανοεῖσθαι — λόγος, ὃν αὐτὴ πρὸς αὑτὴν ἡ ψυχὴ
διεξέρχεται περὶ ὧν ἂν σκοπῇ· — τοῦτο γάρ μοι ἰνδάλλεται, διανοουμένη
οὐκ ἄλλο τε ἢ διαλέγεσθαι, αὐτὴ ἑαυτὴν ἐρωτῶσα καὶ ἀποκρινομένη, καὶ
φάσκουσα καὶ οὐ φάσκουσα — ὥστ' ἔγωγε τὸ δοξάζειν λέγειν καλῶ καὶ
τὴν δόξαν λόγον εἰρημένον, οὐ μέντοι πρὸς ἄλλον οὐδὲ φωνῇ, ἀλλὰ σιγῇ
πρὸς αὑτόν.

Schleiermacher (Dialektik, p. 449) sagt: „Denken und Sprechen
ist so eins, daſs man es nur als inneres und äuſseres unterscheiden
kann, ja auch innerlich ist jeder Gedanke schon Wort."

4) Arist. (Anal. post. I, 10): οὐ γὰρ πρὸς τὸν ἔξω λόγον ἡ ἀπόδειξις,
ἀλλὰ πρὸς τὸν ἐν τῇ ψυχῇ, ἐπεὶ οὐδὲ συλλογισμός· ἀεὶ γάρ ἔστιν ἐνστῆναι
πρὸς τὸν ἔξω λόγον, ἀλλὰ πρὸς τὸν ἔσω λόγον οὐκ ἀεί. Herakl. Alleg.
Hom. c. 72. Sext. Emp. adv. Math. VIII, 275.

5) Das Geschäft, „den Anteil der Sprache am Denken nachzuweisen und gleichsam zu eliminieren, ohne daſs darum nötig wäre,
während dieser Operation ohne Sprache zu denken", hat besonders
O. F. Gruppe betrieben im „Antäus", dem „Wendepunkt der Philosophie im neunzehnten Jahrhundert" und sonst. — Man findet über
diesen Punkt mehreres in des Verfassers: „Die Sprache als Kunst",
T. I, p. 252—313.

6) Locke (Of hum. underst. III, 9, 21): I must confess, that, when
I first began this discourse of understanding, and a good while after.
I had not the least thought that any consideration of words was at
all necessary to it; but when, having passed over the original and
composition of our ideas, I began to examine the extent and certainty
of our knowledge, I found it had so near a connexion with words,
that, unless their force and manner of signification were first well
observed, there could be very little said clearly and pertinently concerning knowledge, which being conversant about truth, had
constantly to do with propositions.

7) Diog. Laert. (IX, 51): Πάντων χρημάτων μέτρον ἄνθρωπος,
τῶν μὲν ὄντων ὡς ἔστι, τῶν δὲ οὐκ ὄντων ὡς οὐκ ἔστιν. cf. Plat. Theaet.
p. 152; p. 161.

8) Arist. Categ. 12: τῷ γὰρ εἶναι τὸ πρᾶγμα ἢ μὴ ἀληθὴς ὁ λόγος
ἢ ψευδὴς λέγεται.

9) Arist. Met. V, 4: οὐ γάρ ἐστι τὸ ψεῦδος καὶ τὸ ἀληθὲς ἐν τοῖς
πράγμασιν, οἷον τὸ μὲν ἀγαθὸν ἀληθὲς τὸ δὲ κακὸν εὐθὺς ψεῦδος, ἀλλ'
ἐν διανοίᾳ. De interpr. 9: ὁμοίως δὲ οἱ λόγοι ἀληθεῖς ὥσπερ τὰ

πράγματα. Metaph. IV, 7: ὁσαχῶς γὰρ λέγεται, τοσαυταχῶς τὸ εἶναι σημαίνει.

10) Arist. de Xenoph. 5: οὐκ εἶναί φησιν οὐδέν· εἰ δ᾽ ἔστιν, ἄγνωστον εἶναι· εἰ δὲ καὶ ἔστι καὶ γνωστόν, ἀλλ᾽ οὐ δηλωτὸν ἄλλοις cet. cf. Sext. Emp. adv. Math. VII, 66 sq.

11) Spinoza trennt mit gröfster Entschiedenheit die Wahrheit des Kennens von der des Erkennens. Vom Erkennen sagt er: Ethic. II, Prop. 43. Schol.: Qui veram habet ideam, simul scit, se habere veram ideam, nec de rei veritate potest dubitare, und (ib. Prop. 32): Omnes Ideae quatenus ad Deum referantur, verae sunt: omnes enim ideae, quae in Deo sunt, cum suis ideatis omnino et adaequate conveniunt. Ib. Prop. 29, Cor. heifst es vom Kennen: Mens humana, quoties ex communi naturae ordine res percipit, nec sui ipsius, nec sui corporis, nec corporum externorum adaequatam, sed confusam tantum et mutilatam habet cognitionem. Er erklärt das „ex communi naturae ordine“: hoc est, quoties externe, ex rerum nempe fortuito occursu, determinatur ad hoc vel illud contemplandum. Gleichwohl verlangt er das Kennen für das Erkennen (ib. V, prop. 24): Quo magis res singulares intelligimus, eo magis Deum intelligimus.

12) Es scheint, als hätten die Stoiker, namentlich Chrysippus, das unmittelbare Ergreifen des sinnlichen Daseins sowohl wie des geistigen zusammenfassen wollen, wenn sie die φαντασία καταληπτική als das Kriterium der Wahrheit bezeichneten. (Diog. Laert. VII, 54.) (cf. Zeller, d. Philos. d. Gr., T. III, 1, p. 83 ff.)

13) Arist. (met. IX, 10): ὥστε ἀληθεύει μὲν ὁ τὸ διῃρημένον οἰόμενος διῃρῆσθαι καὶ τὸ συγκείμενον συγκεῖσθαι, ἔψευσται δὲ ὁ ἐναντίως ἔχων ἤ τὰ πράγματα. id. (de interpr. I): ἔστι μὲν οὖν τὰ ἐν τῇ φωνῇ τῶν ἐν τῇ ψυχῇ παθημάτων σύμβολα.

14) In Bezug auf diese Freiheit und Gebundenheit der Sprache vergleiche man W. v. Humboldt (Versch. d. menschl. Sprachb. § 2): „Sprache entspringt aus einer Tiefe der Menschheit, welche überall verbietet, sie als ein eigentliches Werk und als eine Schöpfung der Völker zu betrachten“ — „sie ist eine ihnen durch ihr inneres Geschick zugefallene Gabe.“ „Es ist kein leeres Wortspiel, wenn man die Sprache als in Selbstthätigkeit nur aus sich entspringend und göttlich frei, die Sprachen aber als gebunden und von den Nationen, welchen sie angehören, abhängig darstellt.“ cf. hierzu Pott in seiner Ausgabe dieser Schrift, Bd. 2, p. 427 ff.

Kapitel III.

Das Fortschreiten von Naturlauten zur Lautsprache in Wechselwirkung mit der Entwickelung der Intellektualität. — Die Sprachwurzel. — Der Satz. — Die Form des Bewußtseins.

Unsere Auffassung des Verhältnisses, in welchem der theoretische Geist des Menschen zu seiner Sprache steht, ist im wesentlichen die W. v. Humboldts (Versch. des menschl. Sprachb. ed. Pott, Bd. 2, p. 52): „Die Sprache der Völker ist ihr Geist und ihr Geist ihre Sprache; man kann sich beide nie identisch genug denken. Wie sie in Wahrheit mit einander in einer und eben derselben, unserem Begreifen unzulänglichen Quelle zusammenkommen, bleibt uns unerklärlich verborgen." „Wenn wir Intellektualität und Sprache trennen, so existiert eine solche Scheidung in der Wahrheit nicht." (1)

Man hat wohl auch versucht, zu zeigen, daß der Laut in seiner Fortentwickelung die Intellektualität überhaupt erst hervorbringe, daß „also auch nicht die Vernunft die Sprache, sondern nur die Sprache die Vernunft, wenn auch nicht vollendet und fertig die vollendete, verursacht haben kann." (Geiger, Urspr. und Entwickel. der menschl. Sprache und Vernunft. Bd. I, p. 105.)

Zumeist begegnet man jedoch der Ansicht, daß die Sprache für den Geist des Menschen nur ein mehr oder weniger zufälliges Mittel sei, durch welches er zu sinnlicher Erscheinung gelange. So spricht sich z. B. Lotze (Logik, p. 540) aus: „Der Ausdruck unserer Gedanken ist an die Sprache, längst auch ihr innerer Verlauf an die Reproduktion der Worte gewöhnt: Wahrnehmungen, Erinnerungen und Erwartungen haben volle Klarheit kaum, bis wir für sie erschöpfende Ausdrücke in Sätzen der Sprache gefunden.

Der so erreichte Vorteil hängt nicht eigentlich an der Sprache
und ihren Lauten, sondern an einer inneren Arbeit der Zergliederung und Verknüpfung, welche dieselbe bliebe, auch wenn
sie andere Formen der Mitteilung benutzte; thatsächlich aber,
nachdem die Sprache zu diesem Zweck entstanden, ist Form und
Leichtigkeit der Denkbewegungen allerdings von den Mitteln abhängig, welche sie darbietet, und deshalb selbst national verschieden, nachdem mancherlei Ursachen sich verbunden haben,
Bau und Fügung verschiedener Sprachen ungleichartig zu machen.
An sich ist daher, was wir logisch meinen, unabhängig von der
Art, wie wir es sprachlich ausdrücken, in wirklicher Ausführung
aber doch alles menschliche Denken genötigt, den geistigen Ge-
danken durch Trennungen, Verknüpfungen und Umformungen der
Vorstellungsinhalte herzustellen, welche die Sprache in ihren
Worten verfestigt hat.“

Wie würde Lotze diese Auseinandersetzung wohl gegeben
haben, wenn er „andere Formen der Mitteilung dazu benutzt“
hätte, etwa — und eine andere wüßten wir uns nicht vorzustellen
— die Formen der Gebärdensprache? Er selbst sieht, daß, wenn
man auch „andere Formen“ für möglich halten wollte, doch unser
Denken, „nachdem die Sprache thatsächlich zu diesem Zweck entstanden“, „in wirklicher Ausführung“ an die Lautsprache gebunden
ist, ohne dieselbe also unausgeführt bliebe. Und diese Wirklichkeit der Ausführung ist nur eben Folge einer zufällig einst so
vollzogenen Thatsache, die trotz der unendlichen Verschiedenheit
der Laute für alle Menschen verbindlich geworden wäre?

Es ist ja eine sinnreiche Gebärdensprache vorhanden, die den
Taubstummen systematisch zugänglich gemacht wird, aber meint
man, es hätte gelingen können, diese Gebärdensprache so zu entwickeln und zu lehren, daß man ihr selbst nur die Aufgaben
hätte zu stellen gewußt, welche sie jetzt zu lösen sucht, wenn
nicht den Standpunkt hierfür man durch die Lautsprache gewonnen hätte? Deuten können die Gebärden: sie ersetzen also
etwa unsere Pronominalwurzeln; sie können zeigen, wie das Universum auf uns wirkt, nicht aber, wie wir es fassen. Wie sollten
sie Arten der Beziehung, wie: Grund, Verhältnis, bezeichnen
können?

Und da sicherlich von Anfang Gebärde für sich und in Begleitung des Lautes zur Mitteilung verwandt wurde, zeigt eben
ihr immer weiteres Zurücktreten, daß sie nicht einmal für die
Mitteilung genügt. Es ist aber überhaupt schief, von dem „Ent-

stehen der Sprache zum Zwecke der Mitteilung" zu reden. Woher
hätten die noch nicht Sprechenden vor der Entstehung wissen
können, dafs der Laut Gedanken mitteile? Dafs Mitteilung durch
die Sprache erfolgt, ist Folge ihres Wesens, Bethätigung ihres
Gattungscharakters, aber keineswegs ist damit ihr Wesen erschöpft. Auch die Naturlaute der Tiere dienen der Mitteilung,
aber die Sprache teilt Erkanntes mit, und zwar ausschliefslich.
(Τὸ διανοεῖσθαι λόγος, ὃν αὐτὴ πρὸς αὑτὴν ἡ ψυχὴ διεξέρχεται
περὶ ὧν ἂν σκοπῇ. Plat. Theaet. 189. E.) Anders als in ihr ist
Erkanntes als solches gar nicht vorhanden; durch sie wird es
ein Wirkliches und eine, freilich immer wieder hervorzubringende,
Bestimmtheit, ein Besitz des menschlichen Geistes. Ebensowohl wie
Erkennen ohne Sprache, könnte Musik ohne Töne möglich scheinen.
Denn Musik ist nicht nur das Tönende; ihre innerliche Seite, die
Bewegung der Empfindungen, des Gefühls liefse sich ja wohl
etwa auch durch Mimik ausdrücken und mitteilen.

So sind auch Denkbewegungen für sich noch kein Erkennen;
sie müssen zu einer gewissen Bestimmtheit gekommen sein, fähig
sein, in feste Form sich zu fassen, und so mufs der Mensch sie
fühlen. Dann artikuliert er dieselben in einer Lautschöpfung,
zu welcher seine Eigennatur ihn befähigt ebensowohl, als zwingt.
Die eigene Bildekraft besondert in der Artikulation den von der
Bildekraft des Universums gegebenen Laut.

Denkbewegungen, welche zu einem derartigen Abschlufs in
Darstellung einer lautlichen Formierung nicht gelangen, dringen
eben bis zum Erkennen nicht durch, verdrängen unaufhörlich ihre
haltlosen Bildungen durch neue oder belassen sie in schwankenden
und undeutlichen Umrissen. Gerade die Befähigung zu einem
solchen Abschlufs des Denkaktes durch den zugehörigen Sprachakt ist die sichere Grenze zwischen dem Denken des Menschen
und dem des Tieres; beruht doch auf dem Besitz der Sprache
auch wesentlich die Fähigkeit geschichtlicher Entwickelung
für das Menschengeschlecht. Denn der Einzelne stirbt, und die
Arbeit seines Erkennens würde mit ihm verwehen, wenn die Sprache
sie nicht bewahrte.

Sprache und Erkenntnis gehören der Gattung an, deren vor-
übergehende Repräsentanten die Einzelnen sind. Die von den
Einzelnen hervorgebrachten Lautbilder werden nur dadurch zur
Sprache, dafs sie von weiten Kreisen der Menschen als treffende
Symbole von Vorstellungen empfunden und anerkannt werden.
Geschaffen, umgeschaffen, umgedeutet von einzelnen, hat doch der

Laut nur Geltung als Sprachlaut, wenn er zum allgemeinen Besitz geworden ist, zum allgemeinen mit der Maßgabe, daß sich Sprache unter dem Einfluß von naturgegebenen Bedingungen und von geschichtlichen Vorgängen an verschiedenen Orten verschieden gestaltet. Der Schatz von Erkenntnis, an dem alle teilhaben, vererbt sich so in der Sprache von Geschlecht zu Geschlecht, und zugleich hat jedes Individuum eine bedingte Freiheit und Macht, seinerseits Sprache und Erkenntnis zu fördern.

Das Denken des Individuums beginnt seine Arbeit nicht sogleich in der Helligkeit, welche die sprachliche Form voraussetzt, aber je klarer es sich wird, desto bestimmter bieten sich Lautbilder, um ihm Gestalt zu geben, desto eifriger suchen wir das befreiende Wort, und der Denkakt ist abgeschlossen, sobald wir es gefunden oder, wie richtiger zu sagen ist, sobald wir es für unsere Gedanken wiederhervorgebracht haben.

Wenn man dies so erklärt, daß die Seele des Lautes bedürfe als eines Zeichens, an welches sie sich halte, um operieren zu können, so genügt das nicht. Ein Halt und ein Zeichen wird der Laut erst infolge der Sicherheit, welche er im Denken erreicht hat, so daß die Vorstellung ihr Bild in ihm ausprägen konnte durch Artikulation. Der Denkakt zeigt durch seine Verleiblichung im Laut den Fortschritt, daß sein Inhalt für die Seele zum Objekt geworden ist, daß sie seiner als des ihrigen, von ihr gesetzten, sich bewußt geworden. Man kann also wohl ein Inneres und Äußeres unterscheiden, wenn man von Akten des Erkennens spricht, aber wie wollten wir diese erfassen, als wie sie in Wirklichkeit sind, d. h. in der Sprache?

Darum werden wir die Bedingungen, unter denen Erkennen zustande kommt, die Formen seiner Wirklichkeit, aus der Sprache zu entwickeln haben.

Von jeher schon hat man unbewußt unter Leitung der Sprache die Akte unseres Erkennens untersucht. Ein berühmtes Beispiel haben wir an Aristoteles Behandlung der Kategorieenlehre, durch welche er zu einer Rubrizierung aller realen Begriffe gelangen will. (2) Da schwebte ihm eben das Schema des grammatischen Satzes vor, wie es spätere Zeiten erst im einzelnen zergliederten und die Bestandteile feststellten. Freilich glaubte er, daß von den Lautbildern die Dinge selbst dargestellt würden, sie bedeuten ihm das Seiende, drücken ihm das Kennen aus. Es ist dies die Verwechselung, zu welcher die Auffassung der Sprache als Mittei-

lung veranlaßt, denn die Mitteilung verlangt, daß das Lautbild
von dem Hörenden als objektiv angesehen werde, um verstanden
zu werden, als Repräsentant, nicht als Symbol, und die Seelen-
laut-bilder-welt bedeutet für die Mitteilung ohne weiteres die
„wirkliche". Unsere Kritik der Sprache, indem sie dem
Unterschied der sprachlichen Setzung von demjenigen,
was das Kennen bietet, nachgeht, gelangt so zum Verständnis der Sprachformen und damit zur Erfassung des
dem Menschen eigentümlichen Erkennens.*)

Wie aber dem Erkennen das Kennen vorangehen muß, so
setzt der Sprachlaut den Naturlaut voraus. Der Laut begleitet von Anfang die Entwickelung der Seelenbewegungen; in
der Schaffung der Sprachwurzeln sehen wir den Übergang der
Seele zu theoretischem Verhalten, vom Kennen zum Erkennen;
mit der Ausbildung der Satzform ist die Form unseres
Erkennens erreicht, denn in der Satzform prägt sich die
Form des Bewußtseins aus. Immer entfaltet sich in Wechsel-
wirkung das theoretische Denken und die Hervorbringung der
Laute, welche, in der Mitte stehend zwischen dem Sein und dem
Denken, die Vermittelung übernehmen zwischen Individuum und
Universum.

Betrachten wir zunächst in Kürze die Vorstufen zur Sprache.
Die Naturlaute bilden sich fort zur Lautsprache, indem sich
beständig Resultate der Notwendigkeit mit Bethätigungen der
Freiheit verbinden, Physis mit Thesis. Die Hervorbringung der
Laute erscheint zu Anfang als bloße Reflexbewegung, tritt aber
allmählich in den Dienst eines Wollens. Der gehörte Laut nämlich wirkt sofort wieder auf die Empfindung, deren Laut fordernd
nicht mehr bloß als den einer Empfindung, sondern als den einer
empfundenen Empfindung.

In solcher Wechselwirkung wird die Hervorbringung des
Lautes allmählich zu einem Vorgang, an welchen sich die Unterscheidung von Seelenzuständen knüpft, deren Ausdruck er ist, und

---

*) Boeckh (Encycl. u. Methodol. d. philolog. Wissenschaften, p. 77) hebt
hervor: „Die Aufgabe der Kritik ist nicht, einen Gegenstand an sich,
sondern das Verhältnis zwischen mehreren Gegenständen zu verstehen."
(l. c. p. 170): „Daß das Erkennen dieses Verhältnisses selbst der Zweck
ist, wird auch durch den Namen der Kritik angedeutet. Die Grundbedeutung
von *χρίνειν* ist die des Scheidens und Sonderns; alles Scheiden und Sondern
ist aber Festsetzung eines bestimmten Verhältnisses zwischen zwei Gegenständen."

mit dieser Unterscheidung gewinnt der neue Laut selbst an Farbe
und Bestimmtheit. Natürlich giebt der Laut nicht die Empfindung
als solche wieder, aber, wie er selbst der verkörperte Empfin-
dungsakt ist, regt er in der aufmerkenden Seele ein entsprechendes Bewegen an, und von dem sympathischen Lautgebilde her
teilt sich ein gleiches Empfinden den Gattungsgenossen mit. Die
Hervorbringung des Lautes aber löst die Seele von einer Spannung, erleichtert sie, und zeigt dadurch an, daſs sie für unsern
Organismus als wesentlicher Teil zum Akt der Empfindung gehört — wie in noch tieferer Weise der Sprachlaut sich als
wesentlich erweist für die Akte der erkennenden Seele.

Die Menge und Mannigfaltigkeit der Empfindungen, wie die
der Verwunderung, des Staunens, der Spannung und Überraschung,
der Freude und Lustigkeit, des Schmerzes, der Angst, des Ent-
setzens, der Ungeduld, Erwartung, des Begehrens, des Wider-
willens, des Ärgers, Zornes, der Ermüdung, Erschöpfung, des Zu-
stimmens, Abwendens u. d. m. verlangten eine groſse Zahl und
ungemessene Schattierung von Lauten, die je nach der Art der
Individuen, und nach den besonderen Umständen, unter denen sie
hervorgebracht wurden, rauh oder sanft, eindringlich oder matt,
scharf oder zögernd erklangen. Das Entstehen der Lautsprache
wird nicht wohl begreiflich, wenn man nicht annimmt, daſs für
die Technik der Artikulation den Sprachwerkzeugen durch Vor-
übungen an solchen Lauten vorgearbeitet wurde, wie in gleicher
Weise das den zur Sprache formierten Lautbildern entsprechende
Maſs des Unterscheidens beim Wahrnehmen nur allmählich sich
herausbilden konnte. In dem Maſse, wie der Zwang der unmittelbar andringenden Bedürfnisse im Leben und im Verkehr der
Menschen nachlieſs, wurde die Seele freier für ein theoretisches
Interesse an den Vorgängen im Universum. Eine Freiheit dieser
Art war notwendig, um die Bethätigung eines Könnens in der
Ausprägung der Laute hervorzulocken, um ein Gefühl der Be-
friedigung über glückliches Artikulieren zuzulassen, darüber, daſs
der Laut nunmehr nicht mehr bloſs eine Empfindung anzeigte,
sondern ein Bild entwarf, welches eine Vorstellung bedeutete.

Die Naturlaute waren zu Symbolen geworden. Mit wie
vieler Modifikation des Lautmaterials dies geschah, ist nicht aus-
zumachen. Laute starker und heftiger Empfindungen sind in
manchen Wörtern, wie jubeln, jauchzen, ächzen, ἰάχειν, οἶκτος u. a.
unverkennbar, sanftere Erregungen reizten zu Lautnachbildungen
weniger noch, indem sie sich anlehnten an gehörte Laute (wie etwa

kuku, cuculus, κοκκύζω), als unter dem Einfluß eines Mitempfindens mit der Natur, deren Vorgängen gewisse Artikulierungen unserer Laute analog zu sein schienen.*)

Man hat vielfach den engen Zusammenhang des Erkennens mit der Sprache, welcher doch den Philosophen bei Erforschung der Wahrheit sich eher hinderlich als fördernd zu erweisen schien, als nur bei der Sprachschöpfung selbst in voller Reinheit vorhanden angenommen. Durch die ursprüngliche, naturgegebene Weisheit der Menschen oder kraft einer göttlichen Offenbarung habe das Seiende, das Wesen der Dinge, seinen Ausdruck in deren Namen gefunden, und durch Aufsuchen dieser ersten Lautbilder, der Etyma, komme man also zur Erkenntnis dieses Wesens.

Jakobi (Werke. Bd. III. p. 556 ff.) schreibt z. B. an Herder: „Ich kenne keine andere gute Weise, der Wahrheit philosophisch nachzuforschen, als die Wurzeln der Wörter aufzusuchen. Aber auch hier hat man äußerst auf seiner Hut zu sein, und darf hintennach das Probemachen nicht versäumen. Die Sprache bleibt die alte Schlange, die sie schon im Paradiese war." So hatte schon der Platonische Kratylos gelehrt, jedes Ding habe einen ihm von Natur zukommenden richtigen Namen, und, wer die Benennungen verstünde, der erkenne auch die Dinge: (3) aber die Namen geben nicht die Dinge wieder, sondern unser Vorstellen, und irgend welche Erkenntnis, „eine Wahrheit", kann nur in der Satzform gedacht werden.

Die für das theoretische Verhalten des Individuums zum Universum entscheidende Wendung, welche durch die Schaffung der Sprachwurzeln eintrat, ist anders zu fassen.

Die Seele löste mit dem Schaffen eines benennenden Lautbildes ihr Kennen des sie erregenden Vorgangs als einen ihr selbst eigenen Akt los aus der Bewußtlosigkeit, in welcher sie

---

*) Scherer (Zur Gesch. der deutschen Sprache. 2. Aufl., p. 25) bemerkt: „Es gehört weder große Kühnheit noch sonderlicher Scharfsinn dazu, um Zusammenhang zwischen der Art und Weise der Hervorbringung der Laute und dem was sie bezeichnen zu vermuten. Der bezeichnete Gegenstand kann eigentlich nachgeahmt, nachgebildet werden durch den Akt der Lauthervorbringung. In W. va z. B. wird geradezu das, was die Wurzel ausdrückt, das Wehen, mittelst der Sprachorgane erzeugt. In W. ma „füllen" ist der Laut charakteristisch, den wir bei geschlossenem und gefülltem Munde hervorbringen." Gut sagt Rénan (orig. du lang., p. 118): La raison qui a déterminé le choix des premiers hommes peut nous échapper; mais elle a existé. La liaison du sens et du mot n'est jamais nécessaire, jamais arbitraire, toujours elle est motivée. (cf. Gerber, Spr. als K., T. 1, p. 211 ff.)

dasselbe, das Leben des Universums mitlebend, als Akt des Universums aufgenommen, sich angeeignet hatte; sie wurde ihres Wissens sich bewußt als des ihrigen.

Gewiß waren es bestimmte Vorgänge, besondere Eindrücke, welchen die Naturlaute des Menschen gegolten hatten, aber als besondere, nach Maßgabe des menschlichen Organismus, seiner Sinneswerkzeuge und seiner Empfindung, abgegrenzte kamen sie ihm erst zum Bewußtsein, als er sie benannte.*) Dieses Besondern eines Allgemeinen ist das Charakteristische der Bildekraft des Menschen: in ihm liegt seine Umgrenzung, seine Stärke wie seine Schwäche, denn durch die Macht desselben erhellt er sein Kennen zum produzierenden Erkennen, durch die Bedingtheit desselben beschränkt sich sein Erkennen auf Stückwerk.

Und wie sollte es anders zu denken sein? Lebt nicht die Bildekraft des Universums auch im Menschen, obzwar besondert, individualisiert? Muß sie sich nicht bei ihm weiter bethätigen nach gleicher Methode? Jene aber zeigt sich uns im Schaffen der Exemplare, von Individuen, in der unaufhörlichen Besonderung und Gliederung des Allgemeinen, welches uns als ein stets für sie bereiter, immer verbrauchter, immer sich ersetzender Stoff erscheint. So auch besondert und gliedert der ihr theoretisch nachschaffende Mensch den naturgegebenen Laut, zugleich auch das durch diesen bezeugte Kennen, welches nicht minder ein naturgegebenes ist, damit es zum Stoff sich eigne für die Akte seines Erkennens, welches besondern, zerlegen muß, um bilden, um gestalten zu können. Unser Weltbild kommt durch Einzelbilder zustande.

Wir fragen, um der Sache näher zu treten, wie man sich die Bedeutung der Sprachwurzeln zu denken hat.

Man wird selbstverständlich nicht annehmen können, daß eine Absicht, die Dinge mit Namen zu versehen, die ersten Sprachlaute hervorgerufen habe.

---

*) cf. Wundt (Physiolog. Psychol., 2. Aufl., Bd. 2, p. 217): „Dem unentwickelten Bewußtsein fließt alles gleichzeitig Vorgestellte mehr oder minder zusammen. Dem Kinde verschmilzt das Haus mit dem Platze, auf dem es steht, das Roß mit dem Reiter, der Kahn mit dem Flusse in ein untrennbares Bild. Erst allmählich sondern sich teils infolge der unmittelbar wahrgenommenen Bewegungen und Veränderungen der Gegenstände, teils infolge der Ausscheidung der festeren aus den loseren Vorstellungsbedingungen aus jenen ursprünglichen Komplexen die Einzelvorstellungen als diejenigen, welche die konstanteren Bestandteile der wechselnden Verbindungen bilden."

Es müssen bestimmte Anlässe, die als Reize empfunden wurden, eingetreten sein, sie zu bilden. Nun ist klar, dafs bei vollkommener Ruhe, bei starr beharrenden Zuständen des Gekannten, ein Anlafs und Reiz, der zu einem Sprachakt geführt hätte, nicht vorhanden gewesen wäre. Es mufste eine Veränderung, ein Bewegen sein, welches aufmerken liefs, dem Verwunderung folgte. (Die Alten haben richtig die Verwunderung als den Anfang der Philosophie bezeichnet.) (1)

Nehmen wir nun an, dafs auf solche Anlässe hin die Freude am Bilden — ein Kunsttrieb — zu symbolischer Gestaltung des Lautes durch eine der Empfindung entsprechende Artikulierung anregte, so wurde dann allerdings ein Sprachlaut geschaffen, nicht aber damit auch schon eine Sprachwurzel, d. h. ein Sprachlaut, der, weil er öfter wiederholt und von einer Vielheit von Individuen als bezeichnend nachempfunden und deshalb nachgebildet wurde, in den Wörtern der Sprache erhalten blieb. Weiteres war also nötig, damit nicht die unzähligen selbst glücklichen Gestaltungsversuche dieser Art verschollen, ohne eine Spur von sich zu hinterlassen; war doch sicherlich der Hervorbringende selbst kaum imstande, mit den ungeübten Organen den Einmal artikulierten Sprachlaut nach einiger Zeit getreu zu wiederholen. Eine Veranlassung, gerade denselben artikulierten Laut zur Bezeichnung bestimmter Vorgänge wiederholt zur Anwendung zu bringen, war jedesmal dann gegeben, wenn entweder das Wahrgenommene aus dem Bereich der Sinnesorgane des Individuums sich entfernte, oder wenn dieses sich von seinem Objekte entfernt hatte. Dann nämlich wirkte nicht mehr unmittelbar ein Reiz auf die Empfindung, sondern die Erinnerung an den Reiz, und diese Erinnerung, die nunmehr eine Vorstellung enthielt, brauchte zu ihrem Ausdruck den bestimmter bezeichnenden artikulierten Laut, den sie als ein Abbild des Vorganges sich geschaffen hatte. Der Empfindungslaut wurde in diesem Falle weder von der nur mittelbaren Erregung gefordert, noch vermochte ein Naturlaut das abwesende Objekt, wie es in der Vorstellung lebte, genügend zu kennzeichnen, noch hätten hierbei sogenannte Pronominalwurzeln (wie z. B. das demonstrative ta oder das interrogative kva oder das den Redenden bezeichnende ma) ergänzend eintreten können; (5) der qualitativ bezeichnende Sprachlaut mufste gehört werden, sowohl, um der Vorstellung des sich erinnernden Individuums zu genügen, als auch, um andere Individuen zur Erzeugung einer ähnlichen Vorstellung anzuregen.

Jetzt erst diente der Laut als Vertreter des Vorgangs, jetzt erst trat er in den Dienst der Mitteilung, jetzt erst erhielten die Dinge ihre Namen.

Demnach finden wir, dafs die Bedeutung der von den Sprachforschern anerkannten qualitativen Wurzeln, so weit sie sich mit einiger Sicherheit angeben läfst, zumeist auf sinnliche Bewegung, auf Vorgänge an den Dingen oder an dem Individuum geht, wie bei sar (davon u. a. serpere), pru (davon pluit), vak (davon vox), an (davon ἄνεμος), ruk (davon luceo), ak (davon ὠκύς, equus), diç (davon δείκνυμι, zeigen), gâ, gam (davon venio für gvemio, goth. qiman, kommen) sta (davon stehen) u. s. w. Es lassen sich aber die Bedeutungen schon deshalb nicht genau formulieren, weil die Sprachwurzeln offenbar dem Sinne nach einen Satz vertraten, wie sie dies mit Hülfe demonstrativer Wurzeln, die sich später den qualitativen anfügten und diese so zu Wörtern gestalteten, und mit Hülfe nachahmender Gebärden auch bei ersten Sprechversuchen der Kinder noch heute — wenn auch nicht geschaffen, so doch den Wörtern entlehnt — zu leisten haben: dâ - ma, Geben - ich; dâ - tva, Geben - du.

Es liegt nahe, die qualitativen Sprachwurzeln lediglich als Verbalwurzeln zu betrachten, schon weil sie einen Satz, eine Aussage vertreten, wenn sie, wie mit Recht angenommen wird, anfänglich die wirklichen Wörter der Sprache waren, für sich, ohne Flexion. (6) Aber vielmehr ist es ebensowohl das Nominale wie das Verbale, welches in der Wurzel ruht und keimt: zum Nomen wie zum Verbum konnte die Wurzel sich entwickeln, und je nachdem der Vorgang, dessen Lautbild sie war, mehr als Akt eines Bewegenden oder als Verlauf einer Bewegung hervortrat, konnte der Sinn von dâ - ma, dâ - tva ebensowohl aufgefafst werden als: Geber - ich, Geber - du, wie als: geben - ich, geben - du. (7)

Die Sprache schritt weiter vor zur Ausbildung des Satzes, wie ihn die Verbindung der qualitativen Wurzel mit einer demonstrativen schon andeutete. Man wird dies sich etwa folgendermafsen vorzustellen haben. Die Demonstrativwurzel bedurfte der Angabe einer Qualifikation ihres Inhalts, also des Hinzufügens einer qualitativen Wurzel, wenn sie nicht auf eine redende oder angeredete Person zu deuten hatte, sondern ein Drittes, ein nicht Gegenwärtiges, kennzeichnen wollte. (8) Ohne solche Charakterisierung konnte das Hindeuten nur dann genügen, wenn bei dem durch den Sprachakt darzustellenden Vorgang ein Gegensatz zwischen dem Gekannten, an welchem sich die Bewegung vollzog,

und der Bewegung selbst in bestimmter Form sich nicht bemerk-
lich machte, wie etwa bei Benennung von Wettererscheinungen:
ἴει (ει = ε - ιι), pluit (t = ti).

Durch die an das Ende herangezogene Pronominalwurzel
wurde dann die erste Wurzel zu einem Verbum, und ihr gegenüber erhielt die zweite qualitative Wurzel, durch welche die Personalendung inhaltlich ergänzt wird, die Eigenschaft eines Substan-
tiv-Nomen, wie etwa: dâ - ta, geben - er; pâ dâ - ta (Schützen)
Schützer (d. h. pater), geben - er. Das Nomen substantivum ist
dies, was sich in solcher Handlung, in solchem Zustande, wie ihn
die Wurzel angiebt, befindet; (ɔ) Verbum ist, was diese Handlung,
diesen Zustand, diese Eigenschaft aussagt.*) Damit das Zusammen-
treten von Nomen und Verbum sich zur Satzform vollende, ist
für die indogermanischen Sprachen noch nötig, dafs das Nomen
durch Anfügung einer bezeichnenden Endung von formaler Beschaffenheit zum casus nominativus werde, d. h. zum Subjekt seines
Prädikats.**)

---

*) In der qualitativen Sprachwurzel ist Prädikat und Subjekt,
Kennen und Erkennen, Naturlaut und Kunstschaffen ungeschieden beisammen.
Sie enthält, was die Bildekraft des Universums (in uns) ihr gegeben, lediglich
also ein Empfinden, und so drückt sie aus ein Kennen. Tritt dann eine
Deutewurzel hinzu (welche ebensowohl auf ein Jetzt wie auf ein Hier
ging), so rührte dies formale Bestimmen her von der Bildekraft des
Individuums. Es zeigte an, dafs das gegebene Gekannte vorgestellt und
gesetzt sei von einem Bewufstsein, d. h. dafs das Kennen geworden war
zu einem Erkennen. — Die qualitative Wurzel war zwar schon an sich
eine Aussage, aber erst nach diesem Heranrücken der Deutewurzel bestimmte sie sich zum eigentlichen Verbum, so dafs also die Bezeugung des
Erkennens nicht in das Verbum als solches fällt, sondern als ein besonderer Akt sich auch lautlich kund giebt. — Auch das ursprüngliche Substantivum hat das Prädikative der Wurzel in sich, also die Bezeugung eines
Kennens, wie seine Bedeutung zeigt, aber es tritt selbst an die Stelle
der Deutewurzel, indem es deren formales Bestimmen mit einem Körper
bekleidet, und trägt so schon mit seinem Entstehen das Zeichen des Erkennens an sich, indem es als Satzsubjekt die Ichform des Bewufstseins in
der Vorstellung wie im Satze wirken läfst. Dies Verhältnis zwischen Substantiv und Verbum bleibt in der Sprache, denn immer ist das Subjekt das
Ich, das Verbum das Nicht-Ich im Bewufstsein wie im Satzbilde.

**) Wir sind uns bei dieser Darstellung der frühesten Sprachentwicke-
lung, bei welcher unsere Kenntnis über Hypothesen nicht hinausgeht, wohl
bewufst, dafs sie keinen Anspruch erheben darf, als zeichne sie genau die
wirklichen Vorgänge. Sicher kennen wir nur die uns vorliegende Satzform,
wie sie in den indogermanischen Sprachen sich gebildet hat, und wir glauben
auch der Sprachwissenschaft, wenn sie, auf starke Gründe gestützt, eine
Wurzelperiode annimmt. Ob wir aber auch nur das Recht haben, in der

Da der Unterschied zwischen Nomen und Verbum nicht in den Wurzeln liegt, sondern in den formalen Flexionen, so ist er überhaupt nur syntaktisch, d. h. durch die Satzbeziehung gegeben, und wir haben zunächst von Nomen und Verbum nur in dem Sinne zu sprechen, als sie Subjekt und Prädikat im Satze sind. Es ist überdem nicht anzunehmen, daſs die Wurzeln, welche im besonderen Falle als Nomen oder als Verbum fungierten, dadurch sofort zu Redeteilen dieser Art geworden sind, vielmehr werden sie noch lange die Fähigkeit behalten haben, in diesen Funktionen zu wechseln, bis der Gebrauch für die eine oder die andere sich dauernd entschied. Dennoch ist schon hier anzugeben, wie das Nomen als ein Substantivum aus der Wurzel entstehen muſste. So lange nämlich die Wurzel allein den Satz vertrat, konnte sie nur entweder als Interjektion einer befriedigten Verwunderung erklungen sein, als ein erfreuendes Sprachkunstwerk, ein treffendes Lautbild, um seiner selbst willen geschaffen: sar (sarp - serpens) ta Kriechen(des) da! — oder sie bedeutete, wenn sie in den Dienst der Mitteilung trat, einen tautologischen Satz: Kriechen(des) da kriecht. Das Produkt eines Eindrucks wird damit gegeben, ohne daſs dessen Faktoren sich entwickeln, d. h. das Vorgehen eines Vorgangs. Nun aber wird etwa weiter wahr-

---

Ausbildung des Substantivs zugleich auch die Konstituierung des Subjekts zu sehen, daran zweifeln wir. Daſs wir uns jetzt einen Satz nicht ohne sein Subjekt vorstellen können, uns also der casus nominativus zugleich mit dem Substantiv gegeben erscheint, ist erklärlich, aber, wie wir später sehen werden, ist das grammatische Subjekt nichts anderes, als unser in allerhand Gestalten sich bergendes Ich, welches deutlicher oder verhüllter sich setzt, und wir nehmen nicht an, daſs unser Bewuſstsein von Anfang an diese Bestimmung seiner selbst mit voller Energie und Klarheit erfaſste. Wenn Steinthal (Typen d. Sprachb., 2. Aufl., p. 300) sagt: „Der Nominativus ist der wichtigste und auch wohl der faktisch älteste Kasus, ohne den die Deklination in ihrem wahren formalen Werte nicht gedacht werden kann" u. s. w., so lieſse sich eben auch wohl aus diesem besonderen Werte dieses Kasus, dessen Form uns am wenigsten klar liegt, auf die späteste Entstehung schlieſsen. Minder entwickelte Sprachen behalfen sich ganz ohne Nominativ. wie Steinthal (l. c. p. 186) dies von den altaischen Sprachen angiebt, der auch von der Sprache der Grönländer (l. c. p. 226) sagt, daſs sie ihren Satz überhaupt nicht auf Subjekt und Prädikat baue. (cf. auch Note 9.)

Wenn gleichwohl unsere Darstellung von uns als im wesentlichen zutreffend erachtet wird, so stützt sich dies darauf, daſs sie dasjenige angiebt, wozu im Verlauf der Sprachentwickelung die Indogermanen gelangt sind, die also früher oder später jenen Weg zurücklegen muſsten, dessen Schwierigkeit für das Verständnis wir hervorheben. Wir dürfen sagen, daſs das Substantivum erst als Subjekt die volle Bestimmtheit seiner Form erreicht hat.

genommen, daſs das an dem Wurzel-Laute als gekannt Gewuſste,
an welchem das Kriechen vor sich geht, ebenso auch bei einem
anderen Vorgang als Mittelpunkt des Geschehens erscheint, den
ebenfalls ein Wurzel-Laut schon gekennzeichnet hat: sar ta agh
(anguis) Kriechen(des) da würgt (umstrickt); das Kriechende,
welches kriecht, ist jetzt ein Kriechendes, welches würgt. Ein
und dasselbe nimmt in zwei verschiedenen Vorgängen dieselbe
Stellung ein, steht zu ihnen in einem analogen Verhältnis, liegt
beiden Vorgängen in gleicher Weise zu Grunde, wie, unter Umständen, es noch manchen anderen unverändert zu Grunde liegen
kann. Es ist der Begriff der Substanz ihren Accidenzen gegenüber, (10) welcher mit der Vorstellung des Kriechenden, der
eigentlich der Würgende sein soll, sich zu bilden beginnt, sich
befestigt und umfassender wird, wenn nun nach und nach das
Gekannte — das Kriechende — erkannt wird als ein solches,
welches auch schlingt, sich windet, schillert u. d. m.

Aber der Prozeſs, durch welchen der Satz sich bildet und
durch den, wie man sieht, die Wörter sich bilden, ist noch
genauer zu betrachten, denn was hier vorgeht, ist vorbildlich für
das weitere. — Es ist klar, daſs dem Zustandekommen eines aus
dem Zusammenrücken zweier qualitativen Wurzeln bestehenden
Satzes ein logisches Hindernis entgegensteht. Wie kann von dem
Kriechenden, sofern es eben nur dieser Qualifikation entspricht,
gesagt werden, daſs es ein Würgendes sei? Man hatte schon
lange beim Sprechen sich faktisch über diese Schwierigkeit hinweg-
gesetzt, als sie bemerkt wurde. Sie ist, wie ich sagen möchte,
seitdem mit nicht viel mehr als mit Achselzucken über Querköpfe
beseitigt worden. Ich spreche von Antisthenes und Stilpo. Beide
sagten, es könne keinem Subjekte ein von diesem verschiedenes
Prädikat beigelegt werden, man dürfe die Rede nicht zulassen, ein
Mensch sei gut, sondern nur solche, der Mensch sei ein Mensch,
das Gute sei gut. (11) Wir haben, um uns da zurechtzufinden,
darauf zu achten, daſs die Vorstellung, welche ausgedrückt werden
soll, nicht in den Wörtern ihren Ausdruck erhält, sondern in dem
Satze, daſs die Wörter nur in Betracht kommen und richtig
gewürdigt werden können als Glieder einer sie umschließenden
Einheit. In jedem Satze erhalten die Wortglieder eine besondere
Bestimmung, man kann sagen: eine Individualisierung ihrer Bedeutung durch die Beziehung, in welcher sie zu einander stehen.
Es ist kein Kriechendes im allgemeinen, von welchem wir in
unserem Satze sprechen, sondern ein solches, welches würgt, und

kein beliebiges Würgen wird von ihm ausgesagt, sondern das des
Kriechenden. Und so haben wir die Frage nicht so zu stellen:
Wie kann von einem Kriechenden ausgesagt werden das Würgen,
sondern: Kann von demjenigen Kriechenden, welches würgt, ausgesagt werden das Würgen dieses Kriechenden. Man sieht, dafs
das identische Urteil, welches Antisthenes' und Stilpos Logik verlangte, in dem Satze nicht vermifst zu werden braucht.

In der That könnte jedenfalls die Sprache, wenn sie es auch
nicht in diesem Falle schon gethan hätte, unter Umständen den
serpens mit anguis bezeichnen — sie benennt nämlich ihre
Nomina nach solchen Merkmalen — und in der That meint auch
jeder den Sinn des Satzes so, der ihn spricht oder hört, denn er
stellt sich ihn nicht nach seinen Wörtern vor, sondern als deren
Einheit.

Man sieht, worin Antisthenes und Stilpo fehlten. Sie betrachteten, obwohl es sich ihnen um die Möglichkeit einer aufserhalb des Subjektsinhalts liegenden Aussage im Satz handelte,
die Wörter als für sich bestehend. Es konnte ihnen dies begegnen,
wenn sie annahmen, dafs Wörter die Dinge selbst bezeichneten,
denn diese erscheinen durchaus selbständig gegen einander, wie
ja weder das Kriechende sich an ein Würgen gebunden zeigt (es
kann z. B. auch fressen), noch das Würgen von einem Kriechenden
auszugehen braucht (es kann z. B. auch von einem Brüllenden
bewirkt werden). Gerade dies Isolieren der Wortbegriffe war dem
Antisthenes die Hauptsache: πρῶτός τε ὡρίσατο λόγον εἰπών·
λόγος ἐστὶν ὁ τὸ τί ἦν ἢ ἔστι δηλῶν. (Diog. L. IV, 3.) (12)

Übersehen wir aber nicht, dafs wir mit dieser Erörterung
vorgegriffen haben. Der Satz, von dem sie spricht, ist für uns
an dieser Stelle noch nicht vorhanden; es fragt sich eben, wie aus
dem Zusammenrücken von Wurzeln der Satz sich bilden könne.
und so ist es bis jetzt ungerechtfertigt, wenn wir statt der Wurzel
ein Participium (Kriechendes) als Substantiv einführten, um die
Form des Satzes zu gewinnen.

Wie also kommt es zur Bildung des Substantivs? Wir sahen
(p. 64 ff.), dafs die qualitative Wurzel nur durch ein Besondern.
ein Abgrenzen, beim Wahrnehmen zu dem Inhalt gelangt, welchen
sie, als dessen Lautbild, benennt. (Auch die Pronominalwurzeln
konnten nur aus dem Streben hervorgehen, auf besondere Stellen
im Raum zu deuten, wie mit dem Hier auf ein Ich, mit Dort auf
Du.) Nun, es ist auch hier ein Besondern erforderlich, um die
für die Bildung der Substantivform geeignete Inhaltsabgrenzung

zu gewinnen. Zu der Wurzel agh, welche das Würgen aussagt, tritt — die demonstrative Wurzel qualitativ ausfüllend — die andere Wurzel sar, welche dem Aussagenden das Lautbild ist für ein von ihm Gekanntes: den Vorgang des Kriechens. Er rückt diese Wurzel an das agh, weil in dem neuen Vorgang, den diese ausdrückt, etwas ist, an ihm gleichsam haftet, von ihm nicht losgelöst werden kann, was die Erinnerung an die mit dem Lautbilde sar verbundene Vorstellung weckt, und zwar insoweit weckt, als dieses Gekannte an dem neuen Vorgange sich ebenfalls zeigt. Hier aber wie dort nimmt so das Bild des Kriechens dieselbe Stellung ein zu den Vorgängen, ist es gewissermafsen das Centrum des Geschehens, auf welches gemerkt wird, zeigt es sich als das Bleibende in dem Wechsel der Vorgänge. Indem aber so aus den in den Wurzeln latenten Sätzen: Das Kriechende kriecht und das Würgende würgt, durch den in seinen Formen entfalteten Satz: das Kriechende würgt, die Substanz gezogen ist, welche in beiden dieselbe ist (serpens), bleibt als Bedeutung für beide Wurzeln der Rest zurück, welcher die Bewegung für sich meint, so, wie sie nur noch als Accidenz an einer Substanz vorgestellt wird. Es bildet sich also zugleich mit dem Substantivum auch das Verbum. (13)

Es bleibt endlich zu prüfen, inwiefern die Gewinnung des Substantivs, durch welche die Satzform erst zur vollen Darstellung gelangt, ein Erkennen kund giebt an Stelle des Kennens, welches den Inhalt des Satzes schon vorher durch die Wurzel umfafste, wie ihn die Wahrnehmung geboten hatte.

Sehen wir zu diesem Behufe, welche Bedeutung den Substantiven, die so gebildet wurden, für sich zukommt; sie mufs eigentümlicher Art sein, wenn Antisthenes, der sie so zu fassen und zu definieren bemüht war, zu der Ansicht gelangte, sie könnten nur von sich selbst ausgesagt werden. Im Satze, wie sich ergab, bestimmt sich die Vorstellung, welche sie vertreten, nur durch ihre Beziehung auf die Aussage. Was haben wir nun an ihnen, wenn nichts — aufser etwa sie selbst — von ihnen ausgesagt wird, was stellen sie noch vor, wenn man sie isoliert? Offenbar haftet an ihnen die Möglichkeit, dafs mehreres von ihnen ausgesagt werden kann, obzwar nur derartiges, welches zuläfst, dafs neben ihm auch der identische Satz, nach welchem das Substantivum sich selbst definiert, bestehe, so dafs es dieselbe Stellung zur Aussage in allen jenen möglichen Satzbildern einzunehmen vermag, welche sie — als Subjekt — in dem identischen hat.

Aber ein Lautbild, welches nichts bedeutet als eine umgrenzte Möglichkeit von Beziehungen — welcher Wesenheit kann es noch entsprechen? Offenbar bedeutet es nicht mehr eine unmittelbare Wahrnehmung, wie sie der Bildung der Wurzel zu Grunde lag, vielmehr nur ein aus deren Totalbilde Entnommenes; und ebensowenig entspricht ihm doch auch diese Teilvorstellung, denn durch die Bildung des Substantivs wurde, statt der Vorstellung des Teils eines Vorgangs, die Vorstellung gebildet von einem Träger eines Geschehens, der nicht minder auch Mittelpunkt war für den Verlauf anderer Bewegungen. In der That ist der Mensch mit Bildung des Substantivwortes aus dem Kreise des vom Universum Gegebenen, des Gekannten, herausgetreten.

Sofern er dasselbe aus dem von ihm selbst gebildeten Wurzel-Lautbilde sonderte und individualisierte, schuf er ein Etwas, dem keine andere äußere oder innere Wirklichkeit zukommt, als die auf dieses Schaffen sich stützt, keine Bedeutung also, als die von ihm gesetzte, in seiner Abgrenzung (Definition) des Lautbildes liegende. Somit bedeutet das Substantiv für sich nichts, als eben dieses Lautbild, in welchem es verwirklicht worden ist, und es würde gar nichts Wirkliches bedeuten, wenn nicht der Mensch selbst im Schaffen, in Bethätigung seiner individuellen Bildekraft, noch immer innerhalb des Universums stünde, so daß auch das Substantiv trotz aller Unbestimmtheit seines Inhalts die bestimmte Veranlassung seines Entstehens aus der Wechselwirkung der Sinne mit dem Universum an sich aufweist. Der Wortbedeutung von serpens entspricht nichts Wirkliches außer uns, aber nur durch das Wirkliche sind wir zu dem Lautbilde serpens gelangt, und der Laut serp deutet auf den Akt der Wahrnehmung, welcher dazu anregte, ihn zu bilden.

Das Verbum, sobald es isoliert vorgestellt wird, verliert mit der Beziehung auf das Substantiv-Subjekt auch die individualisierte Bestimmtheit seiner Bedeutung. Das Würgen hört auf, ausschließlich ein Würgen des Kriechenden zu sein. Das Verbum kehrt damit zur Bedeutung seiner Wurzel zurück, wiefern sie an ihrem Lautbilde ein Subjekt nicht entwickelt.

Während also das Substantivum den bestimmten Inhalt verliert, wenn es ohne Prädikate gelassen wird, büßt das Verbum mit dem Fehlen des Subjekts nur die Beziehung seines Inhalts ein auf dessen Träger.

Die Verbalformen der indogermanischen Sprachen zeigen durch die demonstrativen Personalendungen, welche das Verbum formell kennzeichnen (zu welchen viele neuere Sprachen dann noch einmal das Pronomen fügen), wie unsere Vorstellung eines Geschehens, einer Bewegung, die Beziehung auf einen Ort im Raume von selbst in sich schliefst, so dafs ein Substantiv-Subjekt diesen nur qualitativ erfüllt. Fehlt also solches Subjekt dem Verbum, so löst es sich damit von einem quale, gleichsam wie von der Quelle, aus welcher die Bewegung fliefst, welche es in seinem Laute abbildet, und so ist diese Bewegung nicht mehr als ein Wirken oder auch nur als eine Thätigkeit vorzustellen, wie sie diesem Subjekt eigen ist, sondern als blofses Geschehen, als Verlauf eines Vorgangs, mit welchem eine räumliche oder vielmehr örtliche Bestimmung verbunden ist.

Das isolierte Substantivum bedeutet also eine von uns gesetzte Form des Erkennens mit einem nur in der Sprache vorhandenen Inhalt, welcher eines Gegebenen, Gekannten bedarf, um sich als ein Räumlich-Wirkliches darstellen zu können; das isolierte Verbum bedeutet einen vom Universum gegebenen und so von uns gekannten Inhalt, welcher einer Formierung durch unsere Bildekraft bedarf, um sich als erkannt auszuweisen. Wir werden weiterhin sehen, dafs die Bezeichnung des Zeitverhältnisses es ist, welche diese Formierung, die an sich dem Verbum schon in der Beziehung zum Subjekt gegeben wird, vollendet.

Wir bemerken vorläufig an dieser Stelle, worüber später noch zu sprechen ist, dafs diese als isoliert vorgestellten Wörter (und zwar in der Form der Substantiva) als die gleichsam schon behauenen aber nicht eingefügten Werkstücke im Bau der Sprache zu bezeichnen sind, mit denen u. a. es Logik und Metaphysik als mit ihren „Begriffen" zu thun haben. Die formale Logik beschäftigt sich mit ihnen als solchen, welchen ein Inhalt der Wirklichkeit fehlt, die den Prinzipien nachgehende Metaphysik als mit solchen, welchen die Möglichkeit wechselnden Inhalts innewohnt.

Kehren wir jetzt zu unserer Frage zurück, inwiefern es ein Erkennen ist, in welches ein Kennen durch Bildung des Satzes verwandelt wird, so antworten wir, dafs durch dieselbe das Gekannte in die Form eines Verhältnisses gebracht wird, in welcher ein von uns gesetztes Einigendes das im Universum gegebene Bewegte in sich aufnimmt, in die Form des Bewufstseins also, und dafs es damit in die Sphäre der Wahrheit erhoben ist.

Welches ist nun die Form des erkennenden Bewußtseins? —
Wir erinnern uns.

Im Individuum ist ein zwiefacher Zug des Lebens verwirk-
licht: als vom Universum ins Leben gerufen, muß es sich ent-
wickeln wollen, erhalten, bethätigen, und darum will es so als
Individuum: für sich aber wäre es bloße Form, es besteht in
Wirklichkeit nur durch das Universum, welches ihm seinen
Inhalt giebt.

Nennen wir dies etwa den centripetalen und centrifugalen Zug
im Individuum, wobei klar ist, wie das Petale und Fugale (φιλία
wie νεῖκος) an sich dieselbe Bildekraft des Lebens, Strebens, des
Triebes und des Wollens darstellen, welches nur mit der Indivi-
duation (des Universalen) auseinandertritt. — Das Wollen also
ist in uns gedoppelt.

Wie aber das Universum sein Leben lebt in den Individuen,
dies wird von uns erfahren in Lust und in Schmerz, indem wir
es empfinden. Die Empfindungen sind die nächsten Antworten,
welche dem centrifugalen Zuge in uns, unseren universipetalen
Anfragen, zu teil werden; und, indem das Individuum seiner inne
wird als zugleich erleidend an sich die universale Bildekraft und
zugleich auch die eigene bethätigend in der Assimilation und Individualisierung des Gegebenen, fühlt es sich mit diesem Gegebenen, von ihm nunmehr Gekannten, in Wechselwirkung. So
wird auch im Fühlen ein Zwiefaches empfunden.

Das Wogen und Weben des Gefühlslebens erhält aber weiter
auch festere Umrisse in menschlichen Individuen, denn es entwickelt sich bestimmter und heller zu Vorstellungen und Gedanken.
Was vorher nur als Totaleindruck empfunden wurde und sich im
Individuum vom Universum noch nicht schied, das wird nun zu
einem Objektiven, welches, der Seele gegenübergestellt, der
sondernden Wahrnehmung unterliegt, und so, nachdem es eine
Gliederung erfahren, welche der dem Menschen eigenen entspricht,
als ein Gekanntes uns bewußt wird.

Es wird uns bewußt als solchen, die den Objekten gegenüber
sich selbst erfassen, wie weit sie gespannt sind, denn das
Andringen des Universums schärft das Gefühl des Eigenlebens,
dessen centrifugalem Seelenhunger es entgegenkommt, bis es sich
zur Spitze eines Ich herausarbeitet. Diesen Aufgang des Ich
fühlt die Seele als ein Wollendes, sich Spannendes, Aufmerken-
des, welches die Mannigfaltigkeit des Objektiven ebensowohl setzt
als einigt, und sie wird sich durch Erinnerung — d. h. durch

Nachschaffen ihrer Akte — ihres Ich als des Beharrenden in dem Wechsel dieser Akte bewufst, als eines Trägers, Bewahrers und Bildners ihres Inhalts.

Man sieht, dafs dieser Form des Bewufstseins die Form des Satzes entspricht. Es wird weiter zu erwägen sein, wie durch dieses Entsprechen das Wesen unseres Erkennens bestimmt wird.

Anmerkungen.

1) Man kann hierzu die Ausführung vergleichen bei Gerber, die Sprache als Kunst, T. I, p. 252 ff.

2) Dafs Aristoteles seine Kategorieen, die Arten der Aussagen über das Seiende, aus der Zergliederung des Satzes gewonnen, hat Trendelenburg (Historische Beiträge zur Philosophie, Bd. I) nachgewiesen. Es ist mehreres dagegen eingewandt worden (namentlich von Ritter, Bonitz, Zeller), aber, abgesehen von Trendelenburgs im wesentlichen sicherer Nachweisung und davon, dafs sich sonst keine ungezwungene logische Deduktion auffinden läfst, welcher sich die Aufstellung dieser Kategorieen fügen möchte, schliefsen wir aus der Natur der Sache selbst, dafs nur aus den an den einzelnen Lautbildern, an den Wörtern, erscheinenden Existenzformen das Fachwerk der Kategorieen sich habe erbauen können. Eben nur mit den Wörtern waren ja die Arten des Sciendes für die Menschen zu bestimmter Gestaltung gelangt.

3) Plato (Crat. 383 A): ὀνόματος ὀρθότητα εἶναι ἑκάστῳ τῶν ὄντων φύσει πεφυκυῖαν (ib. 435. D); ὃς ἂν τὰ ὀνόματα ἐπίστηται, ἐπίστασθαι καὶ τὰ πράγματα. Proclus (Comm. in Parmen. Plat. ed. Cous. T. IV, p. 12) giebt als Lehre der Heraklitischen Schule an: τὴν διὰ τῶν ὀνομάτων ἐπὶ τὴν τῶν ὄντων γνῶσιν ὁδόν. Von solchen, die in der Weise Jakobis forschten, den τοῖς ὀνόμασιν ἀκολουθοῦσιν spricht Aristoteles (de an. I, 2, 23), und Cicero (de off. I, 7, 23) bezeichnet die Stoiker als solche (audeamus imitari Stoicos, qui studiose exquirunt, unde verba sint ducta), indem er selbst z. B. vorschlägt; credamus, quia „fiat" quod dictum est, appellatam „fidem" (cf. de nat. deor. III, 24, 62). Man sehe hierüber Lersch, Sprachphilosophie der Alten, T. 3, p. 18 ff., Gerber, Spr. als K., T. I, p. 175 ff., 208 ff.

4) Plato (Theaet. 155): μάλα φιλόσοφον τοῦτο τὸ πάθος, τὸ θαυ-μάζειν· οὐ γὰρ ἄλλη ἀρχὴ φιλοσοφίας ἢ αὕτη. Arist.(Met. I): διὰ γὰρ τὸ θαυμάζειν οἱ ἄνθρωποι καὶ νῦν καὶ τὸ πρῶτον ἤρξαντο φιλοσοφεῖν. Verwunderung tritt zuerst ein, wenn ein Ungekanntes die Vorstellung des Gekannten ändert; später wundert sich der Erkennende auch über das Gekannte, weil er es noch nicht erkannt hat. Dann philoso-phiert er.

5) Bopp (Vergl. Gramm. 2. Aufl. Bd. I, p. 194): „Es giebt im Sanskrit und den mit ihm verwandten Sprachen zwei Klassen von Wurzeln; aus der einen, bei weitem zahlreichsten, entspringen Verba und Nomina (subst. und adj.), welche mit Verben in brüderlichem, nicht in einem Abstammungsverhältnisse stehen, sondern mit ihm aus demselben Schofse entsprungen sind. Wir nennen sie jedoch der Unterscheidung wegen und der herrschenden Gewohnheit nach „Verbal-Wurzeln". Aus der zweiten Klasse entspringen Pronomina, alle Ur-präpositionen, Konjunktionen und Partikeln; wir nennen diese Pro-nominal-Wurzeln, weil sie sämtlich einen Pronominalbegriff aus-drücken, der in den Präpositionen, Konjunktionen und Partikeln mehr oder weniger versteckt liegt." M. Müller (Vorles. über Wissensch. d. Spr. Serie I, 3. Aufl. p. 306, 326) unterscheidet diese Arten der Wurzeln als prädikative und demonstrative; Steinthal (Typen d. Sprachb. p. 278) als qualitative und demonstrative; Schleicher (Kompend. der vergl. Gramm. p. 344) als „Begriffswurzeln" und „Beziehungs-wurzeln". — (cf. Pott, Etym. Forsch. 1. Aufl. II, p. 454 ff.)

6) Delbrück (Einl. in d. Sprachstudium p. 73 ff.): „Ob die Wurzeln als reale sprachliche Gebilde oder als Abstraktionen des Grammatikers anzusehen seien — auf diese Frage ist vom Standpunkt der Boppschen Hypothese aus nur eine Antwort möglich. Wenn wirklich die Proto-typen der jetzt vorhandenen Flexionsformen durch Zusammensetzung, insbesondere die Prototypen der Formen des Verbum finitum durch Zusammensetzung einer Verbal- mit einer Pronominalwurzel entstanden sind, so mufs die Wurzel, ehe das Wort entstand, bestanden haben. Die Wurzeln sind darum in den Wörtern enthalten, weil sie vor ihnen da waren und in ihnen aufgegangen sind. Sie sind die Wörter der vorflexivischen Periode, welche mit der Ausbildung der Flexion ver-schwinden. Und daher erscheint denn dasjenige, was einst ein reales Wort war, vom Standpunkt der ausgebildeten Flexionssprache aus nur als ein ideales Bedeutungscentrum. Dieser durchaus fafsliche und konsequente Begriff der Wurzel ist heutzutage wohl allgemein rezipiert." Man sehe auch M. Müller (Vorl. über Wissensch. d. Spr., Ser. I, p. 425), Steinthal (Typen p. 276 ff.), Curtius (Grundz. der griech. Etymol., 5. Aufl. p. 734), Whitney (Leben u. Wachst. d. Spr. übers. v. Leskien, p. 321 ff.)

7) A. Schleicher (Kompend. d. vergl. Gramm. 2. Aufl. p. 513):
„Da Verbum und Nomen sich so zu einander verhalten, dafs sie als
nähere Bestimmung früher unbestimmter Sprachelemente zu betrachten
sind, so kann eins ohne das andere nicht vorkommen. Entweder
scheidet eine Sprache Nomina und Verba in der Form, oder sie hat
keins von beiden. Man kann daher auch nicht von einer Priorität
des einen oder des andern sprechen; Nomen und Verbum sind beide
zugleich entstanden." cf. Steinthal. Typen, p. 285.

8) Schon Apollonius Dysc. (de constr. II, 5) bemerkt, es seien
bei den Verben die Personen nicht zusammengehörig; sie seien nämlich
bestimmt in der ersten und zweiten Person, unbestimmt in der dritten
(τὰ γὰρ ῥήματα ἀσύζυγα· ὁριζόμενα γὰρ κατὰ πρῶτον καὶ δεύτερον
ἀοριστοῦται κατὰ τὸ τρίτον). Es sei indessen das Pronomen der dritten
Person, obwohl das Nomen für dasselbe eintrete, doch nicht überflüssig, denn es füge diesem seine deutende Kraft hinzu (l. c. II, 11):
τὰ ὀνόματα — ἀμοιρεῖ δείξεως, ἣ τίς ἐστιν ἐν ἀντωνυμίαις.

9) Dafs das Substantiv sogleich als Subjekts-Nominativ auf-
getreten sei, scheint mir ebensowenig wahrscheinlich, wie ich annehmen
kann, dafs das Bewufstsein sofort zu der Zuspitzung des Selbstbewufstseins gelangt. Um deswillen würde sich Scherers Ansicht
(Zur Geschichte d. deutsch. Spr. 2. Aufl. p. 457.) empfehlen, nach
welcher das Suffix a, „welches betont mit reinem Wurzelvokal Nomina
Agentis bezeichnet, unbetont, mit Betonung und infolgedessen Dehnung
resp. Gunierung des Wurzelvokals, Nomina Actionis" eigentlich Zeichen
des Localis sei: „Wenn man sagt, a verleihe der Wurzel den substantiellen Sinn, es sei das allgemeine Das oder in Bezug auf Personen das allgemeine Er, so bewegt man sich in einer schwindelnden
Höhe der Abstraktion, auf die ich nicht zu folgen vermag. Alle meine
Begriffe von Sprache sträuben sich dagegen. Ich halte das a der
Stammbildung für nichts anderes als das a der Wortbildung, will
sagen: der Deklination. Wir kennen seine lokativische Bedeutung und
präpositionale Verwendung, die vom Sinne der Verbindung mit etwas
ausgeht. Wie kann aber am einfachsten und sinnlichsten der Besitzer
oder Vollbringer einer Eigenschaft, eines Zustandes, einer Handlung
ausgedrückt werden? Wie anders als wenn gesagt wird, er befinde
sich in dieser Eigenschaft, diesem Zustande, dieser Handlung, er sei
mit ihnen verbunden." „Wir dürfen aussprechen: Die Nomina Agentis
auf â sind als Wortstämme, als Deklinationsthemen verwendete Lokativ-
adverbia."

10) Die Substantiva werden bei Apollonius Dysc. (de pron.
p. 33 B) definiert: οὐσίαν σημαίνουσιν αἱ ἀντωνυμίαι, τὰ δὲ ὀνόματα
οὐσίαν μετὰ ποιότητος und so Priscian (Inst. Gr. II, 18): Proprium
est nominis, substantiam et qualitatem significare. Aristoteles
(cat. 5) nennt die οὐσία als erste seiner Kategorieen, weil sie allem

anderen zu Grunde liegt und weil alles andere von ihr ausgesagt
wird oder in ihr ist (ἔτι αἱ οὐσίαι διὰ τὸ τοῖς ἄλλοις ἅπασιν ὑποκεῖσθαι
καὶ πάντα τὰ ἄλλα κατὰ τούτων κατηγορεῖσθαι ἢ ἐν ταύταις εἶναι διὰ
τοῦτο μάλιστα οὐσίαι λέγονται). Diese οὐσία ist immer ein Bestimmtes,
ein Dieses (die δεύτεραι οὐσίαι wie z. B. ζῶον lassen wir hier bei-
seite); wobei zu bemerken ist, dafs sie Entgegengesetztes in sich aufnehmen kann (τῶν ἐναντίων δεκτικόν ἐστιν) z. B. dafs etwas einmal
schwarz, ein andermal weifs ist, dafs jemand sitze und auch stehe.
— Die οὐσία übersetzte Boethius mit substantia, welches Wort
sich schon früher findet z. B. bei Seneca (ep. 113, 4): singula animalia
singulas habere debent substantias, bei Quintilian (instit. III, 6, 39).

Über mehrfache Verwendung des terminus cf. Arist. (Met. VII, 3):
λέγεται δ' ἡ οὐσία, εἰ μὴ πλεοναχῶς, ἀλλ' ἐν τέτταρσί γε μάλιστα. καὶ γὰρ
τὸ τί ἦν εἶναι καὶ τὸ καθόλου καὶ τὸ γένος οὐσία δοκεῖ εἶναι ἑκάστου, καὶ
τέταρτον τούτων τὸ ὑποκείμενον.

11) Aristot. (Met. V, 29): Ἀντισθένης ᾤετο εὐήθως μηθὲν ἀξιῶν
λέγεσθαι πλὴν τῷ οἰκείῳ λόγῳ ἓν ἐφ' ἑνός. (cf. Plat. Soph. p. 251 A).
Über Stilpo heifst es bei Plutarch (adv. Col. 22): τὸν βίον ἀναιρεῖσθαι
ὑπ' αὐτοῦ, λέγοντος ἕτερον ἑτέρου μὴ κατηγορεῖσθαι. πῶς γὰρ βιωσόμεθα,
μὴ λέγοντες ἄνθρωπον ἀγαθὸν — ἀλλ' ἄνθρωπον ἄνθρωπον, καὶ χωρὶς
ἀγαθὸν ἀγαθόν κ. τ. λ. (cf. l. c. 23).

12) In Bezug auf die im Text angeführte Stelle wird richtig bemerkt bei Ritter et Preller (hist. philos. gr. et rom. ed. VI, p. 173):
apparet λόγον esse nihil nisi nomina rerum: quo pertinet illud ex
Arriano (Epictet. Diss. I, 17): Ἀντισθένης — λέγει — ὅτι ἀρχὴ παι-
δεύσεως ἡ τῶν ὀνομάτων ἐπίσκεψις.

13) Über die allmählich fortschreitende Sprachentwickelung in
technischer Beziehung handeln u. a. G. Curtius (Zur Chronologie der
indogermanischen Sprachforschung), Steinthal (Charakteristik der
haupts. Typen des Sprachbaues p. 277 ff. und Zeitschr. für Völker-
psychol. u. Sprachw. Bd. V, Hft. 3, p. 352), Pott (in seiner Ausgabe
von W. v. Humboldt: über die Verschiedenh. d. menschl. Sprachbaus,
2. Aufl. T. I. p. CCLXII ff.), M. Müller (Essays, Bd. IV, übers. von
Fritzsche p. 78 ff.).

Kapitel IV.

Die Form des Bewußstseins im Vorstellungsakte und im Satze. —
Subjekt, Prädikat, Kopula. — Die Kategorieen des Erkennens.

Wir sahen, daß bei Darstellung eines Vorgangs in Form des
Satzes wir jene Form nachzeichnen, in welcher unser Bewußstsein
zustande kommt. Das Substantiv-Subjekt nimmt im Satze diejenige Stellung ein, welche im Bewußstsein das Ich ausfüllt, dem
Prädikat des Satzes entspricht im Bewußstseinsakte der Inhalt, den
er umschließt.

In Analogie also mit jenem Etwas, dessen wir uns unmittelbar
bewußt sind als des Trägers unserer Denkbewegungen, setzen wir
in jeden Satz, sofern er einen Akt des Erkennens kundgiebt, ein
Subjekt als den Träger des Ausgesagten. Und zwar setzen wir
ein Subjekt, denn gegeben ist es uns als solches in den Dingen
oder in unserm Kennen der Dinge nicht; und es ist also die Analogie zwischen dem Verhalten des Ich in den Seelenakten und in
dem des Subjekts in den Sprachakten keine zufällige. Das Material,
aus welchem der Satz sich erbaute, lag vor in Kundgebungen von
Vorgängen, die sich in den Lautbildern der Wurzeln darstellten;
in ihnen war ein Kennen zum Ausdruck gelangt, durch sie hatte
sich die Seele von ihrem bewußstlosen Miterleben des universalen
Lebens gelöst, so daß dessen Vorgänge sich nunmehr einem Subjekte als Objekt gegenüberstellten. Aber diese Lautbilder, obwohl
von der Seele selbst den Objekten nachgeschaffen, waren noch
nicht erschlossen und blieben ihr fremd, bis sie auch die Art des
Beziehens, durch welche sie ihre Bewußstseinsakte so gestaltete,
daß sie dieselben als ihr eigen fühlte, an ihnen ausgeprägt hatte.
Sie brachte also jenen innersten Lebenspunkt ihres Wesens, vor
welchem ihre Vorstellungsbilder erschienen, um zugelassen zu

werden. um Halt zu gewinnen, auch in das Centrum ihres Sprach-
bildens. damit es von dort aus, obzwar verhüllt in die mannig-
fachsten Gestalten. der Aussage ihre Art der Lebensbethätigung
einflöfse. Jedes Subjekt wurde so eine Personifikation des Ich.
in jedem Prädikat lebte ein Analogon der Seelenbewegung, wie
das Ich sie verursacht und lenkt.

Es ist Sonnenschein, und man spricht aus: „Die Sonne leuchtet“,
„sol lucet“. Zur Darstellung hatte anfangs die Eine Wurzel genügt: (Skt.) ruk. λυκ (λύχνος, lux, luna, ahd. lioht). auch wohl
(wir folgen Curtius, Gr. Etym. p. 551): (Skt.) svar (σείρ, σέλας,
σελήνη; serenus, sol; (Goth.) savil, (altn.) sôl). Später sonderte
man aus dem Wahrnehmungsbild λυκ ein Element, welches man
als svar bereits formiert hatte. und man fügte so endlich ein
„sol“ als Subjekt zum „lucere“. „Sonne“ als Subjekt zum
„leuchten“. (Es hätte wohl auch lux an Stelle von sol sich
festsetzen können. wie etwa (Ov. Met. IV, 91): lux praecipitatur
aquis, oder ein dem σειριάω Verwandtes für lucere, wie etwa
(Orph. Arg. 118): σείριος ἥέλιος αὔγλην ἐλείπετο.)

Sagen wir, man sonderte ein als svar Benanntes aus dem
Lautbilde λυκ, so ist damit eben nur das Hervorheben Eines
Elements im Totalbilde bezeichnet, wie es die Satzform durch die
Beziehung ihrer Glieder auf einander als einheitlich auch darstellt;
von einer Trennung derselben zu isolierten Wort-Begriffen (sol - lux).
welche der Satz dann nur wieder aufgehoben hätte, ist nicht die
Rede. Eine Folge solcher Trennung liegt z. B. vor. wenn im
dritten Verse des Kap. I der Genesis die Erschaffung des Lichtes
(אור), dann im vierzehnten die weitere Erschaffung von Sonne,
Mond. Sternen (יהי מארת) erzählt wird.

Da aber ferner die Aussage „lucet“ nach Einführung eines
Subjekts nur noch von diesem aussagte, so begrenzte und bestimmte sich nicht allein durch diese Beziehung ihr Sinn — so
dafs also lucere nicht mehr bedeutete das lucere von luna, stella,
der oculi, eines incendii u. s. f. — sondern sie verlor überhaupt
ihre Selbständigkeit. die sie als Wurzel gehabt hatte. Sie war
nicht mehr Darstellung eines der Wahrnehmung sich bietenden
Vorgangs, sondern bezeichnete eine Thätigkeit, wie sie nur eben
von einem Ich ausgeht, das Wirken eines Subjekts. Sol lucet
sagt nicht blofs, dafs es hell sei. auch nicht blofs. dafs mit der
Helligkeit eine Sonne wahrgenommen wird. sondern dies, dafs diese
Helligkeit von der Sonne bewirkt wird. dafs sie „leuchten thut“,

wie etwa im Deutschen die sogenannten schwachen Verba in ihren
Perfektformen die Perfektform des Verbum tuon aufweisen.

Die Frage, wiefern durch diese Subjektivierung eines Vorgangs bei der Darstellung durch Sprache Irriges gesagt und erkannt werde, beschäftigt uns an dieser Stelle nicht. Man wird
der Ansicht sein, dafs bei solchen Wahrnehmungssätzen durch
weiteres Erfahren und Wissen die versteckte Personifikation des
Subjekts, von welcher die Satzform beherrscht wird, für das Verständnis ohne Schwierigkeit beseitigt werde. Festzuhalten ist aber,
dafs durch die Satzform das Bild eines menschlichen Lebeaktes
an die Stelle eines vom Universum gegebenen gesetzt wird.

Man sieht so, wie Sprache produziert. Sie setzt den Einheitspunkt des Bewufstseins in die Wahrnehmung der Zustände, Vorgänge, der Bewegungen des Universums ein, durchdringt von ihm
aus den Vorstellungsinhalt, ihn umgestaltend nach der Wesenheit
des Menschen, und setzt ihn dadurch in eben diese Beziehung zu
sich selbst, wie er besondert ist in seinen Gliedern, welche auch
das Bewufstsein sich geben mufs, sobald es seinen Einheitspunkt
inhaltlich erfüllt. Ist dies geschehen, so hat man erkannt, d. h.
das Fremde wird vom Bewufstsein angeschaut wie ein Eigenes.
Es mag dann wohl scheinen, als habe man dies Erkennen aus
dem Universum gezogen, aber man hat vielmehr aus sich sich
selbst der Wahrnehmung eingebildet, was freilich ja nur dadurch
gelingen konnte, dafs dies Universum unserer Wahrnehmung einer
solchen Formierung sich fügte.

Wir sind gewöhnt, ein Subjekt in der Form des Nominativs
(πτῶσις ὀρθή, εὐθεῖα, casus rectus) als unentbehrlich für die Darstellung des Satzes anzusehen, wenn sie verständlich sein will. Der
Nominativus gilt uns dabei als die Form des nomen, durch welche
es als ein Unabhängiges bezeichnet wird. (1) wie wenn er einzeln für
sich — als isoliertes Wort — stünde, obwohl doch auch er nur
durch die Art, wie er auf das Prädikat bezogen wird, zum Casus
Nominativus werden kann. (2) Es entsteht aber diese Ansicht von
einem Unabhängigkeitskasus dadurch, dafs man den Begriff der
selbständigen Substanz, welcher dem Subjekt innewohnend gedacht
wird, als durch die Wahrnehmung mitgegeben ansieht und nicht
bemerkt, wie zu dieser in der Satzform ein eigenartiges Umbilden
getreten ist — eben die Setzung des Subjekts — welches an sich
durch den Zweck der Mitteilung nicht schon gefordert wird.

In den Vorgängen ist keineswegs immer ein Anlafs geboten,
dafs bei ihrer Darstellung ein Subjekt gesetzt werde, und dennoch

führen wir es ein: ebensowenig ist in unserer Wahrnehmung immer ein Gegenstand derart gegeben, daſs gerade dieser notwendig zum Inhalt des Subjekts gewählt werden müſste. Aber überflüssig oder willkürlich, das Subjekt wird gesetzt.

Die sogenannten unpersönlichen Verba werden mit Recht als „subjektslos" bezeichnet, aber ohne Subjekt stehen sie nicht. Schon die Endungen der Verba enthalten Personalpronomina als Subjekte, so daſs z. B. im Griechischen und Lateinischen, wo sie als solche noch gefühlt wurden, ein besonderes Fürwort vor dem Verbum entbehrt werden konnte. Es haben also ὕει (ει gedehnt statt ετι): (ante) rorat (quam) pluit (Varr.) ihr Subjekt, zu welchem indes noch ein anderes treten kann: ὕει σφι ὁ θεός — pluit deus — rorat Aurora: so italienisch: piove, fa caldo, aber auch z. B. non fa egli freddo? — Im Deutschen, Französischen, Englischen setzt man ebenso wenigstens ein inhaltsleeres Pronomen als Vertreter eines qualitativ erfüllten Substantivsubjekts: es regnet, il pleut, it rains, obwohl wir auch andere Subjekte wählen: „es regnete der Regen alle Tage" (Chamisso): die Wolke, der Himmel — Gott — regnet: und so kann es zwar heiſsen: mich friert, aber auch: es friert mich, oder: ich friere. — Wir sagen auch: man (= Mann) sagt, dienit, obwohl wir Wahrnehmung des Subjekts damit ausdrücklich ablehnen.

Es würde der reinen Wahrnehmung auch mehr entsprechen, wenn wir, statt zu sagen: die Sonne leuchtet, durch unser „Es" andeuteten, daſs kein Subjekt gegeben ist: Es leuchtet in der Sonne, oder mit der Sonne, oder von der Sonne her: die durch Raumpartikeln angezeigte Beziehung wurde schon in der Periode der Sprachwurzeln gekannt, aber mit Eintritt des Subjekts ging man über diese Art des Beziehens hinaus: in jedem Satz ist Kausalität.

Man verwende so nur statt des Subjekt-Nominativs Präpositionen lokaler Bedeutung, so sieht man auch, daſs die Formierung des Subjekts nicht schlechthin um der Bezeichnung eines Räumlichen willen eintritt, denn die Raumpartikeln, welche das Subjekt ersetzt, können ganz verschiedener Art sein. Durch Setzung des Subjekts wird vielmehr dem Satzbilde der Ausdruck eines lebendigen Wirkens hinzugefügt, welches mannigfaltiger Thätigkeit fähig, je nach seinem Wollen die eine oder die andere übt.

Wir sagen z. B.: die Blätter rauschen, der Wald ist dunkel, der Tag ist hell, der Wind weht, — aber wir wissen: es rauscht

an den Blättern, es ist dunkel im Walde: am Tage ist es hell:
es weht, und dies Wehen nennt man Wind.

Lichtenberg hat vorgeschlagen: Es denkt in mir, statt:
ich denke: wozu als Beispiel weiteren Wechsels citiert sein mag:
„der Mensch denkt, nicht das Ich, und nicht die Vernunft.“
(Feuerbach, Grundz. d. Phil. d. Zuk. p. 339.) Die Entscheidung
darüber, welches dieser Subjekte sich in diesem Falle am besten
eigne, kann allerdings aus der blofsen Wahrnehmung nicht gewonnen werden, und wir sehen überhaupt bei den Wahrnehmungssätzen die Unsicherheit über das zu setzende Subjekt wachsen,
wenn der Wahrnehmende durch Erfahrung und Wissen in der
Art seines Kennens beeinflufst wird. Man denke etwa an Sätze,
wie: die Sonne sinkt, geht auf, der Himmel ist gewölbt, der
Donner rollt, der Zucker ist süfs, der Zahn schmerzt.

Man könnte nun meinen, dafs unserer Wahrnehmung doch
diejenigen Subjekte jedenfalls gegeben seien, welche Wesen eigener
Bewegung bezeichnen, so dafs ein Geschehen wirklich von ihnen
ausgeht, die sich daher als unabhängig loslösen von den Vorgängen,
welche durch sie zustande kommen.

Es scheint ja, dafs lebende Wesen, namentlich die unserer
Gattung angehörigen, keiner weiteren Personifikation bedürfen,
um Subjekte von Aussagen zu werden: man könnte sogar annehmen, es seien, nachdem die Sprache diese natürlichen Subjekte
als solche durch Einführung in die Satzform anerkannt, nun erst
auch leblose Gegenstände wie lebende behandelt und durch Personifikation zum Range von Subjekten erhoben worden.

Aber schon dies ist nicht richtig, dafs durch einen Akt des
Wahrnehmens auch das Wissen um den Unterschied zwischen
Lebendem und Leblosem gegeben sei: es wird erst durch Erfahrung erworben. Ehe Kinder Erfahrung gewonnen, liebkosen und
mifshandeln sie den Stuhl, die Klapper, mit demselben Ernst, wie
den Hund oder den Menschen. Es handelt sich ferner nicht um
den Inhalt der Sätze, welcher freilich, wenn die Subjekte Lebewesen bezeichnen, ein dem unserigen mehr oder weniger ähnliches,
bei Menschen gleichartiges, Seelenleben darthut, während das Verhalten des Leblosen sich solcher Assimilation entzieht, (a) sondern
es handelt sich um die Form, unter welche wir unsere Vorstellungen bringen, um sie als erkannt darzustellen. In dieser
Beziehung aber sind uns alle Vorgänge und alle Dinge Objekte,
welche der Formierung bedürfen. Ob wir menschliche Handlungen
oder fallende Steine wahrnehmen — wir müssen diese Wahr-

nehmungen uns vorstellen, und dann erst, als vom Bewufstsein
erkannt gesetzte, gliedern sie sich zur Satzform. Wir personifi-
zieren ebenso die Lebewesen, wie das Leblose, denn nicht von
einem allgemeinen Lebewesen geht der Akt des Erkennens aus,
auch nicht vom Geschlechte der Menschen, sondern jedesmal
von uns, diesen bestimmten, leibhaftigen Individuen.

Wir bezeichnen den Einheitspunkt unseres Bewufstseins mit
dem Worte Ich, und dieses Ich also ist der innerste Kern der
Satzsubjekte, welche wir setzen.

Es ist jedoch wichtig, festzustellen, von welchem Ich hier die
Rede ist, denn, wie sich später ergeben wird, ändert sich die
Bedeutung des Wortes wesentlich, je nachdem es als Subjekt in
Sätzen auftritt, wie sie uns bisher beschäftigten, die ein Gekanntes
darstellen — wir wollen sie Wahrnehmungssätze nennen —
oder ob es isoliert vorgestellt und ein Urteil von ihm ausgesagt wird.

Handelt es sich also um die Bedeutung des Ich in Sätzen,
wie: ich lebe, ich esse, ich friere, welche anzeigen, dafs Karl lebt,
ifst, friert, oder dafs in Karl Leben ist u. s. f., so soll dieses Ich
als das empirische von dem später zu erörternden Gattungs-
Ich und von dem Begriffs-Ich unterschieden werden, und von
diesem empirischen Ich sagen wir, dafs es der Subjektssetzung
in Wahrnehmungssätzen zu Grunde liegt; (1) wofür auch daran
zu erinnern ist, dafs in den höher entwickelten Sprachen (namentlich in dem indogerm. und semit. Sprachstamm) auch bei Bezeichnung von geschlechtslosen Dingen sich eine Geschlechtsform
entwickelt hat, deren Wahl nach Analogie des Geschlechts-
charakters mit der Vorstellung von dem Dinge bestimmt wurde.

Das „Ich" also, von dem wir sprechen, bedeutet das wahrnehmende, leibhaftige Individuum nach allen Seiten seiner Bethätigung im Leben des Universums. Nur in dem Punkte, welchen
die Sprache auszeichnet, indem sie deutend (a - gam. 'ego, ik) „Ich"
nennt, scheidet es sich als ein Besonderes von der übrigen Welt
und von sich selbst als dem naturgegebenen Individuum.

Da die Sprache zwar sagt: Ich lebe, esse, friere, wenn Karl
lebt, ifst, friert, nicht aber: ich schlafe, ich bin tot, ich bin
sprachlos, weifs nicht von mir, wenn Karl schläft, tot ist u. s. w.,
so ist klar, dafs „Ich" ein seiner selbst Bewufstes bezeichnet.

Fremdartig mag es wohl scheinen, wenn wir z. B. sagen, es
stecke in den Subjekten der Wahrnehmungssätze: die Sonne
leuchtet, die Schlange flüchtet, unser Ich. Wir bedenken nicht,

daß „Sonne“, „Schlange“ unsere Vorstellungen sind, welche erst
wir in den Mittelpunkt des Vorstellungsbildes rücken, weil erst
von solchem Mittelpunkte aus der Prozeß des Erkennens sich
gestaltet. Auch das Kind, welches von sich sagt: Karl ißt, hat
keine Ahnung davon, daß in diesem Karl sein Ich steckt, erst
dann dämmert sie ihm auf, wenn es imstande ist, dieses Ich selber
zu setzen. In dem Maße, als die Subjekts-Substantiva uns
weniger als gegebene Subjekte erscheinen, wird es deutlicher,
daß sie eben nur gesetzte sind, deren Kern unser Ich ist als
formbestimmend, wie schon in: der Wind heult, das Leben er-
lischt, die Kunst beseligt u. s. f.

Was aber von den Satz-Subjekten überhaupt gilt, gilt nicht
minder von dem Subjekt „Ich“; es erhält als solches eine Personifikation seiner selbst, d. h. es wird nicht bloß als ein Seiendes
gesetzt, sondern so, wie es vom Menschen innerlich gefühlt wird, als ein den Inhalt der Aussage einheitlich umfassender Träger, von welchem der Vorgang als ihm eigen gewußt wird. Es entsteht dieses Ich überhaupt erst dadurch, daß
es gesetzt wird als unserm Bewußtsein eigen, und es setzt sich
notwendig, sobald ein Inhalt unseres Kennens von uns
als erkannt ausgesagt wird. Demnach wird im Ich eine von
der Bildekraft des Universums gegebene Kraft des For-
mierens kundbar, durch welche das Menschen-Individuum
als solches sich bethätigt; es wird dann durch diese Bethätigung die Bildekraft des Universums zu einer Bildekraft des Individuums, welche das Kennen in seinen Dienst stellt, indem sie
es in Einzelakten um sich ordnet. In dem Sprachakt, welcher
es setzt, findet dieses Ich für das Erkennen seine Vollendung,
und es ist dies einzig dem Menschen zukommend, daß ein Seiendes
als solches sich nicht bloß fühlt, sondern weiß und aufstellt.
Das Thun dieses Lebewesens, welches so seine eigene Bildung
weiterführt, wird zum gewollten Thun, zur Handlung, sein
Fühlen zum Selbstgefühl, sein Kennen zum Erkennen.

Wenn ferner das Substantiv-Subjekt in der Sprache zu einem
Träger mannigfacher Vorstellungen wird (Das Kriechende (d. h.
die Schlange) kriecht nicht nur, sondern würgt, schlingt, flüchtet
u. s. w.) und so als einigende Form für verschiedenartigen Inhalt
ein beharrendes Etwas in einem Wechsel von Vorstellungen bedeutet, so finden wir in der Entstehung solcher Substanz das
Wesen des empirischen Ich auch insofern nachgebildet, als wir
dessen Identität fühlen und uns ihrer bewußt sind, obwohl die

Qualitäten wechseln, an deren Formierung es sich bethätigt. In der That bezieht die Seele, indem sie sich erinnert, das Hervorbringen ihrer bewufsten Akte, mittelst dessen sich eben das Ich selber hervorbringt, auf einen diesen allen gemeinsamen Mittelpunkt, trotzdem, dafs dieses Ich in jedem Akte einen anderen Inhalt behandelt, also ein anderes Quale von sich aussagt. Wie das Individuum dasselbe bleibt und als dasselbe gilt, trotz unaufhörlicher Änderung, so das Ich.

Höchst mangelhaft Gekanntes mag sich in den Jahren der Unreife, oder in Momenten der Unfreiheit des Gemüts dem Bewufstsein bieten, und viel Verfehltes mag so ausgesagt werden im Verhältnis zu dem, was das Ich des erfahrenen und besonnenen Mannes ergreift und als erkannt ausspricht, dennoch ist es dasselbe Verhalten der Seele, welches dort wie hier sich wirksam zeigt, und obwohl Zerstreutheit, Ermattung, Schlaf, Krankheit es zeitweilig zu solchem Verhalten nicht kommen läfst, dieses Wirken unterbricht und damit das Ich selber aufhebt, so zweifelt doch kein Mensch, wenn es zu neuer Bethätigung sich anschickt, dafs es das frühere geblieben sei und nur zu sich selber wieder den Weg gefunden habe.

Sich selber verborgen als das vom Universum Gegebene scheint dann das Ich als „causa sui, cujus essentia involvit existentiam," zu erwachen, wenn seine Bedingung, die Bildekraft des Individuums, sich erneut hat.

Betrachten wir weiter (cf. oben p. 72 sq.), wie das Prädikat dadurch bestimmt wird, dafs ein Subjekt von der Aussage (d. h. von dem den Satz vertretenden Wurzelinhalte) sich gesondert hat und als ein Besonderes gesetzt worden ist. Durch das Hervortreten des Subjekts wird der Aussage etwas entnommen, was nach unserm Kennen dennoch zu ihr gehört, wie sie zu ihm, und so grenzt ihre Bedeutung sich nunmehr ab gegen ein innerhalb des Vorstellungsaktes als bestehend Gesetztes. Sehen wir z. B. ab von dem nur formalen Subjekte in dem Satze: es donnert, so haben wir den Inhalt einer Wurzel; sondern wir nun aus diesem ein Subjekt: Der Himmel, Zeus donnert (skt. djaus = Zeus, beides ist Vorstellung eines Wahrgenommenen), so hat „donnert" seinen nur unsicher angedeuteten Halt in dem Vorstellungsakte eingetauscht für einen festen, substantiellen, aber seine Selbständigkeit hat es damit eingebüfst; es gilt nur noch in seiner Beziehung zu dem Subjekt, bezeichnet nicht mehr eine für sich bestehende Bewegung, sondern das Bewegen eines anderen Bestehenden.

Und wie nun das gesondert gesetzte Subjekt zuerst erfafst
wird, wenn das Wahrgenommene vorgestellt wird, so hält es diesen
ersten Platz — den Platz, an welchen das Ich sich versetzt —
fest der Mannigfaltigkeit des Wahrgenommenen gegenüber, welche
sich vor ihm ausbreitet und zu einem Raumbilde ordnet. Welche
Mannigfaltigkeit? Ist doch nur der Inhalt des Einen Verbum
vorzustellen! — Der Inhalt des Verbum ist nicht der eines allgemeinen Thuns überhaupt, sondern der eines Geschehens mit
eigentümlicher Bestimmung, welche an einer Fülle von Einzelheiten zur Erscheinung kommt, deren jede einem genaueren Kennen
sich bis zum Erkennen erschliefsen kann, welche aber in dem
Wortbilde unbestimmt bleibt bis auf diejenige, auf welche die
Wahrnehmung bei seiner Schaffung achtete, durch welche also
der Schaffungsakt veranlafst wurde. Welches Vielerlei verschiedener Einzelheiten, welche die Vorstellung mehr oder weniger unterscheidet, ist z. B. in den Satzbildern enthalten: Der Vogel fliegt,
sitzt, singt!

Der Vorstellungsakt verläuft also an einem Aufseinander
von Orten, d. h. innerhalb eines Raumbildes, so dafs die
Möglichkeit einer Bewegung gegeben ist, d. h. die Möglichkeit
einer Beziehung, welche die Momente des Satzes, die ausein-
andergehalten sind, als in ihrem Bestehen auf einander angewiesen,
wieder zusammenführt.

Ein Bedenken gegen diese Betrachtungsweise liegt nahe, denn
es scheint, dafs, wenn wir so von einem „Aufseinander" der
Vorstellungsmomente und Satzteile sprechen, wir die Bezeichnung
eines sinnlich-räumlichen Verhältnisses übertragen auf ein unsinnliches, so dafs unsere Schilderung sich nur stützt auf eine
Metapher. Nun ist zwar richtig, dafs wir es hier mit einer
Metapher zu thun haben und zwar mit einem solchen „modus
transferendi, quem necessitas genuit, inopia coacta" (5), aber gerade
umgekehrt ist sie die Übertragung eines Vorstellens auf die sinnliche Wahrnehmung. Nirgend zeigt die Sinnlichkeit für sich das
Aufseinander vom Subj. und Verbum: ob der Vogel nun fliege
oder sitze oder singe, sie zeigt in Einem den fliegenden, sitzenden,
singenden Vogel; und die Wahrnehmung kennt wohl Dinge, wo
Orte sind, aber die Orte der Dinge bieten sich ihr nicht dar,
sondern von uns erst werden sie den Dingen angewiesen, indem
wir sie als voneinander getrennt zum Bewufstsein bringen, zugleich
aber aufeinander beziehen, um sie für unsere Vorstellungen der
Vorgänge zu ordnen.

Aber wir kehren zu dem Vorstellungsakte zurück, dessen
Schilderung wir unternahmen, denn erst in seiner Darstellung
durch Sprache kommt er zur Vollendung und wird wirklich. Er
beginnt also mit einem sich räumlich ordnenden Bilde der Vorstellung, und er vollendet sich in einem äufserlichen Abbild des
so Vorgestellten, welches im Laute, in seiner Sinnlichkeit, ver-
klingt, indem es entworfen wird. Das Räumliche löst sich damit
auf; seine Orte werden zu Momenten eines Zeitlichen, die, ver-
nehmbar geworden dem äufseren Sinne, vom Gehör als in einer
Zeitfolge empfangen werden, um sich für das Bewufstsein des
Hörenden wieder zu einem Raumbilde zu ordnen. Das Satzsubjekt
erscheint im inneren Raumbilde als das Bestehende, in dem
äufseren als ein Beharrendes; in dem Verbum offenbart sich
die Zeit, durch welche an dem Bestehenden die Art der Thätigkeit, der Veränderung, der Bewegung erkannt wird.

Zeigte sich an dem Innenbilde das Aufsereinander des Raums
als Voraussetzung, als Möglichkeit der Bewegung, so erweist
sich an dem Aufsenbilde des Satzes die Zeit als Folge der Verwirklichung derselben für unser Wahrnehmen und Vorstellen.

Die Sprache, wenn sie von einem Nacheinander (nahe einander)
der Zeit spricht, bezeichnet oft Zeit als Raum: da, ex, ἐνταῦϑα;
sie verbindet auch: Zeit-raum, spatium temporis, espace de temps,
space of time, μῆκος χρόνου.

Freilich erzeugen Raum und Zeit nicht die Bewegung und
die Beziehung. (6) Die Bildkraft des Universums ist deren Quell
in uns wie aufser uns. Erst für das Erkennen, nicht schon für
das Kennen, zerlegt sich uns Bewegung in Raum und Zeit, und
indem die Bildkraft des Individuums Raum- und Zeitlinien entwirft, erhält sie an deren Kreuzpunkten — Orten und Zeitpunkten
— Wahrnehmung der Bewegung.

Die Anwendung aber dieser Formen des Ordnens, welche im
Individuum wie im Universum als Formen des mechanischen wie
des geistigen Bewegens zu erkennen sind, auf die Erscheinungswelt, giebt uns die Möglichkeit einer Erfahrung, die mathe-
matisch befestigt ist, und nicht minder die einer kausalen
Einsicht.

Es sind gewisse Form-Laute, durch welche die Zeitverhältnisse
am Verbum bezeichnet werden, und ebenso wird endlich die Beziehung der Satzglieder aufeinander durch die suffigierten Pronominalwurzeln kenntlich gemacht als „Kopula“ oder „Satzband“.
Es ist dies wohl folgendermafsen zu denken. Die Form der

ursprünglichen Wahrnehmungssätze zeigte neben der den Inhalt
des Vorgangs darstellenden Wurzel eine demonstrative Wurzel,
jene gebildet auf Veranlassung eines Reizes von der Wahrnehmung
her, diese der Ausdruck des Achtens auf gerade dieses bestimmte
Vorgehen. Durch diese letztere wurde dem qualitativen Lautbilde
ein Merkzeichen hinzugefügt, welches an dem sinnlichen Vorgang selbst den Hinweis auf dessen Ort im Räumlichen bedeutete, wie er ihm im Verhältnis zu den Orten des neben ihm
Wahrgenommenen gewiesen wurde. Die Deutewurzel neben der
qualitativen war somit das Zeichen, dafs diese gesetzt war von
einem sich orientierenden Bewufstsein, durch sie prägte sich
in dem Satze die Beziehung des vorstellenden Individuums zu
dem Vorstellungsbilde, dem Satzbilde, aus; sie war das Subjekt
in dem Satze.

Es blieb der Deutewurzel diese Bedeutung, als später eine
qualitative Wurzel zum Substantiv-Subjekte wurde; deutend wies
sie als Personalendung das Verbum auf das Substantiv-Subjekt,
in welches das Ich des vorstellenden Bewufstseins sich versetzt
hatte und verband so das Quale im Verbum mit dem Quale des
Substantivs.

Es wird durch diese Verbindung, welche die Wortform des
Verbi andeutet, dem Substantiv wie dem Verbum etwas von der
Natur des anderen Satzgliedes mitgeteilt. Während das Substantiv
für sich als ein qualitativ erfülltes Räumliches auftritt, das Verbum
für sich als ein qualitativ empfundenes Zeitliches, wird nun das
im Raum beharrende Subjekt zu einem zeitlich bewegten, und das
Bewegen im Prädikat verfestigt sich an dem Quale des bestimmten
Ortes mit einem Räumlichen. Wenn „der Himmel donnert", so
ist der Himmel als donnernder zeitlich geworden, und das Donnern
als das des Himmels hat seinen Ort im Raume erhalten.

Übersehen wir nunmehr, in welchen Formen die Entwickelung
der Sprachwurzel zum Satzbilde sich vollzieht, oder, was dasselbe
ist, in welchen Formen aus dem Kennen das Erkennen erwächst,
so zeigen sie sich uns in den Satzgliedern ausgeprägt 1) als
Subjekts-Substantiv, 2) Prädikats-Verbum und 3) in der Kopula
als einer Wortform; im Erkennen 1) als die Form des (empirischen)
Ich, 2) die Form der Erscheinungsordnung in Raum und Zeit
(sowohl in Bezug auf das Erscheinen der Vorstellungen und Vorstellungsakte, wie auf das der Dinge und Vorgänge), 3) die Form
der Beziehung.

Wir können diesen Formen den Namen von Kategorieen des Erkennens geben, verwenden jedoch diesen terminus nicht sowohl im Sinne des Aristoteles, der ihn aufstellte, als im Sinne Kants. Jenem bezeichneten die Kategorieen die letzten und umfassendsten Gesichtspunkte, von denen aus die Welt des Wirklichen sich betrachten lasse; bei Kant heißen die Kategorieen die „wahren Stammbegriffe des Verstandes", durch den die Gegenstände spontan gedacht werden, während Raum und Zeit als „die in uns liegenden apriorischen Formen der Anschauung" bezeichnet sind als „die reinen Elementarbegriffe der Sinnlichkeit", durch welche uns die Gegenstände gegeben werden. (7)

Weitere Kategorieen, als diese aus der Form des Bewußtseins und deren Darstellung im Satzbilde sich ergebenden, haben wir nicht aufzustellen, doch ist später auf diesen Punkt noch zurückzukommen.

Anmerkungen.

---

1) Heyse (Syst. d. Sprachwissensch. p. 433) sagt: „Der Nominativ — drückt ein unabhängiges Verhältnis des Gegenstandswortes der Rede aus oder stellt den Gegenstand dar, wie er unmittelbar und unabhängig von anderen Vorstellungen angeschaut wird." „Im Nominativ wird das Nomen als Glied der Rede, als Satzteil bestimmt, aber als unabhängiger, den Satz beherrschender, als Gegenstand der Rede oder Subjekt. Es erhält daher hier eine diesen Zusammenhang und zugleich die Selbständigkeit charakterisierende Endung u. s. w."

Wir finden hier die Vorstellung der alten Grammatiker, welche z. B. der Scholiast zur Grammatik des Dionysius Thrax ausspricht (Anecd. Bekk. II, p. 843): τοῦ μὲν ὀνόματος ἴδιον τυγχάνει τὸ οὐσίαν σημαίνειν, ἔστι δὲ οὐσία αὐθυπαρκτόν τι καθ' ἑαυτό, μὴ δεόμενον ἑτέρου εἰς τὸ εἶναι — zu Grunde liegend.

2) Den Subjekts-Nominativ, wiefern in ihm „der Gegenstand unmittelbar angeschaut wird", unabhängig und selbständig zu nennen, ist in sich widersprechend, denn nur durch Beziehung auf das Prädikat ist er überhaupt Subjekt und so Nominativ; als Glied einer Satz-Einheit bezeichnet er eben nur den Gegenstand der Aussage; selbständig

genommen, d. h. isoliert, wird er lediglich zum Wortbegriff (vide oben
p. 73) von nur noch genereller Bedeutung. Es scheint, als ob schon
die griechischen Grammatiker dies auch erkannt und so die Bedeutung
des Nominativs bestimmt haben. Apollonius Dysc. (de adv. 540)
bezeichnet den Begriff des Satzsubjekts mit den Worten: ὅσα γὰρ ἐπ᾽
εὐθείας νοεῖται μετὰ ῥήματος τοῦ συνόντος, ταῦτα τὴν ἐνέργειαν μετα-
τίθησιν ἐπὶ τὴν αἰτιατικήν — was im Nominativ gedacht wird
zu dem Verbum desselben Satzes, das verlegt sein Wirken in den
(Objekts-)Akkusativ — und unterscheidet damit das Wort an sich
von seinem Gebrauch als Kasus im Satze. Bestimmter finden wir
diese Unterscheidung angegeben bei Ammonius und Leo Magenti-
nus in den Kommentaren zu Aristoteles' περὶ ἑρμηνείας (Arist. op.
ed. Acad. reg. Bor. Vol. IV, p. 104), wo von dem Streit der Peripate-
tiker und Stoiker berichtet wird, ob auch der Nominativ als πτῶσις
zu betrachten sei. Das Wort für sich ist ihnen der Begriff desselben, der dann in den Satzzusammenhang fällt, indem man ihn ausspricht, und zwar geradezu, wenn er Nominativ ist. Leo Magent.
(l. c.) sagt: ἀπὸ τοῦ νοήματος καὶ ἡ εὐθεῖα ἔπεσε καὶ αἱ λοιπαί· οἷον
ἐνενόουν ἵππον καὶ ἀγνῶς εἶπον ἵππος. καὶ τὸ νόημα μετέπεσεν εἰς φωνήν.
Der Begriff, εἰ μὲν ὀρθὸν πέσοι, λέγεται ὀρθὴ πτῶσις. Ammonius
ergänzt dies weiter, indem er sagt, einige nähmen auch wohl an, jener
Wortbegriff sei eben das Wort selbst im generellsten Sinne:
γενικόν τι ὄνομα ὑποτιθεμένους, καὶ ἀπ᾽ ἐκείνου πεπτωκέναι τὸ καθ᾽
ἕκαστον ὄνομα λέγοντας. Priscianus (inst. gr. V, 13) sagt: Nominativus — quod a generali nomine in specialia cadit, casus
appellatur.

Die Alten, welche den Satz nicht vom Urteil schieden, waren der
Ansicht, dafs zuerst Wörter gewesen seien, welche später zu Sätzen
zusammengefügt wurden, sie konnten deshalb zum Begriff des isolierten
Wortes nicht leicht kommen und dachten eher an einen Begriff, der
vor seinem Worte in der Seele gewesen wäre. Kam es dann zur
Satzbildung, so hatte — und diese Vorstellung von der Sache ist eben
noch heute die gewöhnliche — der Träger der Substanz eine Priorität
vor dem Prädikat. Προτέτακται τὸ ὄνομα τοῦ ῥήματος, καθὸ τὸ μὲν
ὄνομα οὐσίας σημαντικόν, τὸ δὲ ῥῆμα συμβεβηκότος sagt Choeroboscus
(Bekk. Anecd. III, p. 1271).

3) Von der Abstufung unseres Erkennens abwärts vom Menschen
bis zu den leblosen Dingen handelt Beneke (Neue Grundlegung zur
Metaphysik. VIII. Lehrs.): „Das Sein aufser unserem eigenen vermögen
wir nur so weit zu erkennen, als es mit dem unsrigen übereinstimmt." „Unser Vorstellen ist zugleich auch unser Sein:
was wir denken sollen, müssen wir werden." „Von dem uns ähn-
lichsten menschlichen Sein aus geht unsere Vorstellungsfähigkeit in
ununterbrochener Stufenreihe abwärts. Das Sein-an-sich der uns in

Temperament, Alter, Bildung etc. unähnlichsten Menschen stellen wir schon sehr unvollkommen vor. Noch unvollkommener das Sein-an-sich der Tiere, welches unsere Vorstellung schon in keinem Teile, nicht einmal in seinen am wenigsten abweichenden Thätigkeiten, in seinen Wahrnehmungen, erreicht. Mit jeder Stufe, die wir dann in der Vollkommenheit des Seins hinabsteigen, nimmt auch die Vollkommenheit der Vorstellung ab. Nirgend zwar findet sich eine scharfe Grenze, daher wir keinem Naturgliede, auch dem toten Erdreiche nicht, ein Sein-an-sich absprechen. Aber was wir von ihm als Annäherung zur Vorstellung seines Seins vollziehen, ist nur sehr wenig, bei dem Steine z. B. der Gefühlbegriff der Starrheit, bei dem Wasserfalle der Gefühlbegriff der Beweglichkeit. Wir denken also das fremde Sein-an-sich auch hier durch unser Sein; aber da wir dabei von demjenigen absehen müssen, was dem menschlichen Sein eigentümlich (denn die Starrheit des Steins ist ja doch nicht dieselbe mit der des Menschen) und doch durch keine Seelenentwickelung diese Abstraktion wirklich zu vollziehen vermögen (unser Vorstellen bleibt ja immer menschliches Sein): so ist unser Denken von dem fremden Sein hier überaus unvollkommen."

Beneke nimmt an, dafs wir unser Erkennen den Dingen entnehmen und zwar so weit, als sie mit uns stimmen; wir würden so gleichsam verdinglicht und darin bestünde eben das Erkennen. Aber der Grund der Übereinstimmung ist in dem umgekehrten Verhältnis zu suchen; nicht wir werden als erkennende verdinglicht, sondern die Dinge werden uns vermenschlicht. Freilich mufs uns alles zuvor zum Kennen gegeben sein, damit wir es sodann als Erkanntes setzen können.

4) In seiner Allgemeinheit findet sich dieser Gedanke ausgesprochen bei Feuerbach (Vorläufige Gedanken zur Reform der Philosophie. Sämtl. Werke, Bd. II. p. 266): „Der Sprache nach ist der Name Mensch wohl ein besonderer, aber der Wahrheit nach der Name aller Namen. Dem Menschen gebührt das Prädikat πολυώνυμος. Was der Mensch auch immer nennt und ausspricht — immer spricht er sein eigenes Wesen aus."

5) Cic. de or. III, 38. cf. Gerber, Spr. als Kunst, I, p. 357—360.

6) Zenos Beweise gegen die Bewegung setzen voraus, dafs Zeit und Raum diese ausmachen. Wenn z B. nach dem sogenannten Achilleus (Arist. Phys. VI, 9) (ὁ καλούμενος Ἀχιλλεύς cf. Simpl. Phys. fol. 237a.) das Langsamere von dem Schnelleren nicht eingeholt wird, weil das Verfolgende immer erst an den Ort kommen müsse, von welchem aus das Fliehende in jedem Augenblick läuft, so denkt eben Zeno nur an Raum und Zeit, d. h. an die Arten der Ordnung, an welchen wir Bewegung erkennen und messen. Der die Schildkröte verfolgende Achill verliert so seinen Raum an die Zeit und bewegt sich nicht, obwohl er doch einholen sollte (οὐδέποτε καταλήψεται).

Er holt aber so nicht nur nicht ein, sondern er kann sich überhaupt nicht in Bewegung setzen, da ihn schon der erste Schritt an den ersten Punkt des Schildkrötenlaufs führen würde, welcher nach Zeno den weiter teilbaren Teil der Raumlinie bildet. Aristoteles bemerkt also ganz treffend (l. c.): Die Schildkröte wird eingeholt, wenn man nur gestattet, dafs der begrenzte Raum durchschritten wird (*κατα-λαμβάνεται, εἴπερ δώσει διεξιέναι τὴν πεπερασμένην*). — Wenn ferner der fliegende Pfeil ruht (*ὅτι ἡ ὀϊστὸς φερομένη ἕστηκεν*) nach Zenos Behauptung, so geht umgekehrt die Zeit an den Raum verloren, und dann beharrt freilich für jeden Zeitmoment der Pfeil in Ruhe; aber so auch dann schon im ersten, und dort ruhend kann er nicht zugleich auch fliegend sein (d. h. in Bewegung), wie doch vorausgesetzt wird.

7) Des Aristoteles' wie Kants Ableitung der Kategorieen wurzelt in der Sprache, und die unsere steht auf demselben Boden. Aber Aristoteles leitete ab von den isoliert gedachten Wörtern; an diesen zählt er die Kategorieen auf (categ. c. 4): *τῶν κατὰ μηδεμίαν συμπλοκὴν λεγομένων ἕκαστον ἤτοι οὐσίαν σημαίνει ἢ ποσὸν κ. τ. λ.* Diese isolierten Wörter stellt er eben den Sätzen gegenüber (categ. c. 2): *τὰ μὲν οὖν κατὰ συμπλοκὴν οἷον ἄνθρωπος τρέχει — τὰ δ' ἄνευ συμπλοκῆς οἷον ἄνθρωπος, τρέχει.* — Kant leitete vom Urteil ab, d. h. von dem Satze, sofern er durch Verbindung von isoliert gedachten Wörtern zustande kommt. (cf. den folgenden Abschnitt im Text.) Er erklärt die Kategorieen (Kr. d. r. V., p. 128) als „Begriffe von einem Gegenstande überhaupt, dadurch dessen Anschauung in Anschung einer der logischen Funktionen zu Urteilen als bestimmt angesehen wird." Es ist nämlich nach ihm das Urteil derjenige Verstandsakt, durch den das Mannigfaltige der Vorstellung unter die Einheit des Denkens gebracht wird. Die Arten dieser Vereinigung sind die Arten der Urteile, aus denen die Kategorieen als Stammbegriffe des Verstandes entwickelt werden.

Kapitel V.

Das Sprechen des Individuums und die Sprache der Gattung. — Der Urteilssatz. — Die isolierten Wörter als Elemente des Urteilssatzes. — Die Wortbegriffe. — Das nomen proprium, commune, adjectivum. — Der Wortbegriff kann nicht vorgestellt werden. — Nomina abstracta und das Abstrahieren überhaupt. — Die Zahlen. — Die Wortbegriffe werden gefühlt. — Platos Ideen. — Aristoteles' erste und zweite Substanz.

Wir haben bisher von der Sprache gehandelt, sofern sie hervorgebracht wird durch die der menschlichen Bildekraft eigene Kunst des Sprechens. So angesehen ist sie Werk des einzelnen Individuums. Aber das Sprechen ist nicht schon die Sprache; Sprechen ist selbst nur eine Stufe, obzwar die höchste, welche den Menschengeist zur Entwickelung jener Lautwelt führt, in welcher sein theoretisches Leben auch sinnlich sich darstellt.

Wie die ursprünglichen Naturlaute der Empfindung immer mehr auseinander treten zu immer bestimmterer Anregung und damit zu einer immer deutlicher gefühlten Verwendung gelangen, so daſs an den Empfindungslaut eine Vorstellung sich knüpfen kann; wie dann das lebhaft Vorgestellte zur Formierung der lautlich geglioderten Sprachwurzeln begeistert, aus deren Kenntnis und Zusammenstellung das Satzglied erwächst, in welchem die Form des erkennenden Bewuſstseins sich ausprägt: so dienen wieder die Bestandteile des Satzes, die gesprochenen Wörter, sobald sie Eigentum unseres Kennens geworden sind, zu einer höheren Entwickelung des Erkennens, des Erkennens als einer Wissenschaft.

Das Sprechen des Individuums, vergleichbar dem Quell, der in den See mündet, welchen er selbst bildete und den er in frischem Leben erhält, wird zur Sprache der Gattung, denn so fordert es seine Natur. Denn wenn schon der Schall überhaupt als solcher nur vorhanden ist für ein Ohr, welches ihn hört, so bliebe weiter der artikulierte Laut sinnlos und zwecklos, wenn nicht Menschenseelen diese Artikulierung empfänden, deuteten, fortsetzten.

Das Hören und Verstehen des Sprechens ist selbst schon ein lautloses Nachsprechen, durch welches es auf eine vom Sprechenden vorgestellte Empfindung eingeht. Für eine Anregung dieser Art aber ist der entsprechende Ausdruck wieder nur eben ein Sprechen, und so fordert an sich selbst das Sprechen als Vollendung seines Wirkens den Verkehr, den Austausch der Vorstellungen unter mehreren.

Es zeigt sich so, daß Sprache zwar von den Einzelnen hervorgebracht wird, daß sie aber ihr volles Leben nur gewinnt und behauptet durch jenes Ganze, welches auch das physische Leben der Individuen umschließt und es seinem Wirken nach noch erhält und fortsetzt, wann dieses als einzelnes erloschen ist. Dieses Ganze ist eben die Gattung, innerhalb welcher die Sprachlaute, welche der Kunsttrieb der einzelnen schuf, ihre Geltung, Befestigung, ihre Dauer und Macht erhalten durch die Übereinkunft der vielen, so daß Sprache ϑέσει nicht weniger ist und κατὰ ξυνϑήκην, als φύσει.

Unter der Sprache der Gattung verstehen wir natürlich keine, welche von allen Menschen gesprochen würde, sondern jedes zur festen Gewohnheit und Sitte gewordene Sprechen, in welchem das Seelenleben unserer Gattung zu Worte kommt. Dies geschieht in jeder menschlichen Gemeinschaft, sei es die des Geschlechtes, oder die eines Stammes oder eines Volkes.

Verhehlen wir uns nicht, daß es bedenklich ist, von einem Seelenleben der Gattung zu reden. Wir nehmen zwar keinen Anstand, uns als Individuen den Besitz einer Seele, als eines einheitlichen geistigen Wesens, zuzuschreiben, aber es scheint gewagt, diese einzelnen Seelen zu einer Gesamtseele zusammenfassen zu wollen, welcher dann doch auch ein einheitlicher Gesamtleib zu eigen sein müßte. Freilich umfaßt auch die Seele des Individuums eine große Mannigfaltigkeit von Bewegungen und Zuständen, die einander nicht bloß stützen und fördern, sondern auch stören und hindern, durch welche also die Einheitlichkeit ihrer Substanz in Frage gestellt wird, aber wir meinen sie doch zu fühlen als ein Ganzes, welches in allen Gliedern des Leibes zugegen und wirksam ist, ohne dafs deren relative Selbständigkeit dadurch aufgehoben wird. Ebenso könnte dann auch wohl von dem Wirken einer Gattungsseele innerhalb eines gröfseren Organismus gesprochen werden, dessen Glieder in höherem Grade selbständig wären, die aber dennoch wir zu fühlen meinen. Die Einheit dieser Seele erschiene läfslicher, weil wir die Einzelseelen nicht mehr unmittelbar auf einander wirken sehen, sondern mittelbar, z. B. durch die Sprache; die gröfsere Freiheit der leiblichen Glieder ergäbe sich als notwendig aus dem gröfseren Umfang, den reicheren Beziehungen, den schärfer ausgeprägten Unterschieden der Teile zum Ganzen. Eine Einheitlichkeit, welcher die einzelnen sich fügen, tritt ja nicht weniger auch auf dem Gebiet unseres praktischen Lebens hervor, als auf dem des Erkennens. Denn auch das nach aufsen thätige Leben der Individuen wird dadurch bestimmt, wie in Familie und Geschlecht, in Stamm und Volk Gefühl und Wille gebunden wird durch Sitte, Recht, Religion. Und obwohl auch auf diesem Gebiete die Unterschiede der Einzelentwickelungen, bis zu welchen die verschiedenen Völker fortgehen, sich soweit erstrecken, dafs innerhalb des einen ein Verhalten als unsittlich und frevelhaft erscheint, welches in einem anderen Ausdruck ist des Gefühls für Recht und Gottesverehrung, so ist überall doch erkennbar, wie das Fühlen und Streben sich um einen aus den Einzelseelen sich herausbildenden Seelenkern sammelt, von dessen Substanz sie abhängen.*) Aber wir haben

---

*) Mit besonderem Nachdruck wird von S c h o p e n h a u e r das wahre Sein des Individuums in die Gattung verlegt. Dies sei die Lehre ebenso Platos wie Kants. Er sagt (Welt als Wille u. Vorst., T. I. p. 203): „Zeit, Raum und Kausalität sind diejenige Einrichtung unseres Intellekts, vermöge deren das eigentlich allein vorhandene e i n e Wesen jeglicher Art sich uns darstellt als eine Vielheit gleichartiger, stets von neuem entstehender und vergehender Wesen, in endloser Succession". Er bemerkt (l. c. T. II. p. 586) deshalb: „Man kann sagen, der Mensch sei konkreter Geschlechtstrieb." — P l o t i n bespricht im 9. Buch der vierten Enneade die Frage: εἰ πᾶσαι αἱ ψυχαὶ μία. — S c h ä f f l e (Bau und Leben des socialen Körpers, 2. Ausg. p. 12) sagt: „Der civile Socialkörper ist im empirischen Sinne eine selbständige Individualität höherer Ordnung." Er citiert (p. VII) Comtes Satz: „Im socialen Körper scheint „die ganze Gattung Ein unermefsliches und ewiges Individuum geworden" und doch eine solche „Einheit" geblieben zu sein, „deren verschiedene Organe, durch eine innige und universelle Solidarität geeint, jedes auf bestimmte Weise und in bestimmtem Mafse zur fundamentalen Entwickelung der Menschheit beitragen."

kein Recht, ein Wirken zu einer Substanz zu verdichten. Dies
nur ist zu sagen, dafs Sprechen und Erkennen ausgehn vom
Individuum, dafs aber Sprache und Erkenntnis gegründet sind in
dem Wesen unserer Gattung.

Es ist nun näher zu betrachten, auf welche Weise der Übergang der individuellen Sprache in die der Gattung sich vollzieht.
Es geschieht dies einfach dadurch, dafs das ausge-
sprochene Satzbild zur Kenntnis des Hörenden gelangt,
dafs diese Kenntnis, wie jedes Kennen eines Wahrgenommenen, dazu fortschreitet, die Bestandteile des
Totalbildes voneinander zu unterscheiden, dafs also die
einzelnen Wörter nach der Verschiedenheit ihres Lauts
wie ihrer Bedeutung für sich gekannt werden, und dafs
sie dann wieder zu Sätzen verbunden werden, welche ein
auf diese Kenntnis gestütztes Erkennen darstellen.

Wir untersuchen nun zuerst, wie diese neue Art von Sätzen
sich unterscheidet von den Satzbildern, mit denen wir bisher als
mit Wahrnehmungssätzen uns beschäftigten, und wir werden sodann von dem Wesen und von der Bedeutung der isolierten
Wörter zu sprechen haben.

Erinnern wir uns an schon Gesagtes. An die Wurzel, welche
die Vorstellung eines Vorgangs ausdrückt, schiebt sich sofort die
andere, demonstrative, formeller Natur, welche auf den Punkt
deutet, an welchem oder von welchem aus das Ich diese Vorstellung entstehen läfst. Als ein Ganzes aber wird der Vorgang empfunden und vorgestellt, und als ein Ganzes wird er gesagt. Nicht
minder aber blieb der Wahrnehmungssatz als Einheit vorgestellt, die
gegeben schien, als später eine qualitative Wurzel die Form der demonstrativen mit einem Inhalt erfüllte und das Satzbild in Subjekt, Prädikat und Kopula die Form des Bewufstseins an sich zur Darstellung
brachte. In dem Mafse nun, wie die einzelnen Wörter als Repräsentanten wahrgenommener Dinge oder Bewegungen anerkannt wurden
und in Gebrauch kamen, ersetzten sie für die Mitteilung das auf
unmittelbarer Wahrnehmung beruhende Kennen. Damit wurde
dem Schaffen neuer Lautbilder eine Grenze gesetzt; das Individuum
konnte von den gebräuchlichen nicht abweichen ohne den geistigen
Zusammenhang mit seinen Sprachgenossen zu unterbrechen; es
wurde so auch in der Bildung seiner Vorstellungen abhängig von
der befestigten Sprachniedersetzung. Die Frische des schaffenden
Erkennens geht damit verloren, aber ein Besitz von Erkenntnis
speichert sich auf, ein Besitz freilich, ein Ererbtes, was nur

besessen wird, wenn es auf neue erworben wurde, wenn es zum
zweiten Male aus einer Kenntnis zu einem Erkannten sich um-
setzt, indem es den Seelenakt, der es auffafste, sich ausgestalten
läfst in der Satzform.

Die Bildung aber dieses neuen Satzes erfolgt nicht in derselben Weise und unter denselben Umständen, wie bei dem Satzbilde, bei dem Wahrnehmungssatze. Denn bei dem ersten Schaffen
giebt der Sprechende einem von ihm selbst Vorgestellten das
Lautbild, welches diesen Inhalt vertritt; jetzt ist an das überlieferte Wort eine Vorstellung schon gebunden, und seine Bedeutung ist irgendwie bestimmt durch den Gebrauch, so dafs überhaupt die Bestandstücke des zu bildenden Satzes schon bereit
liegen in dem Sprachschatz. So ist dem erkennenden Individuum
die Aufgabe gestellt, durch die Sprache zwar, aber ebensowohl
gegen die Sprache das eigene Schaffen zu setzen und zu sichern.
Sofern seine Vorstellung sich nicht bildet aus einer Wahrnehmung,
sondern angeregt wird durch die Vorstellung, welche in dem isolierten Worte als dessen Bedeutung ihm bekannt ist, ist es kein
Ganzes, welches zur Darstellung strebt und in einem Satzbilde
sich gliedern will, sondern eine in einem isolierten Worte schon
begonnene Vorstellung soll fortgeführt und vollendet werden nach
einer mehr oder weniger klar erfafsten Richtung, zu deren bestimmter Bezeichnung der Erkennende wiederum angewiesen ist
auf isolierte Wörter, welche die Sprache als fertige Teilvorstellungen ihm bietet. Da hat er zu suchen, zu vergleichen, zu
prüfen, sich zu fragen, endlich sich zu entscheiden und zu wählen,
alles dies in Sätzen, und so entsteht der neue Satz als ein aus-
gewählter unter vielen sonst noch möglichen. Ist er nun noch
Werk des Individuums? Gewifs kein Werk mehr der naturgegebenen Bildekraft, sondern ein Werk bewufster Anstrengung,
die auf ein Ziel gerichtet ist. Die Bestandstücke des Satzes liegen
scheinbar fertig, der Erkennende hat sie vielleicht umzuschaffen
— worüber später — aber ihm eigen ist die Herstellung einer
Verbindung zwischen ihnen, sofern sie neue Beziehungen derselben
darstellt.

Wie aber immer der Erkennende sich einer möglichen Beziehung gegenüber entscheidet, ob zustimmend oder ablehnend, so
erfolgt Bejahung oder Verneinung in der Darstellung des Satzes
nicht mehr allein durch das empirische Ich. Was nunmehr gesagt
und als verbunden gesetzt wird, ist nicht mehr Erkennen eines
Gekannten, sondern eines Erkannten, und wird vertreten von

einem Ich, welches auf den Standpunkt der Gattung sich erhoben hat, indem es deren Sprache sich bedient. Der Erkennende
hat mit dem Betreten dieses Standpunkts eine Aufgabe über-
nommen, welche sich ihm immer schwerer fühlbar macht, je mehr
er sich ihrer bewuſst wird. Der Abschluſs des Bewuſstseinsaktes,
welcher seinen Ausdruck in einem Satze finden sollte, erfolgt
immer zögernder, weil beständig abzurechnen ist mit dem in der
Sprache Erkannten; er erfolgt endlich nicht mehr zur Formierung
eines Vorgestellten, sondern auf Grund einer Überzeugung.

Solche Sätze nun, welche Verbindungen ausdrücken von
Wortbegriffen, welche deshalb den Anspruch erheben, daſs sie
innerhalb des Kreises der Sprachgenossen, sofern diese die Gattung
vertreten, allgemeine Geltung finden, nennen wir Urteilssätze,
wird nur auf das in ihnen dargestellte Erkennen geachtet,
Urteile.

Urteilssätze werden gebildet, sobald die Wahrnehmungssätze,
die Satzbilder, zu bestimmter Ausprägung ihrer Glieder, der
Wörter, gelangt sind. Diskursives Erkennen kommt so auf neben
dem intuitiven, und zwar bietet dazu das Sprechen selbst als Mitteilung, als Mittel der Verständigung, den natürlichen Anlaſs,
denn die Individuen sind den Gliederungen der Gattung, der
Familie, dem Stamme, dem Volke angehörig, und ihr Erkennen
hat sich auszuweisen und zu behaupten vor deren Sprache. Es
ist auch für gewöhnlich nicht das Individuum selbst, welches
sich zu Urteilssätzen bestimmt. Sätze anderer Individuen werden
in Bezug auf ihren Inhalt, aber an den Wörtern, die ihn darstellen, unter einander verglichen, bestritten, bekräftigt. Wer so
durch einen Satz eine Frage anregt, ob nur aussagend oder in
Frageform oder als Behauptung, arbeitet mit an dem Zustandekommen eines Urteils und an Befestigung der Gattungssprache,
und selbst der für sich Überlegende bereitet als solcher sein Urteil
durch andere Sätze vor, ehe er es abschlieſst. Man könnte daher
Urteilssätze auch als solche definieren, welche mit Bezug auf das
in anderen Sätzen Ausgesagte gebildet werden. Das Urteilen giebt
Zeugnis von dem Leben im Erkennen, zu welchem die Individuen
selbst sich anfeuern, um in ihm als Individuen im Gattungsleben
zu erlöschen.

Man sieht leicht, daſs das Reden sich nicht bloſs aus ursprünglichen Satzbildern und den sich anschlieſsenden Urteilssätzen
zusammensetzt, also auch keineswegs überall Darstellung eines
Erkennens, noch weniger Hervorbringung einer Erkenntnis sein

kann. Wir bemerken hierüber nur dies. Wenn wir ausführten,
dafs der Urteilssatz die Kenntnis der isolierten Wörter zur Voraussetzung habe, so ist damit nicht gesagt, dafs nur eben von
diesen Wörtern als einzelnen eine Kenntnis erworben werde. Vielmehr werden sicherlich zuerst gekannt und kommen zur Erinnerung die Aussagen selbst, wenn auch die Satzform dabei Ab-
bruch erleidet z. B. von Kindern, und das Erkannte sinkt zu dem
Werte eines Gekannten herab. Wiederholungen derselben Satzbilder bilden den Hauptbestandteil alles Redens: sie mögen bei
Zweifel oder Widerspruch zu Behauptungen sich steigern, in
mannigfacher Weise mögen dabei die Satzglieder des einen Satzbildes vertauscht werden gegen die eines anderen, aber trotz solcher
Ansätze zum urteilenden Erkennen bleiben es im wesentlichen
Wiederholungen.*) Durch sie eben stellt sich die Einheitlichkeit
der Gattungsseele her, sie cirkulieren unter den Individuen, wie
das Blut in unserm Körper, ihre Kenntnis und ihr Austausch
genügt vollkommen dem theoretischen Bedürfnis der meisten Individuen, denn auch die Urteilssätze wiederholen sie als die
ihrigen.**) — Wenden wir uns nun dazu, die Bedeutung der
isolierten Wörter zu untersuchen.

Nur zufällig mögen die Wörter, gelöst aus ihren Satzbeziehungen, von den Hörenden sogleich in einer bestimmt aus-

---

*) Wenn ein Wahrnehmungssatz derart als Behauptung wiederholt
wird, dafs man die Beziehung des Prädikats zum Subjekt als begründet
angesehen wissen will, so ist klar, dafs die Satzteile in Bezug auf ihre
Trennung von einander (d. h. als isoliert) in Frage gekommen sein müssen,
und, wenn nun die vorhandene Beziehung als Verbindung aufrecht erhalten
wird, so verwandelt sich dadurch das Satzbild in einen Urteilssatz. Diesem
Urteilssatz ist dann, obwohl kein anderer Inhalt zur Erkenntnis kommt, ein
genaueres Kennen zu Grunde gelegt, durch welches die einzelne Wahrnehmung zu einer von allen so vorzustellenden behauptet wird. Wenn der
Wahrnehmungssatz sagt: Der Hund (dort) heult (jetzt), so sind Hund
und Geheul Vorstellungen; im Urteilssatz: Der Hund heult, auch wenn
noch die einzelne Wahrnehmung gemeint ist, mufs sich „Hund" und „Geheul"
auch vor den Begriffen dieser Wörter ausgewiesen haben. Man meint
dann: Es ist ein Hund, der diese als Geheul zu bezeichnenden Töne
ausstöfst.

**) Man kann sagen, dafs vielen fast immer, allen zum bei weitem
gröfsten Teile für die Darstellung ihrer Seelenakte die Sprache zur Gewohnheit wird, so dafs die Gattung wie eine altera natura statt der
eigenen Bildekraft die Seelen der Individuen beherrscht. Kein Individuum
würde auch einer Anstrengung gewachsen sein, welche alles mit Bewufstsein
und Willen zu sprechen unternähme, was es instinktiv dem Besitz der Gattung
entnimmt.

geprägten grammatischen Form festgehalten worden sein; die
Lautform wird meist nur so der Erinnerung vorgeschwebt haben,
dafs der eine Wortstamm in genügender Weise sich von dem
anderen unterschied. Es ist ja eben nur die Satzbeziehung, an
welcher etwa die Nominativform des Substantivs und eine bestimmte Form des Verbum haftet. Wenn aber nicht einmal der
Lautform solcher isoliert im Gedächtnis bewahrter Wörter eine
bestimmte grammatische Ausprägung zugesprochen werden kann,
so darf man noch weniger deren Bedeutung in ähnlicher Weise
als bestimmt festgehalten sich vorstellen, wie etwa unsere Wörter-
bücher sie mit Rücksicht auf die verschiedene Verwendung der
Wörter in den für sie möglichen Satzbeziehungen anzugeben und
je nach dem Gebrauch sich mehr oder weniger verengend oder
erweitert, sich in sich selbst unterscheidend, aufzustellen pflegen.
Zu der Unbestimmtheit der Bedeutung wie bei den Sprachwurzeln sinkt allerdings die der isolierten Wörter nicht zurück,
denn durch jene war ein ganzer Satz ausgesagt, der vorgestellt
werden sollte; aber die Lösung aus der Satzbeziehung nimmt den
einzelnen Wörtern den Halt für ihre Bedeutung in höherem Grade,
als es dem sprachlich Gebildeten zum Bewufstsein zu kommen
pflegt. Es fehlt dem isolierten nomen substantivum dies, dafs in
ihm ein Subjekt gesetzt ist, und so kann es nicht hier, an dem
wahrgenommenen Orte, vorgestellt werden als lebendige Quelle
mehrfacher Thätigkeit, als Träger wechselnder Zustände, als
Einigungskraft von Beschaffenheiten; dem isolierten Prädikat ist
die Beziehung auf diesen, qualitativ durch das Subjekt erfüllten,
Ort genommen und damit auch die Fixierung des Zeitmoments in
seinem Bewegen, die Richtung des Geschehens, die Kraft zu bestimmter Aussage. (Wenn unsere Kinder eine ungenügend artikulierte Verbalform zum Ausdruck eines Seelenmoments verwenden,
so ist diese eben nicht mehr Verbum, sondern vertritt, gleich der
Sprachwurzel, einen Satz.)

    Fehlt also der Bedeutung isolierter Wörter die Bestimmtheit
des Orts, der Zeit, der Beziehung, so haftet sie nur noch an deren
Laut und erzeugt sich also nicht aus der Erinnerung an die unmittelbare Empfindung eines Wahrgenommenen, sondern aus der
Erinnerung an jenen Teil einer Vorstellung, welchen der gehörte
Laut vertrat. So stellt sie sich dar, wie ein unsicherer Umrifs
aus einer unvollendeten Skizze, welcher erst nach Vollendung derselben verständlich wird. In der That tritt die Bedeutung dem
Sprechenden erst dann wieder bestimmt hervor, und zwar bestimmt

nach Einer Richtung, wenn er ihre Verbindung mit einem Prädikate beabsichtigt, die, wie wir sehen werden, auf einem Grunde beruht. Vor solcher Verbindung hat das nomen substantivum nicht die Bedeutung von etwas Selbständigem; es wäre etwa in die Form eines Participiums oder eines Adjektivs neutrius generis zu bringen, welche nur die Eine Thätigkeit oder Eigenschaft bezeichnen, die dem sich Erinnernden als diejenige inne ist, auf welche er hauptsächlich merkte: die ihm wesentliche, wie wenn z. B. ein Jäger als Jagendes, ein Pferd als Schnelles in der Vorstellung verblieb, die Zusammenfassung, der Komplex mehrerer anderer Eigenschaften in den Subjekten Jäger, Pferd für die Vorstellung aber wegfiel. Das Verbum ferner, welchem nach der Lösung aus seinem Bezuge nur noch die Möglichkeit einer Aussage innerhalb des Bereiches innewohnt, welchen sein Laut andeutet, würde etwa in der Form des Infinitivs vorgestellt werden.

Man sieht, daſs die Bedeutungen der isolierten Wörter so vorgestellt werden müssen, wie ihnen in der Wahrnehmung nichts entspricht; sie gründen sich lediglich auf unsere Sprachlaute und haben nur an diesen den Boden für ihr Dasein. Wir haben an ihnen recht eigentlich Wortbegriffe, die als solche sämtlich in nominaler Form gedacht werden, weil die Bedeutung der Wörter, an welche sie gebunden sind, einer umschriebenen, definierten Vorstellung, einer Bestimmtheit zustrebt, welche im Urteilssatz sich vollendet. Diese Begrenzung und Verselbständigung des Begriffs ist eben Folge der Isolierung des Wortes, welches dadurch die Vorstellung einer Substanz erregt, die als Subjekt gesetzt werden kann, um in einem Urteil ihr Wesen, in welches das Gattungs-Ich sich versetzt, für die Sprachgenossen gültig auszusagen. (1) Denkt man z. B. in dem Wahrnehmungssatze „der Hund bellt" die Wörter isoliert, so wird nicht bloſs die Bedeutung von Hund eine begriffliche, allgemeine, sondern, da „bellt" seine Beziehung auf ein Subjekt verliert (wir können hier von der Personalendung absehen), und für sich allein etwas bedeutet, so rückt es seinen Sinn in die selbständige nominale Form des Infinitivs und wird als „das Bellen" zum Begriff: wie, wenn das Prädikat adjektivisch wäre: „Der Hund ist gierig", das isolierte „gierig" seine prädikative Form aufgeben und als „Gier" sich zum nomen substantivum verselbständigen würde.

Demnach bezeichnen wir als Begriff der noch nicht im Urteilssatz verbundenen isolierten Wörter eine Teil-Vorstellung,

welche dadurch erweitert ist. dafs sie ihre ursprüngliche Beziehung auf einen bestimmten Ort und den Zeitmoment einer
Wahrnehmung — das Hier und Jetzt — aufgegeben hat. und
welche hierdurch zugleich frei geworden ist von den infolge
dieser Beziehung ihr beigemischten Vorstellungen anderer Art.
Der Begriff der isolierten Wörter erhebt demnach den Anspruch.
für alle Satzverbindungen, in denen ihn die Sprachgenossen
verwenden mögen. also innerhalb der Gattungssprache. als derselbe
zu gelten und definiert zu sein.

Um das Einzelne genügend zu bezeichnen. dazu bedarf das
Lautbild der Ergänzung z. B. durch Gebärde, durch die Wahrnehmung. durch Kenntnis der Umstände. unter denen es gehört
wird. Es kann eben nur als Symbol verstanden werden, und
Symbole, wie z. B. das Bild eines Palmzweigs, eines Ankers, des
Kreuzes, bezeichnen nur unbestimmt. Aber gerade diese Schwäche
des Lautes dem Erkennen gegenüber macht ihn zu dessen vor-
züglichem Begleiter während seiner Fortentwickelung. Innerhalb
der Sphäre. in welche ihn die durch die Kunst des Sprechens
gegebene Artikulation versetzt hat. läfst das Wort gar verschiedene
Bedeutungen zu. Mensch kann Mann. Weib. Kind. Greis, Weifser,
Neger, Kretin und Aristoteles im bestimmten Falle bedeuten. aber
auch nichts von dem Allen: die Möglichkeit. dafs eine grofse
Mannigfaltigkeit von Prädikaten mit demselben Wortlaut verbunden werde. ist durch die Natur des Wortlautes gegeben.

Man hat darüber gestritten. ob. wie Max Müller (Vorles.
über die Wissensch. d. Spr. übers. v. Böttger. 3. Aufl. p. 444 sq.)
es ausdrückt, „jedes Wort so. wie es zuerst in Gebrauch kam.
einen individuellen Gegenstand bezeichnete". oder ob „allgemeine Bezeichnungen zur Konstituierung der Sprache unbedingt
notwendig sind." „Im allgemeinen" kann man der Ansicht Müllers
beistimmen (l. c. p. 450): „Das erste wirklich erkannte Objekt ist
das allgemeine. Vermöge dieses Objektes erkennen und nennen
wir später individuelle Objekte, von welchen irgend eine allgemeine Idee ausgesagt werden kann. und erst auf der dritten
Stufe werden diese so erkannten und genannten individuellen
Objekte wieder zu Repräsentanten ganzer Klassen und ihre
Namen oder Eigennamen werden zu Appellativen erhoben."
Wir haben diese Frage schon früher besprochen (Sprache als
Kunst. T. I.. p. 246 sq.) und wollen hier ihre Beantwortung nur
von der Unklarheit befreien. welche mit dem Wort „allgemein"
verbunden ist.

Die Vorstellung, daſs man das Sprechen mit einzelnen Wörtern begonnen habe, ist überhaupt unhaltbar; die Sprachwurzeln bezeichneten den Inhalt eines Satzes weder allgemein, noch individuell, sondern in unentwickelter also unbestimmter Weise. Da Wahrnehmung, Empfindung und Laute von ganz verschiedener Art sind, können jene durch diese auch nur unbestimmt (symbolisch) bezeichnet werden. Will man dies „allgemein" nennen, so hat es den Sinn von „nur allgemein" (generaliter). Bildeten sich später bei Entfaltung des Satzbildes die einzelnen Wörter, so konnten diese als Laute natürlich auch nur allgemein die Teil-Vorstellung bedeuten, aber ein Allgemeines in dem Sinne einer Gesamtheit (in universum), welche alles einzelne umfasse, konnten sie ja schon deshalb nicht bezeichnen, weil solche Gesamtheit von den Sprechenden gar nicht gekannt war. Oder kann man eine Vorstellung bezeichnen, die man nicht hat? Nur dies individuell Wahrgenommene also bedeutete das Wort. Wurde dies Wort aber weiter auch für sich ein Gegenstand der Kenntnis, so, wie es allen gemein war im Gebrauch (communiter), dann erhielt es diese allgemeine Bedeutung, welche wir als zugleich erweitert und bestimmt bezeichneten.

Alle isoliert gedachten Substantiva stellen Wortbegriffe dar, und die sogenannten Eigennamen kommen uns als besondere Klasse von Wörtern neben den sogenannten Gattungsnamen nicht in Betracht, weil sie Wortbegriffe nicht sind.

Eigennamen (ὀνόματα κύρια, nomina propria) sind ebensowohl ursprünglich Gattungsnamen (ὀνόματα προσηγορικά, nomina appellativa), wie diese selbst. Wenn im Verkehr der Menschen unter einander man sie dazu benutzte, um einzelne, bestimmte Lebewesen oder Dinge zu bezeichnen, so war damit nur eine besondere Art ihrer Verwendung geschaffen, vermöge welcher sie einzelnes durch ein Wort kennzeichneten, um es als dieses Bestimmte festhalten zu können. Wurde diesem Zwecke genügt, so machte der „Eigenname" weiter keinen Anspruch, daſs seine Kenntnis zu einer Erkenntnis des Wesens verhelfen könne oder wolle. „Nero" ist kein Mensch, bezeichnet keinen Menschen (ebensowohl z. B. einen Hund), sondern giebt ein Kennzeichen an für den Verkehr. (2) Die individuelle Bedeutung der Wörter im Wahrnehmungssatz ist also nicht die der nomina propria — wir vermeiden den terminus „Eigennamen" — jene hat ihren Halt an einer Orts- und Zeitbestimmtheit des Sprechenden und ist ohne Absicht, sich als individuelle hinzustellen; diese, an isolierte Wörter

geknüpft, gilt ohne Rücksicht auf einen Moment der Wahrnehmung, und das Wort wird dem Dinge eben deshalb beigelegt
als dessen Name, damit, unabhängig von seiner Bedeutung, es
dieses von anderen unterscheide.

Wir werden auch den terminus „Gattungsnamen" vermeiden
und die alten Bezeichnungen communia oder appellativa anwenden, (3) denn der neuerdings meist gebrauchte deutsche Name
führt irre, als ob er Gattungen in dem Sinne bezeichne, wie sie
die beschreibende Naturwissenschaft festzustellen sucht. Wörter
bezeichnen überhaupt nicht Dinge, sondern Vorstellungen, und so
bedeuten sie auch als isolierte nicht wirklich vorhandene Gattungen,
sondern nur alle die möglichen Vorstellungen, welche die
Gattung der Sprechenden, je nach ihrer Kenntnis von
den Dingen, mit dem Lautbild verbindet. (Insofern könnten
wir allerdings von Gattungsnamen sprechen.) Es ist eben ein
Wortbegriff, mit dem wir es zu thun haben, der freilich ver-
wendbar ist in der Naturbeschreibung, um innerhalb eines Systems
einen Gesamtcharakter in der Organisation von Individuen und
Exemplaren zu bezeichnen.

Wenden wir uns nun weiter zu dem Wortbegriff des Prädikats-Verbum im Urteilssatz, so haben wir auch diesen für sich,
als Begriff, wie oben bemerkt, in Form eines nomen substantivum
zu denken, wie ja auch der Infinitiv des Verbum ursprünglich
nominal ist, (4) gebraucht sowohl als Subjekt wie als Objekt einer
Aussage, im übrigen leicht durch den Artikel zu substantivieren.
Aber auch, wenn der Wortbegriff des Verbum weiter in Verbindung mit einem Subjekt als Prädikat eines Urteilssatzes gesetzt
werden soll, ist die Form des Verbum für die Aussage minder
geeignet, als die eines Nomen.

Die Verbindung isolierter Wörter zu einem Urteilssatz erfolgt
nicht mehr unter Beschränkung auf individuelle Ort- und Zeit-
umstände; sie soll allgemein gelten. Der Verbindende hat also
unter den möglichen Aussagen diejenige zu wählen, welche, nicht
gebunden an das im Einzelfalle Wahrgenommene und Vorgestellte,
als in allen Fällen bleibend, als beharrend und wesentlich vorgestellt werden soll. Nun giebt aber das Verbum die Vorstellung
einer vorübergehenden Thätigkeit, und seine Tempusbezeichnung
verliert ihre Kraft, wenn es dennoch verwandt wird. Wenn ich
z. B. dies höre und dann es sage, daß „ein Mensch spricht", so
hat die Präsensform auch den Präsenssinn; wenn ich von dem
Wortbegriff Mensch, als mit welchem die Sprachgenossen die-

selbe Vorstellung verbinden, aussage: „Der Mensch spricht". da
ist nur noch insofern eine Gegenwart bezeichnet, als sie in jeder
Zeit vorhanden vorgestellt werden kann.

Es ist deshalb nicht zufällig, daß das Prädikat des Urteilssatzes die Form des Nomen bevorzugt und dann zur Bezeichnung
der Beziehung, wie sie bei dem Verbum die Flexion angiebt, ein
Verbum formaler Art wie: sein, werden, zu Hülfe nimmt.

Man unterscheidet vom nomen substantivum das nomen adjectivum, aber der Unterschied ist kein ursprünglicher, (5) er trat nur
allmählich hervor als Folge einer verschiedenen Verwendung der
nomina. Zur Bildung des Satzbildes schob sich an die Wurzel,
welche aussagte, aus welcher sich das Verbum entwickelte, eine
andere, welche als Quale vorgestellt wurde, an der dann, als von
einer Substanz, das Ausgesagte in der Vorstellung seinen Halt
gewann. Die Nomina bezeichneten also Qualitäten, die wir bald
als Participia bald als Adjectiva aussprechen würden, wie etwa
serpens als Kriechendes, equus, equa als Schnelles. Dadurch eben,
daß solches nomen als Subjekt gesetzt wurde, entschied sich die
Substantivität desselben: das Kriechende wurde zur Schlange, das
Schnelle wurde ein Pferd, und es war dies zugleich der Akt, durch
welchen die Vorstellung des Dinges sich sonderte von der einer
Bewegung oder einer Eigenschaft und so erkannt wurde im Satzbilde. Diejenigen nomina, welche zu solcher Verwendung und
Verselbständigung nicht bevorzugt wurden, blieben unselbständig,
jene ergänzend als Attribute oder sich mit ihnen verbindend als
Prädikate, immer aber befähigt zu nachträglicher Substantivierung,
wie auch umgekehrt Substantiva wieder zurücktreten können zu
adjektivischem Gebrauch. (6) Man beachte auch, daß überhaupt
ein Substantivum, wenn es als Apposition an ein anderes tritt
(Der Naturforscher Darwin; Athenae, omnium doctrinarum
inventrices), nicht minder auch, wenn es als Prädikat steht
(Darwin ist Naturforscher, vita rustica parsimoniae magistra
est), den adjektivischen Charakter wieder annimmt, nicht mehr
die Substanz mit einem Komplex von Eigenschaften bedeutet,
sondern eine einzige.*) — Mit den Adjektiven entwickelte sich
die Vorstellung bleibender Eigenschaft zu der schon gebildeten
der Bewegung und Thätigkeit, der ja auch sie von ihrem Ursprung
her nicht fremd sind, da sie, wie die Verba, den satzvertretenden

---

*) Solches Prädikat-Substantivum kann auch gesteigert werden, wie:
Darwin ist mehr Naturforscher als Philosoph.

Sprachwurzeln entstammen. Meist tritt in der Bedeutung der Adjectiva das qualitative Nomen hervor, welches die Vorstellung des Beharrenden erweckt (wie: hart, blind, gut), obwohl die Eigenschaft an den verschiedenen Substantiven und an demselben Substantiv unter verschiedenen Umständen verändert wahrgenommen wird (wie z. B. warm, wach, reif, hell); bei einigen Adjektiven tritt mehr die Vorstellung einer wirkenden Thätigkeit hervor (wie z. B. bei zornig, anfänglich, ansichtig, durstig), und sie nähern sich dann der Bedeutung von Participien, von denen viele wiederum als Adjectiva auftreten (wie z. B. bedeutend, auffallend, verlobt, geübt, constans, sapiens, doctus). Das Verbum als Prädikat ist mehr Bezeichnung einer Wahrnehmung, das Adjectivum mehr die einer Beobachtung, der Erfahrung.

Wir glauben an dieser Stelle passend eine Erörterung einfügen zu können, um das Wesen des Wortbegriffs, namentlich auch mit Rücksicht auf das nomen adjectivum, genau zu bestimmen.

Spricht man vom Begreifen, so ist mehr gemeint, als das blofse Vorstellen. Es genügt dann nicht, etwas so zu kennen, dafs man ein Bild von ihm in der Erinnerung hat, welches mehr oder weniger die Züge des Wahrgenommenen bewahrt, vielmehr soll der Begriff Resultat eines Erkennens sein. Darum empfiehlt es sich, nicht schon die Wörter, wie sie innerhalb des Satzbildes die Wahrnehmung eines von der Vorstellung des Ganzen gesonderten Einzelnen bezeichnen, als Träger eines Begriffes aufzufassen, sondern erst dann, wenn sie durch die Aufnahme in die Sprache der Gattung selbst ein Erkanntes vertreten, so dafs sie definiert werden können nach Mafsgabe des usus der Sprache. Sage ich also z. B., indem ich es höre: Das Schaf blökt, so ist „Schaf" ein Element aus der Vorstellung des Schafgeblöks; sage ich aber dasselbe so aus, wie mir bekannt ist, dafs innerhalb der Gattungssprache von allen ebenso gesagt wird, wenn von einem Schafe ausgesagt werden soll, „das Schaf blökt", so ist „Schaf" ein Begriff. Man erwartet, dafs der Begriff uns das eigenste Wesen einer Vorstellung enthülle, wie und soweit es von den Sprachgenossen erkannt sei. Über die Sprachgenossen hinaus erstreckt sich die Geltung eines bestimmten Begriffes nur zufällig oder bedingt, da im allgemeinen nicht angenommen werden darf, dafs Bedeutungen von Wörtern in verschiedenen Sprachen einander vollständig decken.

Der Begriff ist um deshalb nicht mehr Vorstellung zu

nennen, weil sein Inhalt in der That nicht mehr vorgestellt werden
kann. Die Bedeutung des Wortes im Satzbilde ist vorstellbar.
weil sie wahrgenommen oder empfunden werden kann, die Bedeutung des Wortbegriffs schließt etwas in sich — eine Substanz
— welches sich jedem Vorstellen entzieht.

Wir fanden die Bedeutung des isolierten Substantivs
als darzustellen in der Form eines Particip oder Adjektiv; die
Form des Substantiv eignet es sich erst wieder an, wenn es als
Subjekt in einen Urteilssatz eintritt. Sagt man nun z. B. „Schall",
isoliert für sich, habe die Bedeutung, ein Schallendes zu sein.
„Farbe" die eines Farbigen, so können freilich „schallend" und
„farbig" verschiedene Wahrnehmungen bedeuten, denn es schallt
der Schlag des Hammers und der Ton der Posaune und ein fallendes
Brett, und farbig ist rot, wie blau oder gestreift, aber bei dem
Particip oder Adjektiv widersetzt sich wenigstens die Unbestimmtheit der Wortbedeutung dem Zustandekommen einer Vorstellung nicht, weil beider Inhalt nichts für sich allein Wahr-
nehmbares ist, beide vielmehr erst einen Begriff des Substantivs
fordern — den des Hammers z. B. oder des Regenbogens — um
ihn attributiv oder prädikativ zu ergänzen und so in ihn einzu-
treten. Wie aber sollte der Begriff des isolierten Substantivs
„der Schall" oder „die Farbe" vorgestellt werden können?

Das Substantiv gewinnt die Geschlossenheit und Festigkeit
seiner Form, obwohl die Mannigfaltigkeit und der Wechsel seines
Inhalts von Thätigkeiten oder Eigenschaften diese sprengen zu
müssen scheint, nur dadurch, daß unser Bewußtsein lediglich
durch Festhalten solcher Form eines Einheitlichen seinem wechselnden Inhalt gegenüber zustande kommt. Indem das Bewußtsein, nunmehr sich stützend auf das Erkennen aus der Sprache
der Gattung, den Inhalt der Vorstellung ergreift, versetzt es sein
Ich in dessen Subjekt, d. h. in diese ihm eigene Teil-Vorstellung,
und so ist es derselbe Widerspruch, welcher den Begriff des
Ich unvorstellbar macht, der auch verhindert, daß eine Vorstellung des Schalles schlechthin oder der Farbe schlechthin zustande kommt. Eine Vorstellung des Schalles oder der Farbe
müßte ja, indem sie sich irgend eine bestimmte Art Schall oder
Farbe zum Inhalt giebt (und die Wahrnehmung liefert ihr immer
nur einen bestimmten Schall, eine bestimmte Art von Farbe),
durch denselben Akt andere Arten, deren Wahrnehmung die
Wahrnehmung jener ausschließt, ihrerseits einschließen.

Wie das Wesen des Wortbegriffs vielfach Gegenstand philosophischer Untersuchung gewesen ist. (7) so ist auch dessen „Allgemeinheit" im Vergleich mit der des Prädikats in Urteilssätzen mehrfach erörtert worden. Um solche Vergleichung anstellen zu können, muſs aus dem Wortbegriff des Subjekts die Thätigkeit oder Eigenschaft entnommen werden, welche im Prädikate ihm zugesprochen wird, denn die Substanz selbst als Komplex vieler Thätigkeiten und Eigenschaften kann mit der einfachen Thätigkeit und Eigenschaft in Bezug auf engere oder weitere Bedeutung nicht verglichen werden. Sage ich „der Schnee ist weiſs", so kann ich dann nur prüfen, ob das Weiſse des Schnees eine weitere Bedeutung hat, oder das Weiſse überhaupt. Die Frage ist mit ihrer Aufstellung beantwortet. Da das Prädikat an sich die Thätigkeit oder Eigenschaft frei von der Gebundenheit an eine Substanz bezeichnet, hat es einen weiteren Umfang der Bedeutung.

Hegel (Encyklopädie § 166) sagte: „Es ist für einen verwunderungswürdigen Mangel an Beobachtung anzusehen, das Faktum in den Logiken nicht angegeben zu finden, daſs in jedem Urteil solcher Satz ausgesprochen wird: Das Einzelne ist das Allgemeine." — Bei den Satzbildern ist die Sache so nicht anzusehen. Hier sind die einzelnen Wörter nur Glieder der Einen Vorstellung, deren Bedeutung sich so dem Umfange nach durchaus deckt. In dem Wahrnehmungssatze „der Stier brüllt" ist der Stier nur als brüllender, das Brüllen nur als Stiergebrüll vorgestellt. — Weiter heiſst es bei Hegel (Encykl. § 167): „Die Urteile sind von den Sätzen unterschieden: die letzteren enthalten eine Bestimmung von den Subjekten, die nicht im Verhältnis der Allgemeinheit zu ihnen steht — einen Zustand, eine einzelne Handlung und dergleichen; Cäsar ist zu Rom in dem und dem Jahre geboren, hat 10 Jahre in Gallien Krieg geführt, ist über den Rubikon gegangen u. s. f., sind Sätze, keine Urteile. Es ist ferner etwas ganz leeres, zu sagen, daſs dergleichen Sätze z. B. ich habe heute Nacht gut geschlafen, — oder auch: Präsentiert das Gewehr! in die Form eines Urteils gebracht werden können. Nur dann würde ein Satz: es fährt ein Wagen vorüber, — ein und zwar subjektives Urteil sein, wenn es zweifelhaft sein könnte, ob das vorüber sich bewegende ein Wagen sei oder ob der Gegenstand sich bewege und nicht vielmehr der Standpunkt, von dem wir ihn beobachten: wo das Interesse also darauf geht, für noch nicht gehörig bestimmte Vorstellung die Bestimmung zu finden." — Nicht richtig ist, daſs in diesen Sätzen als Urteilen das Prädikat nicht im Verhältnis der Allgemeinheit zu den Sub-

jekten steht (es ist nur nicht das Vorüberfahren mit dem Wagen
zu vergleichen, sondern mit dem Vorüberfahren des Wagens),
aber richtig ist, daſs diese Gegenüberstellung in ihnen als
Wahrnehmungssätzen ohne Sinn ist. Die drei zuerst angeführten
Sätze sind aber allerdings Urteilssätze zu nennen, die auf Grund
einer historischen Kenntnis das Subjekt Cäsar mit diesen Prädikaten verbinden und demnach allgemeine Gültigkeit beanspruchen.

Kehren wir nun zur Betrachtung der Prädikatsbegriffe zurück,
so sehen wir, daſs wir es dabei mit den sogenannten Substan-
tivis abstractis zu thun haben, welche eine Thätigkeit, einen
Zustand, eine Eigenschaft in der Form des Substantivum darstellen.
Es gehen die Bedeutungen dieser Abstracta wie die der Appellativa
auf Wahrnehmungen und Empfindungen zurück, aber auf solche,
welche vom Individuum nicht als selbständige vorgestellt werden,
sondern als an Selbständigem haftend oder von ihm bewirkt.
Diese Begriffe sind also als Substantiva in Wahrnehmungssätzen
noch nicht vorhanden; sie werden erst später gebildet aus isoliert
vorgestellten Verbis und Adjectivis; sie gehören der Gattungssprache an.

Der Begriff der Abstraktion ist auf Aristoteles zurückzuführen, der ihn besonders in Bezug auf die mathematische
Wissenschaft hervorhebt. Es enthalte, lehrt er, das Materielle
eine Mannigfaltigkeit von Eigenschaften, Zuständen cet. in sich,
durch welche es sich eben als dies bestimmte Einzelne darstelle,
für die Wissenschaft sei dies störend, gleichsam ein Zusatz ($\tau\grave{o}$ $\grave{\epsilon}\varkappa$
$\pi\varrho\sigma\vartheta\acute{\epsilon}\sigma\epsilon\omega\varsigma$), den sie wegdenken müsse ($\grave{\alpha}\varphi\alpha\iota\varrho\epsilon\tilde{\iota}\sigma\vartheta\alpha\iota$), um das
Wesentliche betrachten zu können. Der Satz z. B. daſs die Winkel
im Dreieck zwei Rechte betragen, sei so zu beweisen, daſs davon
abgesehen werde, ob etwa das Dreieck aus Erz gefertigt sei, ob
gleichschenklich u. d. m. (s) Boethius (Post. Anal. Arist. interpr.
c. XIV) übersetzte $\tau\grave{\alpha}$ $\grave{\epsilon}\xi$ $\grave{\alpha}\varphi\alpha\iota\varrho\acute{\epsilon}\sigma\epsilon\omega\varsigma$ $\lambda\epsilon\gamma\acute{o}\mu\epsilon\nu\alpha$ (Anal. post. I, 18):
quae ex abstractione dicuntur, und der terminus blieb bei den
Scholastikern als Unterscheidungsmittel zwischen den Substantiven
als abstractis und concretis. (a) In dem ersten Druck der Summa
totius logicae von Wilhelm Occam (Explicit tractatus logice
fratris guillermi ockan divisus in tres partes et unaquaeque pars
per capitula distincta est. Impressum est hoc opus Pari. in vico
clauso brunelli. 1488.) wird u. a. der Unterschied zwischen den
Konkreten und Abstrakten dahin angegeben, daſs diese als abgeleitete Wortbildungen erscheinen (P. pr. ep. V): Est advertendum,

quod concretum et abstractum sunt nomina consimile principium secundum vocem habentia, sed non consimiliter terminantia,
sicut patet, quod justus et justitia, fortis et fortitudo, animal et
animalitas et hujusmodi a simili littera vel sillaba incipiunt, sed
non in consimilem terminantur; sed semper vel frequenter
abstractum habet plures sillabas quam concretum. (10)

Eben diese Wortbildungen, wie justitia, fortitudo, animalitas, sind es, welche wir als Prädikatsbegriffe bezeichnen; ihnen
vornehmlich ist der Name Abstracta anhaftend, und sie sind zum
Teil kenntlich an Endungen wie heit, schaft, tum, $\tau\eta\varsigma$, $\iota v\varsigma$, tas,
tudo, tia, tio etc.

Duns Scotus (bei Prantl, Gesch. der Logik, T. III. p. 215)
lehrt, dafs die abstrakten Wortbezeichnungen auf die reine Wesenheit gehen, die konkreten auf deren in den einzelnen Dingen erscheinende Formierung. (Qu. in Praedicam. 8, p. 136 B): Quam-
libet essentiam contingit sub ratione propria intelligere et
etiam significare, et tali modo intelligendi correspondet modus
significandi abstractus; alio modo contingit intelligere istam
essentiam, in quantum informat subjectum, et huic modo intelligendi correspondet modus significandi concretus.

(11) Locke fafst das Abstrahieren als die grundlegende Kultur-
thätigkeit des Menschen, der durch sie vornehmlich vom Tiere
sich unterscheide. Die Menschen haben (Ess. Conc. Hum. Und. II.,
4 sq.) die Fähigkeit der Vergleichung, welche bei den Tieren nur
gering sei (brutes compare but imperfectly), die Menschen können
ferner ihre Vorstellungen zusammensetzen, die Tiere nur wenig
(brutes compound but little), endlich vermögen die Menschen zu
abstrahieren, was den Tieren völlig versagt ist (brutes abstract
not), so dafs durch diesen Gegensatz sie getrennt sind. (I think.
we may suppose, that it is in this that the species of brutes are
discriminated from man cet.) Das Abstrahieren ist für die Sprache
deshalb notwendig, weil sonst zahllose Wörter erforderlich sein
würden, um jedes Einzelding zu bezeichnen (names must be endless):
This is called abstraction, whereby ideas taken from particular
beings become general names, applicable to whatever exists con-
formable to such abstract ideas.

Zuerst also (l. c. III., 3, 7 sq.) kennen Kinder nur das einzelne, die Amme, Mutter, den Vater; sie bemerken dann, dafs in
Gestalt und anderen Eigenschaften viele andere Wesen jenen
gleichen, bilden eine Vorstellung von dem, an welchem alle diese
teilnehmen (they frame an idea, which they find those many

particulars do partake in), und nennen sie Mensch, wobei sie also
nichts Neues machen, sondern nur von dem Besonderen abstrahieren und das Gemeinsame behalten (they make nothing
new, but only leave out of the complex idea they had of Peter
and James, Mary and Jane, that which is peculiar to each, and
retain only what is common to them all). Auf dieselbe Weise
rückt man weiter vor von dem Begriff des Menschen zu dem des
Lebewesens (animal). — Bemerkenswert ist, daſs Locke übersieht,
wie sein Wort: „they frame an idea" mit seiner Versicherung:
„they make nothing new" nicht zusammenstimmt: auch die
völlige Ausschlieſsung der Tiere von der Fähigkeit des Abs-
trahierens, wie er es faſst, kann befremden. Der Adler, welcher
von oben her nach Beute ausschaut, abstrahiert sehr stark, alles
begreift er unter der Vorstellung der Beute: das Tier, welches
den Menschen flieht, abstrahiert davon, ob dieser Wahrgenommene
imstande ist, ihm zu schaden u. d. m. Bei Duns Scotus (Qu. in
Phys. I., 5, (Vol. II.) p. 17. B) ist zu lesen: Brutis insunt conceptus universales cum circumstantiis singularibus (vid. Prantl,
Gesch. d. Logik, Bd. III., p. 213).

Nun ist klar, daſs die Ausdehnung, welche Locke dem Begriff
der Abstraktion gegeben hat, sich mit dessen Fassung bei den
Scholastikern nicht verträgt.

St. Mill (Syst. d. Logik, übers. von Schiel, T. I., p. 33) sagt,
es sei durch Locke der Miſsbrauch wenn nicht eingeführt, doch
verbreitet worden, daſs „abstrakt" auf alle Namen, die Resultate
von Abstraktion und Generalisation seien, angewandt werde, obwohl er auf die Namen von Attributen zu beschränken sei.
Namentlich huldigten die Metaphysiker aus Condillacs Schule
diesem Miſsbrauch. — So bezeichnet z. B. auch Lambert (Organon, I. § 17) die sogenannten Gattungswörter als die mit einem
„abgezogenen, allgemeinen, oder abstrakten Begriff". —
Wolff (Logica. P. I. Sect. II. c. II. § 110) hält das Alte fest:
Notio abstracta est, quae aliquid, quod rei cuidam inest, vel
adest, repraesentat absque ea re, cui inest vel adest. Concreta
autem est notio, quae aliquid, quod alteri inest vel adest, repraesentat ut eidem inexistens. — Die communia ebenfalls als abstracta
zu bezeichnen wäre schon deshalb nicht richtig, weil sie ja von
Anfang, wie Locke selbst angiebt, eben das Einzelne bezeichnen,
nach ihm also nicht abstrahiert sind. Wenn sie später allgemeine Bedeutung erhalten — Locke denkt freilich dann an
andere Wörter: Vater — Mensch — Lebewesen — so werden

sie doch dadurch nicht zu Abstrakten an sich selbst. „Mutter"
wird dadurch nicht abstrakt, dafs auch z. B. Hunde eine „Mutter"
haben.

Wir schliefsen uns deshalb St. Mill an, der (l. c.) die Wörter
konkret und abstrakt in dem Sinne der Scholastiker weiter gebraucht wissen will, zumal auch in der Grammatik dies geschieht.
Bei Heyse (System der Sprachwissensch. p. 395 sq.) ist das substantivum abstractum definiert als „ein nur subjektiv Substantielles,
ein blofs als selbständig gedachter Merkmalsbegriff", der „Eigenschaften, Zustände. Handlungen, Vorgänge u. s. w. bezeichnet".
„Diese wirklichen Abstracta sind daher immer von Adjektiven
oder Verben abgeleitet."

Wir sind indessen der Meinung, dafs der Begriff einer Abstraktion, in dieser Weise betont, bei der Betrachtung der isolierten
Wörter d. h. der Wortbegriffe vom Wesentlichen ablenkt und
weder über das Entstehen der Subjektsbegriffe (appellativa oder
communia) noch der Prädikatsbegriffe (abstracta) aufzuklären imstande ist.

Wir beschränken unsere Kritik auf das notwendige, wenn
wir darauf hinweisen, dafs es sich um Lautbilder handelt, die verstanden sein wollen, um artikulierte Lautformen, welche entweder
ursprünglich, wie die communia, durch die Kunst des Sprechens
geschaffen wurden, oder, wie die abstracta, später infolge der
Entwickelung des Sprechens zur Gattungssprache durch Umformungen des Sprachstoffs dem fortschreitenden Erkennen dienten,
— in beiden Fällen also um Bildungen, um ein Schaffen des
Menschen. Wie soll denn nun durch irgend welches Trennen
ein Lautbild geschaffen werden können, oder wie sollte ein Ab-
getrenntes als solches ein Geformtes sein? — Scheiden, Trennen
schafft nichts, obwohl es ja Folge ist jedes Bildens, dafs irgend
ein Stoff aus dem Zusammenhang, aus den Bedingungen ausge-
schieden wird, unter denen er früher bestand oder als bestehend
vorgestellt wurde. Wie verfährt denn die Bildekraft des Universums in dem ewigen Wechsel ihres Gestaltens? — Die Wahrnehmung zeigt uns immer ein irgendwie Bestimmtes, irgendwie
Geformtes, nirgend den Urstoff selbst, von dem wir uns vorzustellen pflegen, dafs er von diesen Formen zu abstrahieren sei als
die Materie oder auch, dafs diese Formen von ihm abstrahiert
seien. Mögen nun aber die Formen gehalten werden für das in
Wahrheit Seiende, die Materie für das eigentlich Nicht-Seiende,
oder mag die Materie als einzige Substanz erscheinen, in welche das

bunte Gestaltenheer rastlos versinkt, nur um gewesen zu sein —
in keinem Falle entsteht doch durch das Trennen eine Form,
vielmehr wird jede durch ein Trennen vernichtet.

Es verhält sich ähnlich mit der Bildekraft, welche dem
Menschen zu teil geworden ist. Als der Mensch infolge einer
Empfindung, welche ihm der Sinn des Sehens vermittelte, die
Wurzel ghar aussprach, abstrahierte er ein Glänzendes dem wahrgenommenen Vorgang; als ihm durch den Sinn des Hörens eine
Empfindung gewisser Art zukam, für welche er in der Wurzel
kan einen Ausdruck fand, da abstrahierte er ein Singendes von
dem Wahrgenommenen, und von dem Komplex des Totalbildes
sah er ab; aber nicht durch solche viel später bemerkte und durch
Analyse gefundene und gesetzte Abstraktionen entstand der Wurzel-
laut, sondern durch den schaffenden Kunsttrieb. Als dann durch
ein Weiterbilden aus der Wurzel das Wort Hahn (canere. goth.
hana, ahd. hano, mhd. han) hervortrat, welches einen Sänger bezeichnet, da war damit abstrahiert von allem, was sonst noch sang,
wie, als das Wort Gold sich bildete (wohl ein Participiale von
ghal oder ghel aus ghar), von dem, was sonst noch gelb er-
glänzte, und auch von der verbalen Beimischung in der Wurzel
mußte abstrahiert worden sein, als aus deren Laut die Substantivform gebildet wurde.

Als endlich die Lautbilder Gold und Hahn auch außerhalb
der Wahrnehmungssätze, in welchen die Einzelfälle ihres Auf-
tretens für die Wahrnehmung sich darstellten, als isolierte
Wörter genugsam gehört, verwendet und vom Gedächtnis festge-
halten waren, also an die von Menschenkunst ausgeprägte sinnliche
Lautform eine Vorstellung sich gebunden hatte, die nun an
dieser den bereiten Vertreter für bestimmte Erscheinungen und
Empfindungen besaß, da war ja überhaupt der Vorstellung der
Weg zu Abstraktionen aus der Wahrnehmung abgesperrt. Welche
Bilder müßte auch nach Locke unser Vorstellen entwerfen, um
von der Bezeichnung des einzelnen zu der des allgemeinen, der
Gattung zu gelangen! Man abstrahiere von dem Ammenhaften der
Amme, dem Mütterlichen der Mutter, dem Väterlichen des Vaters
— und dies müßte doch recht weit fortgesetzt werden — dann
wäre der Rest das Bild des Menschen; und nun abstrahiere man
von dem Menschlichen des Menschen, dem Eselhaften des Esels,
dem Fischigen des Hechtes u. s. w., und dann haben wir ein Bild
des animal in der Vorstellung?

Mit bestimmter Absicht, z. B. bei wissenschaftlichen Unter-

suchungen. unterscheiden wir an Objekten unserer Betrachtung
z. B. Form und Inhalt. Bewegung und Richtung, Tonhöhe, Ton-
farbe, Tonstärke u. s. w. und können dann von dem einen oder
anderen der Bestandstücke abstrahieren d. h. es von unserer Betrachtung ausschliefsen, aber an solche Absicht kann doch bei
der Entwickelung der Sprache nicht gedacht werden.

Fragen wir also, wie das Wort Gold ebensowohl bedeuten
könne Blattgold wie Schaumgold, Waschgold wie alchymistisches,
wie Katzengold, welches Gold nicht einmal ist, Gold als Geld und
Reichtum, wie als Abendgold und Lockengold, Gold als Geschirr,
wie als Schmuck u. d. m., oder wie das Wort Hahn uns bezeichnen kann den Hofhahn, wie den Kampfhahn, den welschen
wie den indischen, einen Truthahn wie einen Pfau oder Kanarien-
vogel, den Wetterhahn und den am Fasse u. s. w., so fassen wir
nunmehr unsere Betrachtungen über die Wortbegriffe (zunächst
der sogenannten communia) zusammen. Bezeichnet wurden ursprünglich durch die Wurzeln ghar und kan die Empfindungen,
welche ein so und so Beschaffenes, d. h. ein Qualitatives,
örtlich und zeitlich beim Wahrnehmen in uns erregte; diese
Lautbilder traten dann im Wahrnehmungssatze als Subjekt-Sub-
stantive, also verselbständigt, hervor. Ihre Bedeutung änderte sich
dadurch nicht: es war Goldenes, Singendes, was dem Substantiv
als Inhalt eigen blieb. Die Substantivierung heftete aber im
Wahrnehmungs-Satzbilde diese Bedeutung an im bestimmten, einzelnen Falle Wahrgenommenes. Als solche freilich konnten diese
symbolischen Lautbilder Einzelnes gar nicht bedeuten, aber man
konnte sie auf Einzelnes beziehen im Sprechen, im Hören, in
weiterer Verwendung, und so erhielt das Einzelne nach Art der
nomina propria seine Bezeichnung und eine übliche Benennung.
Hafteten nun diese Wörter auch isoliert, aufserhalb des einzelnen
Satzbildes, im Gedächtnis, so geschah dies doch so, dafs die Vorstellung nicht mehr den Einzelfall der Wahrnehmung mit ihrem
Laut in Eins verschmolz, ebenso machte sich ihre Verselbständigung
durch die Substantivform nicht mehr unmittelbar geltend, und so
trat die ursprüngliche Bedeutung, für deren Darstellung die grammatischen Formen des nomen adjectivum oder des participium am
ersten sich eignen, wieder in Kraft, obwohl sie sofort mit jedem
neuen Eintreten der Wortbegriffe in die Verbindung zu einem
Urteilssatze wieder zu Selbständigkeit und zu bestimmter Richtung
und Färbung für die Vorstellung gelangte. Die Schwierigkeit für
das Verstehen liegt also lediglich an der Substantivierung, dem

Einsetzen des Ich; nenne man sich an Stelle der Substantiva Farbe, Dreieck, Gold, Hahn — die Qualitätsbezeichnungen: Farbiges, Dreieckiges, Goldenes, Hahniges, so erscheint es selbstverständlich, dafs diese Qualitäten an einer Mehrheit von irgendwie in Zusammenhang stehenden Dingen sich vorfinden können. Mehr aber, als solche Qualität, hatte der erste Sprechende auch nicht ausdrücken wollen, und die im ersten Stadium der Sprachentwickelung, durch das Sprechen der Individuen geschaffenen Substantivierungen, welche an der Wahrnehmung ihren Halt und eine greifbare Bestätigung besafsen, waren von nicht so grofser Zahl, dafs sie nicht für die besondere Benennung als nomina propria in den einzelnen Fällen allmählich allen Sprachgenossen hätten geläufig werden müssen.

Wenden wir uns nun zu den der Gattungssprache angehörigen Bildungen, den Wortbegriffen, welche man herkömmlich als nomina abstracta bezeichnet, so ist zunächst zu bemerken, dafs bei ihnen die Abstraktion, durch welche sie entstanden sein sollen, anders aufzufassen ist, als die, welche wir in Bezug auf die Bedeutung der communia besprachen. Bei diesen letzteren soll abstrahiert sein von etwas, d. h. es soll der Wortbegriff durch Trennung (von dem besonderen) gewonnen werden; bei den abstractis wird aber etwas als abstrahiert vorgestellt, d. h. es wird eine Vorstellung einer als konkret angesehenen Substanz entnommen und nun, obwohl an sich unselbständig, als selbständiges nomen gefafst. Wir mögen der Kürze und des usus wegen den terminus der „nomina abstracta‟ uns gefallen lassen, da jedenfalls von dem Wahrgenommenen man bei ihrer Bildung abstrahiert hat, aber vorzuziehen wäre auch hier die Bezeichnung von Prädikats-Wortbegriffen, da auch bei ihnen die Abstraktion nichts erbaute und deren Begriff nichts erklärt, überdies auch die durch den terminus „abstrakt‟ bedingte Verwendung von „konkret‟ nur geeignet ist, zu verwirren.

Wir erklären das Entstehen der Prädikats-Wortbegriffe, also der Substantiva, welche durch Ableitung oder Zusammensetzung aus isolierten Verbis oder Nominibus adjectivis gebildet sind, aus dem Schaffen der Bildekraft des Individuums auf dem Standpunkt der Gattungssprache. Es ist eben nur Wiederholung, Fortsetzung und Fortschreiten des ersten Sprachschaffens. In dem ganzen Verlauf der Sprachentwickelung sehen wir Stetigkeit: da ist kein Abbrechen des Bildens, das scheinbar Neue geht wieder hervor aus der Wechselwirkung eines inzwischen zur Kenntnis

Gekommenen mit dem Trieb des Erkennens, der seine Ausgestaltung erstrebt. Thätigkeiten, Zustände, Eigenschaften sind bei den Wortbegriffen der Prädikate wie im Beginn der Sprachentwickelung bei den aus den Wurzeln hervorgehenden Wörtern der Bedeutungskern, den die Substantivform umschliefst. Der Unterschied liegt darin, dafs die Verba und adjektivischen Nomina, von welchen die Gattungssprache ihre Wortbegriffe ableitet, nunmehr schon eine in Wahrnehmungssätzen irgendwie bestimmte, durch den Sprachgebrauch gleichsam definierte Bedeutung erlangt hatten. Nicht mehr also als Träger einer unmittelbaren Empfindung, als Mittelpunkte eines wahrgenommenen Vorgangs erscheinen die neu gebildeten Substantiva, sondern als Inhaber und Vertreter einer bestimmten Wesenheit, welche charakterisiert wird durch ein erkanntes Thun, durch eine als erkannt gesetzte Beschaffenheit. Was die Aufsenwelt unmittelbar zeigte, wodurch die Natur uns erregte, das war von den Individuen benannt worden, das nunmehr nachrückende Schaffen der Gattungssprache hatte als Material schon ein vom Menschen in Besitz Genommenes, Erkanntes, und so zeigen die Prädikats-Wortbegriffe auch an dem Inhalt, welchen sie umspannen, immer deutlicher das geistige Arbeiten, den Kulturfortschritt unseres Geschlechts. Wörter, wie: Vater, Mutter, Mann, Frau, Kind, Schaf, Hund, Wolf, Rind, Rofs, Schlange, Acker, Haus, Sonne, Mond, Tag, Nacht u. s. w. tragen in sich die Qualität, welche sich dem Wahrnehmen eröffnet, erscheinen als naturgegebene Substantiva; Wörter, wie die nomina agentis: Bohrer, Leuchter, Jäger, Schneider, Sänger, oder die nomina actionis: Mischung, Stellung, Leitung, Bewegung u. d. m. bergen als Inhalt eine begriffene Thätigkeit, zeigen nicht an, dafs wahrgenommen ist, sondern dafs gedacht, beobachtet, erfahren wurde.

Man stelle andere Reihen der sogenannten Abstracta zusammen, etwa: Gröfse, Gewicht, Schwere, Fall, Licht, Schall, Geräusch, Schwingung, Festigkeit, Neigung, Reibung, Spannung, Wärme, Kälte, Anziehung, Trägheit, Geschwindigkeit, Verdunstung, Brechung, Dichtigkeit, Wirkung, Ausdehnung, Biegung, Hebung, Senkung, Spaltung u. s. w. und man sieht, welche Gebiete des Erkennens sich mit Bildung dieser Worte den Menschen erschlossen. Es legt das Ich der Gattung sich als Seele in diese Substantiv-Subjekte, wenn es sie in den Urteilssätzen mit den gewählten Prädikaten verbindet, versetzt sie als Sammelpunkte des einzeln Wahrgenommenen in die Werkstätte seines Erkennens,

und befestigt an ihnen die schwankenden Formen und Erscheinungen
des Universums, welches unser Vorstellen erreicht.

Wir bemerken bei dieser Gelegenheit, dafs, wenn wir hier
und sonst von Subjekt-Substantiven sprechen, wir damit nur auf
die besondere Macht deuten wollen, welche die Grammatik den
im Nominativ aufgerichteten Substantiven zuerkennt, dafs wir aber
dem Substantiv auch in jedem anderen Casus ein, nur durch Ein-
saugen des einen Satzes in einen anderen verdecktes, gleiches
Gewicht zuschreiben. Immer ist bei einem Substantiv in irgend
welchem Casus ein Satz als vorher gedacht anzunehmen, nach
dessen Aussage von diesem Substantiv es so zu verwenden war.
— Ebenso gilt uns das nomen adjectivum im allgemeinen als
Prädikat-Adjectivum, weil es auch bei attributiver Verwendung
immer doch vorher als Prädikat in einem Satze gedacht sein
mufste, dessen Subjekt dasjenige Substantiv war, dem es zu-
geordnet ist.

Es fragt sich nun, ob, wie bei den Bezeichnungen der Subjekts-
Wortbegriffe (communia), so auch bei den Prädikats-Wortbegriffen
(abstracta) es möglich ist, dafs sie eine Wahrnehmung im einzelnen
Falle, eine individuelle, ausdrücken. Sie können es zum Teil, nur
aber, wie jene ursprünglich, so diese nachträglich. Thätigkeiten,
Zustände, Eigenschaften sind Qualitäten, die wir an den Dingen
wahrnehmen, ihr durch die Substantivierung selbständig gewordener
Begriff scheint jedoch der Wahrnehmung durchaus entrückt. Aber
es giebt Vorstellungen, welche zwar aus keinem einzelnen Fall
einer Wahrnehmung entstehen, die sich jedoch aus dem Zusammenfassen vieler Wahrnehmungen ergeben. Man möchte sagen, sie
erzeugten sich aus einer Wahrnehmung, wie sie die Gattung haben
würde, wenn ihr Sinnesorgane zu Gebot ständen. Wörter, welche
solche Gesamtvorstellungen ausdrücken, hat man collectiva genannt, (12) doch umfafst dieser terminus auch communia, welche
uns hier nicht in Betracht kommen. Ausdrücke für Wahrgenommenes, bei denen es auf die Art der Empfindung des Wahrnehmenden ankommt, ob in ihm die Bildung einer Gesamtvorstellung angeregt wird, oder ob er sie nach ihren Teilen auffafst.
So kann der Wald bemerkt werden oder dessen Bäume, das Laub
oder dessen Blätter, die Herde oder deren einzelne Tiere u. d. m.
— Der Sprachgebrauch verwendet jedoch auch die Wörter der
Prädikats-Begriffe zur Bezeichnung solcher Wahrnehmungen, an
denen ihre abstrakte Wesenheit sich kundgiebt, namentlich wenn
das Stammwort ein Substantiv ist, und zuweilen ist diese Ver-

wendung fast herrschend. Dergleichen Wörter sind z. B. Geist-
lichkeit, Priesterschaft, Menschheit, Jugend (juventus, ἡλικία,
jeunesse, youth), Bürgerschaft (civitas), Genossenschaft, Gesellschaft
(συμμαχία) (nobilitas, servitium), Bekanntschaft (acquaintance),
Verwandtschaft (relation) etc. aber auch das Essen, die Einrichtung,
die Leckerei u. d. m. (13)

Es ist aber überhaupt der Begriff der Vielheit und dessen
Darstellung durch Formen (Dual, Plural) oder Wörter (Zahlwörter),
der bei Betrachtung der abstrakten Wortbegriffe besprochen werden
muß, denn gerade das Zusammenfassen des Vielen in Einen Wortbegriff, dessen Lautbild dann gleichsam den Generalnenner von an
sich verschieden zu benennenden Dingen darstellt, ist den Wörtern
der Gattungssprache eigen und wird gewöhnlich durch ein Abstrahieren vom Ungleichen an den gleichartigen Dingen erklärt.

Die Zahlen werden ebensowenig für sich selbst, wie an den
Dingen haftend wahrgenommen. Da sie keinerlei Qualität bezeichnen, so scheinen sie auch keinerlei Empfindung, welche sich
auf ein Wahrgenommenes bezöge, anregen zu können. Was zur
Bildung eines Zahlwortes anregte, war offenbar nur ein gewisses
Verhalten der Dinge zu einander, welches bei der Wahrnehmung
bemerkt wurde. Der örtlichen Gruppierung der Dinge entsprach
dann das Bild eines Bezogenseins in der Vorstellung. So erscheint
die Vorstellung der Zahl lediglich als die Fortbildung im Bestimmen des Örtlichen, einer räumlichen Ordnung, die als Gruppierung empfunden wurde. Das Lautmaterial für die Darstellung
des Zahlwortes würde dann zu suchen sein unter jenen demonstrativen Wurzeln, von denen wir oben (p. 90 f.) gesprochen
haben, welche auf das Wahrgenommene nur hinweisen. (14)   Die
Zahlvorstellung, welche so auf Anregung einer Wahrnehmung als
ordnend von dem Sprechenden ausgesagt wurde, war nach unserer
Meinung nur die der Zwei. Eins ist keine Zahl von Anfang an,
sie wird es erst dadurch, daß ein Anlaß gegeben wird, sie im
Gegensatz zur Zwei zu bestimmen.

Die etymologische Ableitung der Zahlwörter ist wenig gesichert, und gerade für die Bezeichnung der Eins weichen die indogermanischen Sprachen stark von einander ab. Der Stamm aina
ist indes allgemein europäisch; οἶνός; unus, unicus; ains haben
den Sinn von „allein, einzig“. Es fehlt eben ein Mehreres, was
der Wahrnehmende erwartet hatte. (15)

Die Zwei war die erste, schon dem Wahrnehmen sich auf-
drängende, Vorstellung einer Gruppierung. Die Bezeichnung der-

selben: (sskr.) dva: $\delta\acute{v}o$; duo: (altirisch.) dá, goth. tvai. wird (u. a.
von Fick, vergl. Wörterb. der indog. Spr. Bd. I., p. 111) von du,
gehen, fortgehen abgeleitet, sonst auch, wofür innere Gründe
sprechen, als von pronominalem Ursprung (von dem tu der zweiten
Person) erachtet, (also gleich: du und ich, oder da und dort):
„allein es ist nicht minder denkbar, daſs die Anschauung der
Zweiheit — durch ihre sinnliche Form ein entsprechendes sym-
bolisches Lautgebilde hervorrief": — „in dem dwa, tva (tvai)
scheint die Spaltung und Teilung sinnlich ausgedrückt". (Heyse.
System d. Sprachwissensch. p. 106.)

Zur Bildung aller weiteren Zahlbegriffe reichte die Zwei und
Eins aus. Die Zwei wurde als eine örtliche Formierung angeschaut, (16) die Eins ergab sich aus der Empfindung des Mangels
einer Mehrheit. Wenn man die Zahl Fünf (skr. pańcan, $\pi\acute{\epsilon}\nu\tau\epsilon$,
quinque, altirisch: cóic, lit. penki, goth. fimf) mit skr. pâni, Hand,
zusammenstellt in der Ansicht, daſs auch hier die sinnliche Wahrnehmung unmittelbar zur Bildung des Zahlbegriffs geführt habe,
woran sich anschlieſst, daſs ($\delta\acute{\epsilon}\kappa\alpha$, decem, das gothische taihun)
Zehn im Sinne von „2 Hände" gefaſst würde, so ist dies wohl
nicht anzunehmen: An den Substantiven bezeichnete die Sprache
nur Singular und Dual, alles andere war Plural. Bopp (vergl.
Gr. II., p. 67 f.) glaubt wohl mit Recht in dem sanskritischen
Stamme tri ($\tau\varrho\epsilon\tilde{\iota}\varsigma$, drei) die Wurzel tar (transgredi) zu erkennen,
so daſs „tri" etymologisch so viel bedeuten würde, als „über-
schreitend, darüber hinausgehend": und wenn also die Einheit,
welche an Stelle der „geraden", symmetrischen Zweiheit gesetzt
wurde, als „allein", als „ungerade" Zahl empfunden wird, so wird
sie wieder in der Dreiheit als über das „Gerade" hinausgehend
bemerkt: in beiden Fällen ist sie eine Dissonanz, welche zur Kon-
sonanz der Zweiheit oder einer Zweiheit der Zwei drängt. (19) Die
Zahl Vier erscheint schon etymologisch als Komposition (doch hat
man freilich auch Ableitung von vâhatvar, vodhar, Zugtier, ange-
raten, dessen Beinezahl wahrgenommen und gezählt worden sei):
M. Müller. (Vorles. über Wissensch. d. Spr. II., p. 339) bezeugt:
„Es giebt Sprachen, welche über vier hinaus keine Zahlwörter
besitzen. Alles, was über vier hinausgeht, wird als vieles in
einen Kasten zusammengeworfen." Offenbar war die Grenze für
den Zahlbegriff hier durch die noch für die Wahrnehmung faſs-
bare Gruppierung der 2 + 2 gegeben: zum Zählen war man überhaupt nicht gekommen, sonst hätte Weiterzählen keine Schwierigkeit gemacht.

Wenn wir also auch nicht meinen, daſs die Zahl Fünf noch
als örtliche Gruppierung empfunden worden sei und so die Grundlage für Bildung des Zahlenbegriffs gegeben habe, scheint es doch
anderseits sicher, daſs später beim Zählen vornehmlich die Hand
mit ihren fünf Fingern zur Versinnlichung, zu einem Anhaltspunkt
für das Gedächtnis gedient habe, und daſs durch diese Art der
Verwendung unser Dezimalsystem sich bildete. Danach können
wir Pott (Wilh. v. Humboldt u. die Sprachw. 2. Aufl. Bd. I.,
p. CLXXVIII) durchaus beipflichten: „Nichts natürlicher, als beim
Zählen Anschluſs an die Fingerzahl." (17)

Analog der Art, wie die aus qualitativen Wurzeln entwickelten
Wörter ursprünglich ein Wahrgenommenes als dies bestimmte
Einzelne bezeichneten, dann aber, isoliert und für die Gattungssprache verwendet, den Wortbegriff in seiner Allgemeinheit, so
auch bezeichneten die aus formalen Deutewurzeln entstandenen
Zahlwörter, welche über die Vorstellung der Zweiheit und Einheit
nicht hinausgingen, anfangs nur eine im Einzelfall wahrgenommene
örtliche Ordnung, und wurden erst dadurch, daſs sie als isolierte
Wörter gekannt wurden und in der Gattungssprache Verwendung
fanden, zu Zahlbegriffen. Die weitere Zahlenreihe setzte zur
Zwei die Eins, und sie wiederholt so nur die ursprünglichen Zahl-
vorstellungen. Die Vier, Fünf, Sechs, Sieben, Acht, Neun, Zehn
scheint auch die Sprache durch Kompositionen bezeichnet zu haben,
bei den gröſseren Zahlen liegt die Zusammensetzung deutlich vor
und wird von mehreren Sprachforschern auch für die Wörter
„Hundert" und „Tausend" angenommen. An diesen Wörtern der
rein formalen Zahlbegriffe tritt besonders deutlich hervor, wie die
Sprache der Gattung, welche sich mit dem Kennenlernen der
isolierten Wörter zu einer bestimmten abgrenzte im Gegensatz
zum Sprechen des Individuums, welches überall φύσει entstand,
auf dem Gebrauch und einem sich erzwingenden Übereinkommen
beruht, wie es in der Übereinstimmung der Zahlenbezeichnungen
bei allen indogermanischen Völkern sich kundgiebt. (18)

Aber es bleibt uns nun die Frage, wie denn überhaupt es
zum Zählen kommt. Mill (System d. dedukt. u. indukt. Logik,
übers. von Schiel, T. I., p. 318) sagt: „Alle Zahlen müssen
Zahlen von Etwas sein; es giebt nichts der Art wie Zahlen in
abstracto. Zehn muſs zehn Körper, zehn Töne oder zehn Pulsschläge bedeuten." Dabei aber ist allerdings „ein hypothetisches
Element" zu beachten, ohne dessen Annahme jede Zahlangabe sich ·

verbietet. (l. c. p. 323): „Die Bedingung ist. dafs $1 = 1$: dafs alle Zahlen Zahlen derselben Einheit oder von gleichen Einheiten seien. Wäre dies zweifelhaft. so würde kein einziger Satz der Arithmetik als wahr bestehen bleiben. Wie können wir wissen. dafs ein Pfund und ein Pfund zwei Pfunde machen. wenn das eine „ein Pfund troie" und das andere „ein Pfund avoir dupois" ist? Wie können wir wissen. dafs vierzig Pferdekräfte immer sich selbst gleich sind, wenn wir nicht annehmen. dafs alle Pferde von gleicher Stärke sind?" Also: „Alle Einheiten müssen — als gleich angenommen werden. und dies ist niemals genau wahr. denn ein Pfund Gewicht ist nicht genau einem andern. noch eine Meile genau einer andern gleich; eine empfindlichere Wage oder bessere Mefsinstrumente würden immer einen Unterschied zu erkennen geben." — Mill also zählt die Dinge; da diese zu diesem Behufe gleich sein müssen. es aber thatsächlich nicht sind. so wird von den Ungleichheiten abstrahiert. und man nimmt sie als gleich an. Locke dachte sich in eben dieser Weise die Bezeichnung des einzelnen Dreiecks zurechtgemacht für die des „Dreiecks" als Vertreter der ganzen Gattung.

Man kann aber die Dinge: Körper. Töne. Pulsschläge nicht zählen. weil sie nichts von Zahl an sich haben: man kann nur an Dingen zählen. und, je nachdem man beim Zählen den Ausgangspunkt wählt. kann jedem Dinge jede beliebige Zahl zugesprochen werden, eben weil ihm selbst keine zu eigen ist. Auch würde es sich nicht um dieser zu zählenden Dinge Gleichheit handeln. denn kein Ding ist gleich. d. h. die Dinge für sich haben auch nichts Gleiches (oder Ungleiches) an sich: und, je nachdem man deren Namen. als Vertreter von Wortbegriffen. gleich setzt. kann jedem Dinge jede beliebige Gleichheit zugesprochen werden. eben weil ihm selbst keine zu eigen ist. Der zehnte „Körper" also kann auch der hundertste sein, wenn man 99 „Körper" vor ihm zählt: und wenn ich Anstand nähme. 4 Meilen und 6 Meilen. oder auch 4 Ochsen und 6 Bäume als 10 Meilen, Ochsen, Bäume zu bezeichnen. weil ich dabei Ungleiches einander zugezählt haben könnte. so genügt doch. um die Addition tadellos zu machen. die Einsetzung des allgemeineren Begriffs „Körper" statt der ungleichen Namen Ochs und Baum. während (wie wir oben sahen) wir uns um die Ungleichheit der Dinge. die den Namen Meile führen. überhaupt nicht zu kümmern brauchen. da in der That nur die Begriffswörter. die eben das nomen commune besitzen. in Betracht kommen.

Man sieht, dafs beides, das „Zählen" und das „Gleich", von uns selbst gesetzt wird, dafs es nur in unserem Bewufstsein entsteht, also nur von diesem aus erkannt werden kann.

Die Zahlwörter sind, wie schon gesagt, als Weiterbildung der Deutewurzeln zu betrachten; sie erscheinen im Satze als Adjectiva (Adverbia) quantitativa prädikativ oder attributiv: ihre Namen vertreten aber, wie die Wurzeln überhaupt, Sätze und zwar, sofern sie die Zweiheit und Einheit überschreiten, Urteilssätze, welche die Resultate irgend welchen Zählens angeben. Wie nun kommt es zum Zählen? Offenbar dadurch, dafs eine Mehrheit vorgestellt wird, dafs an ihr die Gruppe der Zweiheit, neben ihr die Einheit wahrgenommen wurde. Aber das blofse Wiederholen derselben würde zwar die Gegenstände der Wahrnehmung als vielfach wahrgenommene setzen, aber zur Bildung einer zusammenhängenden Zahlenreihe käme es dadurch noch nicht.

Man zählte ja nicht, um irgendwie zu zählen. Das Zählen hat ein Ziel (ahd. zala zusammenhängend mit zil); das Kennen der Mehrheit soll zum Erkennen der Anzahl führen. Es mochte z. B. eine Mehrheit von Dingen wahrgenommen werden, als den Weg hemmend. Um dies auszusagen, war das Hemmende mehrfach als solches zu setzen, aber erst die Angabe der Anzahl enthielt den Ausdruck für diese wiederholten zu Einem Wort zusammengezogenen Aussagen. Oder es galt etwa, eine Anzahl zu finden und zu setzen, welche einer irgendwie gegebenen Mehrheit entspräche z. B. bei Verteilungen, beim Teilen eines Ganzen durch Messen. (Numerus zur Wurzel $\nu\epsilon\mu$, zuteilen, gehörig.) Alle diese Dinge oder Teile, welche man zählte, wurden insofern als gleiche gesetzt, welche je nach der Art ihrer Beziehung eine verschiedene Zusammenfügung, immer aber die Zusammenfügung durch den Namen der Zahl erfuhren. ($\dot\alpha\varrho\iota\vartheta\mu\acute o\varsigma$ zur Wurzel $\dot\alpha\varrho$, anfügen, gehörig.) Ganz wohl kann dabei bemerkt werden, dafs die Zusammenfügungen nicht blofs durch unsere Ziele bestimmt werden; überall in der Natur zeigen sich unserer Wahrnehmung Mehrheiten derart, dafs unser Empfinden gereizt wird, sie als gegebene Zusammenfügungen anzuerkennen. Es ist aber wohl klar, dafs auch in diesen Fällen nichts anderes gezählt wird, als die Akte unseres Bewufstseins, welches denselben Inhalt wiederholentlich setzt, und dafs, da die Gesamtvorstellung des Wahrgenommenen alle diese einzelnen Akte in sich zu einer einheitlichen Aussage umschliefst, sich die so in der Erinnerung zusammengehaltenen Zweiheiten und Einheiten zu einer Zahlenreihe zusammenfügen müssen. Darum zeigen die Namen der Zahlen, wie bemerkt, die Spuren einer Zusammenfügung.

Spricht man also von unendlich grofser Zahl, die ja doch weder wirklich ist, noch auch vorgestellt werden kann, so ist dies nicht so zu verstehen, als gebe es eine unendliche Zahlengröfse, sondern dahin, dafs unser Setzen unbegrenzt ist.

Wir zählen aber so an unseren Seelenakten nicht blofs Mehrheiten im Raum, sondern auch Mehrheiten (durch Teilung und Messung) der Zeit. Eben jene Bewufstseinsakte erfolgen ja in einem Nacheinander, ordnen sich dann in der Erinnerung als Vorstellungen eines Nebeneinander und so werden die Zahlwörter (wie die demonstrativen Wurzeln auch Zeitpartikeln wurden) zu Ordnern des Zeitverlaufs, obwohl sie ursprünglich den Örtern im Raum ihre Stelle anwiesen.

Schon früh gründete man auf unsere Zahlanschauungen, auf die der Zweiheit und Einheit, des Geraden und Ungeraden, eine Ordnung der ästhetischen — symmetrischen und rhythmischen — Formenverhältnisse. Mächtig in formeller Bestimmung der Beziehungen und Gröfsenverhältnisse, welche, die eine abhängig von der anderen, unserer Beobachtung zugänglich sind, erweist sich die aus solchem Sinn für Gruppierung zur schärfsten Abstraktion entwickelte Wissenschaft der Mathematik, an welcher das Erkennen seine mafsgebende Helferin hat. In der Mathematik aber hat man es zu thun mit den Namen der Zahlen, welche die quantitative Bestimmung der Zahlbegriffe angeben; die Namen der Ziffern sind als Prädikatives zu betrachten zu möglichen Mehrheiten, die Namen der Buchstaben, mit denen statt der Ziffern in der neueren Arithmetik gerechnet wird, überlassen auch diese quantitative Präzisierung innerhalb gegebener Bedingungen der Möglichkeit des Bestimmtwerdens.

Wir hatten nachgewiesen, dafs die artikulierten Lautbilder isoliert nicht vorstellbar seien, dafs die Wortbegriffe nur den Anreiz zur Bildung von Vorstellungen geben, welche sich anlehnen an ihre Namen. Wir versuchen jetzt, nachdem wir diese Begriffe durchmustert haben, uns darüber klar zu werden, welcherlei Leben in der Seele ihnen zukommt.

Erinnern wir uns zunächst, dafs nicht der Sprechende als solcher die Wörter isoliert, sondern der Hörende, sofern er sie kennen lernt, dafs sie demnach anders gewufst werden, als sie beim Sprechen gemeint waren. In dem Wahrnehmungssatz: der Baum fällt, war dieser fallende Baum, dieses Fallen des Baumes

ausgesagt: wer den Wortbegriff des Baumes oder des Fallens an
diesen Namen kennen lernte, der kennt nur ein Fallen, einen
Baum schlechthin. Vorstellbar also ist der Begriff eines solchen
allgemeinen Fallens oder Baumes nicht, dennoch aber faßt und
hält ihn die Seele an seiner Lautgestalt, offenbar nicht schon auf
Grund des Lautes — wer nicht Lateinisch versteht, gewinnt von
dem Worte arbor den Begriff des Baumes nicht — sondern weil
wir diesen verwendet hören und geltend finden bei den Sprachgenossen bei Gelegenheit der Darstellungen gewisser Wahrnehmungen. Wollte man nun aber auf eben diese Wahrnehmungen
hinweisen, welche doch auch vom Hörenden gemacht würden,
wenn er die Worte kennen lernt, und behaupten, daß, wenn er
heute eine Eiche, morgen eine Fichte als „Baum“ bezeichnen hörte,
heute den Regen, morgen ein stürzendes Tier als „fallend“, sich
dann infolge solcher Wahrnehmungen auch Vorstellungen dieser
Begriffe erzeugen würden, wenn auch verworren (notiones confusae,
Leibnitz), so handelt es sich eben darum, solchen verworrenen
Vorstellungen, die man besser nicht mehr als Vorstellungen bezeichnet, ihre Stelle anzuweisen: schlimm wäre es gewiß, wenn
unsere Begriffe aus verworrenen Vorstellungen hervorgingen.

Die Empfindungen, welche uns durch unser Gehör vermittelt
werden, sind von der Bildekraft des Universums gegeben, und so
ist es natürlich, daß den Hörenden auch die Lautbilder erregen, welche von der Bildekraft des Menschen geschaffen wurden,
denn als Äußerungen wirken sie auf uns den Bedingungen der
Außenwelt gemäß. Aber die Art der Erregung, wenn wir Worte
hören, ist eine andere, als wenn wir hören, wie der Fluß rauscht,
oder wie der Vogel singt. Denn an dem Worte fühlen wir nach
ein unserer Seelenbewegung Entstammendes, ein uns Eigenes, nur
für uns mit dieser Empfindung Verbundenes, nicht das Universum
sondern das von der Seele ins Menschliche übersetzte Universum.
Auch die erste Sprachwurzel erbaute sich aus schon vorhandenen
Lauten, aber diese waren gegeben von der Bildekraft der Natur,
und die Sprachwurzel konnte nur sagen, wie die Seele das
Universum in sich fühlte. Mit der Aufnahme der aus den
Sprachwurzeln entwickelten Worte war die Möglichkeit gegeben
zum Urteilen, und unsere Seelenakte setzten nicht mehr allein das
Gegebene als ein Erkanntes, sondern sie setzten schon Erkanntes
als ein Gegebenes, Geltendes, und suchten für dasselbe die Verbindung mit anderen Wörtern, die ebenso gegeben waren und
galten.

Und wie wir das gehörte Wort zwar nicht vorstellen, aber nachfühlen, so fühlen wir es vor, wenn wir das gehörte einsetzen wollen in den Urteilssatz, als dies bestimmte Lautbild, welches vom Gattungs-Ich für diese bestimmte Stelle gefordert wird. Es ist dieses Vorfühlen noch kein Bewußtsein, aber es strebt zu ihm hin; es wird zum Bewußtsein, sobald dessen Form im Satze erreicht ist.

In das Gefühl also treten die Wörter zurück, wenn sie aus dem ihre Bedeutung bestimmenden Satze sich lösen, aus dem Gefühl erheben sie sich wieder, um als Wortbegriffe neue Verbindungen einzugehen, und an deren sinnlichen Lautbildern entwickelt sich ein Erkennen, welches nicht mehr haftet an dem Hier und an dem Jetzt.

Wir sehen damit das Gesetz der Wechselwirkung des Lautvermögens mit der Menschenseele, nach welchem unser Geist sich entwickelt, sich wiederum bethätigen. Der Inhalt, welchen die erkennende Seele verkörpert in den Sprachlauten, erregt, indem er sich den Erscheinungen der Außenwelt zugesellt, unser Gefühl zu weiteren, ihm als menschlichen eigentümlichen Leistungen. Der sprechende Mensch lernt feiner, bestimmter, inniger fühlen an den Lautbildern der Gattungssprache, und diese Steigerung seines Wesens giebt sich nicht bloß kund nach der theoretischen Seite hin, also in der Art des Erkennens, sondern ebenso auf dem Gebiete der Praxis, dem Gebiete des Begehrens und Wollens, denn das Gefühl für zwecksetzendes Handeln, für Sitte und Recht gewinnt Halt und bestimmtere Richtung ebenfalls durch Aufnahme und Aneignung der Wortbegriffe, welche undefiniert gefühlt werden. Im Leben des Gefühls selber wurzeln endlich Religion und Kunst, und infolge dieser Erziehung und Erhebung des Gefühls au Wortbegriffen gewinnen diese Gebiete des geistigen und schaffenden Menschentums auch eine Beteiligung an dem begrifflichen Leben der Seele.

Das Gefühl hebt sich nicht in die helle Beleuchtung des Bewußtseins, die Satzform ist ihm zu bestimmt entwickelt, aber wie bei Lebewesen niedrigerer Art Naturlaute mit ausreichender Deutlichkeit Kunde geben von den Empfindungen und vom Fühlen, so macht auch der Mensch die Art seiner Empfindung anfänglich kenntlich durch unartikulierte Laute, später, als sprechender Mensch, auch durch einzelne Worte, welche ebenso natürliche Kundgebungen eines höher entwickelten Gefühles sind.

Wie das isolierte Wort es gerade ist, welches vom Gefühl
ergriffen wird und ihm — nicht aber der Vorstellung, nicht dem
Erkennen — genug thut, das empfinden wir deutlich, wenn wir
das isolierte Wort ausdrücklich als solches setzen: Ich bin Mensch!
Dies ist mal ein Baum! — Das heifst lieben! Das nennt man
laufen!

Liebkosen, Sehnen, Verwunderung u. d. m. braucht oft nur
ein Wort, ohne dafs eine Aposiopesis anzunehmen wäre, und die
Form des Vokativ beim Nomen, des Imperativ beim Verbum, die
beide ein Gefühl des Begehrens kund geben und als reiner Nominal-
und Verbalstamm sich darstellen, schliefsen an sich die Satzform
aus. An Überschriften aus Einem Worte bestehend, wie: die
Glocke; der Fischer; die Nacht; oder an Angaben, wie: der Gla-
diator, die Jagd, ein Kloster u. a. findet das Gefühl ein für sich
genügendes Bild, welches die Kunst ausgestalten mag; selbst
Musikstücke hat man vielfach mit solchen Titeln für das Gefühl
zu charakterisieren gesucht.

Eben, weil durch das Wort ein Erkanntes nicht ausgesagt
wird, aber das Gefühl getroffen wie von einer Naturgewalt, einigt
sich unter seinem Zeichen am leichtesten die Masse. „Das Wort
ist es, welches den politischen Parteien ihre Fahne giebt: Hie
Welf, hie Waiblingen! die Phrasen, um welche sie sich sammeln:
Ruhe und Ordnung! Freiheit und Gleichheit! In gewissen Perioden
bindet sich die geschichtliche Erscheinung der Religion an blofse
Terminologie: Monophysiten, Monotheleten, Erleuchtung, Trinität,
„das ist" und „das heifst" — und nicht minder der wissenschaftliche Eifer, wenn er mit Benennungen Keulenschläge zu führen
meint: Atheist, Pantheist, Idealist, Realist. — Sehen wir zunächst
ab von der inneren Berechtigung, mit welcher wir solche Begriffe
als feste, stets mit derselben Bedeutung verbunden, ins Feld
führen — wer aber weifs nicht, dafs solches Feldgeschrei auf die
Menschen wirkt, wie ein Trompetensignal auf das Schlachtrofs,
dafs die durch ihre Zahl herrschende Menge der ausgegebenen
Parole folgt, blindlings, bis zum Tode — und was wissen diese
meist Näheres von der Sache? — dafs aber ohne Parole sie gar
nicht in Bewegung zu setzen ist?" (Sprache als Kunst, T. 1, p. 271.)
Sei es That, sei es Erkennen — es entzündet sich an dem isolierten Wortbegriff, welcher im Gefühl zur Vollendung und Verwirklichung drängt und dazu die breite Unbestimmtheit seiner
Sphäre darbietet, am mächtigsten die eigene Bildekraft, und es

folgt so die Entwickelung auf allen Gebieten dem Begriff als der Idee.

Sokrates hatte das Erkennen der Begriffe gefordert, und die Megariker (Plato (Soph. p. 248 A.) nennt sie τοὺς τῶν εἰδῶν φίλους) lehrten, dafs die unkörperlichen Gattungsbegriffe das unveränderliche, wahre Sein darstellen, welches in den körperlichen Dingen nicht zu finden sei. Stilpo wollte deshalb auch nicht zugeben, dafs das allgemein bezeichnende Wort die Einzeldinge ausdrücke, „Mensch" z. B. das einzelne Individuum. Plato steht auf demselben Boden. Sein εἶδος, ἰδέα ist nichts anderes, als unser „isoliertes Wort", der Wortbegriff. Wenn man die Einzeldinge löst aus ihrer Gebundenheit an das Hier und Jetzt, von den Zufälligkeiten derart, wie sie erscheinen, so werden sie, sofern sie derselben Begriffssphäre (derselben Gattung) angehören, zu der Einheit, aus welcher sie als ihrem Grunde hervorgingen, zur Idee, welcher allein die wahre Wirklichkeit zukomme, von welcher allein auch ein wahres Wissen möglich sei. Unschwer sieht man, wie Plato bei seiner Ideenlehre von der Sprache geführt worden ist. Die Zahl der Ideen ist die der Wortbegriffe; jedes isolierte Wort ist Idee, denn es ist ein nomen commune. Wir setzen, sagt Plato, eine Idee jedesmal in Bezug auf vieles, wann wir für dasselbe einen Namen aufstellen, (20) z. B. Bett, Tisch für alle einzelnen, verschiedenartigen Betten und Tische, wie sie der Verfertiger herstellt, indem er die Idee von Bett und Tisch im Auge hat. Und dann erklärt er sich freilich gegen eine Wertschätzung der Künste, die doch nur die Einzeldinge nachbildeten, nicht aber deren Ideen, also nur Erscheinendes, nicht aber ein wahres Sein; (21) wahres Sein nämlich komme nur den Ideen zu, und sie seien nicht etwa blofse Gedanken oder Reden von uns. (22) Es sind ja eben nach Plato die Ideen durchaus getrennt von dem Sein der Dinge (χωρισταί wie Aristoteles sagt), was zu behaupten nahe lag, da, wie wir gesehen haben, die Wortbegriffe ihre Allgemeinheit nur durch ihre Isolierung, durch die Lösung aus den Beziehungen im Wahrnehmungssatz erhalten. Darum blickt der Platonische Tischler auf eine Idee, die aufser ihm sein soll, obwohl er Geräte schafft, deren Zweck er selbst bestimmt, und darum erhält der Platonische Künstler eine niedrige Stellung, aus welcher, eben mit Hülfe Platos, ihn die späteren befreit haben. In Schopenhauers „Die Welt als Wille und Vorstellung" führt z. B. Buch III (T. I) die Überschrift: „Die Platonische Idee: das Objekt der Kunst."

Die Art der Gefühlserregung, welche die Aufnahme des Wort-

begriffs zur Folge hat, zu der sich Universum und Menschenseele
mit mächtiger und innerlicher Wirkung vereinigen, schildert Plato
so, dafs er die Idee als das in seiner Begriffssphäre Abgeschlossene
und in sich Vollkommene schaut, welches Urbild sei für das
Schaffen der Einzeldinge, Musterbild für das Handeln. Er fühlt
den Begriff in seiner Tiefe in dem Reichtum des Inhalts, den er
zu erschliefsen vermag, und hält sich so im wesentlichen an die
Seite des Wortbegriffs, welche man als dessen Gefühlsleben bezeichnen kann, nach welcher er eben abgeschnitten ist von bestimmter Darstellung und Verwirklichung seines Inhalts, fähig aber
zu jeder möglichen, welche innerhalb seiner Sphäre liegt.

Die andere Seite des Begriffs, welche dem Bewufstsein zu-
gekehrt ist, nach welcher er zur Bildung des Urteilssatzes hin-
drängt, erfafste Aristoteles.

Deutlicher noch als bei Plato zeigen sich deshalb seine hier
in betracht kommenden Untersuchungen als abhängig von den
Formen der Sprache, wie sie in jener Zeit aufgefafst wurden.

Was man aussagt, heifst es im zweiten Kapitel seiner Schrift
über die Kategorieen, wird teils in Verbindung ausgesprochen,
teils ohne Verbindung. In Verbindung Ausgesprochenes ist z. B.
Der Mensch läuft, der Mensch singt, ohne Verbindung Ausgesprochenes ist z. B. Mensch, Ochs, läuft, singt. Von dem nun,
was in keiner Verbindung ausgesprochen wird, bezeichnet (nach
Kap. IV) ein jedes entweder eine Substanz, oder eine Quantität
u. s. w. — d. h. also eine der zehn Kategorieen. (23)

Aristoteles unterscheidet dann Substanzen in ersten und
eigentlichen Sinne, wie Mensch und Pferd als Einzeldinge, und
zweite Substanzen, nämlich diejenigen Arten und Gattungen, in
welchen jene ersten Substanzen sich befinden, wie sich z. B. in der
Art „Mensch" befindet das Individuum „Mensch", und weiter die
Art „Mensch" in der Gattung „Lebewesen". (24) Die Arten sind,
weil sie den ersten Substanzen näher stehen, als die Gattungen,
auch mehr Substanz als diese. (25)

Unter den ersten Substanzen ist immer zu verstehen ein
Einzelwesen, ein Dieses, Bestimmtes; die zweiten Substanzen
scheinen zwar nach ihrem Namen ebenso das bestimmte Einzelding zu bedeuten, in der That aber bezeichnen sie einigermafsen
ein Qualitatives, sofern sie angeben, welcher Qualität die Substanz
ist. Die Gattung (z. B. Lebewesen) bezeichnet dieses Qualitative
in einem weiteren Umfange, als die Art (z. B. Mensch). (26)

Die Einzeldinge sind demnach die eigentlichen Substanzen, und Aristoteles nennt sie die ersten, weil sie allen anderen zu Grunde liegen und alles andere von ihnen prädiziert wird oder in ihnen ist; (27) die Arten und Gattungen sind aber ebenfalls als Substanzen, wenn auch in zweiter Reihe, zu fassen, weil sie allein die ersten Substanzen, sofern sie von ihnen ausgesagt werden, vollständig erklären und definieren. Wenn man z. B. von diesem Menschen aussagt, dafs er weifs sei oder laufe, so ist solche Angabe nicht genügend, aber richtig umfassend werde ausgesagt: dieser Mensch ist ein Mensch, oder, wenn auch weniger bestimmt, dieser Mensch ist ein Lebewesen. (28)

Man sieht, dafs Aristoteles die Wortbegriffe an dem Wesen der isolierten Wörter (τῶν κατὰ μηδεμίαν συμπλοκὴν λεγομένων) zur Betrachtung bringt; auch scheint er nicht blofs einzelne Wörter zu meinen, sondern aus dem Satzbilde gelöste, denn, nachdem er als Beispiele des in Verbindung Gesagten angeführt hat: ἄνϑρωπος τρέχει, ἄνϑρωπος νικᾷ, nennt er als Beispiele des ohne Verbindung Gesagten fast dieselben Wörter: ἄνϑρωπος, βοῦς, τρέχει, νικᾷ. Freilich mufste ihm die Auffassung fern liegen, dafs die Wörter selbst zugleich mit der Ausbildung des Satzes entstehen, so dafs sie nur Redeteile (für ihn Kategorieen) werden konnten, sofern sie eben Satzteile waren: er nimmt an, dafs die Wörter für sich selbständig daseien, und es sind ἄνϑρωπος u. s. w. deshalb zwar einzelne Wörter, aber sie decken sich nicht mit unserem Begriffe von isolierten Wörtern. (Wie wenig bestimmt übrigens Aristoteles' Vorstellung vom Satze war, zeigt die Anführung der Formen τρέχει, νικᾷ, in denen er Sätze nicht erkennt.) (29)

Es ist weiter klar, dafs die οὐσία (substantia) unserm Subjekt-Substantiv entspricht, und zwar die erste Substanz dem Subjekt im Wahrnehmungssatze, die zweite Substanz dem nomen commune als Wortbegriff. Diese zweite Substanz ist es, welche als Prädikat von der ersten, dem Einzeldinge gesagt, deren Begriff angiebt. (30)

In dem Satze also „der (dieser) Mensch ist ein Mensch" enthält das Prädikat den Wortbegriff, das Allgemeine in der Sphäre des Einzeldings ist das dieses umfassende. Genauer betrachtet bestätigt solcher Satz unsere Auffassung. Er ist Urteilssatz (derselbe, welcher sich am Schlufs von Shakespeares Caesar findet: This was a man!). Um ihn bilden zu können, mufste das Wort Mensch, welches den Wahrgenommenen bezeichnet, gekannt sein, und als solches steht es dann im Prädikat, d. h. es ist nun-

9*

mehr in seiner Bedeutung als „isoliertes Wort" gesetzt, wie ja
in dem tautologischen Satze in der That es auch nur in Beziehung
auf sich selbst steht. Der Satz sagt also, daſs das Wort Mensch,
für sich allein gesetzt, zum Begriff wird. Es ist im übrigen
nicht wohl thunlich, auf einzelne Aussprüche des Aristoteles sich
bei Erörterungen sprachlicher Natur zu beziehen, weil seine ganze
Betrachtungsweise sehr von der unsrigen abweicht. Wenn er z. B.
nicht vom Substantivum spricht, sondern von der Substanz, wie
er auch im Anfang der Schrift über die Kategorieen offenbar
Homonyma als Dinge, nicht Worte, definiert, so erklärt sich dies
daraus, daſs er in der That annimmt, es könnten Dinge gesagt
werden. Zwischen Wort, dann der Vorstellung von diesem, endlich
dem Dinge, auf welches sich die Vorstellung bezieht, ist eine bestimmte Sonderung bei ihm nicht zu finden, so daſs er z. B. den
Dingen die Allgemeinheit und Einzelheit zuschreibt (de interpr.
c. 7): ἐπεὶ δ' ἐστὶ τὰ μὲν καϑόλου τῶν πραγμάτων, τὰ δὲ καϑ'
ἕκαστον (λέγω δὲ καϑόλου μὲν ὃ ἐπὶ πλειόνων πέφυκε κατη-
γορεῖσϑαι, καϑ' ἕκαστον δὲ ὃ μή, οἷον ἄνϑρωπος μὲν τῶν καϑόλου,
Καλλίας δὲ τῶν καϑ' ἕκαστον). (31) Damit hängt zusammen, daſs
die nomina communia als Begriffe bei Aristoteles wesentlich die
natürlichen Arten und Gattungen — (wie denn der Name
Gattungsbegriffe daher stammt) — vertreten, worüber wir oben
bereits gesprochen haben.

Es ist ferner für eine Vergleichung mit Aristoteles' Ausführungen miſslich, daſs er auch zwischen Satz und Urteil nicht
unterscheidet, so daſs eine Entwickelung des Urteils aus den
Wörtern des Satzbildes ihm fremd bleiben muſste. Man kann
dennoch sagen, daſs seine Definition des Urteils wesentlich mit
der Erklärung übereinstimmt, welche wir von dem Wesen des
Urteilssatzes gegeben haben. Für die isolierten Wörter, sagten
wir, wird die Ergänzung nach einer bestimmten Richtung hin,
wie sie andere Wortbegriffe andeuten, durch Verbindung mit
diesen zu einem Satz gesucht, und darin liegt, daſs die Verbindung
unter den möglichen wählt, indem sie die eine annimmt, andere
ablehnt. Damit stimmt, wenn Aristoteles sagt, daſs die einzelnen
Begriffe zu wahrer oder falscher Erkenntnis nicht führten, daſs
dazu die Satzform nötig sei, (32) und daſs der erste und haupt-
sächliche Unterschied unter den so entstehenden Urteilen darin
bestehe, daſs sie entweder bejahten oder verneinten. (33)

Wir weisen endlich noch darauf hin, daſs auch von Aristoteles
das Eigenschaftliche in der Bedeutung seiner zweiten Substanzen

hervorgehoben wird, auf welches wir bei unserer Besprechung der
Wortbegriffe Gewicht legten. Die Begriffe: Mensch, Dreieck u d. m.
werden zunächst gefühlt als das Menschliche. Dreieckige u. d. m.:
treten sie dann weiter als Subjekte im Urteilssatze auf, so verkörpert sich damit in ihnen, der Form des Bewußtseins gemäß,
das urteilende Ich — das Ich der Gattung — und sie erscheinen
als die im Wechsel der Prädikate beharrende, in sich geschlossene
Substanz, an welcher jede Aussage ihren Halt findet. Aristoteles
bemerkt den Unterschied zwischen dieser Eigenschaftlichkeit des
Begriffes und dem, was unmittelbar als Eigenschaft wahrgenommen
wird. Die Begriffe: Mensch, Tier, sagt er, bezeichnen ein Qualitatives nicht etwa so, wie das Wort „weiß", welches eben nur
diese Eigenschaft ausdrückt, sondern es umgrenzen Gattung und
Art das Eigenschaftliche mit dem bestimmten Bezuge auf die
Substanz, die damit als Substanz von dieser (ihr wesentlichen)
Beschaffenheit bezeichnet wird. (34)

Anmerkungen.

1) Trendelenburg (Log. Unters. Bd. II, p. 209): „Im weitern
Sinne mag man Subjekt und Prädikat, das eine und das andere, als Begriffe bezeichnen. Im engern Sinne wird nur die allgemein aufgefaßte
Substanz, das geistig wiedererzeugte Ding Begriff heißen, und daher
wird zunächst dem Subjekt der Begriff entsprechen. Das Prädikat als
Prädikat trägt noch das Zeichen des Unselbständigen an sich; es wird
erst freier Begriff, wenn es die Form der Substanz annimmt und in
dieser Form Subjekt werden kann. Diese Umwandlung vollzieht die
schöpferische Phantasie."

2) Daß die nomina propria an sich ein Allgemeines bezeichneten,
aber am Einzelnen, sagt Apollonius (de constr. p. 103, 13): indem
er ihnen Bezeichnung von Qualitäten besonderer Art zuschreibt:
ἡ τῶν ὀνομάτων θέσις ἐπενοήθη εἰς ποιότητας κοινάς ἢ ἰδίας, ὡς
ἄνθρωπος, Πλάτων. Es wird also den nom. propr. eine Eigenschaft
κατ' ἐξοχήν zugeschrieben, wie wenn Homer ὁ ποιητής genannt würde.
(cf. l. c. p. 26, 15 sq.) Damit stimmt denn auch der terminus des ὄνομα
κύριον (proprium): es ist ein herrschender, nachdrücklich bezeich-

nender Name. Die Stoiker Chrysipp und Diogenes betrachteten deshalb auch das nom. propr. als besonderen Redeteil, den sie (nach Priscian II, p. 574 und Diog. Laert. VII, § 57) als ὄνομα, nomen, von den Substantiven: προσηγορία, appellatio schieden. (cf. Bekker, Anecd. p. 842.)

3) Dionysius Thrax (Bekker, An. 634) unterscheidet ὀνόματα κύρια und προσηγορικά jene ἰδίως, diese κοινῶς bezeichnend, Diomedes (art. gr. I, p. 305): nomina propria et appellativa, die proprie communiterve bezeichnen. — Schottel (Von d. Teutsch. Haubtspr. p. 232): „Das selbstendige Nennwort ist entweder eigen (prop.) oder gemein (appell.)."

4) Man vergleiche: Jul. Jolly, Geschichte des Infinitivs im Indogermanischen, München, 1873.

5) Whitney (Leben und Wachstum der Sprache. Übersetzt von Leskien, p. 217): „Je weiter wir zurückgehn, desto weniger sind Substantiv und Adjektiv von einander geschieden; ihre Bildung geschieht durch dieselben Ableitungsendungen und sie haben dieselbe Flexion; die Dinge werden thatsächlich nach ihren Eigenschaften benannt, und ob das die Eigenschaft bezeichnende Wort als Beiwort oder als Name (attributiv oder appellativ) gebraucht wird, ist anfänglich von geringer Bedeutung." (Speziell für Sanskrit cf. Whitneys Indische Grammatik. Übers. v. Zimmer. p. 107.) vd. auch Bréal, Mélanges de Mythologie et de Linguistique p. 316 sq., der durchführt: Les Substantifs sont d'anciens adjectifs pris substantivement.

6) Der Sprachgebrauch zeigt vielfach auch zu Substantiven gewordene nomina als Attribute, also als Adjectiva, verwendet. Man sagt z. B. eine Rosa Schleife, a London banker, artifex stilus cet. — Es hat ferner das Substantivum nur Einen Geschlechtscharakter ausgedrückt, während die Adjectiva eine Befähigung zu mehrfacher Formveränderung entwickelten, weil sie, mit Substantiven aller Geschlechter verbunden, ihre Zusammengehörigkeit mit deren Gesamtbegriff zu bezeichnen strebten (im Dtsch. zeigt das prädikative Adj., weil selbständiger, keine Kongruenz der Form), aber auch Substantiva haben solche Formen, wie deus, dea; victor, victrix, victricia bella; flumen Rhenum (Hor.). — Endlich kann die Abstufung eines Grades zwar nur an dem reinen Quale erfolgen, und so sind dem Adjectivum die Komparationsformen eigentümlich, aber das Sprachgefühl hat doch auch in dieser Beziehung Formen zugelassen, wie κύντερος, κύντατος, ὀμηρικώτερος, ὀμηρικώτατος, homo oculissimus, Plautinissimus (Gell. 3, 3, 4), do enkunde Giselhere nimmer zorner gesin (Nib. 1981, 4).

7) Locke (On Hum. Underst. III, 3, 6) untersucht: How general Words are made. Er sagt, allgemeine Worte entstünden durch Abstraktion von den besonderen Zeit- und Ortsumständen. Von der

Vorstellbarkeit derselben sagt er (l. c. IV, 7, 9): es seien: „that general ideas fictions and contrivances of the mind, that carry difficulty with them, and do not so easily offer themselves as we are apt to imagine. For example, does it not require some pains and skill to form the general idea of a triangle — for it must be neither oblique nor rectangle, neither equilateral, equicrural, nor scalenon, but all and none of these at once. In effect, it is something imperfect, that cannot exist" cet. — Dafs in der Wahrnehmung solcher Begriff vom Dreieck nicht existiert, ist richtig; nicht richtig ist es, dafs er überhaupt nicht existiert, er ist unser Werk. Die logische Schwierigkeit würde beseitigt gewesen sein, wenn Locke die freilich unselbständige Vorstellung des Adjectiv triangular oder triangled an Stelle der des Substantivs triangle gesetzt hätte. — Berkeley (Intr. to Prin. of Hum. Knowl. XIII) sagt bei Besprechung dieser Stelle, dafs überhaupt dergleichen allgemeine Vorstellungen unmöglich seien: If any man has the faculty of framing in his mind such an idea of a triangle as is here described, it is in vain to pretend to dispute him out of it, nor would I go about it. Er bestreitet (l. c. XIV), dafs solche Vorstellungen durch Abstraktion hätten gebildet werden können, weder von Erwachsenen, die sich dessen müfsten bewufst sein, noch von Kindern, die von ganz anderen Dingen plauderten. Weiteres hierüber findet man bei St. Mill, Syst. d. dedukt. u. indukt. Logik. (Übers. von Schiel.) T. II, p. 215 sq. Hegel (Phänomenol. d. Geistes, p. 83 sq.) findet einen Beweis für die philosophische Tiefe der Sprache darin, dafs sie überhaupt nur allgemeines bezeichnen könne, auch wenn sie das einzelne meine. (cf. hierzu: Gerber, Sprache als Kunst, T. I, p. 304 sq.)

8) Je weniger Besonderheiten bei Untersuchungen in betracht zu ziehen sind, sagt Aristoteles (Met. I, 2), desto genauer wird das Wissen: ἀκριβέσταται δὲ τῶν ἐπιστημῶν αἱ μάλιστα τῶν πρώτων εἰσίν· αἱ γὰρ ἐξ ἐλαττόνων ἀκριβέστεραι τῶν ἐκ προθέσεως λαμβανομένων. Der Mathematiker also hat bei seinen Untersuchungen von allem Sinnlichen zu abstrahieren (Met. XI, 3): ὁ μαθηματικὸς περὶ τὰ ἐξ ἀφαιρέσεως τὴν θεωρίαν ποιεῖται — z. B. von Schwere, Härte, Wärme u. s. w. Als Unterschied zwischen der Forschung des Mathematikers und des Physikers ist also zu beachten (de coelo III, 1): τὸ μὲν ἐξ ἀφαιρέσεως λέγεσθαι τὰ μαθηματικά, τὰ δὲ φυσικὰ ἐκ προθέσεως. cf. Anal post. I, 5 u. Trendelenburg, Kommentar zu Arist. de anim. III, 4, 8.

9) Concretus findet sich in ähnlichem Sinne schon gebraucht bei Lukrez I, 1018, Cic. de nat. De. II, 39. cf. Trendelenb. El. log. Ar. p. 115 A: „Fuerunt, qui concretum ita interpretarentur, in concreto qualitatem cum substantia coaluisse, ut cum re nigra nigritiem. in abstractis contra a mente esse segregatam." — So Durand

v. Pourçain (bei Prantl, Gesch. d. Log. T. III, p. 293): Abstractum
significat naturam secundum se absque habitudine ad aliquid et ideo
ex suo modo significandi nihil connotat praeter naturam, concretum
autem significat per modum habentis naturam ut „homo habens humani-
tatem." Wir werden so an Plato erinnert, bei dem die Wirksamkeit
der Idee jedes Ding zu dem macht, was es ist: σωφροσύνη σωφρονούσιν,
σοφία είσι σοφοί. (Protag. p. 332. Hipp. maj. p. 287.)

10) Wie Occam erklärt Hobbes (Appendix ad Leviathan, cp. I
(opp. philos. T. II, Leviath. p. 340): Quando nomina detorquentur, ut
cum fit a voce ὄν, οὐσία; ab ὑφιστάμενον, ὑπόστασις; ab Ente. Essentia;
a Substans, Substantia; ab Album Albedo; detorsio illa a Philosophis
dicitur Abstractio, propterea nomen ὄν Concretum, οὐσία Abstractum; Ens Concretum, Essentia Abstractum cet. — Er bemerkt weiter,
dafs statt des nomen abstr. zuweilen Infinitive stehn: τὸ εἶναι, esse,
auch das Neutrum eines Adjektivs z. B. τὸ λευκόν.

11) Die deutschen Endungen: heit, schaft, tum zeigen deutlich
die Composition des abstrakten Wortes. Ahd. heit behandelt Grimm
(Dtsch. Gr. T. II, p. 478, 2. Aufl.) unter háids (persona, ordo, habitus);
es zeigt sich auch in der Form keit (Schwachheit, Biegsamkeit);
schaft, ahd. skaf unter scafts (indoles, ratio): tum, ahd. tuom. unter
dóms (bed. Stand, Würde). — Die Endungen tas, tatis, της, τητος, im
Sanskrit: tátis bespricht u. a. M. Müller (Essays Bd. IV. übers. v.
Fritzsche p. 364 sq.). Er erklärt sich nicht dafür, táti aus der Zusammensetzung zweier Suffixe tâ-ti entstehen zu lassen, und bemerkt.
„dafs die indischen Grammatiker das Suffix táti von der Wurzel tan,
dehnen, ableiten. Nach ihnen hätte das Suffix táti, welches Collectiva
und Abstracta bildet. ursprünglich Dehnung. Ausdehnung, Faden, Reihe
bedeutet. Ein Wort wie juventas wäre also nach ihrer Ansicht ursprünglich ein Compositum gewesen, und hätte wirklich eine Ausdehnung, eine Reihe von Jünglingen bedeutet, und erst aus solchen
Kollektiven hätten sich wirkliche Abstracta, wie juventas, Jugend,
gebildet."

12) Über den terminus „collectiva" vd. Apoll. Dysc. (de constr. I,
13): τὰ ἀθροιστικὰ ὀνόματα, ἅπερ ἑνικῶς μὲν λέγεται, πληθυντικῶς
δὲ νοεῖται („ἀγρόμενοι πᾶς δῆμος"). Priscian (gr. inst. II, 6):
Collectivum est, quod in singulari numero multitudinem significat,
ut populus, plebs. — Bei Dionysius Thrax steht Περιληπτικὸν
als terminus, und Diomedes (art. gramm. I. p. 308) sagt: sunt quaedam
(nomina) positione singularia, intellectu pluralia, quae Graeci peri-
leptica nominant, ut contio, populus, exercitus.

13) Die Verwendung abstrakter Wörter als Collectiva als ästhe-
tisches Darstellungsmittel ist besprochen: Gerber. Spr. als Kunst. T. II,
1, p. 65 ff.

14) Treffend Hegel (Logik, I, p. 229): „Was Vier. Fünf u. s. f. ist, kann nur gewiesen werden." — Die Zahl Zehn, welche unser Zahlsystem bestimmt (skr. daçau, gr. δέκα, decem, goth. taihun), ist zusammenzustellen mit δείκνυμι, goth. teihan, zeigen. (Fick, vgl. Wörterb. I, p. 104.) — Dabei ist festzuhalten, dafs nicht Gegenstände, von deren Ungleichheit etwa „abstrahiert" worden wäre, bei der Erweckung der Zahlvorstellung in betracht kommen, sondern deren Gruppierung. Danach würde ich Lange (Gesch. d. Mater. T. II, p. 26) nicht unbedingt beistimmen können: „Jeden (?) Zahlenbegriff erhalten wir ursprünglich als das sinnliche bestimmte Bild einer Gruppe von Gegenständen, seien es auch nur unsere Finger oder die Knöpfe und Kugeln einer Zählmaschine."

15) vid. Schleicher (Kompend. d. vergl. Gr. der indogerm. Spr. p. 495), Curtius (Gr. d. griech. Etym. p. 320), Fick (Vergl. Wörterb. d. indogerm. Spr. Bd. II, p. 30). Bopp (Vergl. Gr. Bd. II, p. 56) bemerkt, dafs „ûnus auch überraschende Ähnlichkeit zeige mit dem skr. ûná-s, welches eigentlich weniger bedeutet und höheren Zahlen vorgesetzt wird, um die Verminderung um Eins auszudrücken; z. B. ûnaviṅsati undeviginti."

16) Kühner (Ausf. Gramm. d. gr. Spr. II, I, p. 61) sagt: „Die Sprache hat die Dualform geschaffen, nicht etwa, um den Begriff der Zahl zwei, sondern um den Begriff der Zweiheit auszudrücken. Diese Vorstellung bildet die Grundlage des Duals. Erst in den späteren Zeiten, in denen das Sprachgefühl für die eigentliche Bedeutung der Sprachformen weniger lebhaft zu werden pflegt, sehen wir den Dual nicht selten als Ausdruck des blofsen Begriffes zwei angewendet. In der Homerischen Sprache zeigt sich der Gebrauch der Dualform überall in seiner wahren und ursprünglichen Bedeutung, indem er entweder von paarweise in der Natur verbundenen Gegenständen angewendet wird, wie χεῖρε, πήχεε, πόδε, ὄσσε, ὀφθαλμώ, τένοντε cet. oder von solchen, welche in einer engen und gegenseitigen Beziehung stehen, wie z. B. Ἀτρείδα" u. s. w. W. v. Humboldt (Über den Dualis, p. 21): „Der Begriff des Dualis gehört dem doppelten Gebiete des Sichtbaren und Unsichtbaren an, und indem er sich lebendig und anregend der sinnlichen Anschauung und der äufseren Beobachtung darstellt, ist er zugleich vorwaltend in den Gesetzen des Denkens."

17) cf. Pott: „Die quinäre und vigesimale Zählmethode bei Völkern aller Weltteile." Er bemerkt, dafs „das zuweilen erscheinende Zwanziger-System auf Hinzunahme der zehn Zehen zu der Fingerzahl beruhe." — Bopp (Vergl. Gr. II, p. 77) zerlegt zwar nicht (mit Lepsius) die Bezeichnung für 10 im Sinne von „zwei Hände", aber er fafst doch „dásan als kollektives Compositum im Sinne von „zwei Pentaden", und Schleicher (Kompend. d. vergl. Gr. p. 500) sagt: „Die Ver-

mutung, dafs dakan für dva-kan d. i. 2 × 5 stehe, ist unerwiesen, aber zu ansprechend, um übergangen zu werden."

18) Schon Plato (Kratyl. p. 435) führt dies an: ἀναγκαῖόν που καὶ ξυνθήκην τι καὶ ἔθος ξυμβάλλεσθαι πρὸς δήλωσιν ὧν διανοούμενοι λέγομεν, ἐπεί, ὦ βέλτιστε, εἰ θέλεις ἐπὶ τὸν ἀριθμὸν ἐλθεῖν, πόθεν οἴει ἕξειν ὀνόματα ὅμοια ἑνὶ ἑκάστῳ τῶν ἀριθμῶν ἐπενεγκεῖν, ἐὰν μὴ ἐᾷς τι τὴν σὴν ὁμολογίαν καὶ ξυνθήκην κῦρος ἔχειν τῶν ὀνομάτων ὀρθότητος πέρι;

19) Leibnitz (Arithmétique binaire) schlug die Dyadik als Zahlensystem vor und versprach sich davon Entdeckungen über den Bau der Zahlen. Aus 0 und 1 entstünde Alles ("omnibus ex nihilo ducendis sufficit unum"), schrieb er 1697 in einem Briefe. (Cantor, Mathem. Beiträge zum Kulturleben der Völker, p. 48, 371.) Johann Caramuel entwickelte schon vorher die Dyadik in: Mathesis biceps, vetus et nova. 1670. Brander schrieb 1769 eine Arithmetica binaria s. dyadica.

20) Plato (Rep. X, 596): εἶδος γάρ πού τι ἓν ἕκαστον εἰώθαμεν τίθεσθαι περὶ ἕκαστα τὰ πολλὰ οἷς ταὐτὸν ὄνομα ἐπιφέρομεν. — Πολλαί πού εἰσι κλῖναι καὶ τράπεζαι, ἀλλὰ ἰδέαι γέ που περὶ ταῦτα τα σκεύη δύο, μία μὲν κλίνης, μία δὲ τραπέζης. — Εἰώθαμεν λέγειν ὅτι ὁ δημιουργὸς ἑκατέρου τοῦ σκεύους πρὸς τὴν ἰδέαν βλέπων οὕτω ποιεῖ ὁ μὲν τὰς κλίνας, ὁ δὲ τὰς τραπέζας, αἷς ἡμεῖς χρώμεθα. — Von dem also, wovon es kein Wort giebt, giebt es auch keine Idee z. B. von den verschiedenartigen Gerüchen (Tim. 66): δύ' οὖν ταῦτα ἀνώνυμα τὰ τούτων ποικίλματα γέγονεν, οὐκ ἐκ πολλῶν οὐδ' ἁπλῶν εἰδῶν ὄντα —.

21) Plato (Rep. X, 598): Εἰπὲ δέ μοι περὶ τοῦ ζωγράφου τόδε. πότερα ἐκεῖνο αὐτὸ τὸ ἐν τῇ φύσει ἕκαστον δοκεῖ σοι ἐπιχειρεῖν μιμεῖσθαι ἢ τὰ τῶν δημιουργῶν ἔργα; Τὰ τῶν δημιουργῶν, ἔφη.

Τοῦτο δὴ αὐτὸ σκόπει. πρὸς πότερον ἡ γραφικὴ πεποίηται περὶ ἕκαστον; πότερα πρὸς τὸ ὄν, ὡς ἔχει, μιμήσασθαι, ἢ πρὸς τὸ φαινόμενον, ὡς φαίνεται, φαντάσματος ἢ ἀληθείας οὖσα μίμησις; Φαντάσματος, ἔφη.

22) Plato (Parm. 134): Ἀλλὰ μὴν αὐτά γε τὰ εἴδη — οὔτε ἔχομεν οὔτε παρ' ἡμῖν οἷόν τε εἶναι. — Οὐκ ἄρα ὑπό γε ἡμῶν γιγνώσκεται τῶν εἰδῶν οὐδέν. — Id. (Conv. 210 sq.): Εἰ δεῖ διώκειν τὸ ἐπ' εἴδει καλόν, πολλὴ ἄνοια μὴ οὐχ ἕν τε καὶ ταὐτὸν ἡγεῖσθαι τὸ ἐπὶ πᾶσι τοῖς σώμασι κάλλος· — Θεώμενος ἐφεξῆς τε καὶ ὀρθῶς τὰ καλά — ἐξαίφνης κατόψεται τι θαυμαστὸν τὴν φύσιν καλόν — πρῶτον μὲν ἀεὶ ὂν καὶ οὔτε γιγνόμενον οὔτε ἀπολλύμενον, οὔτε αὐξανόμενον οὔτε φθίνον — οὐδ' αὖ φαντασθήσεται αὐτῷ τὸ καλὸν οἷον πρόσωπόν τι οὐδὲ χεῖρες οὐδὲ ἄλλο οὐδὲν ὧν σῶμα μετέχει, οὐδέ τις λόγος οὐδέ τις ἐπιστήμη —.

23) Aristoteles (cat. 2): Τῶν λεγομένων τὰ μὲν κατὰ συμπλοκὴν λέγεται, τὰ δ' ἄνευ συμπλοκῆς. τὰ μὲν οὖν κατὰ συμπλοκὴν οἷον ἄνθρωπος τρέχει, ἄνθρωπος νικᾷ· τὰ δ' ἄνευ συμπλοκῆς οἷον ἄνθρωπος, βοῦς,

τρέχει, νικᾷ. — (l. c. 4): Τῶν κατὰ μηδεμίαν συμπλοκὴν λεγομένων ἕκαστον ἤτοι οὐσίαν σημαίνει ἢ ποσὸν κ. τ. λ.

24) Arist. (cat. 5): Οὐσία δέ ἐστιν ἡ κυριώτατά τε καὶ πρώτως καὶ μάλιστα λεγομένη — οἷον ὁ τὶς ἄνθρωπος ἢ ὁ τὶς ἵππος. δεύτεραι δὲ οὐσίαι λέγονται, ἐν οἷς εἴδεσιν αἱ πρώτως οὐσίαι λεγόμεναι ὑπάρχουσι, ταῦτά τε καὶ τὰ τῶν εἰδῶν τούτων γένη, οἷον ὁ τὶς ἄνθρωπος ἐν εἴδει μὲν ὑπάρχει τῷ ἀνθρώπῳ, γένος δὲ τοῦ εἴδους ἐστὶ τὸ ζῷον· δεύτεραι οὖν αὗται λέγονται οὐσίαι, οἷον ὅ τε ἄνθρωπος καὶ τὸ ζῷον.

25) (l. c.): Τῶν δὲ δευτέρων οὐσιῶν μᾶλλον οὐσία τὸ εἶδος τοῦ γένους· ἔγγιον γὰρ τῆς πρώτης οὐσίας ἐστίν. — τὸν τινὰ ἄνθρωπον ἀποδιδοὺς γνωριμώτερον ἂν ἀποδοίη ἄνθρωπον ἢ ζῷον ἀποδιδούς· τὸ μὲν γὰρ ἴδιον μᾶλλον τοῦ τινὸς ἀνθρώπου, τὸ δὲ κοινότερον.

26) l. c.): Πᾶσα δὲ οὐσία δοκεῖ τόδε τι σημαίνειν· ἐπὶ μὲν οὖν τῶν πρώτων οὐσιῶν ἀναμφισβήτητον καὶ ἀληθές ἐστιν ὅτι τόδε τι σημαίνει (ἄτομον γὰρ καὶ ἓν ἀριθμῷ τὸ δηλούμενόν ἐστιν), τῶν δὲ δευτέρων οὐσιῶν φαίνεται μὲν ὁμοίως τῷ σχήματι τῆς προσηγορίας τόδε τι σημαίνειν, ὅταν εἴπῃ ἄνθρωπον ἢ ζῷον, οὐ μὴν ἀληθές γε, ἀλλὰ μᾶλλον ποιόν τι σημαίνει· οὐ γὰρ ἕν ἐστι τὸ ὑποκείμενον ὥσπερ ἡ πρώτη οὐσία, ἀλλὰ κατὰ πολλῶν ὁ ἄνθρωπος λέγεται καὶ τὸ ζῷον. — τὸ δὲ εἶδος καὶ τὸ γένος περὶ οὐσίαν τὸ ποιὸν ἀφορίζει· ποιὰν γάρ τινα οὐσίαν σημαίνει. ἐπὶ πλεῖον δὲ τῷ γένει ἢ τῷ εἴδει τὸν ἀφορισμὸν ποιεῖται· ὁ γὰρ ζῷον εἰπὼν ἐπὶ πλεῖον περιλαμβάνει ἢ ὁ τὸν ἄνθρωπον.

27) (l. c.): ἔτι αἱ πρῶται οὐσίαι διὰ τὸ τοῖς ἄλλοις ἅπασιν ὑποκεῖσθαι καὶ πάντα τὰ ἄλλα κατὰ τούτων κατηγορεῖσθαι ἢ ἐν ταύταις εἶναι διὰ τοῦτο μάλιστα οὐσίαι λέγονται.

28) (l. c.): Εἰκότως δὲ μετὰ τὰς πρώτας οὐσίας μόνα τῶν ἄλλων τὰ εἴδη καὶ τὰ γένη δεύτεραι οὐσίαι λέγονται· μόνα γὰρ δηλοῖ τὴν πρώτην οὐσίαν τῶν κατηγορουμένων. τὸν γάρ τινα ἄνθρωπον ἐὰν ἀποδιδῷ τις τί ἐστι, τὸ μὲν εἶδος ἢ τὸ γένος ἀποδιδοὺς οἰκείως ἀποδώσει καὶ γνωριμώτερον ποιήσει ἄνθρωπον ἢ ζῷον ἀποδιδούς· τῶν δ' ἄλλων ὅ τι ἂν ἀποδιδῷ τις, ἀλλοτρίως ἔσται ἀποδεδωκώς, οἷον λευκὸν ἢ τρέχει ἢ ὁτιοῦν τῶν τοιούτων ἀποδιδούς.

29) Aristoteles hat allerdings hier an Sätze gedacht, weil er sie als Urteile im Sinne hatte, aber, wie Porphyrius (f. 11) zu dieser Stelle bemerkt, so ist nicht nur z. B. Σωκράτης περιπατεῖ in Verbindung gesagt, sondern auch: Σωκράτης καὶ Πλάτων. — Bei den Stoikern hiefs ein Wort wie τρέχει ein unvollständig Ausgesagtes. Diog. Laert. (VII, 63): τῶν δὲ λεκτῶν τὰ μὲν λέγουσιν εἶναι αὐτοτελῆ οἱ Στωϊκοί, τὰ δ' ἐλλιπῆ. ἐλλιπῆ μὲν οὖν ἐστι τὰ ἀναπάρτιστον ἔχοντα τὴν ἐκφοράν· οἷον, Γράφει· ἐπιζητοῦμεν γάρ, Τίς; κ. τ. λ. Aristoteles nennt übrigens auch attributive Verbindungen Satz: ὥσπερ ἐν τῷ λόγῳ τῷ καλὸς ἵππος. (de interpr. c. 2.)

30) cf. Trendelenburg, Geschichte der Kategorieenlehre, p. 55 ff.

31) cf. Steinthal, Gesch. der Sprachwissenschaft bei den Griechen und Römern, p. 187 ff., 197 ff.

32) Arist. (de an. III. 6): *Ἡ μὲν οὖν τῶν ἀδιαιρέτων νόησις ἐν τούτοις, περὶ ἃ οὐκ ἔστι τὸ ψεῦδος· ἐν οἷς δὲ καὶ τὸ ψεῦδος καὶ τὸ ἀληθές, σύνθεσίς τις ἤδη νοημάτων ὥσπερ ἓν ὄντων.* (de interpr. I): *περὶ γὰρ σύνθεσιν καὶ διαίρεσίν ἐστι τὸ ψεῦδός τε καὶ τὸ ἀληθές. τὰ μὲν οὖν ὀνόματα αὐτὰ καὶ τὰ ῥήματα ἔοικε τῷ ἄνευ συνθέσεως καὶ διαιρέσεως νοήματι, οἷον τὸ ἄνθρωπος ἢ τὸ λευκόν, ὅταν μὴ προστεθῇ τι· οὔτε γὰρ ψεῦδος οὔτε ἀληθές πω.*

33) Arist. (de interpr. c. 5): *Ἔστι δὲ εἷς πρῶτος λόγος ἀποφαντικὸς κατάφασις· οἱ δ' ἄλλοι πάντες συνδέσμῳ εἷς.*

34) Arist. (cat. 5): *οὐχ ἁπλῶς δὲ ποιόν τι σημαίνει, ὥσπερ τὸ λευκόν. οὐδὲν γὰρ ἄλλο σημαίνει τὸ λευκὸν ἀλλ' ἢ ποιόν. τὸ δὲ εἶδος καὶ τὸ γένος περὶ οὐσίαν τὸ ποιὸν ἀφορίζει. κ. τ. λ.* (cf. Anm. 26.) — Simplicius (Schol. in Arist. ed. Acad. p. 54 a.) erklärt dies: *τῶν μὲν οὖν δευτέρων οὐσίων τὴν ποιότητα οὐσιώδη φησὶ καὶ περὶ οὐσίαν τὸ ποιὸν ἀφορίζειν, τουτέστι περιορίζειν καὶ περιγράφειν, τοῦ δὲ λευκοῦ αὐτὸ τοῦτο μόνον ποιότητα. διὸ καὶ λευκὸν μὲν ἄνευ οὐσίας νοεῖται, τὸ δὲ γένος καὶ τὸ εἶδος ἄνευ ἀτόμου οὐσίας οὐ δύναται θεωρεῖσθαι. καὶ τὰ μὲν ἐστι μέρη συμπληρωτικὰ τῆς οὐσίας, τὰ γένη καὶ τὰ εἴδη, τὸ δὲ λευκὸν οὐκ ἔστιν.* — Boethius (In categ. Arist. lib. 1. p. 195 ed. Migne): Secundae substantiae non hoc aliquid, sed quale aliquid monstrant, ita tamen quale aliquid monstrant, ut ipsam qualitatem circa substantias determinent.

Kapitel VI.

Die Wahrnehmungen seelischer Vorgänge nach ihrem sprachlichen
Ausdruck. — Die natürlichen Metaphern. — Das Wort Ich und
die Ichheit. — Das Denken an den Wörtern. — Sprachbildung
durch das Denken, der Satzbau; Flexion und Partikeln, Ableitung
und Zusammensetzung. — Wortbedeutung gegenüber der Realität.
— Die Ideen. — Umwandlung der Wortbedeutungen durch das
philosophische Erkennen. — Kritik der Wortbegriffe. — Erweiterung
der Wortbegriffe. — Von dem Inhalt der Urteilssätze d. h. von
der Erfahrung. — Verhältnis des philosophischen Erkennens zum
Erfahrungswissen. — Kants Wahrnehmungsurteile und Erfahrungsurteile. — Kants Schematismus der reinen Verstandesbegriffe. —
Die Erfahrung und das Ich.

Wir haben bis jetzt Sprache und Erkennen so weit betrachtet,
als die Bildkraft des Individuums und der Gattung durch die
Vorgänge, welche von außen her auf uns wirken, zur Offenbarung und Herausstellung unseres Erkennens angeregt wird.
Wir sprechen aber und erkennen, und jedes neu entstehende Individuum durchlebt in seiner Weise dieselbe Entwickelung des Erkennens, auf Grund unserer sinnlichen Wahrnehmungen, weil die
Bildkraft des Universums sich in uns in diesen besonderen
Leistungen als Bildkraft der menschlichen Lebewesen bethätigt. Gegeben also, und nicht minder gegeben, als die Vorgänge in der äußeren Welt, sind unserm Kennen auch jene
Vorgänge in uns selbst, an welchen die Entwickelung des Erkennens durch unsere besondere Bildkraft erfolgt, durch welche
die Form des Bewußtseins überhaupt zustande kommt.

Wir empfinden zunächst diese Vorgänge in uns, so daß
etwa von einer innerlichen Wahrnehmung gesprochen werden

könnte: sie erzeugen weiter in ihrem Wirken auf die Seele ein
bestimmtes Gefühl, dessen wir uns bewufst sind, ohne es doch
in die Form des Bewufstseins zu bringen, so dafs etwa gesagt
werden mag, wir erfahren sie innerlich. (1)

Die Sprache scheint indessen eine Unterscheidung zwischen
diesen Vorgängen in uns und aufser uns nicht anzuerkennen, denn
sie bezeichnet im wesentlichen beiderlei Bewegungen, die durch
die Sinne wahrgenommenen, wie die, welche wir in unserer Seele
erleben, mit denselben Wörtern. Wir halten den Stab in der
Hand, und wir halten einen Gedanken in der Erinnerung; wir
betrachten einen Entschlufs aus irgend welchem Gesichtspunkt, und wir wählen irgend einen Gesichtspunkt, um ein
Gemälde zu betrachten. In dieser Weise verfährt die Sprache
ganz allgemein und von jeher. Whitney (Leben u. Wachstum
der Sprache. Übers. von Leskien p. 90) sagt: „In dem Gebiete
der bildlichen Übertragung nimmt die Anwendung von Ausdrücken
sinnlicher Bedeutung zur Bezeichnung geistiger, intellektueller
oder ethischer Begriffe und deren Beziehungen eine ausgezeichnete
Stelle ein und ist in der geschichtlichen Entwickelung der Sprache
ganz unentbehrlich." „Der Etymolog hält auch bei der Untersuchung der Geschichte irgend eines solchen Ausdrucks seine
Arbeit nicht für vollendet, wenn er nicht bis auf die sinnliche
Vorstellung zurückgelangt ist, die nach den allgemeinen sprachlichen Analogieen zu Grunde liegen mufs." (2)

Das Wort bestimmt sich in seiner Lautgestalt wie in seiner
Bedeutung erst innerhalb des Satzes für das Erkennen. Erst an
dem so bezogenen Worte konnte auch die Scheidung zwischen
sinnlicher und unsinnlicher Bedeutung sich vollziehen; die Bedeutung der Wurzel war nur so weit bestimmt, wurde so gefühlt,
dafs eben beide Richtungen sich aus ihr entwickeln konnten. Es
ist aber nicht zweifelhaft, dafs, wenn auch das Unsinnliche des
Seelenlebens dem Erkennenden ebensowohl als gegeben sich bietet,
wie das Sinnliche der Aufsenwelt, doch jenes nicht vor diesem
wahrgenommen wurde. Offenbar mufste ein Erkennen geistiger
Thätigkeiten von den Menschen erst gesucht und tastend gewonnen
werden an denjenigen Gebilden, durch welche sie die Aufsenwelt
sich nachgeschaffen, in denen eben ihre Seelenakte sich verkörpert
hatten, an den Sprachbildern also, welche ihnen die Vorgänge des
Universums vorstellten. Man kann sich nicht verhehlen, dafs ohne
Wörter, ohne die Sätze der Wahrnehmung, es zu einem Erkennen der geistigen Bewegungen niemals gekommen wäre, und

dafs dieses Erkennen — mag man es hoch oder gering anschlagen — an die Natur der Lautbilder gebunden blieb, an welchen es sich entwickelte.

Das Entstehen der geistigen Bedeutung eines Wortes neben der sinnlichen wird klar, wenn wir uns erinnern, dafs es überhaupt ein Ding da draufsen, dessen Wahrnehmung wir empfinden, gar nicht bezeichnet, sondern eben nur die Art der inneren Erregung zum Ausdruck bringt, welche von jener Empfindung erweckt wird. Hebt sich also ein Wahrgenommenes als Vorstellung in die Form des Bewufstseins, z. B. dafs jemand einen bis dahin hinter ihm befindlichen Gegenstand vorstellt, so geben wir, indem wir dies aussprechen, von einem Seelenakt Kunde, verkörpern wir einen geistigen Vorgang in einem Lautgebilde. Es verschwindet dieses Gebilde, sobald es verklang, aber innerlich wie äufserlich tritt es wieder hervor bei dem Hörenden, sobald ein Mund es wieder ausspricht. Wie nun aber ist jenes Innerliche beschaffen, welches der Laut als seine Bedeutung in uns wach ruft? Nun, es ist schon gesagt, wie es beschaffen ist, mit jenem Worte, durch welches er sich verkörperte. Der Seelenakt stellt vor ein „Vorstellen". — Mit dem Ort da draufsen, welcher die Empfindung veranlafste zu jener innerlichen Erregung, steht das von uns geschaffene Wort in keiner weiteren Verbindung, als in der, welche wir ihm geben, wenn wir es weiter für unsere Zwecke verwenden. Für die Sprache an sich, für das Erkennen ist das Wort ein Lautbild, ebenso darstellend eine Art der Bewegung da draufsen wie in der Seele: richtig aber ist, dafs die Wahrnehmung durch die Sinne vorangehen mufste, damit dieses Lautbild geschaffen werden konnte, dafs die Vorgänge da draufsen es sind, an welchen wir die Vorgänge in uns erkennen lernen. Ohne diese Lautbilder aber wären wir selber unserm Erkennen verschlossen. Wie auch wollte man Zugang finden zur Seele, als durch die Sprache, welche sie selber erschafft, damit sie sich kundgebe?

Um zu erkennen, um ein Gekanntes in die Form des Bewufstseins zu bringen, mufs es als ein irgendwie Gestaltetes vorgestellt werden können an irgend welcher Stelle. Beides bringt aber das Wort. Eine bestimmte Gestaltung empfing der Laut durch die Artikulierung, welche der Mensch ihm gab, und eben dadurch vollzog sich weiter die Ausbildung der Wurzel zum Worte, dafs dem Laute von qualitativer Bedeutung ein formales Element hinzugefügt wurde mit dem Sinne des Deutens, so dafs die Vorstellung, welche es vertritt, eine örtliche Bestimmung in sich schloß. Ohne das Wort würde jede Gestaltung zerfließen, ehe sie ins Bewußtsein getreten; sie fände in der ausdehnungslosen Seele keinen Ort.

In dem „Dialogus de connexione inter res et verba", den Leibnitz 1677 verfaßte, sagt B.: Hoc unum me male habet, quod nunquam a me ullam veritatem agnosci, inveniri, probari animadverto nisi vocabulis vel aliis signis in animo adhibitis; und A. antwortet: Imo si characteres abessent, nunquam quicquam distincte cogitaremus, neque ratiocinaremur. (Leibn. ed. Erdm. p. 77.)

Wie aber hätte das durcheinander flutende Weben und Streben des Seelenlebens, das rastlos im Wirken sich wandelnde, Leiden und Thun in beständigem Übergang vertauschende, für sich abgegrenzt, gestaltet, in eine Ordnung gebracht werden können ohne jene Lautbilder, welche, dem Makrokosmus geltend, für den Mikrokosmus nur der Umdeutung bedürfen, um auch hier als geltend erkannt und ausgesprochen werden zu können? Galt es also, für eine Seelenbewegung den Ausdruck zu finden, so bot sich naturgemäß derjenige, welcher im Gefühl eben solche vertrat, und man fühlte, daß er paßte.

Stellt man dem Universum, wie es im Individuum lebt, das von uns als Außenwelt empfundene gegenüber, so muß man es dann auch als eine Wendung ($\tau\varrho\acute{o}\pi o\varsigma$) in der Bedeutung der Wörter anerkennen, wenn sie vom Sinnlichen auf das Geistige übertragen werden. ($\mu\varepsilon\tau\alpha\varphi o\varrho\acute{a}$ $\varkappa\alpha\tau\grave{\alpha}$ $\tau\grave{o}$ $\grave{\alpha}\nu\acute{\alpha}\lambda o\gamma o\nu$.) M. Müller (Vorles. über d. Wissensch. d. Sprache, Serie II., Vorles. 8) bespricht „die Thatsache, daß alle Wörter, welche immaterielle Begriffe ausdrücken, durch Metaphern von Wörtern hergeleitet werden, welche Ideen der empfindbaren Welt ausdrücken." Es werde dies durch die Forschungen der sprachvergleichenden Philologen vollkommen bestätigt. Er selbst giebt dann u. a. eine Zusammenstellung solcher Metaphern (p. 373) aus der Kafirsprache. Um die Übertragungen dieser Art von denjenigen Metaphern, welche als ein Schmuck der Rede empfunden werden, zu unterscheiden, nennt er die ersteren radikale, die letzteren poetische Metaphern. Es ist jedoch gegen die Bezeichnung des „radikalen" einzuwenden, daß die Übertragung erst an den Wörtern hervortritt, gegen das Beiwort „poetische", daß die Metaphern als solche mit der Poesie nichts zu thun haben, sondern Werke der Sprachkunst sind. Man dürfte treffender unterscheiden, wenn man die Metaphern, welche hier besprochen werden, natürliche nennt

oder auch notwendige, jene schmückenden aber Kunstmeta-
phern. (3) Müller (l. c. p. 371) führt an, dafs Horne Tooke,
ein Anhänger Lockes, die Thatsache dieser natürlichen Übertragungen vom Sinnlichen auf das Unsinnliche zu der Darlegung
benutzt habe, „dafs alles unser Wissen auf sinnliches Erkennen
beschränkt sei"; es scheint, dafs vor Locke dieselbe zwar nicht
unbemerkt geblieben war, (4) zu philosophischer Betrachtung aber
nicht veranlafst hatte. Locke (Of hum. Und. III., 1. 5) spricht
mit Entschiedenheit aus, dafs in allen Sprachen die Bezeichnungen
des Unsinnlichen denen des Sinnlichen entlehnt sind, hebt hervor,
wie dies für unser Wissen von dem Ursprunge unserer Ideen von
Wichtigkeit sei, und wie die Natur schon bei Benennung der
Dinge unvermerkt den Menschen die Ursprünge und Prinzipien
ihres ganzen Erkennens zuführte. (5) Leibnitz bemerkte hierzu,
dafs wir aus diesem Verhalten der Sprachen nicht auf das Prinzip
unseres Erkennens schliefsen könnten, sondern nur auf den geschichtlichen Verlauf seiner Entwickelung; er hält es übrigens für
wichtig, auf diese Analogie der sinnlichen und unsinnlichen Dinge
zu achten, und führt aus, wie die Bedeutung der Präpositionen
ebenso vom Orte auf Geistiges übertragen werde. (6) Bestimmter
spricht Bernhardi (Sprachlehre, T. II., p. 10 f.) sich über diese
Analogie aus: „Unsere Vorstellungen und folglich auch unsere
Sprachdarstellungen beginnen mit der Auffassung und Darstellung
der Anschauung. Über diesem Fundamente bildet sich die Auffassung und Darstellung des Unsinnlichen: und diese beide dem
Inhalte nach sich entgegengesetzten Teile hängen durch die Metapher bei aller anderen Heterogeneität innig zusammen; und in der
Form der Darstellung ist kein Unterschied sowohl bei den Redeteilen als auch bei deren Verbindung zu einem Satze. Dafs aber
dieser materielle Unterschied der Vorstellungen und Darstellungen
keinen Einflufs auf die Darstellungsformen habe, ist sehr natürlich,
denn im Grunde ist es ja nur ein Zeichen in zwei verschiedenen
Richtungen gebraucht; und wir wissen, dafs die Sprache jede Vorstellung, weil sie ursprünglich aus der Anschauung entstanden ist,
auch als Anschauung zu behandeln pflege. Betrachten wir aber
die Sprache als Allegorie unseres Wesens, als Spiegel und Bild
von uns selbst, so liegt die Idee sehr nahe, dafs es nur eine schein-
bare Trennung sei, wenn wir die Welt in die sinnliche und unsinnliche zerschneiden, sondern dafs eine die andere nur reflektiere,
und dafs ein geheimes Band zwischen beiden sei, welches die
Sprache durch die Metapher ausdrückt, und nach dessen Ent-

deckung die Philosophie von jeher strebte, ohne es jedoch, als seit kurzem aufzufinden."

Bernhardi deutet hier auf Fichtes „Wissenschaftslehre", in welcher unternommen wird, das Vorstellen im Bewufstsein ohne Beziehung auf Aufsenwelt, auf ein reales Sein, allein aus dem Ich abzuleiten. Wir stimmen bei, dafs unser Ich ausgesprochen wird zugleich als ein real Gefühltes und als ein Geistiges, welches unsere Bewufstseinsakte zusammenhält, und in diesem Sinne können auch wir sagen (Grundlage der ges. Wissenschaftslehre (1794) p. 13): „Das Ich setzt ursprünglich schlechthin sein eigenes Seyn."

Aber, dafs wir dieses Ich aussprechen können, beruht nicht darauf, dafs unsere individuelle Bildekraft es setzt, sondern darauf, dafs es als Seiendes in uns gesetzt ist von der Bildekraft des Universums, so dafs es in unserm Gefühl so vorhanden ist als Selbstgefühl, Gefühl einer Substanz. Wir schaffen das Ich nicht damit, dafs wir es setzen; wir bezeugen durch solches Setzen nur, dafs wir es in uns fühlen als seiend, als wirkend; und allerdings beginnt dann mit ihm unsere individuelle Bildekraft ihre „That-handlung" bewufst und unter eigener Verantwortlichkeit. Nun meint zwar Fichte mit diesem Ich seines ersten „schlechthin un-bedingten Grundsatzes" nicht unser individuelles Ich; er hat im Sinne „ein reines Ich", „die Ichheit überhaupt", und man sieht also, dafs wir es bei ihm mit dem isolierten Worte, mit dem Wortbegriff „Ich" oder „Ichheit" zu thun haben, den wir selbst durch Sprache geschaffen haben, durch den also auch kein anderes Sein gesetzt werden kann, als wir es zu geben imstande sind, das nämlich eines Produktes aus einem Seelenakte.

Nun sagen wir nicht, dafs ein solches Sein Nichts sei, aber man darf nicht deshalb, weil beide für uns unsinnlich sind, ver-wechseln das Wesen unserer Abstracta mit dem des uns gege-benen Geistigen. Das Unsinnliche der universalen Bildekraft wird von uns empfunden und wahrgenommen als in uns wirkend, ist so im Gefühl und wird vorstellbar durch eine natürliche Metapher, die Abstracta werden nur an unsern Worten gefühlt, sie werden nicht empfunden, nicht wahrgenommen, nicht vorgestellt. Will man sie behandeln als Vorstellungen, so fehlt ihnen ein Gegenbild sowohl in der Wahrnehmung der Aufsenwelt wie in der des Innern, obwohl wir sie ebenso anwenden auf das Wahrnehmbare, wie auf das Unsinnliche; denn wir sprechen von der Gleichheit der Drei-ecke und der Bürger vor dem Gesetz, vom Wert des Geldes und der Tugend, von der Anziehung des Strickes, der Sonne, der Seelen u. s. w. Machtlos, wie wir sind, eine Wirklichkeit zu schaffen, müssen wir uns begnügen mit der Darstellung des Wortbegriffs, dem wir durch eine sozusagen unnatürliche Metapher zu einem unsinnlichen Sein von Menschengnaden verhelfen, welches zwar wirklich nicht ist, wie wir es aber setzen, so auch sein soll. Dieses Sollen aber beruht auf unserer ethischen Natur: Unser Setzen soll sein. (7)

Es wird dieser Punkt später noch zur Erörterung kommen, hier sei in Bezug auf Bernhardis Worte nur noch bemerkt, daſs in der That die Sprache in ihrer natürlichen Metapher, welche das wahrgenommene Sinnliche und Unsinnliche als Eins im Gefühl und in der Vorstellung bezeichnet, damit ein Problem aufstellt, durch dessen mögliche Lösungen die möglichen Grundrichtungen der dogmatischen philosophischen Systeme bestimmt werden. Je nachdem nämlich angenommen wird, daſs die Vorgänge der Sinnenwelt, wie in der Entwickelung der Sprache, so im Leben des Universums, auch allem Geistigen zu Grunde liegen, oder daſs die geistigen Vorgänge, wie in der Sprache, so im Universum, das Sinnliche überhaupt erst als Objekt aufstellen und dem Begriff zuführen, kommt es zu Systemen des Materialismus oder Idealismus. Wird endlich, wie in der Sprache, Sinnliches und Unsinnliches als dasselbe gesetzt, als die Substanz, welche in der doppelten Gestalt der Ausdehnung und des Denkens sich darstellt, so ergeben sich Systeme, wie das des Spinoza. Welches System aber ergriffen wird, ist nicht sowohl abhängig von Gründen empirischer Forschung oder spekulativer Ableitung, als davon, ob die, wie wir sahen, im Gefühl gegebenen und durch notwendige Übertragung als Vorstellung erfaſsten Begriffe des Geistigen sich kräftiger in der Seele geltend machen als Gefühle oder als Vorstellungen, so daſs bei Bestimmung des Grundprinzips von diesen oder von jenen ausgegangen wird. Die Seele, welche am geduldigsten fühlt und betrachtet, wird die Einheit des Sinnlichen und Unsinnlichen behaupten, beide Existenzformen aber nebeneinander bestehen lassen: Ordo et connexio idearum idem est ac ordo et connexio rerum. (8) (Spinoza, Eth. II., 7.)

Wenn wir nun sagten, daſs wir des geistigen Teils unserer Natur inne werden als eines Gegebenen, dessen Wirken wir fühlen, unmittelbar erfahren und kennen lernen, so ist doch nicht zu schlieſsen, daſs wir ihn um deshalb, weil er unsinnlich ist wie das Bewuſstsein und dieses in sich faſst, schlechthin auch erkennen als

10*

dieses unsinnliche Sein selber. Wir erkennen auch dieses Unsinnliche, wie das äufserlich Wahrgenommene, nur dadurch, dafs
wir es vorstellen. Wir wissen ferner, dafs die Vorstellungen
der geistigen Vorgänge nur an Wörtern erfolgen, welche dieselben sind, wie diejenigen, mit welchen wir entsprechende Wahrnehmungen der Aufsenwelt bezeichnen, so dafs sie überhaupt in
ihrer Besonderheit, in ihrem unsinnlichen Wesen als solchem,
nicht erkannt werden. Im Gefühl nur werden sie erfafst an den
Wörtern, und nur an diesen ermöglicht sich unser Begreifen
des Unsinnlichen, so dafs sie Begriffswörter sind von Hause
aus. — Satzbilder also, Wahrnehmungssätze, bilden sich aus ihnen
nicht. Es würden diesen auch keine Subjekte zu Gebote stehen,
denn wir erfahren das Unsinnliche nur an seinem Thun und
Leiden, an seinem Wirken, und für die Prädikate, welche dies
ausdrücken können, würde es an Substantiv-Subjekten fehlen, wie
sie bei der äufseren Wahrnehmung sich bieten. Wörter also, wie
Verstand, Vernunft, Vorstellung, Begriff, Gedanke, Wille, Gefühl,
durch welche die Psychologie sich in ihrem Gebiete zurechtzufinden und einzurichten pflegt, sind nicht Bezeichnungen von Wahrnehmungen sondern von Begriffen. Es sind Abstracta, welche
Thätigkeiten, Zuständen, Eigenschaften des Unsinnlichen entnommen sind, und ihre Geltung hängt ab von der Sprache der
Gattung.

Ein einziges Wort scheint hiervon ausgenommen, das Wort,
durch welches eben der Träger aller dieser unsinnlichen Bewegungen bezeichnet wird, das Wort „Ich". — Der Wahrnehmung bietet sich kein Ding, durch dessen Bezeichnung und
deren Übertragung auf das Unsinnliche das Gefühl, welches das
Wort Ich in uns erweckt, hervorgerufen werden könnte: Ich ist
eben nur Ich. „Ich" entbehrt auch jedes bestimmten Inhalts; nur
daran fühlen wir es, dafs es jeden Seeleninhalt auf sich bezieht
und ihn für sich einrichtet. Das Wort Ich, got. ik, ego, ἐγώ,
skr. aham, ist zurückzuführen auf den Pronominalstamm a, mit
dem das verstärkende gha - m (skr. gha, ha, dem griechischen γε
entsprechend, welches sich gern an Pronomina anschliefst, wie
ὅ γε,) verbunden wurde; die Sprache bezeichnete es also durch ein
blofses Formwort ohne qualitative Bestimmung, durch ein nach-
drückliches Deuten. (9) — Es ist dies dann eine natürliche Metapher
von besonderer Art. Denn das Wahrgenommene selbst ist es ja
nicht, worauf die Pronominalwurzel deutet, sondern ein gewisses
Verhalten desselben, welches der Wahrnehmende sich als räumlich

zurechtlegt und ordnet. Nur also diese Beziehung des wahrnehmenden Individuums, welches den Vorgang erkennen, d. h.
setzen will durch Sprache, wird durch das Formwort ausgedrückt.
Es wird damit ein unsinnlich verlaufender Akt in die Vorstellung
eines sinnlichen Geschehens hineingetragen, d. h. es wird auf den
Ort gedeutet, von dem aus für das Ich die Wahrnehmung sich
gestaltet, und dieses Ich, wie wir gesehen haben, lebt und wirkt
weiter als Substanz in den qualitativen Substantiv-Subjekten, durch
welche der Wahrnehmungssatz die angedeutete Stelle erfüllt.
So ist dann zwar das unsinnliche Ich durch ein Lautbild bezeichnet, welches, auf ein Wahrgenommenes bezogen, sinnlich gedeutet wird, aber damit hat vielmehr die natürliche Metapher
beim Übertragen den umgekehrten Weg zurückgelegt. Das Ich
also als individuelles, wie es selbst erst für die Sprache die Subjekte zu Subjekten macht, sie ausstattet mit Lebenskraft und
lebendiger Wirkung, kann auch selbst als Subjekt hervortreten in
einem Wahrnehmungssatze: ich will, ich fühle, ich denke. Es
versteht sich, daß „Ich“, wie die nomina sonst, als isoliert gekannt, zum Wortbegriff werden kann. Es hat dann in seiner
Geltung innerhalb der Sprache der Gattung sich auszuweisen als
Subjekt von Urteilssätzen, nicht vorstellbar, aber gefühlt als die
Ichheit. — Das individuelle Ich wird gefühlt als gegeben, das Ich
der Gattungssprache wird gefühlt an seinem Wortlaute; vorstellbar
ist weder das eine noch das andere, ins Bewußtsein erhoben ist
aber das erstere ein als gefühlt Erfahrenes, unmittelbar in
seinem Sein uns Gewisses, das letztere wird an seinem Worte begriffen und wird damit Gegenstand des Denkens.

Mit dem Worte „Denken“ bezeichnen wir die Thätigkeit der
erkennenden Seele, wie sie von der Sprache der Gattung gefordert
und erweckt wird. Das Denken hat es also nicht mehr zu thun
mit Vorstellungen, sondern mit Begriffen. Es wird aber mit dem
neuen terminus nicht etwa eine neue Seelenthätigkeit eingeführt,
und wenn wir das Wort in der weiteren Bedeutung nähmen, in
welcher es häufig gebraucht wird, so hätten wir nur zu unterscheiden zwischen einem vorstellenden Denken und einem begrifflichen Denken.

Das Denken vollzieht sich an Wörtern, an Lauten also,
welche auch unserem Wahrnehmen sich ankündigen, die aber in
ihrer Wesenheit als Vertreter von Vorstellungen nur in ihrer
Artikulierung verstanden werden als das, was sie sind d. h.
was sie bedeuten. Nicht durchaus also trennt sich auch der

Begriff von der Vorstellung und so von der Wahrnehmung: es ist eben nur die Sprache der Gattung, welche, indem sie das Lautbild der Vorstellung von den individuellen Bedingungen seiner Verwendung löste, es unvorstellbar machte und die weitere Festigung und Umgrenzung seines Bedeutens dem Gebrauch innerhalb der Gattungssprache überwies.

Es ist also eine sich erweiternde und so sich gleichsam verflüchtigende, eine gefühlte Vorstellung auch an den Laut des Wortbegriffs gebunden, welche seinen Inhalt bestimmt; unbestimmt ist der Umfang, in welchem dieser Inhalt ihm eigen bleibt, denn er hängt ab von jener unausgesprochenen Definition, welche der usus ihm zuerteilt.

Bei wissenschaftlichen Untersuchungen werden solche Definitionen zu bestimmterem Ausdruck gelangen, und man erweitert dann wohl entweder den Umfang, wie z. B. Schopenhauer in seinem System den des Begriffsworts „Wille", oder verengert ihn auch, „determiniert" ihn, wie wir eben jetzt die Geltung des Wortes „Denken" für die vorliegende Darstellung begrenzten.

Wir haben oben, als wir ausführten, wie das Kennen der Wörter als isolierter die Umgestaltung derselben zu Begriffswörtern zur Folge habe, gezeigt, daß damit auch der Satz als Darstellung eines Erkenntnisaktes sein Wesen vertiefe, indem an die Stelle der Entfaltung eines Vorstellungsgehaltes zu einem Satzbilde die Verbindung tritt der einzelnen Begriffswörter zu einem Urteilssatz.

Als die Thätigkeit der Seele, welche die nach dem Inhalt dieser Wörter überhaupt möglichen Verbindungen prüft und als Ergebnis solcher Prüfung das Urteil ausspricht, haben wir jetzt das Denken bezeichnet, und wir haben nunmehr zu betrachten, wie durch dasselbe die Aufgabe des Erkennens bearbeitet wird.

Der Wahrnehmungssatz löst diese Aufgabe in naiver Weise. Das Individuum spricht durch ihn die Wahrnehmung eines Vorgangs, wie es ihn vorstellt, in der Weise aus, daß die Form des Bewußtseins sich in ihm ausprägt, d. h. so, daß die besonderen Elemente der Vorstellung zur Satzeinheit sich zusammenschließen. Der Wahrnehmende empfindet ein Gegebenes als ein Ganzes, und hiernach stellt er es dar. Die Frage, ob er richtig wahrgenommen, ob seine Vorstellung in der Sonderung ihrer Elemente der Wahrnehmung entspricht, kann ihm gar nicht kommen. Woher auch ein Zweifel, woher das Bedürfnis nach kritischer Prüfung?

Dem Denken dagegen sind an den Wörtern nur Teile von
Vorstellungen gegeben, so nur noch Begriffe, und von dem Denkenden muſs nunmehr das Ganze geschaffen werden — durch Verbindung solcher Begriffe — welches einen Erkenntnisakt ausdrückt;
es muſs von ihm ein Einheitliches der Satzelemente gefunden
werden von der Art, daſs die Form des Bewuſstseins sich vollenden kann. Es kann ja das Ich als erkennend nur bestehen,
wenn es als Subjekt den Inhalt des Prädikats mit sich zusammen
zu schlieſsen vermag, und die Bildekraft des Individuums hat sich
anzuspannen, damit sie dies erreiche. Der Zug unserer Natur,
des Menschen Verhältnis zur Welt uns zum Bewuſstsein zu bringen,
d. h. zu erkennen, welchem wir durch das Setzen der Vorstellungen
entsprechen, genügt nicht mehr für das begriffliche Denken. Wer
denkt, muſs denken wollen; er hat zu wählen zwischen dem
möglich Denkbaren, denn was er setzt, muſs von dem Ich als
ein in sich Übereinstimmendes, und so als ein Gewisses und
Wahres, angenommen werden. (10) Dieses Ich vertritt aber die
Forderungen der Gattungssprache, welche gilt, und so hat sich
das Denken kritisch zu verhalten nicht bloſs gegen die Vorstellungen des Individuums und dessen Gedankenbewegungen,
sondern zugleich gegen alle möglichen, von anderen vielleicht auch
schon ausgesprochenen, Setzungen überhaupt. (11)

Wie aber kann das Denken ein Weiteres erkennen, wenn es
nicht zugleich hierin sprachschaffend ist? Setzt es denn nicht die
Wörter der Sprache eben voraus? — Allerdings werden durch
das Denken neue Wörter nicht geschaffen, denn es hat keine
Vorstellungen, die es dem Bewuſstsein bieten könnte; es fehlt
seinem begrifflichen Wesen die kräftige Sinnlichkeit einer Empfindung, die Erregung der Bildekraft, welche zum Schaffen eines
Lautbildes treibt. Wir sahen ja, daſs die Sprache selbst für die
Bezeichnung der unserer Seele gegebenen unsinnlichen Thätigkeiten und Kräfte sich genötigt findet, durch die natürliche
Metapher auszudrücken, wofür es ihr mit der Vorstellung auch
an einem eigentlichen Worte gebricht. Und ebenso haben die
Subjekts-Begriffswörter nicht ihre besonderen Lautbilder, sondern
es wandelt nur, um sie darzustellen, das nomen commune seine
die individuelle Vorstellung ausdrückende Bedeutung in die der
Gattung gemäſse begriffliche.

Das Denken als solches bringt auch diese Wandlungen nicht
hervor, obwohl es sie voraussetzt, um arbeiten zu können; sie
flieſsen aus der natürlichen Beschaffenheit unseres Wesens, aus

dem Wesen der Gattung. Anders verhält es sich schon mit den Prädikats-Begriffswörtern, welche zur Bezeichnung von Thätigkeiten, Zuständen, Eigenschaften, durch Ableitung, Zusammensetzung, gebildet werden, und, wenn auch nicht geschaffen vom Denken, das überhaupt nicht schafft, doch als vom Denken verursacht sich ausweisen werden.

Um zu wissen, worin die sprachlichen Leistungen des Denkens bestehen, gehen wir zurück auf das Material, welches es von der Sprache empfängt, auf die isolierten Wörter. Wir betrachteten diese Wörter bisher nach ihrer Bedeutung als der von Begriffswörtern, aber es sind nicht Wörter schlechthin, welche isoliert zur Kenntnis kommen, sondern nach ihrer Funktion im Satze bestimmte Wörter, entweder nomina oder verba, und der Unterschied zwischen beiden prägt sich äußerlich aus an ihrer Formierung durch Kasusendung oder Personalbezeichnung. Sie weisen so durch ihre Form schon auf jene Verbindungen hin, welche zu finden das Denken sich zur Aufgabe macht, und es zeigt sich also dessen sprachbildende Thätigkeit wesentlich darin, daß es die gegenseitigen Beziehungen herausstellt, welche zwischen den Begriffen obwalten, und nach Art und Umfang derselben sie als verbundene setzt. Es ist klar, daß es der Aufbau und Ausbau der Satzform ist, worin diese Thätigkeit sich kundgiebt.

Die verschiedenen Arten der Satzform, wie sie die Grammatiker unterscheiden als einfache, erweiterte, zusammengesetzte, zusammengefügte, verkürzte, verschmolzene, besprechen wir nicht weiter und heben nur z. B. hervor, wie auch bei diesen Satzbauten es eine räumliche Ordnung ist, durch welche unsere Bildekraft die Einheit des Seelenakts, welcher zum Ausdruck gelangt, für das Bewußtsein gleichsam übersichtlich macht, so daß auch der reichere Inhalt, eine vermehrte Gliederung, in dessen Form mit Leichtigkeit aufgenommen werden kann. Entweder neben einander breitet sich aus Satz und Satz, jeder selbst ein Satzglied in der Satzeinheit, oder Gruppe tritt an Gruppe, eingeordnet weil untergeordnet den Gliedern des Hauptsatzes. Es ist nicht die Benennung von Koordination und Subordination im Satzbau, oder etwa eine bildliche Versinnlichung dieser Ordnungen, welche nachträglich solche Vorstellung erweckt, sondern umgekehrt: Name wie Zeichnung geben nur die Vorstellung des inneren Hergangs wieder, wie wir ihn zu erfahren glauben.

Noch eine andere Bemerkung sei gestattet. Wenn Sätze gebildet wurden, deren Glieder selbst den besonderen Inhalt eines

Urteilssatzes ausdrücken, so war doch die Satzform bei diesen
Gliedern keineswegs notwendig; die Technik der Sprache wußte
im sogenannten „erweiterten Satz" zu verhüten, daß der Ausdruck
des Gedankens von der Darstellungsform überwuchert und ver-
dunkelt wurde, andrerseits ließ sie im „Satzgefüge" die Formen
der untergeordneten Sätze deutlich hervortreten, wenn der Sinn
es verlangte. Es genügt z. B. bloßes Zusammenrücken von Worten,
um einen Satzinhalt auszudrücken. Die adnominale Bestimmung
in „ein armer Mann" vertritt den Satz: Der Mann ist arm, die
adverbiale in „Er schläft sanft" den Satz: Sein Schlaf ist sanft.
Der Sprechende kann ja überall nur anregen, daß der Hörende
einen Seelenakt in sich nachbilde, und gar oft bleiben die Bilder,
durch welche er diesen andeutet, bloße Skizzen. (12)   Auch die
Kasus der nomina setzen Urteilssätze voraus, in welchem sie die
Stelle der Subjekte einnehmen würden. Es ist da wieder ein
Zusammenrücken mit anderen Wörtern, anscheinend pronominaler
Natur, welches schließlich zur Flexion führte, durch welche die
Art der Beziehung ausgedrückt wird, in welche das frühere Subjekt
in dem Satzbau eintritt, welcher sie nunmehr umschließt. — Ebenso
beruhen auf Zusammensetzung die Adverbia (größtenteils Kasus-
formen), Präpositionen, Konjunktionen, auf deren Verwendung die
Satzbauten angewiesen sind, so daß klar ist, wie das Denken neue
Lautbilder zwar nicht forderte, den ganzen Sprachbestand aber,
welcher auf der Vorstellung beruht, zur Bezeichnung mannigfaltigen Beziehens geschickt machte. Es wurden durch dieses
Wirken rein formaler Natur, namentlich durch Ableitung und
Zusammensetzung, auch neue Begriffe gewonnen, deren Gebrauch uns Sätze vertritt. Zu ihnen gehören z. B. die oben behandelten nomina abstracta. Ableitung und Zusammensetzung sind
überhaupt Bezeichnungen für dasselbe sprachliche Bilden. Die
Ableitungsendungen, wie die der Flexion, sind ursprünglich selbständige Wörter gewesen, ihre Bedeutung ordnete sich allmählich
dem Hauptbegriff unter, bewirkte nur noch eine formale Modifikation desselben, zeigt sich in den sogenannten Suffixen nur noch
als Andeutung einer Beziehung. Der Ausdruck „Zusammensetzung" bleibt für Verbindungen von Wörtern, denen die Bezeichnung ihrer Beziehungsweise d. h. die Satzform, fehlt, solange,
als eben die einzelnen Wörter nach Laut und Bedeutung noch als
besondere gefühlt werden. Die Zusammensetzungen zeigen bald
einander beigeordnete Bestandteile, wie in „Helldunkel, süßsauer,
χερσόνησος, sacrosanctus", bald ist der eine untergeordnet, wie in

„Tageslicht, Störenfried, Selbstmord, φιλοσοφία". Sie vertreten
sehr verschiedene Beziehungen, wie in „Goldmünze, Goldkäfer,
Goldgier, Goldglanz, Goldgräber, Glühhitze, Trinkwasser, Angst-
schrei, Feuerprobe, Federhut, Staubregen, Augapfel, Grofsvater,
Neujahr", so dafs ihre Bedeutung durch blofses Aufweisen ihrer
Bestandteile nicht gefunden wird; auch deckt sich ihre Bedeutung
nicht völlig mit entsprechenden Ableitungsformen, wie in Höfling
und Hofmann; Händlerin, Handelsfrau; Jungfer, Jungfrau.

Wenn wir nun sahen, wie die Sprache in den Konstruktionen
der Sätze, durch Kasus, Partikeln, Ableitungen und Zusammensetzungen das erkennende Denken in seinem Beziehen der Wortbegriffe aufeinander zum Ausdruck bringt, so ist endlich noch zu
betrachten, wie durch dieses Beziehen die Begriffe selbst umge-
bildet werden d. h. wie die Bedeutung der Wörter geändert
wird.

Im Anschlufs an das über die Prädikats-Wortbegriffe, die
sogenannten Abstracta, im vorigen Abschnitt Gesagte betrachten
wir zuerst die Art des Bedeutungswandels, welche sich durch die
Substantivierung der Prädikate: eines Thuns, eines sich Verhaltens,
einer Beschaffenheit vollzieht. Wie die Bezeichnung der Thätigkeit des unsinnlichen Seelenlebens durch eine notwendige Metapher
gewonnen wurde, so tritt auch hier notwendig eine Wendung der
Bedeutung (τρόπος) ein, wenn die Sprache Vorgängen oder Zuständen oder Eigenschaften, welche in abgegrenzter Gestaltung
sich der Wahrnehmung nicht bieten, den Charakter einer Substanz
verleiht, indem sie unser Kennen eines in einzelne Akte mannig-
fach zerstreuten Wirkens der Dinge in Einen Wortbegriff sammelt,
der sie alle vertritt, an dem nunmehr sie alle erkannt werden.
Wir fühlen die Bewegung der Luft und nennen sie als Substanz
„Wind", wir sehen, dafs es leuchtet, empfinden zugleich eine Erregung gewisser Art und sprechen von: „Licht" und „Wärme";
was als „ansehnlich" (got. skauns, von skavjan, schauen) auf uns
wirkt, fassen wir als Substanz der „Schönheit" zusammen, was
wir als „taugend" befinden, wird zur „Tugend", was den Mann
kennzeichnet, zur „virtus", welche den Römern auch als Gottheit
galt. Und so sagen wir denn: Der Wind reinigt die Luft, das
Licht verbreitet sich, Wärme dehnt die Körper aus, setzt sich in
mechanische Arbeit um, Tugend macht glücklich u. s. w.

Die individuelle Bildkraft des Menschen einigt also die verschiedenen Weisen der Beziehung auf unsere Empfindung, welche
bei Wahrnehmung der Dinge zugleich erfafst werden, für unser

Gefühl durch Schaffung des Wortbegriffs; statt des geteilt Erscheinenden wird ein Ganzes in der Seele gefühlt, und das Einordnen der Einzelfälle in den umfassenden Begriff wird gerechtfertigt durch das wissenschaftliche Denken in Urteilssätzen. Weiter
aber wird die so geschaffene und so gestützte Substanz zum Träger
von Urteilen, und es wird von ihr ausgesagt als ein Wirken, was
im Einzelfalle nur erschien als ein Bewirktes. So ist durch die
Substantivierung ein Tropus in der Bedeutung des Stammwortes
zustande gekommen, wenn auch nicht Metapher, da ein Wechsel
der Sphären (Sinnliches und Unsinnliches) dabei nicht stattfindet,
der Zusammenhang zwischen Verbum und Adjectivum mit dem
abgeleiteten Substantiv vielmehr erhalten bleibt. Man könnte also
diese Wendungen der Bedeutung als notwendige Synekdochen
oder Metonymieen bezeichnen, im Gegensatz zu jenen künst-
lichen, welche der individuellen Sprache des Sprachkünstlers angehören und deshalb das im usus der Gattungssprache vorhandene
Wort, welches die „eigentliche" Bedeutung vertritt, noch neben
sich haben. „Blut" kann so für „Leben" stehen („Hohle Masken
ohne Blut"), für „Töten" („Blut um Blut"), für den „Menschen"
selbst („ein noch so junges Blut") u. d. m.

Schon früher, bei Betrachtung der Satzbilder, machten wir
darauf aufmerksam, wie durch die Subjektssetzung das Gefühl des
Ich in die Darstellung des Wahrgenommenen ein der Form unseres
Bewußtseins entstammendes Moment einheitlichen Wirkens verwebt
und ausdrückt. Der Wahrnehmungssatz: sol lucet legt z. B. der
Sonne eine Thätigkeit bei und ein Wirken. Nun ist es leicht,
bei solchen Aussagen das sinnlich Wahrgenommene von dem solcher-
gestalt Gesetzten zu sondern, wann eine Sonderung um des Wissens
willen erforderlich ist; schwerer wird dies, wenn das mit dem
Ausdruck des Erkannten zu vergleichende Gekannte in bestimmter Form gar nicht vorhanden ist, wie wenn z. B. von der
„Kraft" (vis, δύναμις) etwas ausgesagt wird (ahd. craft = Zusammen-
ziehung, Anspannung, von garb.) oder vom „Stoff", von der
„Materie". (Stuppa, Werg; ὕλη, Holz: materies; Bauholz.) — Es
entsteht dann die Frage, ob und wie einem solchen Wortbegriff
außer der Macht, welche ihm als Wort für die Sprache und für
unser Erkennen zweifelsohne zuzusprechen ist, auch im Leben des
Universums Geltung zukomme als einem Wirksamen, und zwar
ebenso in uns wie außer uns. Begriffe für ästhetische, ethische,
praktische Verhältnisse, welche wir ansetzen, wie wir fühlen,
daß sie für uns etwas bedeuten z. B. Schönheit, Tugend, Nutzen,

— sind sie wirkliche Wesenheiten, welche in der Seele gebieten? Und Begriffe, wie Licht, Wärme, Kraft, welchen ursprünglich Empfindung zu Grunde liegt infolge äufserlicher Reizung, sind es wirkende Kräfte, als Einheiten zu denken innerhalb des sinnlichen Daseins?

In Platons Sinne bejaht dies z. B. Schelling, wenn er sagt: „Das Schöne bringt das Schöne hervor." Ein das Schöne hervorbringendes Individuum werde „die Idee der Schönheit an und für sich selbst oft am wenigsten besitzen, eben weil er von ihr besessen wird." Ähnlich spricht Plotin von der unkörperlichen Kraft des Lichtes, durch welche ein leuchtender Körper erst zum leuchtenden werde. (13)

Es ist diese Frage bekanntlich von den Philosophen viel behandelt worden. Antisthenes schon trat der Platonischen Ideenlehre entgegen und beschränkte die Bedeutung der Wortbegriffe dahin, dafs sie nur in unserm Denken vorhanden seien; später erfüllte, und zwar anscheinend im Anschlufs an die Erläuterung über die Begriffe von γένος und εἶδος in der εἰσαγωγή des Porphyrius zu den Kategorieen des Aristoteles, der Streit des Realismus und Nominalismus die philosophischen Untersuchungen des Mittelalters, und er dauert fort bis auf die jetzige Zeit und bedingt wesentlich den Unterschied der philosophischen Systeme.

Schon oben streiften wir diese Frage. Bei Besprechung der Subjekts-Wortbegriffe wiesen wir darauf hin, wie es scheinen könne, dafs dem Begriff der Menschengattung auch eine einheitliche Wesenheit entspreche; wir lehnten aber die Bezeichnung von Gattungsnamen für die nomina communia ab, weil diese nach anderem Prinzip Gattungen bezeichnen, als die Naturwissenschaft. Als das nomen substantivum der individuellen Sprache, nach der Empfindung benannt, auf welche man merkte, von der Sprache der Gattung aufgenommen wurde und so Geltung erhielt als ein Erkanntes, wurde es mit Grund zum nomen commune, weil es eben als Bezeichnung für das Einzelne genügte, die Gattungen aber, welche die Naturwissenschaft aufstellt, stützen sich nicht auf richtige Namensetzung des Begriffs, sondern auf genaues Kennen und Abgrenzen. Begriffs-Gattung und jene natürliche Gattung decken einander nicht, wenn auch zufällig Name und wissenschaftliche Einteilung dauernd übereinstimmen sollten.

Es verhält sich nicht anders mit den Prädikats-Wortbegriffen, den Abstractis. Sie treten auf wie einheitliche, in sich geschlossene Wesenheiten, weil das aussagende, urteilende Ich sich in ihnen

birgt, aber nur an den einzelnen Vorgängen oder Zuständen erweisen sie sich wirksam, und die Wissenschaften: Ethik, Aesthetik,
Physik u. a. definieren und rubrizieren sie verschieden je nach
dem genaueren Kennen und nach den wechselnden Standpunkten
der Betrachtung.

Aber um deswillen sind sie doch nicht „nur Worte", obschon
sie auch als solche mehr sind als „flatus vocis". Die Bildekraft
des Menschen, welche sie hervorbringt, ist selbst nur eine der besonderen Formen, in welcher die des Universums ihr Leben kund
giebt. Der Mensch berichtet nicht klüger von diesem Leben, als
er weifs, aber er spricht als Mitlebender. Da er allein das Wort
führt, da die Natur es schweigend gelten läfst, wenn er nur von
sich redet, und schweigend auch ihn ergänzt oder widerlegt, wenn
er glaubt, auch im Namen des Universum das Wort zu haben,
so kann er über dessen Geltung sich arg täuschen.

Bei Hegel wird so die Natur zum armen Sünder, der jäm-
merlich besteht vor unsern Wortbegriffen, die freilich nach seiner
Ansicht nicht nur die unseren sein sollen. Er sagt z. B. (Encyklop.
§ 250): „In der Ohnmacht der Natur, den Begriff in seiner Ausführung festzuhalten, liegt die Schwierigkeit und in vielen Kreisen
die Unmöglichkeit, aus der empirischen Betrachtung feste Unterschiede für Klassen und Ordnungen zu finden. Die Natur ver-
mischt allenthalben die wesentlichen Grenzen durch mittlere und
schlechte Gebilde, welche immer Instanzen gegen jede feste Unterscheidung abgeben." — „Um dergleichen Gebilde als mangelhaft,
schlecht, mifsförmig betrachten zu können, dafür wird ein fester
Typus vorausgesetzt, der aber nicht aus der Erfahrung geschöpft
werden könnte, denn diese eben giebt auch jene sogenannten Mifs-
geburten, Mifsförmigkeiten, Mitteldinge u. s. f. an die Hand: er
setzte vielmehr die Selbständigkeit und Würde der Begriffsbestimmung voraus." Er sagt, dafs „jene Ohnmacht der Natur der
Philosophie Grenzen setze, und dafs es das ungehörigste sei, von
dem Begriffe zu verlangen, er solle dergleichen Zufälligkeiten
begreifen."

Ist freilich in der Sprache der Gattung der Begriff gesetzt
und anerkannt, wie wir ihn fühlen als Subjekt unserer Urteilssätze, so beherrscht er unser Denken, und wir begreifen nicht,
wie sich das Verhalten der Dinge ihm widersetzen mag. Sind
wir doch instande, die möglichen Verbindungen, in welche wir
ihn mit anderen Wortbegriffen bringen, ausreichend zu begründen,
so dafs Übereinstimmung in unserm Wissen bleibt und Gewifsheit

über die Berechtigung seines Anspruchs auf allgemeine Geltung.
Wir stehen indes im Gebiete des Erkennens nicht anders dem
Universum gegenüber, als in den anderen Gebieten, in welchen
als Gesetzgeber des Weltlebens aufzutreten wir durch unsere Natur
uns gedrungen fühlen. Als Gesetzgeber aber müssen wir uns wohl
gelten lassen, denn, wenn allerdings es richtig ist, daſs wir sinnlich
wie geistig untergehen, wenn wir den Inhalt unserer Gesetze nicht
entnehmen den Vorgängen, in welchen die Bildekraft des Universums sich uns kund giebt, so haben wir doch diesen Inhalt
kennen zu lernen und zu halten im Fluſs der Dinge, seine Bestimmungen aufzusuchen, sie zurechtzulegen, zu erläutern, ihm die
Form zu geben, durch die allein er als Gesetz vorhanden ist, denn
wir allein besitzen das Wort, und die Sprache enthüllt eben nur
unser Bewuſstsein, jeglichen Inhalt nur als den, wie er erkannt
wurde in der Form des Bewuſstseins. Ethik also, wie Naturwissenschaft finden wir beherrscht von unseren Begriffen, aber wir
finden ebenso, daſs sie unseren Begriffen entfliehen. Unser Erkennen hebt uns in die Sphäre der Wahrheit, aber doch nicht
mit Unrecht fragt Pilatus (Joann. VIII, 38): $Ti\ \acute{\epsilon}\sigma\tau\iota\nu\ \mathring{\alpha}\lambda\acute{\eta}\vartheta\epsilon\iota\alpha;$
und wenn wir fühlen, daſs „Tugend" „kein leerer Wahn", so sagte
Florus (IV, 7) doch aus der Fülle der Erfahrungen: Quam verum
est, quod moriens efflavit (Brutus), non in re sed in verbo tantum
esse virtutem!

Begriffe, in denen das Prädikat eines Urteils substantiviert
wird, welches eine besondere Wertschätzung ausdrückt, hat man
wohl durch die Bezeichnung „Ideen" vor den anderen Begriffen
ausgezeichnet. Es wird dieser Name in dem Sinne gegeben, in
welchem ihn Kant (Kr. d. r. V. p. 377) gebraucht: „Ein Begriff
aus Notionen (der lediglich im Verstande seinen Ursprung hat),
der die Möglichkeit der Erfahrung übersteigt, ist die Idee oder
der Vernunftbegriff." Namentlich diejenigen Begriffe sind als
Ideen hervorzuheben, welche für unser Wirken nach den Richtungen des Denkens, Wollens, Fühlens als „die Wahrheit", „das
Gute", „das Schöne", die Zwecke angeben, welche dieses Wirken
zu einem in sich geeinigten machen, und die auch insofern verwirklicht werden, als sie sich als das Sollen in dem Wirken bethätigen. Es bezeichnen also diese Ideen eine Wirklichkeit in
dem Leben der Gattung, welche bestimmend wirkt auf die
Individuen und die Einheit aufrecht erhält nicht nur in der Begriffswelt der Vielen für deren Gemeinschaft, sondern auch im
Denken, Wollen und Fühlen des Einzelnen.

Nur dort gelten unsere Begriffe durchaus in der Wissenschaft, wo der Inhalt uns ebensowohl angehört, wie die Formierung, wo der Gegenstand nichts enthält, als womit unser Begriff ihn erfüllt, also in der Mathematik und in der Logik, welche an sich jedoch zum Erkennen des Universums nicht führen, in jeder Anwendung aber auch die Reibung mit dem Wirklichen zu erfahren haben.

So viel von der Wendung der Bedeutung, welche die abstrakten Wortbegriffe eben infolge ihrer Substantivierung erfahren. Wir haben weiter die Änderungen der Wortbedeutung zu betrachten, welche sich daraus ergeben, daß in den Urteilssätzen die Stellung des Erkennens zum Kennen eine andere wird, als sie in den Satzbildern war.

Dem Denken, welches für Urteilssätze diejenigen Verbindungen unter den Wortbegriffen aufsucht, welche allgemein gelten sollen, können die zur Verfügung stehenden Wörter nicht mehr unmittelbare Vertreter des Erkennens sein, als welche sie beim Schaffen der Satzbilder hervortraten. Sie sind dem urteilenden Individuum bekannt geworden mit den Bedeutungen, also mit den möglichen Beziehungen, welche einem gewissen Kennen und Erkennen entsprechen. So befindet er sich ihnen gegenüber in der Stellung des kritischen Denkers, der zu entscheiden hat, ob innerhalb der in Betracht kommenden Begriffssphäre auch nach dem Standpunkt seines eigenen Kennens und Erkennens ein Wort dieser oder jener Bedeutung so verwendet werden kann, daß der Urteilssatz sich als wahr ausweise. An dem Wort unterscheidet er nunmehr den artikulierten Laut von dessen Bedeutung; es ist ihm nicht mehr als Ganzes ein Element einer Vorstellung, sondern nur noch nach seinem Laut Zeichen für ein solches, dessen Bedeutung er selbst innerhalb gewisser Grenzen zu bestimmen hat. Diese Grenzen aber sind ihm in dem Gefühl gegeben, welches für ihn mit dem Lautbild des Begriffs verbunden ist. Obwohl nur ein einzelnes Individuum, verfährt er dabei doch im Namen der Sprachgenossen, im Sinne und Geiste der Gattung, und zweifelt nicht, daß die anderen ihn verstehen und die von ihm als zulässig oder geboten erachtete Beziehung der Wörter anerkennen werden, sobald ihnen dasselbe Kennen, wie ihm, zu Gebote steht. Natürlich tritt diese Kritik, die sich eben in der Art der Beziehungen ausdrückt, für deren Ausdruck das Wort von ihm verwandt wird, nur selten sofort mit solcher Stärke hervor, daß sie deutlich bemerkt wird. Allmählich rückt sie in ihrer Richtung fort, und

erst dann pflegt sie aufzufallen, wann das Wort in die Begriffssphäre eines anderen eintritt und dieses verdrängt. So berichtet
Varro (de ling. lat. V, 1): multa verba aliud nunc ostendunt,
aliud ante significabant, ut hostis: nam tum eo verbo dicebant
peregrinum, qui suis legibus uteretur: nunc dicunt eum, quem
tum dicebant perduellem. Unser nhd. „schlecht" ist so in
die Bedeutung von „böse" eingetreten: während mhd. sleht unserm:
schlicht, gerade, entsprach, boese aber in allgemeinem Sinne das
Schlechte, Wertlose bezeichnete. (14) Auf solche Weise werden in
der Sprache neue Verbindungen geschaffen, welche sich nach und
nach Geltung erringen.

Man hat jedoch diese Änderungen der Bedeutung, welche aus
einer Änderung im Erkennen folgen, zu unterscheiden von denjenigen, welche die Sprachkunst bei ihrer Verwendung der
Worte sich gestattet. Diese setzt nicht blofs mit Vertauschung
der Begriffssphären (durch Metapher) andere Lautbilder an Stelle
der eigentlichen, wie wenn von einem Haupte gesprochen wird
statt von einem Anführer, von schmutzig statt von geizig;
sondern auch im Anschlufs an den Wortbegriff hebt sie (durch
Synekdoche und Metonymie) Wörter aus dem Sprachschatz, setzt
sie statt seiner, wenn sie nach Wahrnehmung oder nach einem
Beziehen des Denkens mit jenem in Zusammenhang stehen, und
erweitert dadurch deren Bedeutung, da sie nun jenen Wortbegriff
mitvertreten. So wird etwa die Krone genannt statt des Fürsten
(oder statt der herrschenden Regierung, statt höchster Vollkommenheit; auch bedeutet es einen Teil des Zahnes, eines Geweihes,
einer Blume, eines Baumes u. d. m.), Dach statt Haus, Waffe
statt Schwert, Gericht statt Strafe. Solche Umwandlungen
und Erweiterungen der Bedeutungen werden nicht selten vom
Sprachgebrauch angenommen, namentlich für eine gehobene Redeweise, aber sie gehen nicht hervor aus dem Streben des Erkennens,
sondern aus der Anschauung des Künstlers, und so ist ihre Stellung
der Gattungssprache gegenüber auch eine andere. Das Individuum
nimmt bei der tropischen Verwendung der Wörter sein Anrecht
an der Sprachbildung in Anspruch als Individuum, für den besonderen Fall, der um seiner Darstellung wegen das Wort in
neuer Art einführt, der so als Ausnahme erscheint von der Gewohnheit der Gattungssprache, die dadurch nicht angefochten wird
in ihrem Gebrauch: für den es also zufällig ist, wenn er auch
von den Sprachgenossen in ähnlichen Fällen angewandt wird.
Verwendet dagegen der Erkennende als solcher ein Wort zu

solcher Verbindung, wie sie dem Sprachgebrauch bisher fremd
war, so fühlt er sich hierin als Vertreter der Gattung; er hat
den Zweck, das Richtige zu setzen, wie es sich aus eindringender,
tieferer Erkenntnis ihm ergiebt, wie es nunmehr gelten soll für
die Urteilssätze der Gattungssprache.

Die Änderungen der Bedeutung, welche infolge tropischer
Redeweise eintreten, treffen also die Darstellungsform, diejenigen
aber, welche aus besserem Kennen und Erkennen hervorgehen,
den Inhalt des Ausdrucks. Der Art sind Veränderungen der Bedeutung, wie z. B. bei den Worten Arbeit (mhd. s. v. a. Not,
Mühsal), Tugend (mhd. s. v. a. Brauchbarkeit), Laster (mhd.
Schimpf), Vernunft (mhd. Wahrnehmung), Mutwille (mhd.
eigener, freier Wille), Milde (mhd. Freigebigkeit), Bube (mhd.
Knabe, Diener), Wucher (mhd. Ertrag); fromm (mhd. nützlich),
klug (mhd. fein, zierlich), weise (mhd. kundig), gerecht (mhd.
gerade, passend), geil (mhd. üppig), sinnlich (mhd. durch die
Sinne vermittelt) u. d. m. In solchem Bedeutungswandel offenbart
sich das Ergebnis mannigfaltiger Erfahrung, vielseitigen Denkens.
Von dem Begriff des Wortes Arbeit z. B., dem der von Mühsal
entsprach, bis zu demjenigen, der eine Pflicht des Menschen bezeichnet, deren Erfüllung ihn ehrt und beseligt, führte ein tief
innerliches Fortschreiten. Aus einem ausdrücklich kritischen Verhalten gegen den Sprachgebrauch stammt dieser Bedeutungswandel
nicht; nur allmählich machte sich ein genaueres oder tieferes, ein
bestimmendes oder erweiterndes Beziehen der Begriffe, ausgehend
von einzelnen Personen, für die allgemeine Verwendung der Wortbegriffe in der neuen Färbung geltend, ohne daſs ein besonderer
Widerstand der Sprachgenossen zu überwinden war. Man wurde
im allgemeinen sich einer Änderung der Bedeutung wohl kaum
bewuſst, noch weniger beabsichtigte man sie, vielmehr glaubte
man, den Sinn des Wortes besser herausgestellt zu haben, wenn
man es in ungewohnte und neue Verbindungen brachte. Überhaupt sind ja Wandlungen der Bedeutung nicht als Ausnahmen
zu betrachten, sondern als Kundgebungen, daſs und wie die Worte
ihr Leben führen. Besteht unser eigenes Leben in etwas anderem,
als im Verändern und Verändert-werden? — Die Wörter haben
nicht eine Bedeutung, sondern sie vertreten Bedeutungsgebiete,
deren Umkreis beständig gezogen wird, niemals aber gezogen ist,
so lange die Sprache des Wortes lebt; giebt doch auch das Hören
eines Lautbildes uns nicht etwa eine Vorstellung, sondern nur eine
Anregung, daſs wir nach der durch die Artikulation gegebenen

Andeutung die Vorstellung bilden, und zwar bilden, wie die
Verbindung es vorschreibt, in der es mit anderen Wörtern sich
findet. Die Reihe von Bedeutungen, welche unsere Lexica bei
den einzelnen Wörtern aufführen, kann man ebensowohl als Angaben des Bedeutungsgebiets betrachten wie des Bedeutungswandels. (15)

Eine beabsichtigte Änderung der Bedeutung wurde endlich
von denjenigen bewirkt, welche die Begriffe als solche zum Gegenstand ihres Erkennens machten, eines philosophischen Erkennens, wie man diese Stufe desselben zu bezeichnen pflegt.
Zunächst freilich geschah dies so, daß man sich nicht mit ihnen
als Wortbegriffen beschäftigte, sondern mit der Wirklichkeit,
welche sie auszudrücken schienen, denn das Wort vertrat lange
das sinnlich oder geistig Angeschaute als das schlechthin Wirkliche. Wenn Thales sein Erkennen des All, τῶν πάντων, aussagte, so meinte er es von dem wirklichen Universum, ἅπαντα τὰ
ὄντα, ausgesagt zu haben, wie unbestimmt (16) und dürftig auch
dieser Begriff von ihm gefaßt war, wie gering an Umfang und
Eindringen das Kennen, welches ihm zu Grunde lag. Wenn
Anaxagoras den Geist, νοῦς, als den Ordner der Weltstoffe erkennt, so zweifelt er ebensowenig, daß dieser Begriff (νόος δέ
ἐστιν ἄπειρον καὶ αὐτοκρατὲς καὶ μέμικται οὐδενὶ χρήματι, ἀλλὰ
μοῦνος αὐτὸς ἐφ' ἑωυτοῦ ἐστιν· — ἔστι γὰρ λεπτότατόν τε πάντων
χρημάτων καὶ καθαρώτατον. Simpl. fol. 336) die wirkliche Gestaltung des Weltprinzips angiebt, wie er zweifelt, daß seine
ὁμοιομερῆ als wirkliche Urstoffe vorhanden seien. Allerdings er-
schütterten schon die Sophisten Griechenlands den unbefangenen
Glauben an ein solches Wahrnehmen und Denken, dem sich unmittelbar das Universum offenbare, und Plato und Aristoteles
stellten eine Begriffswelt unsinnlicher Formen dem nicht seienden
oder nur der Möglichkeit nach seienden Stoffe gegenüber, aber
unerschüttert bleibt doch auch ihnen die objektive Geltung der
Begriffe.

Erst, nachdem im Mittelalter Natur und Geist sich im Gefühl
der Menschen geradezu gegenübergestellt hatten, begannen wir
an der Giltigkeit unseres Denkens, sofern es Anwendung finden
sollte auf das Sein des Universums, zu zweifeln. Es wurde
immer bestimmter erkannt, daß das Rätsel des Universums nur
im Menschen sich schürze, nur auch vom Menschen aus zu prüfen
sei und gelöst werde. (17)   Kant durchdachte die „reine Vernunft" des Menschen, von der er annahm, daß sie sei; (18) wir

versuchen, den Menschen selbst sprechen zu lassen, damit er
selbst Zeugnis ablege von der Art, wie er erkennt.

Mag nun die Geltung der Begriffe sein, wie sie wolle, so ging
doch jedenfalls ein philosophisches Erkennen von Wortbegriffen
aus und mußte in Wortbegriffen zum Abschluß kommen. Unter
dem Begriff der Philosophie sind zu verschiedenen Zeiten und bei
verschiedenen Völkern auch verschiedene Arten des Wissens verstanden worden, und von philosophischem Erkennen wird auch
gesprochen in Wissenschaften, welche ein besonderes Wissen,
etwa in Physik oder in anderen Zweigen der Naturwissenschaft,
sich zur Aufgabe stellen. Wir verstehen hier unter dem philosophischen Erkennen ein solches, welches sich das Erkennen selbst
zum Gegenstand des Erkennens setzt. Das Erkennen aber liegt
vor in den Begriffen, und eine Kritik des Erkennens wird notwendig zur Kritik der Sprache. So verstanden ist uns Herbarts
(Einl. in d. Philos. p. 47) Erklärung recht: „Philosophie ist Bearbeitung der Begriffe."

Gerade freilich, wenn das Erkennen als das Ziel gesetzt wird,
auf welches sich das erkennende, kritische Denken richtet, scheint
dies sich auch von der Sprache zu trennen, über ihr zu stehn wie ein
Richter, der den thatsächlichen Vorgängen gegenüber ein höheres
Recht geltend macht. Kann denn die Sprache selbst ihre Begriffe
„bearbeiten"? Und, wenn allerdings solche Bearbeitung wieder
in Worten erfolgen muß, wird sie darum auch bewirkt durch
Worte?

Es ist indes nicht schwer zu bemerken, daß solche Fragen
nur aufgeworfen werden, wenn man den Unterschied der Erscheinung zwischen dem noch innerlichen Sprechen und dem
hörbar gewordenen, welches letztere eben den Denkakt vollendet
und abschließt, mit einer in Wirklichkeit vorhandenen
Trennung verwechselt, welche das Wesen des Erkenntnisprozesses
träfe. Wenn wirklich gedacht wird — nicht bloß nachgesprochen
— ist das Gesprochene selbst ein Höheres, die Vollendung seiner
selbst, seine Form, welcher der Gedanke zustrebt. Die Worte
freilich, wie sie gehört werden oder gelesen, sind so nicht schon
in der innerlichen Bewegung des Denkens vorhanden, so lange
diese eben ihr Ziel noch nicht erreicht, ihre Form noch nicht
gefunden hat, aber man achte etwa darauf, wie der Denkende
selbst, wenn er den Denkakt mit der Feder in der Hand zu Ende
bringt, ein Bild dieser Bewegung entwirft. Da finden wir den
Anfang von Wörtern, die nicht zu Ende geschrieben wurden,

andere, die durchstrichen sind und von anderen verdrängt oder
einfach weggelassen wurden, angedeutete Verbindungsweisen mit
besseren vertauscht, Striche auch durch ganze Sätze, welche das
Denken verwarf. So eben geht es her im Innern, in der Werkstätte des Denkaktes; nicht durch den Gedanken wird das Sprechen
hervorgebracht, auch nicht infolge des Denkens bestimmen wir
uns, ihn auszusprechen, sondern mit dem Denken, und indem
wir denken, wird er gesprochen, und nur in dem Gesprochenen
ist er wirklich.

Richtet sich nun ein Streben darauf, die Begriffe, Ergebnisse
eines Erkennens, selbst zum Gegenstand des Erkennens zu
machen, d. h. in Urteilssätzen von ihnen auszusagen, so liegt nach
dem oben Gesagten eine zwiefache Aufgabe vor. Denn sowohl
kritisches Untersuchen ist nötig, um unter den möglichen
Verbindungen der Wortbegriffe die Entscheidung vorzubereiten,
als ein Schaffen neuer Verbindungen, „neuer“, weil die neue
Aufgabe gestellt ist, durch das in der Sprache der Gattung als
erkannt Gegebene zu erkennen.

Da die Urteilssätze innerhalb der Gattung Giltigkeit haben
sollen, so ist über die Wahrnehmungssätze der Individuen hinaus-
zugehn; dem denkenden Erkennen genügt weder deren Inhalt,
noch die sprachliche Darstellung, denn der Inhalt zeigt nur den
einzelnen Vorgang, und die Wortbegriffe würden, wenn sie nur
hiernach bestimmt wären, weder gattungsgemäß befestigt, noch
für das Erkennen des Erkennens genugsam entwickelt sein.

Wir behandeln zunächst, um den Zusammenhang nicht zu
unterbrechen, die Kritik der Wortbegriffe, wie sie vom philosophischen Erkennen geübt wird, darauf wird weiter die Kritik
des Inhalts der Wahrnehmungssätze zu besprechen sein. Es
zeigt sich aber die Kritik der Wortbegriffe zugleich als sprachschaffend, indem sie die Bedeutungen der Wörter erweitert oder einengt. Das Erweitern stützt sich auf eine
Folge positiver Aussagen, das Einengen auf eine Folge negierender
oder zum Teil negierender d. h. einschränkender Urteile. Sprechen
wir zunächst vom Erweitern der Bedeutung.

Wenn das erkennende Denken Aussagen sucht, durch welche
ein Wortbegriff mit einem anderen derart verbunden wird, daß
diese Verbindung dem Bewußtsein der Gattung genügt, als Wahres
anerkannt wird und im Sprachgebrauch gilt, so findet es für das
begriffliche Ergebnis eines jeden neuen, noch nicht gedachten Aktes
des Erkennens kein Wort mit ausreichender Bedeutung, weil die

Beziehung, welche zu vertreten irgend einem Lautbilde nunmehr zugemutet wird, bis dahin für das Bewußtsein der Gattung noch nicht vorhanden war. Das erkennende Denken tritt also notwendig der Sprache gegenüber reformatorisch auf, und die Philosophen zeigen sich so als Empörer von Hause aus. Da sie nun nicht die Macht haben, neue Wörter für die Gattung zu bilden, so müssen sie die Beziehung, welche sie denken, in Urteilssätzen aufstellen als eine wahre, und so sie aussagen. Damit ist dann allerdings die neu erkannte Verbindung ausgesprochen, aber doch nur als eine, welche nach dem Erachten eines Einzelnen gelten soll, nicht als eine, welche gilt in der Gattung, als ein Begreifen, nicht als Begriff. Erst der Begriff als Wort tritt als bestimmtes Ergebnis eines Erkennens ein in die Begriffswelt der Gattung, lebt weiter, wirkt weiter innerhalb derselben. In der Gestalt, in welcher ihn das neue Urteil des Philosophen darstellt, fehlt ihm die als fest geltende Umgrenzung, an welcher neue Beziehungen einen Halt, eine neue Gedankenbewegung ihren Träger finden könnte.

Wir finden z. B. Plato (Politic. p. 264 sq.) in der Lage, einen Begriff als Wort zu brauchen, während ihm nur ein Satzurteil zu Gebote steht. Es thut nichts, daß er sich als Schalk in diese Verlegenheit bringt. Den Begriff der Herdezucht unterscheidet er in eine Landlebewesenzucht und in eine Wassertierzucht, und die Landlebewesenzucht teilt er wieder ein in eine Hornherdezucht und in eine Hornlosherdezucht; aber, sagt der Fremde zum jungen Sokrates, sage dies lieber in einem Urteilssatze, denn ein Wort dafür wirst du wohl nicht auftreiben, ohne dich stark zu verwickeln. Sage etwa: die eine Abteilung werde gebildet von der gehörnten Herde, die andere von der ungehörnten. So soll es sein, sagt der junge Sokrates, dann ist alles genügend offenbart. Plato zwar kümmert sich um die Gestaltung eines Wortes nicht sehr. Kurz vorher (l. c. 261, E) hat der Fremde gefragt: „Wollen wir nun diejenige Lebewesenzucht, welche sich auf viele erstreckt, Herdenzucht nennen oder etwa Gemeinzucht?" Und als der junge Sokrates antwortet: „Beides, wie es sich so mit der Rede am besten verträgt", wird er belobt, „Schön, du wirst noch mal recht klug werden, wenn du dich um die Worte nicht so sehr kümmerst." (19)

Es ist also etwa in Platos Sinn, wenn Eucken (Geschichte der philosophischen Terminologie p. 181) sagt: „Wir müssen aufs entschiedenste die Überzeugung vertreten, daß die Existenz

eines Begriffes keineswegs von dem Terminus abhängig
sei. Wie immer auch das Urteil über das letzte Verhältnis von
Denken und Sprechen ausfallen mag, die Kraft, verschiedene
sprachliche Elemente von innen her zusammenzuhalten und das
im Begriff einheitlich Erfaßte durch eine Mehrheit von Ausdrücken
zu umschreiben, wird dem Denken nicht abgestritten werden
dürfen. Die meisten großen Systeme legen dafür Zeugnis ab,
indem in ihnen Begriffe umgehen und wirken, die erst später
einen technischen Ausdruck fanden." Dann aber heißt es weiter:
„Aber darum bezeichnet der Gewinn einer sicheren Form doch
einen äußerst wichtigen Abschnitt in der Geschichte des Begriffes.
Erst mit der Verkörperung erhält er seine volle Selbständigkeit
für den Denker selbst und mehr noch für die andern, nun erst
wird er eine allen sichtbare, hinauswirkende und beharrende
Macht." Und dann (p. 185): „Zur Vollendung des Terminus
gehört aber endlich die Aufnahme in den allgemeinen
Sprachgebrauch. Der einzelne Denker legt seine Schöpfungen
wie zur Bestätigung vor, und nicht ohne Schwanken oder Kampf
vollzieht sich oft die endgiltige Entscheidung."

Wir haben hiergegen nur zu erinnern, daß von einer wirklichen „Existenz des Begriffes" nur wird gesprochen werden
können, wenn er als Wortbegriff auch wirklich vorhanden ist;
er ist nicht etwa nur der kürzere und bequemere Ausdruck für
einen Satz, er ist Ergebnis und Abschluß nicht bloß Eines Urteils, wenn vielleicht auch nur Eins bekannt wird, sobald er gilt
innerhalb der Sprache der Gattung. Ohne dieses bestimmte Wort
hätte dieser bestimmte Begriff auch keine Existenz; er ist überhaupt nur wirklich als dies von Menschen in seiner Bedeutung
für Menschen anerkannte Lautbild. (20)

Aristoteles vermißt bei seinen Auseinandersetzungen häufig
ein passendes Wort. Dies oder jenes, sagt er, sei ἀνώνυμον. (21)
Ein Wortbegriff, wie ihn das Denken sucht, ist es indes nicht,
wenn er z. B. (Meteor. IV, 10) vieler Steine erwähnt, die ohne
Namen seien. Es ist dieser Mangel an terminis, der für uns
wohl nicht mehr besteht, derselben Art, wie jener Überfluß,
wie wir ihn für unser Sprechen empfinden, wenn, wie Arist.
(Meteor III, 1) angiebt, die Griechen den Blitzstrahl (κεραυνός)
noch weiter unterschieden benannten als ἀργής oder ψολόεις.
Nicht Begriffe werden in diesem Fall vermißt, sondern Namen;
um Begriffe zu werden, hätten sie vorher Wörter sein müssen.
Vielerlei, was wahrzunehmen ist, erregte bei den Angehörigen

der einen Sprache von Anfang an das Interesse des Erkennens,
so dafs sie es benannten, bei denen anderer Art aber nicht.
M. Müller (Essays, Bd. IV, p. 443) teilt eine Bemerkung von
Callaway über die Sprache der Zulu mit: „Es enthält diese
Sprache über 20 000 Wörter, welche beim Volke bona fide kur-
sieren. Jene seltsamen Benennungen für verschieden gefärbtes
Grofsvieh oder für verschiedene Maiskolben, welche gewisse feine
Unterschiede der Färbung oder der Verteilung der Farben ausdrücken, die es uns schwer fällt zu fassen, sind nicht synonym,
sondern in allen diesen Fällen wird jedesmal ein neues Substantiv
gebraucht anstatt eines einzigen Sustantivs mit Adjektiven, die
die verschiedenen Zustände eines Objekts ausdrücken könnten.
Und ebensowenig sind die zahlreichen Verba synonym, durch
welche Varietäten derselben Handlung bezeichnet werden, wie
ukupata in der Hand tragen, ukwetshata auf der Schulter tragen,
ukubeleta auf dem Rücken tragen." Nun scheint mir zwar, als
ob bei diesen Verbis wir mit Zusammensetzungen zu thun haben,
aber (l. c. p. 88) wird auch aus Sayces principles of Comparative
Philology angeführt: „Unter den heutigen Wilden haben die individuellen Sinnesobjekte Namen genug, während allgemeine
Namen selten sind. Die Mohikaner haben Wörter für das Schneiden
verschiedenartiger Gegenstände, aber keins, um einfaches Schneiden
zu bezeichnen."

So könnten wir etwa, da doch z. B. Runzeln benannt sind,
den Namen für die Rinne von der Nase zum Mund vermissen oder
den für die Knorpelwand zwischen den Nasenlöchern, den Namen
für genügendes Trinken, da doch für das Essen das Wort „satt"
vorhanden ist, den Namen für das mittlere zwischen Frost und
Hitze, für viele Arten des Geschmacks und Geruchs, auch solche,
wie beim Sehen und Hören „blind" und „taub", welche die Ab-
wesenheit der Empfindungen des Schmeckens und Riechens ausdrücken, Namen für Farbenverschiedenheiten, Gefühlsreize u. d. m.

Auch kann es sich nicht um das Schaffen neuer Wortbedeutungen handeln, welche durch Ableitungen und Zusammensetzungen
bewirkt werden, da diese, wie wir schon bemerkten, nichts weiter
sind, als zusammengerückte Aussagen, Sätze. Solches Wort fehlte
z. B. in der vorher angeführten Stelle aus Plato; und wenn
Aristoteles z. B. (Polit. I, 3) über Hausverwaltung ($\pi\epsilon\varrho\grave{\iota}$ $o\grave{\iota}\varkappa o\nu o$-
$\mu\acute{\iota}\alpha\varsigma$) spricht, das Verhältnis des Mannes zur Familie als des Herrn
zum Sklaven, als des Ehemanns zur Frau, als des Vaters zu den
Kindern erörtern will, das erste als $\delta\epsilon\sigma\pi o\tau\iota\varkappa\acute{\eta}$ bezeichnet, von

dem zweiten, was er γαμική nennt, sagt, daſs es keinen Namen habe (ἀνώνυμον γὰρ ἡ γυναικὸς καὶ ἀνδρὸς σύζευξις), auch bei dem dritten, der τεκνοποιητική, ein eigentliches Wort vermiſst (καὶ γὰρ αὕτη οὐκ ὠνόμασται ἰδίῳ ὀνόματι), so hat er selbst als Namen eben eine Ableitung und eine Zusammensetzung verwendet. Dergleichen Bildungen betrachtet aber auch er selbst als Notbehelf, wie besonders klar wird aus Kap. VII der Schrift von den Kategorieen. Er handelt da vom Relativen (dem πρός τι) und sagt, man könne die Beziehungen auch umgekehrt aussprechen, wie z. B. vom Sklaven des Herren und vom Herren des Sklaven. Bisweilen gehe das nicht, wenn in der Benennung ein Fehler sei z. B. bei „Flügel des Vogels", denn „Vogel des Flügels" könne man nicht sagen; eigentlich müsse also gesagt werden: der Flügel des Beflügelten, dann sei es auch umgekehrt richtig: Beflügeltes sei beflügelt durch den Flügel. Zuweilen würde man dann freilich neue Wörter bilden müssen, wie wenn man habe: „das Steuerruder des Schiffes", denn da es auch Schiffe ohne Steuerruder gebe, so könne man nicht umkehren; „das Schiff des Steuerruders", und es müsse ein neues Wort gebildet werden, statt „Schiff" etwa: „Das Besteuerruderte". Wo also Benennungen nicht vorhanden seien, würde man sich am leichtesten so helfen, daſs man den Namen des ersten Wortes zu einer Ableitung benutzt, wie das „Geflügelte" von „Flügel" gebildet ist und das „Besteuerruderte" vom „Steuerruder". (22)

Daſs ein neuer Wortbegriff, der Ausdruck eines neuen Erkennens, in der That gewonnen wird durch ein Sprachschaffen innerlicher Art, indem das Wort bleibt, seine Bedeutung aber erweitert wird, können wir ebenfalls aus Aristoteles lernen, obwohl freilich er nicht die Absicht hatte, es so zu lehren, ja, obwohl er selber es nicht gewuſst hat.

In der Nikomachischen Ethik (II, 7, 8) sagt Aristoteles, man könne nach Ehre streben entweder so, wie es sich zieme, oder mehr, als sich zieme, oder weniger. Derjenige, welcher zu weit gehe im Streben, werde ehrgeizig (φιλότιμος) genannt, derjenige, welcher es daran fehlen lasse, ehrgeizlos (ἀφιλότιμος), für den aber, welcher die (richtige) Mitte halte, fehle das Wort zur Bezeichnung (ἀνώνυμος). Und für die Verhaltungsweisen der so verschieden gearteten Menschen sei gar nur das Eine Wort Ehrgeiz (φιλοτιμία) vorhanden. Daher käme es denn, daſs bald die Ehrgeizigen, bald die Ehrgeizlosen beanspruchten, sich in der richtigen Mitte zu befinden, und wir selbst belobten bald den

Ehrgeizigen, bald den Ehrgeizlosen, weil wir eben den richtigen Namen für den Ehrliebenden nicht hätten.

Später (l. c. IV, 4, 3—5) führt er dies weiter aus und bemerkt, dafs der Ausdruck „Streber nach etwas" $\varphi\iota\lambda\sigma\tau\iota\sigma\tilde{\upsilon}\tau\sigma\varsigma$ verschiedene Bedeutungen haben kann, so dafs man darum den Ehrgeizigen einmal tadeln könne wegen Übertreibung oder falscher Richtung des Strebens, ein anderes mal loben als mannhaft und edel gesinnt, ebenso den Ehrgeizlosen tadeln als schlaff, loben als bescheiden und mafsvoll. Weil also die Mitte (der nach Aristoteles neuer Begriffsbestimmung die Tugend zuzuerkennen ist zwischen den Fehlern der Extreme) ihres Wortes entbehrt, drängen sich beide Extreme in diese leere Stelle ($\dot{\alpha}\nu\omega\nu\dot{\upsilon}\mu\sigma\upsilon$ δ' $\sigma\ddot{\upsilon}\sigma\eta\varsigma$ $\tau\tilde{\eta}\varsigma$ $\mu\varepsilon\sigma\dot{\sigma}\tau\eta\tau\sigma\varsigma$, $\dot{\omega}\varsigma$ $\dot{\varepsilon}\varrho\dot{\eta}\mu\eta\varsigma$, $\ddot{\varepsilon}\sigma\iota\varkappa\varepsilon\nu$ $\dot{\alpha}\mu\varphi\iota\sigma\beta\eta\tau\varepsilon\tilde{\iota}\nu$ $\tau\dot{\alpha}$ $\ddot{\alpha}\varkappa\varrho\alpha$).

Was lehrt nun Aristoteles hiermit?

Er sucht ein Wort für den Begriff, den wir etwa mit „Ehrliebe" ausdrücken: es stehen ihm zu Gebote zwei Zusammensetzungen, welche einen bejahenden und verneinenden Urteilssatz vertreten und deren Bedeutung e r auffafst als die von „Ehrgeiz" und „Ehrgeizlosigkeit". Die Benennung der in der Mitte liegenden Tugend sollte, wie er urteilt, vorhanden sein. In der That aber fehlt sie der Sprache der Gattung, und die Sprachgenossen, wie auch er selbst, drücken also seinen Begriff dadurch aus, dafs sie die Wortbedeutungen von $\varphi\iota\lambda\dot{\sigma}\tau\iota\mu\sigma\varsigma$ und $\dot{\alpha}\varphi\iota\lambda\dot{\sigma}\tau\iota\mu\sigma\varsigma$ erweitern, wo es nötig wird.

Wenn nach Aristoteles das philosophische Erkennen die ersten Anfänge und Ursachen sucht und setzt (Met. I, 2: $\tau\tilde{\omega}\nu$ $\pi\varrho\dot{\omega}\tau\omega\nu$ $\dot{\alpha}\varrho\chi\tilde{\omega}\nu$ $\varkappa\alpha\dot{\iota}$ $\alpha\dot{\iota}\tau\iota\tilde{\omega}\nu$), so konnten diese also nur durch Erweiterung der Wortbedeutungen aufgestellt werden. Thales liefs alles aus dem Wasser hervorgehen (l. c. $\ddot{\upsilon}\delta\omega\varrho$ $\varepsilon\tilde{\iota}\nu\alpha\dot{\iota}$ $\varphi\eta\sigma\iota\nu$ ($\sigma\tau\sigma\iota$-$\chi\varepsilon\tilde{\iota}\sigma\nu$ $\varkappa\alpha\dot{\iota}$ $\dot{\alpha}\varrho\chi\dot{\eta}\nu$ $\tau\tilde{\omega}\nu$ $\ddot{\sigma}\nu\tau\omega\nu$). Anaximenes nannte als Grundstoff die Luft (l. c. $\dot{\alpha}\dot{\varepsilon}\varrho\alpha$ - $\dot{\alpha}\varrho\chi\dot{\eta}\nu$ $\tau\tilde{\omega}\nu$ $\dot{\alpha}\pi\lambda\tilde{\omega}\nu$ $\sigma\omega\mu\dot{\alpha}\tau\omega\nu$), und eben durch diese Aufstellung erhielten $\dot{\alpha}\dot{\eta}\varrho$ und $\ddot{\upsilon}\delta\omega\varrho$ eine unendlich erweiterte Bedeutung, welche zuliefs, dafs das Entstehen alles Körperlichen durch Verdünnung und Verdichtung dieser Stoffe erklärt werden konnte (Phys. I, 4: $\tau\ddot{\alpha}\lambda\lambda\alpha$ $\gamma\varepsilon\nu\nu\tilde{\omega}\sigma\iota$, $\pi\upsilon\varkappa\nu\dot{\sigma}\tau\eta\tau\iota$ $\varkappa\alpha\dot{\iota}$ $\mu\alpha\nu\dot{\sigma}\tau\eta\tau\iota$ $\pi\sigma\lambda\lambda\dot{\alpha}$ $\pi\sigma\iota\sigma\tilde{\upsilon}\nu\tau\varepsilon\varsigma$). Anaximander setzte als den Urstoff das Unbegrenzte, Unendliche (Phys. III, 4: $\tau\dot{\sigma}$ $\ddot{\alpha}\pi\varepsilon\iota\varrho\sigma\nu$). Das zusammengesetzte Wort zeigt die unbestimmte Bedeutung eines verneinenden Urteilssatzes; nur in so fern ist sie bestimmt, als eben die Grenze, das Ende, es ist, was verneint wird. Die Erweiterung des Wortbegriffs in seiner Verwendung durch Anaximander besteht also

zunächst darin, dafs er ihm einen der Masse nach unendlichen
Stoff bezeichnet, und weiter, dafs dieser Stoff alles bewegend,
die besonderen Stoffe durch Ausscheidung aus sich hervorgehn
läfst. (23) — Ebenso ist das Heraklitische Feuer ($\pi \tilde{v} \varrho$, $\varkappa \varepsilon \varrho \alpha v v \acute{o} \varsigma$,
$\pi \varrho \eta \sigma \tau \acute{\iota} \varrho$) zur Bedeutung des alles durchströmenden Prinzips rast-
loser Veränderung erweitert; die Zahl erhielt bei den Pythago-
reern die Bedeutung der Substanz; sie war auch die Harmonie;
die Gerechtigkeit war Quadratzahl ($\dot{\alpha} \varrho \iota \vartheta \mu \grave{o} \varsigma \ \acute{\iota} \sigma \acute{\alpha} \varkappa \iota \varsigma \ \acute{\iota} \sigma o \varsigma$) u. s. w. (24)
Der Eleaten Eins ist nicht die Eins unter Vielen, sondern Ein
Seiendes, aber ohne das Viele, ohne Teile, denn ein Nicht-Seiendes,
also ein Nicht-Eins, ist überhaupt nicht; es ist eben als allum-
fassend das Eins zur Bedeutung des gesamten Wirklichen erweitert. (25) Der Sinn, das Denken des Menschen wird durch
Anaxagoras zum weltordnenden $voῦς$: $ε \tilde{\iota} \delta o \varsigma$, $\iota \delta \acute{\varepsilon} \alpha$, Gestalt, Art,
wird durch Plato Bezeichnung der Urbilder des Seienden. — Wir
weisen noch auf einige Neuere, wie Spinoza, der den Begriff
der Substanz so erweitert, dafs er ebensowohl das Denken umfafst wie die Ausdehnung; auf Fichte, der den Begriff des (individuellen) Ich erweitert zu dem des absoluten, schöpferischen
Ich: auf Hegel, bei dem das Denken in sich hat das Sein, die
Vernunft auch das Wirkliche: auf Schopenhauer, der die
Bedeutung des Wortes „Wille" ausdehnt auf die Bezeichnung
„jeder irgend strebenden und wirkenden Kraft in der Natur". (26)
    Wir sehen, auch wenn wir nur die hier angeführten Beispiele
von Erweiterungen der Bedeutung in betracht ziehen, dafs die
Menschen von sehr verschiedenen Wortbegriffen aus zur $\dot{\alpha} \varrho \chi \acute{\eta} \ \tau \tilde{\omega} v$
$\check{o} v \tau \omega v$ aufgestiegen sind, und wir wissen, dafs alle diese den Be-
griffen zugesprochenen neuen Beziehungen, in welche sie die Erweiterung einführte, vom Denken in Urteilssätzen gerechtfertigt
sind. Man hielt sich eben bei allen irgendwie in der
Sphäre der Wahrheit.
    Es prägt sich also das Sprachschaffen, welches sich bei solchem
Fortschreiten des Erkennens kundgiebt, in besonderen Lautformen
nicht aus, aber es zeigt sich in der Neuheit und in der Erweiterung der Beziehungen, in welche die zu Urteilssätzen verbundenen
Wörter gebracht werden. Die Art aber, wie die Bildekraft des
Menschen sich bei diesem Schaffen bethätigt, ist keine andere,
als wie wir sie kennen lernten bei Besprechung der Wahrnehmungssätze. In der Formierung des Satzbildes tritt, wie wir sahen,
es hervor, dafs nicht ein Trieb der Natur, dafs nicht die Bildekraft des Universums es ist, welche aus der Wurzel die Satzform

erbaut und gliedert, sondern eine Bildekraft des Individuums, die in eigenartiger Weise gestaltende Menschenseele.

Wir sahen, wie die Seele den Vorstellungsinhalt dadurch zu dem ihrigen macht und ihn der Form des Bewußstseins anpaßt, daß ihr Einheitspunkt, das lebendige, empfindende, vorstellende Ich, einen mehr oder weniger beliebigen Punkt des noch unsicher bewegten Bildes sich erliest, von dem aus es die Lautbilder zur Aussage, zur Darstellung des Erkenntnisaktes, heranzieht und ordnet. An dem festen Punkt des Subjekts kommt die Flucht des Mannigfaltigen zum Stehen, die bewegte Empfindung zur Sammlung, sei es, daß ein Pronomen nur deutet auf diesen Punkt, sei es, daß ein qualitatives Lautbild ihn ausfüllt, und so das Ich in die zahllosen Gestalten sich wandelt, welche das Vorstellen den Reizen des Universums entnimmt.

Nicht anders wird Sprache geschaffen im Urteilssatz, nur, daß für diesen nunmehr die Wortbegriffe der Bildekraft des Individuums zu Gebote stehen, und daß durch Kenntnis dieser das Individuum sich erhoben hat in die Sphäre der Gattung, das Ich sich fühlt als Gattungs-Ich.

Theoretisch steht der Goethesche Faust schon auf dieser Stufe, aber nun will er auch in seiner einzelnen Person das Gattungsleben verwirklichen, wenn er sagt:

„Mein Busen, der vom Wissensdrang geheilt ist,
Soll keinen Schmerzen künftig sich verschließen,
Und was der ganzen Menschheit zugeteilt ist,
Will ich in meinem inneren Selbst genießen,
Mit meinem Geist das Höchst- und Tiefste greifen,
Ihr Wohl und Weh auf meinen Busen häufen
Und so mein eigen Selbst zu ihrem Selbst erweitern
Und, wie sie selbst, am End' auch ich zerscheitern."

Mephistopheles kann ihm nicht in Aussicht stellen, daß er sich zu solchem „Herren Mikrokosmus" würde durcharbeiten können:

„Glaub' unser Einem, dieses Ganze
Ist nur für einen Gott gemacht;
Er findet sich in einem ew'gen Glanze,
Uns hat er in die Finsternis gebracht,
Und euch taugt einzig Tag und Nacht."

Die Bildekraft des Individuums erhält an den Wortbegriffen das Mittel, zur Vorstellung eines Weltbildes zu gelangen, welches

der Vorstellungsweise der Gattung genügen kann. Nicht die Welt
der Wahrnehmung will sie nachzeichnen, sie schafft eine Welt
aus den Begriffen, welche unsern Schatz an Erkenntnis enthalten.
Dafs dieser Schatz an Erkenntnissen sich bilden mufste aus Kennt-
nissen, dafs diese Kenntnisse mangelhaft sind und beständiger Be-
richtigung bedürftig, kann sie nicht kümmern, denn sie mufs
schaffen, und darum will sie. Auch Faust antwortet seinem
kritischen Genossen: „Allein ich will!" und erhält eine Art von
Zustimmung: „Das läfst sich hören!" — Es ist uns ebenso notwendig, dafs wir ein Wahres setzen, wie es notwendig ist, dafs
wir zu gleicher Zeit ein Irriges jener Wahrheit hinzufügen. Schon
Descartes führte aus, dafs der Irrtum sich dem Erkennen bei-
mische, weil unser Wollen unbegrenzt sei, unser Kennen aber
immer bedingt (27): dieses Wollen meint Aristoteles: πάντες ἄνθρωποι τοῦ εἰδέναι ὀρέγονται φύσει (Met. in.); der Ausdruck
dieses Wollens ist es, welchen wir die Bildekraft des Individuums
genannt haben.

Wenden wir uns jetzt zur Besprechung des Inhalts der
Urteilssätze. Es ist dieser Inhalt ein nicht mehr unmittelbar
gegebener, den einzelnen Vorgang darstellend, wie die Vorstellung
des Individuums ihn gestaltete, sondern er bildet sich aus Elementen,
welche in der Sprache der Gattung die gegebenen Empfindungen
vertreten, und so soll er auch gelten für alle Wahrnehmungen
und Empfindungen der Gattung, welche der Wortbegriff umfafst,
von dem der Satz aussagt, und als allgemein geltender rechtfertigt er sich so auch vor dem Individuum, welches ihn ja
bildet mit dem Bedürfnis, dafs er als gerechtfertigt sich auszuweisen vermöge. Wir bezeichnen diese Wahrnehmung Aller, die
Empfindung der Gattung, aus welchen der Urteilssatz seinen Inhalt
entnimmt, als Erfahrung.

Die Erfahrung beruht auf dem gattungsmäfsigen Kennen
der sinnlichen Welt und der geistigen; sie entwickelt sich aus
der sinnlichen Wahrnehmung, aus welcher die Bildekraft des Individuums Vorstellungen entnimmt und in Lautbildern darstellt,
welche dann (durch natürliche Metapher) zugleich als Bilder und
Vertreter dienen für die Bewegungen und Thätigkeiten der Seele,
welche uns unmittelbar im Gefühl gegeben sind. Wie nun zuerst
das Wahrgenommene, durch das Satzbild in einzelne Elemente zerlegt, zu einem Kennen genauerer Art, zur Sonderung und Beziehung innerhalb der Vorstellungen fortentwickelt wird, so gelangen dann weiter die Elemente der Satzbilder, wie sie beim

Sprechen verschiedentlich auseinander und aneinander treten, auch als isolierte Wörter zur Kenntnis der Sprachgenossen, indem sie begriffen werden. Sie bilden uns nunmehr als Vertreterinnen der Welt, wie sie wahrgenommen wird, eine Welt unserer Empfindungen und Vorstellungen, welche durchgeistigt ist und bewegt wird von unserm Denken. Werden diese Wortbegriffe zu Urteilssätzen verbunden, so bedeuten sie nicht mehr Vorstellungen einzelner Vorgänge; sie erhalten diejenige Bedeutung, welche bei der Gattung zur Geltung kommt und so fortschreitend sich von der Zufälligkeit der einzelnen, individuellen Wahrnehmungen befreit. Die Bedeutung der Wortbegriffe bleibt vornehmlich abhängig von dem jedesmaligen Standpunkt und von der Ausbreitung und wachsenden Genauigkeit des Kennens innerhalb der Gattung, und sie ändert sich danach, wie durch die Arbeit der Einzelnen das Kennen der Gattung fortschreitet. Die Art, wie die Wortbegriffe nach der Übereinstimmung der Sprachgenossen unter einander Verbindungen eingeln können oder ablehnen müssen, wie sie ältere fallen lassen oder neue einführen, stellt einen Gebrauch des Zulässigen her, durch welche sie, wie durch Definition, bestimmt werden in ihrer Bedeutung. Die Erfahrung der Gattung befestigt und bereichert dadurch rückwirkend auch das Erkennen der Einzelnen, in welchem sie lebt, durch welches sie beständig erneut wird, wie sie ursprünglich von ihm ausgeht.

Man spricht auch von der Erfahrung als einem besonderen Besitz einzelner Individuen, wie er durch vielfaches Kennen äußerer und innerer Vorgänge von ihnen erworben wird und, mehr oder weniger auch vom Bewußtsein erfaßt, ausgesprochen und erkannt werden kann, aber ein solches Kennen naiver Art, obwohl auch innerhalb des Gattungslebens immer neu bei den Individuen hervortretend, genügt nicht mehr als Grundlage für die Wortbegriffe der Gattung und gestaltet sich allmählich zu einem Wissen nach begrifflicher Auffassung und für begriffliche Verwendung. (28) Es wird so bearbeitet in besonderen Wissenschaften, in den Naturwissenschaften und in den historischen im weiteren Sinne, so daß Forschungen im Gebiete der Sprache, der Ethik, der Kunst und Religion einbegriffen sind.

Es ist klar, daß wir das Erfahrungswissen dem philosophischen Erkennen nicht so entgegensetzen können, wie es vielfach geschieht, indem man sie mit den Namen Empirismus und Spekulation gegeneinander zu bestimmen sucht. Man übersieht dabei

leicht, dafs beide von Begriffen ausgehn, dafs zwar die Erfahrung ein Kennen voraussetzt, aber ein begriffliches, ein Kennen
sucht, aber im Sinne des Urteilssatzes, und dafs das philosophische
Erkennen zwar das begriffliche Erkennen sich zum Ziel setzt,
aber, wie es im Wortbegriff dargestellt wird, der selbst aus einem
Kennen sich bildete.

Der Wortbegriff ist nicht blofs ein von uns geschaffener
Begriff; er ist auch das Lautbild für eine vom Universum
gegebene Empfindung. Nach beiden Richtungen fordert er
ein Erkennen, und keine von diesen Richtungen kann verfolgt
werden ohne Wissenschaft über die Bewegung der anderen, denn
weder sind wir als schaffende im Gebiete der Begriffe imstande,
ein von der Symbolik des Wortes losgelöstes Erkennen zu denken,
noch kehren wir als beobachtende und forschende mit der Absicht
zu den einzelnen Wahrnehmungen zurück, dafs deren Summe sich
vermehre, als ob wir neugierig wären statt wifsbegierig. Beide,
das philosophische, wie das aus Erfahrung gewonnene Erkennen
suchen zu Erweiterungen der Wortbegriffe in Urteilssätzen zu gelangen, beide heben ihre Schätze und sichern sie durch Sprache,
beide haben die Grenze ihres Erkennens an dem Wesen der
Sprache.

Wenn in neuester Zeit bei vielen unserer Vertreter der Erfahrungswissenschaften eine starke Abneigung gegen das begrifflich-
philosophische Erkennen hervorgetreten ist, so erklärt sich dies
aus den kühnen und luftigen Konstruktionen, welche namentlich
bei Hegel und dessen Schule vielfach ein positives Wissen und
das geduldige Forschen innerhalb des sich aus sich erzeugenden
Systems ersetzen sollten, und zwar ebenso auf dem Gebiete der
Naturwissenschaft, wie auf dem der Geschichte. Aber weder
Hegel, dessen Richtung als eine „Poesie der Begriffe" Lange
anerkennt, noch Baco, den Hegel gelten läfst als „Heerführer
der Erfahrungs-Philosophie" (29), haben verkannt, was wir sagten,
dafs diejenige Richtung, welcher jeder von ihnen folgte, ohne von
der des anderen durchdrungen zu sein, wertlos bleibe. Hegel
(Gesch. d. Phil. Bd. III, p. 282): „Das Wissen aus Erfahrung, das
Raisonnieren aus derselben, steht gegenüber dem Wissen aus dem
Begriff, aus dem Spekulativen; und man fafst den Gegensatz wohl
gar so scharf auf, dafs das Wissen aus dem Begriff sich schäme
der Erkenntnis aus der Erfahrung, wie sich dann diese wieder
entgegenstelle dem Erkennen durch den Begriff." — „Eine wesentliche Seite ist der Begriff, aber ebenso wesentlich die Endlichkeit

desselben als solchen. Der Geist giebt sich Gegenwart, äufserliche
Existenz; diese Existenz kennen lernen, das Weltwesen, wie es ist,
das sinnliche Universum, sich als diesen, d. i. mit seiner erscheinenden, sinnlichen Ausbreitung, ist die Eine Seite. Die andere
Seite ist die Beziehung auf die Idee. Die Abstraktion an und für
-sich mufs sich bestimmen, partikularisieren. Die Idee ist konkret,
bestimmt in sich, hat Entwickelung; und das vollkommene Erkennen ist immer entwickelter. Erkennen hat in Rücksicht auf
die Idee nur den Sinn, dafs die Ausbildung der Entwickelung noch
nicht so weit ist. Um diese Entwickelung ist es zu thun; und zu
dieser Entwickelung, Bestimmung des Besonderen aus der Idee,
dazu, dafs die Erkenntnis des Universums, der Natur sich aus-
bilde, — dazu ist die Erkenntnis des Partikularen notwendig."
„Die Empirie ist nicht blofses Beobachten, Hören, Fühlen u. s. f.,
das Einzelne wahrnehmen: sondern geht wesentlich darauf, Gattungen, Allgemeines, Gesetze zu finden. Und indem sie diese
hervorbringt, so trifft sie mit dem Boden des Begriffs zusammen,
— erzeugt ein Solches, was dem Boden der Idee, des Begriffs angehört; sie präpariert den empirischen Stoff für denselben, dafs
dieser dann ihn so zurecht aufnehmen kann." (30) Dieselbe Ansicht
von der notwendigen Verbindung des Erfahrungswissens mit dem
begrifflichen Erkennen spricht Bacon vielfach aus und nachdrücklich. Nicht ein ausgedehntes Kennen ist es, was er durch
Erfahrung gewinnen will, sondern die Ursachen der Vorgänge im
Universum und die Ursachen dieser Ursachen, (31) also ein begriffliches Erkennen.

Wie eng die Bestrebungen der Erfahrungswissenschaften mit
denen des philosophischen Erkennens zusammenhängen, und wie
sie einander bedingen, zeigt die Geschichte.

Die Griechen sind trotz ihrer bedeutenden Arbeiten in Mathematik und Logik, durch welche in der Welt der Ausdehnung und
in der des Gedankens Mafs und Ordnung gewonnen wird, in den
Erfahrungswissenschaften nicht über das hinausgekommen, was das
naive Erfahren des Individuums bietet, über ein unkritisches und
unmethodisches Sammeln von Wahrnehmungen und Überlieferungen.
Es gilt dies ebensowohl für die Naturwissenschaften wie für die
historischen. Ebenso aber bleibt auch ihr philosophisches Erkennen
wesentlich naiv, denn Universum und Ich, Ding und Wort, fliefsen
ihnen ineinander. Das Mittelalter, abgekehrt von Naturforschung
und unbefangener Kritik der Menschengeschichte, ist eben dadurch
auch unproduktiv und unfrei in Bearbeitung der Begriffe. Richtig

giebt Bacon (Nov. Org. I, 83) als Grund an für die „relicta
prorsus et deserta Experientia" in seiner Zeit: excrevit mirum in
modum istud malum ex opinione quadam sive aestimatione inve-
terata, verum tumida et damnosa, minui nempe mentis humanae
majestatem, si experimentis et rebus particularibus, sensui subjectis et in materia determinatis, diu ac multum versetur. Das
gleiche Gefühl, welches dann im Beginn der neueren Zeit Descartes aussprach in seinem: de omnibus dubitandum für das begriffliche Erkennen, treibt Bacon zu Worten, wie: „instauratio
facienda est ab imis fundamentis" (Nov. Org. I, 31) „non est spes
nisi in regeneratione scientiarum" (l. c. 97) für das Erfahrungswissen. Und wie nun das philosophische Erkennen der neuern
Zeit sich wesentlich gerichtet zeigt auf die Herausstellung und
Scheidung des Ich-Subjekts von dem Universum als Objekt, auf
das kritische Begreifen des Denkens dem gedachten Inhalt gegenüber, so richten sich in demselben Streben die Erfahrungswissenschaften auf Scheidung der Erscheinung von der Wahrnehmung
und der Meinung des Individuums, auf das Erfassen der reinen
Thatsache, so daſs z. B. in den Naturwissenschaften das zufällige
Zusammenwirken von Vorgängen beseitigt wird durch das Experiment, sodann aber die einzelne Thatsache im Zusammenhange mit
anderen Vorgängen geprüft und verallgemeinert wird; in den
historischen Wissenschaften kritische Methoden zur Prüfung der
Überlieferung in Anwendung kommen, in der Sprachwissenschaft
z. B. Lautgesetze, die immer strenger gefaſst werden, an die
Stelle mehr oder weniger glücklicher Vermutungen oder Einfälle
treten.

Wenn nun freilich Bacon, indem er nur die Naturwissenschaft
im Auge hat, der Ansicht ist, daſs bei der Erfahrung wir die
untrügliche Stimme der Natur selbst hören, so ist zu sagen, daſs
wir, wie beim begrifflichen Erkennen, Irrtum mit Wahrheit verbunden auch der Erfahrung entnehmen, sei es der „experientia
vaga", welcher z. B. die Liebestränke der Alten angehören, oder
der „literata", welche z. B. das Phlogiston aufstellte. (32) Und
wenn dagegen Descartes die Erfahrung des Inneren als über
jeden Zweifel erhaben betrachtet, so fragt er sich nicht, ob nicht
die Wortbegriffe, in welchen wir diese Erfahrung erfassen, doch
als solche immer nur unsere Schöpfung sind, in Wirklichkeit
aber uns nur als Empfindungen gegeben. (33) Darin stimmen beide,
Bacon und Descartes, überein, daſs uns vollständige Gewiſsheit
nur zu teil wird durch ein unmittelbar Gegebenes; dem ersteren

ist dies das den Sinnen offen Liegende, dem letzteren das im Bewufstsein sich Verkündende. (34) Beides ist aber als solches ein nicht Erkanntes, uns verliehen von der Bildekraft des Universums.

Führt uns übrigens begriffliches Erkennen zu allgemeinen Sätzen, welche auch das Erfahrungswissen anerkennt, so ist dies doch kein Beweis für die Übereinstimmung unseres Erkennens mit dem Universum oder für die des Denkens mit dem Sein — wie man zu sagen pflegt — sondern es ist dies eine natürliche Folge der Einheitlichkeit unserer Organisation und eine Bestätigung dieser Harmonie. Unser Begreifen stimmt zu unserm Wahrnehmen, wie ja auch die Sprache unsere Begriffe mit den Lautbildern für unsere Wahrnehmungen bezeichnet.

Wir haben im Vorhergehenden unter der Erfahrung, aus welcher die Urteilssätze ihren Inhalt entnehmen, die Gattungswahrnehmung der sinnlichen und geistigen Vorgänge verstanden. Die Aufstellung des Begriffs einer Gattungswahrnehmung, also eines allgemeinen, vom Hier und Jetzt gelösten Wahrnehmens, giebt, wie die eines Gattungs-Ich, nur einen Wortbegriff, und dieser kann nicht vorgestellt werden, weil Wahrnehmen an die Sinnesorgane und an die Empfindung des Individuums gebunden erscheint. Aber sie kann begriffen werden. Denn dadurch, dafs die Lautbilder der Wahrnehmungssätze ein Gemeingut aller, zu Wortbegriffen wurden, in ihre Bedeutung allmählich ein Weiteres, Genaueres, Gereinigtes an Kennen eingeführt wurde, das blofs Individuelle aber ungiltig ward und wegfiel, erhält die Wahrnehmung ein Dasein von allgemeiner Natur, wirkend und in so fern wirklich, nicht vorstellbar, aber begreiflich. Es wirkt dies Wahrnehmen der Gattung auf alle Sprachgenossen in höherem oder geringerem Grade; es ersetzt in vielen Fällen und bei vielen Individuen überhaupt das Wahrnehmen des Einzelnen und im Einzelfalle. Das Individuum als solches würde zu diesem begrifflichen Kennen niemals gelangt sein, wie es für sich auch niemals von dem Worte als Element des Satzbildes zum Wortbegriff aufgestiegen wäre. Dafs es zur Erfahrung kam, verdankt es wesentlich dem Zwange des Gattungslebens in der Sprache, und dieser Zwang macht sich sicher und unabweisbar geltend, weil er von einer Wahrnehmung geübt wird, welche nicht nur das Zusammenwirken der Zeitgenossen in sich fafst, sondern, unberührt von dem Wechsel der Geschlechter unter den Menschen, Bildung und Erfahrung der Vorwelt schon den Kindern der Gegenwart mit dem

Erlernen der Sprache überliefert. Freilich kommt diese Gattungswahrnehmung, ebensowenig wie der Sprachgebrauch der Gattung,
bei allen Einzelnen zu reiner und voller Erscheinung; sie wird
aber doch einem jeden zu teil, wenn auch maßgebend (d. h. rela-
tiv am besten) sie nur bei den Besten der Erkennenden gefunden
wird. (35)

Die Wörter Erfahrung, ἐμπειρία, experientia, welche derselben
Wurzel entstammen, bezeichnen eine Fortbewegung, welche sich
durchsetzt, weiter: ein wiederholtes Untersuchen und Durchforschen
eines sinnlichen Stoffes. (36) Dieser Bedeutung entspricht es,
wenn Kant (Krit. d. r. V. I. Einl. 2. Aufl.) sagt: „Erfahrung ist
ohne Zweifel das erste Produkt, welches unser Verstand hervorbringt, indem er den rohen Stoff sinnlicher Empfindungen bearbeitet.“ Er unterscheidet weiter Urteile aus Erfahrung von
Urteilen aus Wahrnehmung. Er sagt (Prolegg. p. 78), daß
„obgleich alle Erfahrungsurteile empirisch sind, d. i. ihren Grund
in der unmittelbaren Wahrnehmung der Sinne haben, dennoch
nicht umgekehrt alle empirischen Urteile darum Erfahrungsurteile
sind, sondern daß über das Empirische und überhaupt über das
der sinnlichen Anschauung Gegebene noch besondere Begriffe
hinzukommen müssen, die ihren Ursprung gänzlich a priori im
reinen Verstande haben, unter die jede Wahrnehmung allererst
subsumiert werden muß, und dann vermittelst derselben in Erfahrung kann verwandelt werden. Empirische Urteile, sofern sie
objektive Giltigkeit haben, sind Erfahrungsurteile; die aber,
so nur subjektiv giltig sind, nenne ich bloße Wahrnehmungsurteile. Die letzteren bedürfen keines reinen Verstandesbegriffs,
sondern nur der logischen Verknüpfung der Wahrnehmungen in
einem denkenden Subjekt. Die ersteren aber erfordern jederzeit
über die Vorstellungen der sinnlichen Anschauung noch besondere
im Verstande ursprünglich erzeugte Begriffe, welche es eben
machen, daß das Erfahrungsurteil objektiv giltig ist.“

Lassen wir unberücksichtigt, daß Kant auch die Wahrnehmungssätze als Urteile faßt, und daß er den Inhalt der
Erfahrungsurteile von dem der Wahrnehmungsurteile nicht unterscheidet, überdies ihn auf den „rohen Stoff sinnlicher Empfindungen“ zu beschränken scheint, so bleibt für uns die Frage, ob
und wie der Unterschied, welchen Kant zwischen Wahrnehmungs-
und Erfahrungsurteilen (also unseren „Urteilssätzen“) aufstellt, in
der Sprache, d. h. in der Darstellung dieser Arten von Urteilen,
zum Vorschein kommt.

Kant giebt hierüber (Prol. p. 80) folgendes an: Wahrnehmungsurteile seien z. B. das Zimmer ist warm, der Zucker ist
süfs, der Wermut ist widrig, und zwar können diese niemals Erfahrungsurteile werden, „wenn man auch einen Verstandesbegriff
hinzuthäte, weil sie sich blofs aufs Gefühl, welches jedermann als
blofs subjektiv erkennt und welches also niemals dem Objekt beigelegt werden darf, beziehen und also auch niemals objektiv
werden können." Freilich (p. 78) sind „alle unsere Urteile zuerst
blofse Wahrnehmungsurteile; sie gelten blofs für uns d. i. für unser
Subjekt, und nur hintennach geben wir ihnen eine neue Beziehung,
nämlich auf ein Objekt, und wollen, dafs es auch für uns jederzeit und ebenso für jedermann giltig sein solle: denn wenn ein
Urteil mit einem Gegenstande übereinstimmt, so müssen alle Urteile über denselben Gegenstand auch untereinander übereinstimmen, und so bedeutet die objektive Giltigkeit des Erfahrungsurteils nichts anderes als die notwendige Allgemeingiltigkeit desselben. Aber auch umgekehrt, wenn wir Ursache finden, ein
Urteil für notwendig und allgemeingiltig zu halten (welches niemals auf der Wahrnehmung, sondern dem reinen Verstandesbegriff beruht, unter den die Wahrnehmung subsumiert ist), so
müssen wir es auch für objektiv halten, d. i. dafs es nicht blofs
eine Beziehung der Wahrnehmung auf ein Subjekt, sondern eine
Beschaffenheit des Gegenstandes ausdrücke; denn es wäre kein
Grund, warum anderer Urteile notwendig mit dem meinigen übereinstimmen müfsten, wenn es nicht die Einheit des Gegenstandes
wäre, auf den sie sich alle beziehen, mit dem sie übereinstimmen
und daher auch alle untereinander zusammenstimmen müssen."
Damit dies nicht mifsverstanden werde, wozu der Ausdruck „objektive Giltigkeit" veranlassen kann, ist noch hinzuzufügen, dafs
Kant denselben im folgenden (p. 79) einschränkt: „wenn das
Objekt auch sonst, wie es an sich selbst sein möchte, unbekannt
bliebe", und bestimmter (p. 80): „Das Objekt bleibt an sich
selbst immer unbekannt: wenn aber durch den Verstandesbegriff die Verknüpfung der Vorstellungen, die unserer Sinnlichkeit von ihm gegeben sind, als allgemeingiltig bestimmt wird,
so wird der Gegenstand durch dieses Verhältnis bestimmt, und
das Urteil ist objektiv."
    Kant erörtert dann näher, wie Wahrnehmungsurteile dadurch
zu Erfahrungsurteilen werden, dafs man „einen Verstandesbegriff
hinzuthut", oder (p. 81) „wie das Erfahrungsurteil selbst möglich
ist". Er sagt: „Zum Grunde liegt die Anschauung, deren ich mir

bewußt bin, d. i. Wahrnehmung (perceptio), die blofs den Sinnen angehört. Aber zweitens gehört auch dazu das Urteilen, das blofs dem Verstande zukommt. Dieses Urteilen kann nun zwiefach sein, erstlich, indem ich blofs die Wahrnehmungen vergleiche und in einem Bewufstsein meines Zustandes, oder zweitens, da ich sie in einem Bewufstsein überhaupt verbinde". Soll aus Wahrnehmung Erfahrung werden (p. 82), „so mufs die gegebene Anschauung unter einen Begriff subsumiert werden, „der die Form des Urteilens überhaupt in Ansehung der Anschauung bestimmt, das empirische Bewufstsein der letzteren in einem Bewufstsein überhaupt verknüpft, und dadurch den empirischen Urteilen Allgemeingiltigkeit verschafft; dergleichen Begriff ist ein reiner Verstandesbegriff a priori, welcher nichts thut als blofs einer Anschauung die Art überhaupt zu bestimmen, wie sie zu Urteilen dienen kann. Es sei ein solcher Begriff der Begriff der Ursache, so bestimmt er die Anschauung, die unter ihm subsumiert ist, z. B. (p. 81 in dem „Wahrnehmungsurteil: die Luft ist elastisch") die der Luft in Ansehung des Urteilens überhaupt, nämlich dafs der Begriff der Luft in Ansehung der Ausspannung in dem Verhältnis des Antecedens zum Consequens in einem hypothetischen Urteile diene. Der Begriff der Ursache ist also ein reiner Verstandesbegriff, der von aller möglichen Wahrnehmung gänzlich unterschieden ist, und nur dazu dient, diejenige Vorstellung, die unter ihm enthalten ist. in Ansehung des Urteilens überhaupt zu bestimmen, mithin ein allgemeingiltiges Urteil möglich zu machen." „Es gehört also (p. 83) die Luft unter den Begriff der Ursache, welcher das Urteil über dieselbe in Ansehung der Ausdehnung als hypothetisch bestimmt u. s. w." Da dieses Beispiel schwer zu verstehen ist, wie Kant selbst zugiebt, so wählt er noch ein leichteres: „Wenn die Sonne den Stein bescheint, so wird er warm. Dieses Urteil ist ein blofses Wahrnehmungsurteil, und enthält keine Notwendigkeit, ich mag dieses noch so oft, und andere auch noch so oft wahrgenommen haben; die Wahrnehmungen finden sich nur gewöhnlich so verbunden. Sage ich aber: die Sonne erwärmt den Stein, so kommt über die Wahrnehmung noch der Verstandesbegriff der Ursache hinzu, der mit dem Begriff des Sonnenscheins den der Wärme notwendig verknüpft, und das synthetische Urteil wird notwendig und allgemeingiltig, folglich objektiv und aus einer Wahrnehmung in Erfahrung verwandelt."

Kants Meinung ist also in Kürze diese: Die Wahrnehmungs-

sätze werden, wenn sie allgemeine und objektive Giltigkeit erlangen,
zu Erfahrungs-Urteilssätzen, und zwar kommt ihnen die objektive
Giltigkeit zu, obwohl das Objekt an sich selbst unerkannt bleibt.
Es folgt diese objektive Giltigkeit des Urteilssatzes eben aus dessen
Allgemeinheit, denn diese wird nur daraus erklärlich, dafs alle
Urteile durch die Einheit des Gegenstandes zur Übereinstimmung genötigt werden. Möglich aber werden solche Erfahrungsurteile dadurch, dafs dem menschlichen Denken gewisse Begriffe
a priori eigen sind, welche dasselbe in seiner Formierung bestimmen, wie z. B. der Begriff der Kausalität, und dafs durch
diese Subjekt und Prädikat der Urteile notwendig verbunden
werden. (Die objektive Giltigkeit der a priorischen Begriffe beruht nach Kant wieder darauf, dafs sie eben Erfahrung möglich
machen; Erfahrung ist ihm nämlich ein Faktum). (37)

Wollen wir uns diese Ansicht Kants von dem Wesen der
Erfahrungsurteile nun an den Beispielen klar machen, welche er
selbst aufstellt, so dürfte dies nicht blofs schwierig sein, sondern
weiter zur Aufdeckung von Unklarheiten führen, welche seiner
Aufstellung anhaften.

Der Satz: „alle unsere Urteile sind zuerst blofse Wahrnehmungsurteile" darf wohl nur so verstanden werden: die ersten
Sätze, welche gesprochen wurden, sind Wahrnehmungssätze gewesen,
sonst widerspräche, was weiter gesagt wird: „Wahrnehmungsurteile,
wie z. B. das Zimmer ist warm u. a. können niemals Erfahrungsurteile werden". Der Grund zwar, warum dies nicht möglich sein
soll, ist unhaltbar: „Es bezögen sich solche Urteile blofs aufs Gefühl,
welches, weil blofs subjektiv, niemals dem Objekt beigelegt werden
kann", da ja alle Empfindungen subjektiver Art sind. Wenn gefragt wird, ob aus allen Wahrnehmungssätzen Urteilssätze gemacht
werden können, so dafs Subjekt und Prädikat dem Wortlaute
nach dieselben blieben, so ist dies zu bejahen, sofern man, wie
gewifs richtig ist, die ganz oder zum Teil negierenden Urteile
ebensowohl als Urteile gelten läfst, wie die positiven.

Wenn also z. B. jemand versuchte, die Wahrnehmungssätze:
der Himmel ist blau, der Himmel ist gewölbt, zu Urteilssätzen zu
machen, so gelingt dies dadurch, dafs er sagt: der Himmel ist
nicht blau, nicht gewölbt; aus dem Satz: der Mensch hat weifse
Haut, wird das Urteil: viele Menschen — oder: nicht alle Menschen
haben weifse Haut. So könnte man aus dem Kantschen Beispiel
„das Zimmer ist warm" (korrekt ausgedrückt: ich fühle mich im
Zimmer warm) ein Urteil machen, wenn man angemessen deter-

miniert, d. h. zum Teil verneint: Im Zimmer fühlt man sich warm
— wenn es geheizt ist, wenn man aus kälterer Luft kommt u. s. w.
— Viele Verengungen in der Bedeutung der Wörter,
welche die Geschichte der Sprachen aufweist (vd. oben p. 164),
sind Folge solcher Determinationen, welche das bessere Kennen
der Erfahrung herbeiführt. „Himmel" bedeutet dem Erfahrenen
nicht mehr eine Wölbung (caelum, $\varkappa o \tilde{\iota} \lambda o \varsigma$) der Luft oder gar eines
festen Körpers; ein Tyrann ($\varkappa o \iota \varrho \alpha \nu o \varsigma$) zeigte sich erst der Er-
fahrung als Tyrann, ein $\beta \acute{\alpha} \varrho \beta \alpha \varrho o \varsigma$ als Barbar, ein $\ddot{o} \nu o \mu \alpha$ war Wort,
dann Subjekt (bei Plato), dann Substantiv (bei Aristoteles), Eigen-
name (bei den Stoikern), „wuocher" bedeutete zuerst nur Ertrag,
Frucht; grofse Determination haben Wörter, wie Teufel, Hölle,
Hexe erfahren u. d. m.

Aber es ist vielmehr zu sagen, dafs ein Wahrnehmungssatz
niemals Urteilssatz werden kann, ohne dafs sein Inhalt, mindestens
dem Umfange nach, sich ändere, denn die Wörter des Wahrnehmungssatzes werden vorgestellt, die Wörter des Urteilssatzes
sind Begriffe, jene bezeichnen ein Hier und Jetzt, diese haben
allgemeine Bedeutung. Spreche ich eine Wahrnehmung aus mit
den Worten: der Stein fällt, so kann ich freilich dieselben Worte
auch zu dem Urteilssatz verwenden: der Stein fällt, aber in dem
ersteren Satze bedeuten sie: Dieser Stein fällt jetzt, in dem
letzteren: Jeder Stein fällt immer (d. h. ein Stein ist schwer
genug, den Widerstand der Luft zu überwinden); jener Satz stützt
sich auf Wahrnehmung des Individuums, dieser auf die Erfahrung,
auf Gattungswahrnehmung.

Von dem folgenden Beispiel „die Luft ist elastisch" sagt Kant
(p. 81): „es ist zunächst nur ein Wahrnehmungsurteil, ich beziehe
zwei Empfindungen in meinen Sinnen nur aufeinander. Will ich,
es soll Erfahrungsurteil heifsen, so verlange ich, dafs diese Verknüpfung unter einer Bedingung stehe, welche sie allgemein giltig
macht." Aber der Satz, dafs die Luft elastisch sei, ist kein Urteil
aus Wahrnehmung. Wenn man eine Fischblase eindrückt und
diese stellt dann die frühere Gestalt wieder her, sobald man mit
dem Drücken aufhört, so kann dieser Vorgang in zwei Wahrnehmungssätzen ausgesprochen werden, und, wenn ich weifs, dafs
die Blase mit Luft angefüllt ist, kann ich aus beiden Wahrnehmungen auf solche Eigenschaft der Luft schliefsen, die man mit
Elastizität bezeichnet, aber wahrnehmbar ist diese doch nicht;
sie ergiebt sich erst aus einer Erfahrung.

Kant will nun diesen Satz dadurch zu einem Erfahrungsurteil machen, daſs „die Luft subsumiert werde unter den Begriff der Ursache, welcher das Urteil über dieselbe in Ansehung der Ausdehnung als hypothetisch bestimmt". Es ist dies vielleicht so besser zu verstehn: der Satz: die Luft ist elastisch, wird dadurch Erfahrungsurteil, daſs „Luft" betrachtet wird als Ursache von Elastizität, so daſs unter der Bedingung, daſs Luft gegeben ist, Elastizität als Wirkung folgen muſs. Durch diese Formierung wird nach Kant die Verbindung des Subjekts mit dem Prädikat zu einer notwendigen gemacht, also zu einer allgemeingiltigen, folglich zu einer objektiv geltenden.

Sehen wir nun, welcher Art diese Notwendigkeit ist, die Allgemeingiltigkeit, die Objektivität.

Zunächst von der Notwendigkeit. Sie wird in dem letzterwähnten Beispiel nach Kant dadurch bewirkt, daſs der Inhalt bedingt erfaſst wird durch das Verhältnis von Ursache und Wirkung.

Nun ist jedoch klar, daſs wir zwar die Verbindung von Elementen desselben Vorgangs als eine notwendige denken, wenn wir das eine als Ursache, das andere als Wirkung dieser Ursache bezeichnen, daſs aber in jedem einzelnen Falle es von dem Kennen des als Inhalt Gesetzten abhängig bleibt, ob wir dessen Elemente als in solcher Verbindung stehend zu denken haben oder nicht. Man sagt in Wahrnehmungssätzen: die Sonne steigt empor, die Sonne sinkt, und man kann die Verbindung zwischen deren Subjekt und den Prädikaten als notwendig denken, wenn man annimmt, daſs die Beschaffenheit der Sonne die Ursache sein müsse für ihr Emporsteigen und Sinken, aber ein besseres Kennen und Wissen zeigt, daſs so nicht gedacht werden darf, wenn nicht die beiden Urteilssätze in Widerspruch treten sollen mit anderen, welche dieselbe Formierung aufweisen und so als „notwendig" gelten müssen, bis vielleicht ein weiteres Kennen und Wissen auch bei ihnen die angewandte Denkform zurückweist, sei es durchaus, sei es mit Einschränkung. Wir sehen, daſs Notwendigkeit den durch Kausalität verbundenen Urteilssätzen nur dann zuzusprechen sein würde, wenn wir die Erfahrung als absolut vollendet uns vorstellen, welche den jedesmaligen Inhalt vertritt. Richtig ist ja, daſs auch unser Denken mit den Formen, in denen es sich bewegt, dem Universum angehört, daſs diese also innerhalb desselben Geltung haben, und daſs es zulässig ist, sie auf das Wahrgenommene anzuwenden; ob und wie sie aber in jedem

Wahrgenommenen vorhanden sind, das kann nur aus Beobachtung, Versuch, Forschung sich ergeben. Wirksam und wirklich kann aber die Kausalität doch immer nur in bestimmten, einzelnen, wenn auch noch so vielen Fällen der Wahrnehmung vorhanden sein, sonst wäre sie nicht nur ein „reiner" sondern auch ein leerer Verstandesbegriff, und es scheint auch mißlich, sie dem „reinen Verstande" ausschließlich zuzuordnen, da sie ein „Antecedens und Consequens" für ihr Wirken voraussetzt, welche doch ohne Zeitanschauung nicht denkbar sind.

Die Sprache scheint nach Kant (wenn wir ihm darin folgen, den Satz „die Luft ist elastisch" zuerst als Wahrnehmungsurteil, dann als Erfahrungsurteil zu betrachten) die bei dem letzteren eintretende Notwendigkeit nicht besonders darzustellen, doch ändert er in seinem „leichter einzusehenden Beispiel" von der Erwärmung des Steins durch die Sonne den Ausdruck des Wahrnehmungsurteils, um es als Erfahrungsurteil zu kennzeichnen. Wahrnehmungsurteil soll es sein, wenn man sagt: Wenn die Sonne den Stein bescheint, so wird er warm, Erfahrungsurteil werde es, wenn es heiße: die Sonne erwärmt den Stein.

Wir meinen, daß beide Fassungen des Inhalts einen Urteilssatz (Erfahrungsurteil) aussprechen. Die Wahrnehmung für sich führt nur zu dem Satz: die Sonne bescheint den Stein, und zu dem zweiten: der Stein ist warm; verbindet man beide so, daß der Inhalt des ersteren als Bedingung für den des letzteren, als Ursache einer Wirkung, ausgesprochen wird, so hat man ein Erfahrungsurteil, aber ebensowohl ist es Erfahrungsurteil, wenn ich sage: die Sonne (nicht die jetzt zufällig den Stein bescheinende, sondern die Sonne ihrer Natur nach) erwärmt (immer, also auch) den Stein. Die Notwendigkeit mag den Sätzen ihres Inhalts wegen zugesprochen werden, durch die Form, in der man sie denkt, erhält sie dieselbe eben nur formal.

Es hätte wohl näher gelegen, daß Kant sein Beispiel in derjenigen Fassung für ein Erfahrungsurteil erklärt hätte, welche die ursachliche Verknüpfung durch „wenn" und „so" deutlich anzeigt, es scheint ihn jedoch sein Sprachgefühl geleitet zu haben, wenn er auch in dem Ausdruck: „die Sonne erwärmt den Stein" das Subjekt als Ursache, das Prädikat als ein Gewirktes genugsam ausgedrückt fand. Wir haben diesen Punkt bei Besprechung des Satzbildes erörtert und werden ihn noch weiter im folgenden Kapitel zu besprechen haben, in welchem die Kopula des Urteils zu betrachten ist.

Wir erinnern noch, dafs Kant das Kausalitätsverhältnis nur als einen einzelnen unter den „reinen Verstandesbegriffen a priori" anführt, welche die Anschauung „für ein Bewufstsein überhaupt" notwendig bestimmen, so dafs es zu Erfahrungsurteilen kommen kann. Er führt z. B. (l. c. p. 73) noch den Satz an, „dafs die Substanz bleibt und beharrt". Es giebt uns dies Anlafs, darauf hinzuweisen, dafs nach unserer Darlegung die sogenannten A priori-Begriffe, z. B. der der Substanz, schon sogleich bei dem ersten Erkennen eines Empfundenen, also schon in den Wahrnehmungssätzen hervortreten, dafs sie also keineswegs erst die Erfahrungsurteile bedingen und deren Zustandekommen ermöglichen.

Kant folgert weiter von der Notwendigkeit, welche in den Erfahrungsurteilen liege, auf deren Allgemeingiltigkeit, mit welcher dann auch die Objektivität verbunden sei. Wenn die Erfahrungsurteile notwendig und allgemeingiltig sind, so müssen sie auch objektiv sein, denn sonst, sagt er (p. 78), „wäre kein Grund, warum andere Urteile notwendig mit dem meinigen übereinstimmen müfsten, wenn es nicht die Einheit des Gegenstandes wäre, auf den sie sich alle beziehen", und ebenso „wenn sie objektiv sind, so müssen alle Urteile über denselben Gegenstand auch untereinander übereinstimmen, und so bedeutet die objektive Giltigkeit des Erfahrungsurteils nichts anderes, als die notwendige Allgemeingiltigkeit desselben." Freilich leitet Kant diese Auseinandersetzung mit den Worten ein: „Alle unsere Urteile sind zuerst blofse Wahrnehmungsurteile; sie gelten blofs für uns, d. i. für unser Subjekt, und nur hintennach geben wir ihnen eine neue Beziehung, nämlich auf ein Objekt, und wollen, dafs es auch für uns jederzeit und ebenso für jedermann giltig sein solle", und so hat er recht: Wir beziehen das Urteil auf ein Objekt, und wir wollen, dafs es allgemeingiltig sei. Darum aber haben auch seine weiteren Ausführungen keine Richtigkeit für ein Wirkliches, sondern nur für ein Gewolltes, von welchem ebenso gesagt werden kann, es enthalte das Objekt und die Allgemeingiltigkeit, wie das Gegenteil. Es hat nicht Wahrheit, aber es hält sich in der Sphäre der Wahrheit.

Und diese Sphäre der Wahrheit ist so weit, so umfassend! — Zum Schutz des Heiligen, zur Aufrechthaltung göttlicher Gebote, gestützt auf Erfahrungsurteile, die gefestigt waren durch innerliche Notwendigkeit, allgemein giltig bei allen, die das Heilige wollten, objektiv demnach, wie Hölle und Teufel selbst es nur sein konnten, wurden so lange Jahre unsere Hexenprozesse geführt,

und von wie vielem Ähnlichen berichtet die Geschichte, und wird
sie weiter zu berichten haben.

Man wird nicht annehmen, daſs wir dergleichen anführen,
um es Kant entgegenzuhalten; es soll nur zeigen. daſs er so nicht
verstanden werden dürfe, wie seine Worte es vielleicht gestatten.
Was soll es eigentlich heiſsen, wenn wir von Allgemeingiltigkeit
sprechen? Daſs dieselbe Erkenntnis von Allen geteilt werde?
Unsinn! — Aber von sehr Vielen? — Man wird beim Erkennen
eher sagen wollen: von sehr Wenigen, und dann spricht man von
Allgemeingiltigkeit? — Und wenn nun wirklich von manchen
Urteilen angenommen wird, daſs sie bei gewissen Völkern zu
gewissen Zeiten allgemein gegolten hätten, so daſs der Widerspruch Einzelner nicht laut wurde oder nicht durchdrang — ist
dann die Meinung, daſs solche Urteile als die der Menge Anspruch
hätten auf Objektivität und — Allgemeingiltigkeit? (38) Es ist
klar, daſs die Voraussetzung der Übereinstimmung Aller in Bezug
auf Urteilssätze — „Voraussetzung" wird sie nur zu nennen sein,
da sie doch nicht festgestellt wird — ihr nur als einer Folge
aus der Beschaffenheit des Urteils Gewicht beilegt, weil so die
Selbstverständlichkeit des Inhalts zu erhellen scheint, welcher sich
kein individuelles Urteilen entziehen könne. Cicero hielt so unter
den Beweisen für das Dasein der Götter denjenigen für den stärksten, welcher sich auf die Übereinstimmung aller Völker stütze,
denn so ruhe er auf der Kraft eines Naturgesetzes (39) (lex
naturae); er hielt also diese Überzeugung von dem Dasein der Götter
für eine Erkenntnis a priori, welche sich bezeuge durch ihre Allgemeingiltigkeit. Hielt nun wohl Cicero diese Erkenntnis ebenso
für Folge eines Naturgesetzes, wie etwa die, daſs die Menschen
geboren werden müssen, atmen, sich nähren, sterben? Schien sie
ihm ebenso unmittelbar gewiſs? Schwerlich. Aber er hielt sie
vielleicht für so sicher, wie dies, daſs die Menschen von jeder Veränderung eines Zustandes auf eine Ursache schlieſsen, welche sie
bewirkt, daſs sie zur Sitte gelangten, zur Kunst u. d. m. Er nahm
nicht an, daſs diese Erkenntnis völlig und ganz jedem Einzelnen
gegeben sei, sondern daſs sie der Gattung Mensch zukomme,
an jedem Einzelnen aber nur nach dessen Art und Fähigkeit
irgendwie durch dessen eigene Bildekraft hervorgebracht
werde. Wenn es ihm nun aber auch schien, — wissen konnte
er es ja nicht — daſs ein jeder diese Erkenntnis in sich schuf,
war damit das objektive, reale Dasein der Götter bewiesen? Nichts
war bewiesen, als dies, daſs die Gattung Mensch ihrer Organi-

sation nach so zu denken pflegt: eine „Objektivität" der Erkenntnis war nicht erreicht; dann wenigstens nicht, wenn man Denken und Sein einander entgegensetzt. Aber diese Entgegensetzung ist selber ein Denkakt, und, wie uns scheint, ein zwar gewifs zulässiger, aber ein notwendiger so wenig als allgemeingiltig, durchaus aber nicht objektiv.

Denken ist ja freilich unser eigenes, bewufstes Thun, ist und bleibt subjektiv, aber es entwickelt sich nur an dem vom Universum Gegebenen, hat als den Inhalt seines eigenen Lebens nur das Sein des Universums, und so ist das Subjektive an sich keineswegs das Nichtige. Grundlose, das lediglich Eingebildete. Wenn wir keine Berechtigung zu der Annahme haben, es sei unsere Gattung der Lebewesen dazu berufen, das Wesen der Dinge zu enthüllen — das Enthüllen selbst ist vielleicht nur ein Bedürfnis der Menschennatur — so sind wir doch sicher, dafs unsere besondere Art des Erkennens das Sein des Universums wiedergiebt eben auf eine besondere Weise. Wir empfinden Luftschwingungen als Ton, Ätherschwingungen als Licht, ein gewisses Verhältnis nachfolgender Vorgänge zu vorausgegangenen fühlen wir in uns als Forderung der Gerechtigkeit, gewisse Formen des Seins oder des sich offenbarenden Geisteslebens erregen in uns das Gefühl des Schönen, und danach sprechen, erkennen wir, danach begreifen wir Vorgänge des Universums — gewifs subjektiv, aber statt zu sagen, so wie wir sie auffassen, sind sie nicht, steht es uns fest: so sind sie auch. Es ist unser Anteil am Leben des Universums, dafs sie so auch sind. Es ist deshalb unser Verhältnis zum Universum einseitig bezeichnet, wenn man dieses als „Erscheinung" fafst. Allerdings wird es nur insoweit Gegenstand unseres Kennens und Erkennens, als es uns Erscheinung wird und zur Vorstellung kommt, aber unsere Vorstellung ist zwar abhängig von der Erscheinung, diese jedoch ist unabhängig von ihr und darum ist uns das Universum nicht nur Erscheinung, sondern es ist und bleibt uns Problem. —

Kants Meinung erscheint kühner. Nur Erscheinung sind die Dinge. Nur durch das Denken werden sie uns zu Objekten. Ihre erscheinende Objektivität ist so nur im Denken, und die Bedingungen unseres Erkennens sind darum auch die der Erscheinung. So legt unser Denken der Natur seine Gesetze auf; es schöpft sie nicht etwa aus ihr. (40)

Nur dann aber könnte man sich dieser Aufstellung anschliefsen, wenn „die Beziehung auf ein Objekt", von der Kant meint, dafs sie unseren Urteilen „objektive Giltigkeit" giebt, nicht selbst in einer der Menschengattung eigentümlichen, also subjektiven Weise erfolgte, wenn unsere „Sinnlichkeit" zuließe, daß diese Beziehung voll und allseitig vollzogen würde, wenn unser Verstand sich nicht eben an dieser Sinnlichkeit entwickeln müßte und, nach Jakobis Ausdruck, als eine „unwandelbare objektive Vernunft" waltete, um Gesetze zu geben. Aber Jakobis Ausdruck soll die göttliche Vernunft bezeichnen, für welche „Sinnlichkeit" entweder als nicht vorhanden betrachtet wird, oder doch nicht als getrennt vom „Verstande". (n) Kant erachtet nun zwar eben dieses Subjektive, dieses nur Erscheinende, unsere Vorstellung, für das uns allein zustehende Objektive und glaubt es objektiv nennen zu dürfen, weil wir es auf ein Objekt beziehen. „Ein Urteil", sagt er (Krit. d. r. V. p. 142) „ist nichts anderes, als die Art, gegebene Erkenntnisse zur objektiven Einheit der Apperception zu bringen. Darauf zielt das Verhältniswörtchen „ist" in demselben, um die objektive Einheit gegebener Vorstellungen von der subjektiven zu unterscheiden. Denn dieses bezeichnet die Beziehung derselben auf die ursprüngliche Apperception und die notwendige Einheit derselben, wenn gleich das Urteil selbst empirisch, mithin zufällig ist, z. B. „die Körper sind schwer." „Subjektive Giltigkeit" hätte es nur, wenn ich sagte: „wenn ich einen Körper trage, so fühle ich einen Druck der Schwere, aber nicht: er, der Körper ist schwer, welches so viel sagen will als: diese beiden Vorstellungen sind im Objekt, d. i. ohne Unterschied des Zustandes des Subjekts verbunden, und nicht bloß in der Wahrnehmung (so oft sie auch wiederholt sein mag) beisammen."

Wir haben auch diese Stelle wörtlich angeführt, obwohl sie nichts sagt, als die oben citierten, weil sie Kants Meinung noch klarer herausstellt. Das Urteil: der Körper ist schwer, wird also „objektiv giltig" genannt, weil es auf ein Objekt bezogen ist. Diese Benennung aber ist für den heutigen Sprachgebrauch irreleitend, denn sie soll nicht bezeichnen, daß das Objekt, die Realität, von uns erreicht werde, sondern daß eine Übereinstimmung vorhanden sei des urteilenden Subjekts mit den anderen Subjekten. Umgekehrt könnte man gerade Kants Wahrnehmungsurteile (unsere Wahrnehmungssätze) objektiv nennen, seine Erfahrungsurteile (unsere Urteilssätze) aber subjektiv, weil jene sich auf ein (vorgestelltes) Objekt beziehen, diese auf einen (gedachten) Begriff, der nur für uns Geltung hat. Es bleibt also nur dies festzuhalten, daß Kants Erfahrungsurteil mit dem Urteil der an-

deren Menschen — wollen wir nicht lieber sagen: der Sprachgenossen? — übereinstimmen soll.

Wir würden, dem eben Gesagten entsprechend, bei dem Satze:
„wenn ich einen Körper trage, so fühle ich einen Druck der
Schwere" ebensowenig die Benennung des „Subjektiven" wählen.
Nicht um einen Gegensatz von Sein und Denken, von Realität
und eigenartiger menschlicher Auffassung handelt es sich bei den
Sätzen, die Kant anführt, sondern einzig um den Gegensatz von
allgemeingiltig (oder gattungsmäfsig) und individuell.
Kant selbst begründet die Bezeichnung des Objektiven auf dessen
Allgemeingiltigkeit, (42) und es ist klar, dafs das Fühlen, wie der
Stein drückt, nicht den Menschen als Menschen betrifft, sondern
als Individuum d. h. in einem Einzelfall, den man ebenso als
individuell bezeichnen kann, nicht aber als subjektiv. —
Wir haben, indem wir die Kantschen Termini genauer fafsten,
den Weg zu unseren eigenen Aufstellungen wieder betreten. Um
völlige Klarheit über unsere Stellung zu Kant in dieser Beziehung zu
gewinnen, haben wir ihn jedoch noch in einer anderen Ausführung
zu hören. Es handelt sich um den „Schematismus der reinen
Verstandesbegriffe", wie er ihn in der Kritik d. r. Vern.
(p. 176ff.) entwickelt. Es läfst sich seine Meinung etwa folgendermafsen angeben: Wir wenden, um Urteilssätze zu bilden, reine
Verstandesbegriffe auf Erscheinungen an, indem wir die Gegenstände unter die Begriffe subsumieren (wie z. B. die Gegenstände
in dem Urteil: Die Sonne beleuchtet den Planeten, unter die
Kategorie der Kausalität, in dem Urteil: Die Sonne steigt nicht
empor, unter die Kategorie der Negation). Um subsumiert werden
zu können, mufs die Vorstellung des Gegenstandes mit dem Begriff „gleichartig" sein: ein reiner Verstandesbegriff ist aber einem
sinnlich Angeschauten durchaus ungleichartig, und es ist also eine
vermittelnde Vorstellung nötig, eine Vorstellung, „welche einerseits intellektuell, anderseits sinnlich" ist, durch welche es ermöglicht wird, dafs „der Gegenstand unter dem Begriffe enthalten
sei." Diese ist nun „das transcendentale Schema", welches
ein Produkt der Einbildungskraft ist, aber doch kein Bild. Ein
Bild der Zahl fünf wird z. B. dargestellt durch 5 Punkte, aber
wenn ich den Zahlbegriff z. B. von 1000 denke, den ich ja, wenn
dargestellt in einem Bilde, nicht einmal würde überschauen können,
so geschieht dies durch ein Schema, und ebenso kann der allgemeine Begriff von einem Dreieck, einem Hunde u. d. m. nur durch
ein Schema gedacht werden. Ein Bild von Gegenständen würde

geschaffen werden „durch das empirische Vermögen der produk-
tiven Einbildungskraft", aber „das Schema sinnlicher Begriffe ist ein Produkt und gleichsam ein Monogramm der reinen
Einbildungskraft a priori, wodurch und wonach die Bilder allererst möglich werden, die aber mit dem Begriffe nur immer vermittelst des Schema, welches sie bezeichnen, verknüpft werden
müssen und an sich demselben nicht völlig kongruieren." Das
Schema eines Verstandesbegriffes, einer Kategorie, läfst sich überhaupt gar nicht als Bild darstellen und ist „ein transcendentales
Produkt der Einbildungskraft". (43) Soll also ein sinnlicher Gegenstand als unter einem solchen Verstandesbegriff enthalten
diesem in einem Urteil subsumiert werden, so ist dazu — als
beide verknüpfend — die Vorstellung der Zeit erforderlich, denn
diese, die apriorische Form des inneren Sinnes ist einerseits allgemein, also der Kategorie gleichartig, andererseits ist sie sinnlicher Natur, weil in jedem Erscheinen enthalten, und so ist sie
auch gleichartig dem sinnlichen Gegenstande. Mögen es also die
Kategorieen der Quantität sein, oder die der Qualität, der Relation,
der Modalität, welche das Urteil dem Verstande nach bestimmen
sollen, so werden sich immer doch ihre Schemata als Zeitbestimmungen darstellen, indem sie sich beziehen entweder auf
eine „Zeitreihe, oder auf einen Zeitinhalt, eine Zeitordnung oder
den Zeitinbegriff." —

Wir gehen auf das Einzelne dieser Entwickelung nicht ein,
da es uns zu weit von unserem Wege abführen würde, und heben
nur hervor, worauf wir bei Plato und Aristoteles bereits aufmerksam machten, wie aus ihr auch für Kant es sich ergiebt, dafs
die bedeutenden Denker, wann sie grundlegend philosophierten,
von der Hand der Sprache geleitet wurden und sprachliche Pro-
bleme behandelten, wann sie im reinen Denken sich zu bewegen
glaubten.

Kant hat die Sprache einer Kritik nicht unterzogen; wie er
sie vorfindet, bedient er sich ihrer unbefangen zur Konstruktion
seiner Denkgerüste. Er zieht nicht in Betracht, dafs, wenn sie
ihm dabei einerseits wie selbstverständlich zu Diensten ist, sie
andererseits doch seine Denkbewegung umgrenzt und bedingt, so
dafs er sie nur beherrscht, indem er ihr folgt. So spricht er
überhaupt nicht von Sätzen, sondern nur von Urteilen — Urteile
setzen ja eine fertige Sprache voraus — und er kennt auch keine
Wörter als Elemente des Wahrnehmungssatzes, sondern nur

Wortbegriffe. Bei den Ausführungen über den „Schematismus der reinen Verstandesbegriffe" handelt es sich ihm in Wahrheit um ein psychologisches Verständnis der Wortbegriffe, und weiter darum, das Zustandekommen der Satzform zu begreifen und zwar so, dafs sie als in einem Urteilssatz vorhanden vorgestellt wird.

Was nun zunächst die Wortbegriffe betrifft, so bemerkt Kant mit Recht, dafs es Bilder nicht seien; es entspricht dies unserer Ausführung, dafs Wortbegriffe nicht vorgestellt werden können. Durch Einführung des Wortes Schema statt des Wortes Bild aber wird die Sache nicht anders; auch ein Schattenbild ist immer ein Bild, wenn auch mit unsicherem Umrifs. Wenn der Wortbegriff „Hund" es zuläfst, dafs ich an einen Mops, einen Windhund, einen Pudel und überhaupt an Exemplare aller Hunderassen denke, so kann ich einen einzelnen Mops, Windhund, Pudel u. s. w. mir vorstellen, aber weder ein Bild noch ein Schattenbild oder Schema kann etwas vorstellen, welches Mops, Windhund u. s. w. zugleich wäre.*) Und man mufs den Wald vor Bäumen nicht sehn, wenn man, was Kant als „Schema" suchte, nicht erblicken will als gegeben. Woran hängt denn der Begriff, als an seinem Worte, an dem Worte, welches nunmehr nicht mehr Symbol ist, sondern Zeichen für den Begriff, d. h. für ein Begreifen? — Ist denn nicht eben das Wort jenes gesuchte „Schema", welches „sinnlich" ist dem erscheinenden Laute nach und „intellektuell" zugleich seiner Bedeutung nach? Es hat ja auch weiter der Mops überhaupt, der Windhund überhaupt u. s. w. nur eben an seinem Worte seine Existenz, und nur durch dies Wort erhält das Denken die Möglichkeit, den Begriff in alle Urteilsverbindungen einzuführen und so seine

---

*) Es scheint, als verwechselt man leicht die Anregung, als welche der Laut des Wortbegriffs von der Seele empfunden wird, eine ihm entsprechende Vorstellung zu bilden, mit einer bildlichen oder schematischen Vorstellung selbst. Aber diese Anregung vollendet sich eben nie bis zu einem sich schliefsenden Bildakt, sie bleibt ein „Begreifen", für welches der Sprachlaut das Zeichen giebt, und eine Richtung vorschreibt; eben dies ist das Wesen des Begriffs, dafs er sich als Vorstellung nie verwirklichen läfst, obwohl er von einer Vorstellung ausgeht. Auch Aristoteles verwechselt so die Anregung der φαντασία mit dem abgeschlossenen Vorstellungsgebilde. Er sagt (de an. III. 7) zu viel: οὐδέποτε νοεῖ ἄνευ φαντάσματος ἡ ψυχή, und (l. c. III. 8): ὅταν τε θεωρῇ, ἀνάγκη ἅμα φάντασμά τι θεωρεῖν.

Bedeutung zu bestimmen. Es ist dies Wort infolge seines von den Sprachgenossen gekannten Lautes für diese das Zeichen, daſs sie sich erinnern, welche Vorstellungen die Individuen kund gaben, wann eine Wahrnehmung innerhalb dieses Begriffskreises erfolgte. Die Sprache verwendet lediglich ihre bereiten Mittel, um die dem Menschengeschlechte eigenen Gattungsbegriffe zu gewinnen; besondere Schemen für diese anzunehmen, die dann zu wirkenden Mächten erwachsen, ist für das Erkennen verboten, (44) und nicht die Einbildungskraft hat mit ihnen zu thun, sondern das Denken.

Der „Schematismus der reinen Verstandesbegriffe" wird aber besonders dazu von Kant in Anspruch genommen, um klar zu machen (Krit. d. r. V. p. 176): „wie die Subsumtion sinnlicher Anschauungen unter reine Verstandesbegriffe, mithin die Anwendung der Kategorieen auf Erscheinungen möglich ist." In der That bemüht er sich dabei nur um den Nachweis, weshalb das Prädikat des Urteilssatzes verbaler Natur sein muſs, und er sagt darüber — wenn wir ihn in unseren Gedankenkreis übersetzen — nur dies: Jedes Urteil weist an der Formierung seines Inhalts eine der 12 Kategorieen an sich auf, welche sich den 4 Hauptgesichtspunkten der Quantität, Qualität, Relation, Modalität einordnen lassen, wie ja auch die Technik der Logiker die Urteile hiernach einteilt. Zu welcher Art die Urteile gehören, das bestimmt sich nach der Fassung des Prädikats, welches verbaler Natur sein muſs, weil nur in den Formen des Zeitworts die Art der Verbindung zwischen Subjekt und Prädikat ausgedrückt werden kann. — Nun trifft dies nicht durchaus zu: sage ich z. B. viele Berge tragen Schnee, so haftet die Kategorie der Vielheit an dem Subjektssubstantiv, und so hätte Kant auſser der a priori-Anschauung der Zeit, als in welcher sich die Kategorie und der sinnliche Gegenstand schematisch verbinde, auch den Raum nennen können, welcher von derselben Natur ist und durch welchen namentlich die Einheit, Vielheit, Allheit zu sinnlicher Erscheinung kommen. (45) Aber allerdings tritt nur eben am Zeitwort die „Beziehung auf Objekte" hervor. (46) — Der Schluſs des Abschnitts bei Kant läſst, wie es scheint, keinen Zweifel, daſs die Form des Satzes dem Denker vorschwebte. Er sagt (p. 186): „Es fällt in die Augen, daſs obgleich die Schemate der Sinnlichkeit die Kategorieen allererst realisieren, sie doch selbige gleichwohl auch restringieren, d. i. auf Bedingungen einschränken, die auſser dem Verstande liegen (nämlich in der

Sinnlichkeit). Daher ist das Schema eigentlich nur das Phaeno-
menon oder der sinnliche Begriff eines Gegenstandes in Übereinstimmung mit der Kategorie. Wenn wir nun eine restringierende
Bedingung weglassen, so amplificieren wir, wie es scheint, den
vorher eingeschränkten Begriff, so sollten die Kategorieen in ihrer
reinen Bedeutung ohne alle Bedingungen der Sinnlichkeit von
Dingen überhaupt gelten, wie sie sind, anstatt dafs ihre Schemate sie nur vorstellen, wie sie erscheinen, jene also eine von
allen Schematen unabhängige und viel weiter erstreckte Bedeutung
haben. In der That bleibt den reinen Verstandesbegriffen allerdings auch nach Absonderung aller sinnlichen Bedingung eine,
aber nur logische Bedeutung der blofsen Einheit der Vorstellungen,
denen aber kein Gegenstand, mithin auch keine Bedeutung gegeben
wird, die einen Begriff von Objekt abgeben könnte. So würde
z. B. Substanz, wenn man die sinnliche Bestimmung der
Beharrlichkeit wegliefse, nichts weiter als ein Etwas
bedeuten, das als Subjekt (ohne ein Prädikat von etwas
anderem zu sein) gedacht werden kann."
        Wenn nun Kant fortfährt: „Aus dieser Vorstellung kann ich
nun nichts machen, indem sie mir gar nicht anzeigt, welche Bestimmungen das Ding hat, welches als ein solches erstes Subjekt
gelten soll" — so heifst dies eben, dafs nur durch Hinzutreten
des Prädikats, also innerhalb der Satzform, die Kategorieen in
ihrer Bedeutung begriffen werden können. Diese Satzform
würde die Kategorieen als Grundformen an sich aufgewiesen haben,
nach welchen die Synthesis unseres Bewufstseins fungiert, und
man kann, wenn man dies festhält, leicht übersehen, welchen Anteil bei Kants Ausführungen über die Synthesen und deren Funktionen (in der „transcendentalen Analytik") die Vorstellung der
Satzform gehabt hat, weil sie ihn haben mufste. Wir meinen,
dafs man sicherer zu zweifellosen Ergebnissen gelangt, wenn man
seine Untersuchungen an der in sinnlichen Gestaltungen vorliegenden Sprache anstellt, als wenn man (Krit. d. r. Vern. p. 90) „die
noch wenig versuchte Zergliederung des Verstandesvermögens
selbst" unternimmt, und die Begriffe „im Verstande allein als
ihrem Geburtsorte aufsucht und dessen reinen Gebrauch überhaupt
analysiert". Kant sagt (l. c. p. 93): „Es giebt aufser der Anschauung keine andere Art zu erkennen als durch Begriffe"; er
bedachte dabei nicht, dafs auch die Begriffe für das Erkennen
nur fafsbar sind an einem Angeschauten, an ihren Wörtern, und
dafs es Worte sind, in denen wir denken.

Hätte Kant überhaupt die Sprache bei seinen Untersuchungen beachtet, so würde ihm auch das flüchtige Wesen der Allgemeingiltigkeit seiner Erfahrungsurteile klarer geworden sein, denn diese Allgemeingiltigkeit ist durchaus von der Sprache abhängig und sie besteht einzig in der Sprache. Ein Urteil mag allgemeingiltig zu sein verdienen, so wird es doch von einem bestimmten Individuum gedacht und kann nun erst durch Sprache seine Giltigkeit verwirklichen, da erst durch sie ermöglicht und angeregt wird, daſs man es .überhaupt denke. Die meisten sprechen mehr nach, als sie nachdenken, und es entsteht dann für sie die Aufgabe, den neuen Gedanken einzuführen in den eigenen Gedankenkreis. So wird er nicht einfach aufgenommen, sondern interpretiert, und durch die Überlieferung selbst ändert sich das Überlieferte. Auch das genaue Festhalten am Wortlaut schützt hiergegen nicht. Sprichwörter, Sentenzen, Glaubensbekenntnisse, Gesetze, alle diese Urteile, welche durch den Wortlaut binden sollen, unterliegen wechselnder Auslegung und sollen allerdings dennoch allgemeingiltig sein. Der Sprachgebrauch zeigt an der Art, wie er die Wörter verbindet, welche Bedeutungen, also welche Urteile, er gelten läſst, was gelten soll, aber er ändert sich unmerklich, und selbst die wissenschaftlichen Termini fallen überhaupt aus dem Leben der Sprache oder gehen neue Wortverbindungen ein. (17) Aber eben auf diesem Sollen, welches sich in der Sprache verkörpert, beruht der Anreiz zum Wollen und die lebendige Bewegung der Gattungsseele.

Wir schlieſsen unsere Betrachtung des Inhalts der Urteilssätze mit einigen Bemerkungen über die Entwickelung des individuellen Ich als eines erkennenden zum gattungsgemäſs erkennenden, wie sie durch Aufnahme eben dieses Inhaltes, also durch Erfahrung, bewirkt wird.

Es beruht auf dem Gefühl eines ihm eigenen Daseins, wenn ein Individuum sich Ich nennt. Wollte es angeben, wie dieses Ich beschaffen ist, so würde es einen Inhalt desselben überhaupt nicht finden können, aber es würde von ihm etwa sprechen als von einem Wirkenden, welches in einzelnen Akten einen beständig wechselnden Inhalt fühlt oder will oder vorstellt und denkt, in seiner Thätigkeit aber vielfach unterbrochen erscheint, da diese auch von körperlichen Zuständen bedingt wird. Ein in dieser Weise im Individuum Wirkendes wird aber nur dadurch zum Ich, daſs es, in sich selbst geschlossen, bei allem Wechsel der Inhalte

und trotz des Auseinanderliegens der Thätigkeitsakte immer als
dasselbe gefühlt wird, als dasselbe gegen alle anderen Gestalten
des Universums sich abgrenzt und als dasselbe gegen dessen Andringen behauptet. Der Erweis für diese Identität, für dies Beharren im Wechsel und für den Zusammenhang der absetzenden
Thätigkeitsmomente liegt für das Gefühl wie für das Bewußtsein
in der Fähigkeit des Individuums, sich zu erinnern. Durch die
Erinnerung zeigen sich alle Einzelakte auf denselben Mittelpunkt bezogen, von welchem sie ausgingen; man erinnert sich
an sich, indem man sich der Inhalte erinnert, welche das Ich
als die seinen ergriffen hatte.

Wie es möglich ist und zugeht, daß man sich früherer Vorstellungen erinnert, ist schwer zu sagen. Man steht da vor dem
Rätsel der Ichform, deren Inhalt eben in dem ihr innerlich Gewordenen, in dem Erinnerten besteht. Jedenfalls wird man an
Vorstellungen nicht wie an fertige Gebilde zu denken haben, die,
irgendwo aufbewahrt, zeitweilig unbeachtet bleiben, als ob sie
überhaupt nicht vorhanden wären, dann aber zu Zeiten wieder
hervorgeholt werden oder auch ungesucht wieder zum Vorschein
kommen, wenn neue Vorstellungen, die ihnen irgendwie ähnlich
scheinen oder mit ihnen kontrastieren, mit oder ohne unsern
Willen sich einstellen. Vielmehr ist Vorstellung immer nur ein
Vorstellen, und nur durch den Akt des Bildens und nur so lange
dieser währt, hat sie Leben und Bestehen, und sie ändert sich
darum auch je nach der Dauer der Energie, mit welcher vorgestellt wird, wie nach anderen störenden oder fördernden Umständen,
unter welchen das Bilden sich vollzieht. Erinnerung wird
dann eintreten, sobald infolge irgend einer Anregung — die
mächtigste ist dem Sprachlaut zu eigen, welcher die Vorstellung
vertritt — die Seele sich bestimmt findet, einen schon einmal oder
öfters vollzogenen Bildakt aufs neue zu beginnen, und es scheint
erklärlich, wenn die Bildekraft des Individuums, gleichsam schon
geübt in der Technik eines bestimmten Gestaltens, denselben Akt
mehr und mehr mechanisch, wie aus Gewohnheit, vollzieht.
Wird von uns eine bestimmte Erinnerung aufgerufen, merken
wir also darauf, wie uns ein Beabsichtigtes gelingt, so kommt es
uns auch zum Bewußtsein, wie ein neues, allmähliches Bilden,
welches dabei gleichsam Geleise aufsucht, die ihm die Richtung
seiner Bewegung anzeigen können, die verlangte Vorstellung wieder
erzeugt. (48)

Nun setzt das Zustandekommen sowohl der Wahrnehmungs-

sätze wie der Urteilssätze überall voraus, daſs frühere Vorstellungen
wieder gebildet werden mit dem Bewuſstsein, daſs sie dieselben
sein sollen. (49) aber gar sehr unterscheidet sich die Erinnerung,
ohne welche an den Wahrnehmungssätzen Sprache sich überhaupt
nicht entwickeln könnte, von dem Gedächtnis, welches die Voraussetzung ist für das Verbinden der isolierten Wörter, also der
Begriffe, zu Urteilssätzen. Schon Aristoteles unterschied die
μνήμη, welche bewirkt wird von der Bildekraft des Individuums
(φαντασία) und für die Vergangenheit das ist, was für die
Gegenwart die Wahrnehmung, welche auch den Tieren nicht fehlt,
von der bewuſst gewollten Denkfähigkeit, auf welcher die ἀνάμνησις beruht, und welche nur dem Menschen zu eigen ist. Durch
diese letzteren werden die zerstreuten Bilder des Wahrgenommenen,
welche eine und dieselbe Vorstellung zu verschiedenen Zeiten und
unter verschiedenen Umständen betroffen haben, in eine reichere
Vorstellung zusammengefaſst. die als Eine dann zum Gattungsbegriff sich entwickelt. Es kommt so, auf Grundlage der Erinnerung
(μνήμη) durch das Gedächtnis (ἀνάμνησις) die Erfahrung zustande,
an welcher die Seelen der Tiere wenig Anteil haben. (50)

Wir haben dem von Aristoteles Gesagten wenig hinzuzufügen.
Die Vergangenheit, auf welche das Gedächtnis des urteilenden
Individuums sich zu beziehen hat, damit dieses in der Kontinuität
des Gattungsbewuſstseins bleibe und sie für seinen Teil fortführe.
umfaſst nicht bloſs diejenige Zeit, welche ihm selbst verflossen
ist, sondern die Geschichte des Erkennens innerhalb seines
Geschlechts, wie sie in der Sprache niedergelegt ist und weiter
von derselben überliefert wird. Begriffe denken heiſst Erkanntes
wiederum denken. Das, was für die Bedeutung der Wortbegriffe
sich im Sprachgebrauch als allgemeingiltig ansammelt und fest-
setzt, wonach auch z. B. die Naturbeschreibung die Merkmale für
ihre Gattungsbegriffe auswählt, ist auf Geschichte, auf das Gedächtnis der Gattung gegründet. in welchem es durch unzählige Akte
des Kennens, Beobachtens, Versuchens, Urteilens als wahres Erkennen Geltung gewonnen hat. Nicht Bilder werden so ins Gedächtnis zurückgerufen. sondern an den Wörtern werden Gedanken
und Gedankenreihen wieder lebendig und treten in die neu an-
geregte Denkarbeit ein, sei es, daſs diese die Begriffswelt selbst
wieder durcharbeitet, sei es, daſs sie die Erfahrung der Zeiten
fördert, welche auf Grund eines immer genaueren und reicheren
Kennens sich fortentwickelt. Die Sprache aber, welche so das
Bewuſstsein der Individuen mit dem Gedächtnisinhalt der Gattung

erfüllt und sie damit für den Dienst im Leben der Gattung erzielt, läfst andererseits eben diesen beständig wechselnden Individuen Raum, ihre besonderen Erfahrungen durch sie zur Geltung zu bringen und ihrerseits das Erkennen der Gattung zu bestimmen.

Anmerkungen.

1) Homer fühlt so lebhaft das Bewegen des Geistigen in der Seele, dafs er es, als in seiner Anschauung gegeben, sogar zum Gleichnis benutzt, um einen sinnlichen Vorgang zu veranschaulichen (Il. XV, 80 sq.):

ὡς δ'ὅτ' ἂν ἀΐξῃ νόος ἀνέρος, ὅς τ'ἐπὶ πολλὴν
γαῖαν ἐληλουθὼς φρεσὶ πευκαλίμῃσι νοήσῃ
„ἔνθ'εἴην, ἢ ἔνθα“, μενοινήῃσι τε πολλά,
ὡς κραιπνῶς μεμαυῖα διέπτατο πότνια Ἥρη.

Und wie stark sinnlich ihm solche Bewegung vor Augen steht, sieht man (Od. XX, 25): ἑλίσσετο ἔνθα καὶ ἔνθα. ὡς δ' ὅτε γαστέρ' ἀνὴρ — ἔνθα καὶ ἔνθα αἰόλλη. (Wenn der Vergleich mit Rücksicht auf XVIII, 44; 118 sq. gewählt ist, wie Ameis vermutet, so ist der Gedanke geradezu als geistige Wurst vorgestellt.) Das „φρεσὶ – νοήσῃ“ zeigt lokalisiertes Anschauen des Geistigen; Zusätze, wie θυμῷ, — im Lat. das uns pleonastische animus, corpus, lassen schliefsen, dafs ein Unterschied zwischen körperlicher und geistiger Wahrnehmung erst allmählich klar wurde. (cf. Sprache als Kunst, T. I, p. 243.)

2) cf. Heyse, System der Sprachwissenschaft, p. 96 ff. — Curtius (Grundz. der griech. Etymologie 5. Aufl. p. 102 sq.) bemerkt, man müsse sich zwar „die Aufgabe stellen, die Bedeutungen der Wörter wo möglich auf eine sinnliche, möglichst individuelle, wie eine Seele im Worte waltende Vorstellung zurückzuführen und sich den altbewährten Satz, dafs die Abstracta aus Concretis hervorgegangen seien, zu eigen machen, dürfe aber dessenungeachtet bei der Anwendung dieses Grundsatzes nicht die äufserste Behutsamkeit unterlassen. Denn das steht fest, es giebt unter den Wurzeln der indogermanischen Sprachen solche, die — ob vom ersten Anfang an, mag dahingestellt bleiben — aber die jedenfalls schon vor der Sprachtrennung recht eigentlich geistige Thätigkeiten bedeuten. Als solche können namentlich die Wurzeln man, smar, gna gelten. Ja, es findet für diese eine, sozusagen, rückläufige

Bewegung statt; sie werden von einer deutlich wahrnehmbaren geistigen
Bedeutung aus auf Vorstellungen angewandt, die mehr im Bereiche der
Sinnenwelt liegen." — Man hat die Bedeutung eines „sinnenden,
zögernden Denkens und Bedenkens", auch (cf. l. c. p. 312) des Trachtens,
sich Erinnerns, Bleibens; als seine „sinnlichere Grundbedeutung ist
vielleicht die des Tastens" anzusehen; smar (cf. l. c. p. 330) hat ähnliche Bedeutung eines sorglichen Bedenkens; gno (l. c. p. 178). verwandt mit W. γεν, ist vielleicht auf den in W. ga, gam, enthaltenen
Begriff des Kommens, oder auf den des Keimens zurückzuführen. Nun
scheint bei der Entscheidung darüber, ob eine Bedeutung sinnlicher
oder geistiger Art für solche Wurzeln anzunehmen sei, wesentlich in
Frage zu kommen, ob dieselbe geeignet war, eine Empfindung anzuregen, welche zu einer Vorstellung mittelst eines Wahrnehmens
führen konnte. Ein reines Denken, etwa wie es Hegel verlangte,
„wo es für sich selber ist und sich hiermit seinen Gegenstand selbst
erzeugt und giebt" (Encyklop. § 17), konnte die Wurzel doch nicht
haben ausdrücken wollen, und es fragt sich dann nur, ob die Un-
reinheit des vorhandenen Denkens ausreichte, um eine Empfindung
hervorzurufen, die stark genug war, sich nach aufsen hin so bemerkbar
zu machen, dafs dieses Äufsere vorgestellt werden konnte. Zögern,
Trachten, Sorgen u. d. m. können sehr wohl in bestimmter Gebärde
oder in einem Laut hervortreten, und dieses sinnlich Wahrnehmbare
ist dann von der Wurzel bezeichnet worden, nicht dessen innere Veranlassung. So sind z. B. anima, spiritus, ψυχή vom sichtbaren Hauche
zur geistigen Bedeutung gekommen, θυμός vom hörbaren Brausen. —
Auch die Bezeichnungen für unsere Sinnesthätigkeiten, da diese ja
durchaus geistiger Natur sind, werden vom Sichtbaren oder Hörbaren
entnommen: κλύω (hören) z. B. kommt von der Wurzel kru, tönen,
„sehen" ist ursprünglich „hell sein, leuchten" u. s. w. (cf. Bechtel,
Über die Bezeichnungen der sinnlichen Wahrnehmungen in den indogermanischen Sprachen, Weimar 1879.) Überhaupt aber scheint es
unthunlich, schon an der Bedeutung der Wurzel eine irgendwie fafs-
bare Unterscheidung zwischen Sinnlichem und Geistigem aufzuweisen;
eine solche läfst erst das Wort zu, denn erst dieses befindet sich in
Beziehungen, durch welche seine Bedeutung so oder so bestimmt wird.

3) M. Müllers „poetische Metaphern" könnten ihr Beiwort
nur in dem Sinne behalten, den z. B. Tryphon (περὶ τρόπων Rhet.
gr. T. III, p. 191 ed. Spengel) hervorhebt, nachdem er eine Reihe nicht
immer richtiger Tropen aufgezählt: τούτους δὲ ποιητικοὺς καλοῦσιν,
ἐπεὶ κατά γε τὸ πλεῖστον ἡ τούτων χρῆσις παρὰ ποιηταῖς. — Die Bezeichnung der natürlichen Metaphern d. h. der aus unserer Natur
notwendig hervorgehenden, als notwendiger (auf welche schon oben
(p. 88 u. Anm.) hingewiesen wurde) findet sich schon bei den Alten.
Tryphon (l. c.) sagt z. B. τρόπος δέ ἐστι λόγος κατὰ παρατροπὴν τοῦ

κυρίου λεγόμενος κατά τινα δήλωσιν κοσμιωτέραν ἢ κατὰ τὸ ἀναγκαῖον.
Allerdings sprechen wir in tieferem Sinne von notwendigen Metaphern, als die Alten, welche sie als „inopiae causa" gebraucht an-
sahen, weil zufällig ein „proprium" fehlte. (cf. Cic. de or. III, 38. —
or. 27.) Wir haben dies eingehender behandelt: „Sprache als Kunst",
T. I, p. 241 ff. 357 ff. T. II, 1 p. 10 ff.

4) Cicero (Tusc. disp. I, 9): animus ab anima dictus est (cf. Virg.
Aen. VIII, 403). — Spinoza (tract. theol. politic. V. I. p. 164 ed. Paul.):
vox רוח ruagh, genuino sensu significat ventum, sed ad plura alia
significandum saepissime usurpatur, quae tamen hinc derivantur (halitus,
anima, animositas, virtus, animi sententia, cet.).

5) Locke (l. c.): I doubt not, but if we could trace them to their
sources, we should find in all languages the names which stand for
things that fall not under our senses, to have had their first rise from
sensible ideas. — Nature, even in the naming of things, unawares
suggested to men the originals and principles of all their knowledge.

6) Leibnitz (Nouv. essais, III, § 5 sq.): Cet ordre ne donne pas
l'origine des notions, mais pour ainsi dire l'histoire de nos
découvertes. — Il sera bon cependant de considérer cette analogie
des choses sensibles et insensibles, qui a servi de fondement
aux tropes: c'est-ce qu'on entendra mieux en considérant un exemple
fort étendue tel qu'est celui que fournit l'usage des prépositions,
comme à, avec, de, devant, en, hors, par, pour, sur, vers, qui sont
toutes prises du lieu, de la distance, et du mouvement, et transférées
depuis à toute sorte de changements, ordres, suites, différences, con-
venances.

7) *ἔϑος* (skr. svadhâ, Selbständigkeit, aus sva = sava = lat. se
und dhâ setzen, thun) bedeutet „eigenes Thun"; es ist got. sidus,
ahd. situ, mhd. site. (vd. Fick, vergl. Wörterb. Bd. I, p. 223; Curtius,
Grundzüge d. griech. Etym. (5. Aufl.) p. 251.

8) Fichte (Zeller, Gesch. der deutschen Philosophie p. 602)
sagt, dafs keins dieser beiden philosophischen Systeme das andere direkt
widerlegen kann, weil jedes das Prinzip des anderen leugnet; und es
sind deshalb in letzter Beziehung nicht wissenschaftliche Gründe,
sondern Charaktereigenschaften, welche über das System eines jeden
entscheiden. „Was für eine Philosophie man wähle, hängt davon ab,
was man für ein Mensch ist: denn ein philosophisches System ist nicht
ein toter Hausrat, sondern es ist beseelt durch die Seele des Menschen,
der es hat." Der Materialist Czolbe (Die Grenzen u. der Ursprung
der menschlichen Erkenntnis im Gegensatz zu Kant und Hegel p. 50 ff.)
bekennt ebenso von sich: „Niemals habe ich die Meinung der be-
kanntesten Vertreter des Materialismus geteilt, dafs die Macht der

naturwissenschaftlichen Thatsachen es sei, die beim Denken zum
Prinzipe der Ausschliefsung alles Übernatürlichen nötige. Ich war
immer überzeugt, dafs die Thatsachen der äufseren und inneren Erfahrung sehr vieldeutig sind und auch durch Annahme einer zweiten
Welt theologisch oder spiritualistisch mit vollkommenem Rechte und
ohne irgend einen logischen Fehler gedeutet werden können."   „Wie
R. Wagner einst erklärte, nicht die Physiologie nötige ihn zur Annahme einer unstofflichen Seele, sondern die ihm immanente und von
ihm unzertreunliche Vorstellung einer moralischen Weltordnung; wie
er im Gehirn der theologisch Denkenden als notwendige Bedingung
jener Vorstellung ein Organ des Glaubens annahm, so erkläre ich offen,
dafs mich ebenfalls weder die Physiologie, noch das Verstandesprinzip
der Ausschliefsung des Übernatürlichen, sondern zunächst das moralische
Pflichtgefühl gegen die natürliche Weltordnung, die Zufriedenheit mit
derselben, zur Leugnung einer übernatürlichen Seele nötigt."   „Eine
gewisse chemische und physikalische Beschaffenheit der Hirnmaterie"
möge dem religiösen Bedürfnisse, eine andere dem atheistischen ange-
messener sein.   Der Materialismus stamme, gleich der entgegengesetzten
Richtung, nicht aus dem Wissen und Verstande, sondern aus dem
Glauben und dem Gemüte. (vid. Lange, Gesch. d. Materialism. T. II,
p. 112 (2. Aufl.) cf. auch p. 176 ff.)

Solche Glaubensbekenntnisse finden freilich nicht leicht eine Stätte
in den Systemen selbst, aber sie lassen auch in diesen sich unschwer
auffinden, wenn etwa der Idealist die gröfsere Sicherheit seines Prinzips
betont, oder der Materialist sich auf die Sprache in der von uns be-
sprochenen Eigenheit beruft, sofern sie das Unsinnliche durch Sinnliches bezeichnet. So heifst es z. B. bei Leibnitz (Nouv. Ess. II, p. 13):
Ph. Chaque acte de sensation nous fait également envisager les choses
corporelles et spirituelles; car dans le temps, que la vue et l'ouïe me
fait connoître qu'il y a quelque Etre corporel hors de moi, je sais
d'une manière encore plus certaine, qu'il y a au dedans de moi
quelque Etre spirituel, qui voit et qui entend. Th. C'est très bien
dit et il est très vrai que l'existence de l'Esprit est plus certaine
que celle des objets sensibles. Und Holbach (Mirabaud) (Syst. de la
nature. T. I, p. 102) sagt: Malgré — cette identité continuelle des états
de l'ame et du corps, on a voulu les distinguer pour l'essence, et l'on
a fait de cette ame un être inconcevable dont, pour s'en former quelque
idée, l'on fut pourtant obligé de recourir à des êtres materiels et à
leur façon d'agir. En effet le mot esprit ne nous présente d'autre
idée que celle du soufle, de la respiration, du vent; ainsi quand on
nous dit que l'ame est un esprit, cela signifie que la façon d'agir
est semblable à celle du soufle qui invisible lui-même, opère des effets
visibles, ou qui agit sans être vu. ect. Er citiert dann noch hebr.
rovah (sic), πνεῦμα, anima ect.

Spinozas Art der philosophischen Betrachtung schildert er selbst (Eth. P. III. Praef.): Humanas actiones atque appetitus considerabo perinde, ac si quaestio de lineis, planis, aut de corporibus esset.

9) vid. Bopp (Vergl. Gr. Bd. II, p. 102), Fick (Vergl. Wörterb. Bd. I, p. 3), Curtius (Grundz. d. gr. Etymol. p. 525), Scherer (Gesch. d. Deutsch. Spr. 2. Aufl. p. 352, 361); Pott (Etym. Forsch. 2. Aufl. T. I, p. 64, T. III, p. 92, 726) deutet dagegen ah - am, indem er es auf die Wurzel âha = ait, ἡ zurückführt, als „den Sprecher‟, hic qui loquor; so dafs „Ich‟ gleich wäre „dem Sprecher, gegenüber dem Hörer als Nicht-Ich‟.

10) cf. Fick (Vergl. Wörterb. d. indog. Spr. Bd. I, p. 211 (3. Aufl.): Skr. var, lat. volo, gr. βούλομαι, got. valjan wählen, viljan, wollen; Zend. var glauben, lat. verus, got. verjan glauben, ahd. wâr, wahr.

11) Herbart (Einleit. in d. Philos. 5. Ausg. p. 91) beschreibt das Entstehen des logischen Urteils im Denken: Man nehme an, „ein Paar Begriffe begegnen einander im Denken, und es komme nun darauf an, ob sie eine Verbindung eingehen werden, oder nicht. In diesem Schweben bilden sie zunächst eine Frage; die Entscheidung derselben wird ein Urteil ergeben.‟

12) Bréal (Mélanges de Mythol. et de Linguistique in der Abhandl.: les idées latentes du langage, p. 501): Si nous examinons un à un les éléments significatifs dont se composent nos idiomes, nous verrons que nous faisons honneur au langage d'une quantité de notions et d'idées qu'il passe sous silence, et qu'en réalité nous suppléons les rapports que nous croyons qu'il exprime. J'ajoute que c'est parceque le langage laisse une part énorme au sous-entendu, qu' il est capable de se prêter au progrès de la pensée humaine. Une langue qui représenterait exactement tout ce qui, à un moment donné, existe dans notre entendement, et qui accompagnerait d'une expression tous les mouvements de notre intelligence, loin de nous servir, deviendrait pour nous une gêne, car il faudrait qu' à chaque notion nouvelle la langue se modifiât, ou que les opérations de notre esprit restassent toujours semblables à elles-mêmes, pour ne pas briser le mécanisme du langage.

13) vid. Schelling, Bruno, p. 28. Plotin (Enn. VI, 4, 650): οὐ παρὰ τοῦ ὄγκου τοῦ σωματικοῦ — ἦν τὸ φῶς, οὐ γὰρ ἦ σῶμα ἦν εἶχε τὸ φῶς, ἀλλ' ἦ φωτεινὸν σῶμα ἑτέρᾳ δυνάμει, οὐ σωματικῇ οὔσῃ.

14) Zur Bedeutung von hostis, welches unser Gast ist (got. gasts, gast-i-s. cf. Fick, vergl. Wörterb. Bd. II. p. 81) vd. auch Cic. de off. I, 12. — Das Wort slëht hat im mhd. durchaus die Bedeutung eines Lobes, der Übergang zu der jetzigen Bedeutung ist in der Richtung erfolgt, nach welcher das Schlichte der Kunst und des Wertes ent-

behrt; boese wird z. B. noch von Hartmann (Jw. 38) der Mann genannt, welcher nicht vornehm ist.

15) Man findet über Bedeutungswandel der Wörter weitere Ausführungen in des Vfs.: Sprache als Kunst, Bd. I, p. 332—391.

16) Curtius (Grundz. d. gr. Etym. p. 467): „Aus der indefiniten Bedeutung geht in vielen Sprachen die allgemeine all, jeder, hervor, die z. B. das Lit. kâ-s neben der interrogativen hat und die in den italischen Sprachen durch Hinzufügung des — que — sich einstellt. Darum dürfen wir sicherlich mit Schmidt (de pron. Graeco et Latino p. 61) und Pott W. I, 828 den St. $\pi\alpha\nu\tau$ (N. $\pi\tilde{\alpha}-\varsigma$) hierher stellen, der mit dem Suffix-vant gebildet, auf ein nach Analogie des skt. tā-vant, so viel, so grofs vorauszusetzendes kā-vant wie viel, wie grofs? zurückgeht.“

17) Descartes und Kant sind hier vor allen zu nennen. Beide bezeichnen auch ihren Standpunkt als einen besonders gewählten sehr entschieden. Descartes fühlte stark die Bedeutung seines: Cogito ergo sum. Er sagt (Medit. sec. p. 18 in der Ausg. von Luynes): Archimedes pour tirer le Globe terrestre de sa place, et le transporter en un autre lieu, ne demandoit rien qu'un point qui fust fixe et assuré. Ainsi i'auray droit de conceuoir de hautes esperances, si ie suis assez heureux pour trouuer seulement vne chose qui soit certaine et indubitable. Und nun findet er: „que cette proposition, Ie suis, i' existe, est necessairement vraye, toutes les fois que ie la prononce, ou que ie la conçoy en mon Esprit.“ — Kant (Vorrede zur 2. Aufl. der Krit. d. r. Vern. p. XVI): „Bisher nahm man an, alle unsere Erkenntnis müsse sich nach den Gegenständen richten; aber“ — „Man versuche es daher einmal, ob wir nicht in den Aufgaben der Metaphysik damit besser fortkommen, dafs wir annehmen, die Gegenstände müssen sich nach unserer Erkenntnis richten“ — „Es ist hiermit ebenso als mit dem ersten Gedanken des Kopernikus bewandt, der, nachdem es mit der Erklärung der Himmelsbewegungen nicht gut fort wollte, wenn er annahm, das ganze Sternheer drehe sich um den Zuschauer, versuchte, ob es nicht besser gelinge, wenn er den Zuschauer sich drehen, dagegen die Sterne in Ruhe liefse.“

18) F. H. Jacobi (David Hume über den Glauben p. 123): „Ich: Freuen Sie sich mit mir alles des Guten, welches die Kritik der reinen Vernunft notwendig stiften mufs. Er: Die Kritik eines Dinges, das nicht ist! Ich: Dergleichen Dinge bedürfen der Kritik am mehrsten. Denn was gar nichts wäre, dafür hätte die Sprache auch kein Wort. Jedes Wort bezieht sich auf einen Begriff; jeder Begriff auf Wahrnehmung, d. i. auf würkliche Dinge und ihre Verhältnisse. Die reinsten Begriffe, oder wie Hamann sie irgendwo genannt hat, die Jungfernkinder der Spekulation, sind davon nicht ausgenommen: sie haben

zuverlässig einen Vater, wie sie eine Mutter haben. und sind zum Daseyn auf eine ebenso natürliche Weise gekommen, wie die Begriffe von einzelnen Dingen und ihre Nomina propria." — Es folgt das Bedenken, ob nicht, wenn „reine Vernunft" dadurch gewonnen werde, dafs das Bewufstsein von allem thatsächlichen Inhalt gereinigt werde, „in meinem Hunde dieselbige reine Vernunft wohnen müfste, die in mir wohnt?"

19) Plat. (Polit. p. 265, B): *ΞΕΝΟΣ. Τὰ πεζὰ ἡμῖν τῶν ἡμέρων, ὅσαπερ ἀγελαῖα, διῃρημένα ἐστὶ φύσει δίχα. ΣΩΚΡΑΤΗΣ Ο ΝΕΩΤΕΡΟΣ. Τίνι; ΞΕ. Τῷ τῶν μὲν τὴν γένεσιν ἄκερων εἶναι, τῶν δὲ κερασφόρον. ΝΕ. ΣΩ. Φαίνεται. ΞΕ. Τὴν δὴ πεζονομικὴν διελὼν ἀπόδος ἑκατέρῳ τῷ μέρει, λόγῳ χρώμενος· ἂν γὰρ ὀνομάζειν αὐτὰ βουληθῇς, ἔσται σοι περιπλεγμένον μᾶλλον τοῦ δέοντος. ΝΕ. ΣΩ. Πῶς οὖν χρὴ λέγειν; ΞΕ. Ὧδε· τῆς πεζονομικῆς ἐπιστήμης δίχα διαιρεθείσης τὸ μόριον θάτερον ἐπὶ τῷ κεροφόρῳ μέρει τῷ τῆς ἀγέλης ἐπιτετάχθαι, τὸ δὲ ἕτερον ἐπὶ τῷ τῆς ἀκεράτου. ΝΕ. ΣΩ. Ταῦτ' ἔστω ταύτῃ λεχθέντα· πάντως γὰρ ἱκανῶς δεδήλωται. — L. c. p. 261. E.: ΞΕ. Πότερον οὖν τῆς ζωοτροφίας τὴν τῶν ξυμπόλλων κοινὴν τροφὴν ἀγελαιοτροφίαν ἢ κοινοτροφικήν τινα ὀνομάζωμεν; ΝΕ. ΣΩ. Ὁπότερον ἂν ἐν τῷ λόγῳ ξυμβαίνῃ. ΞΕ. Καλῶς γε, ὦ Σώκρατες· κἂν διαφυλάξῃς τὸ μὴ σπουδάζειν ἐπὶ τοῖς ὀνόμασι, πλουσιώτερος εἰς τὸ γῆρας ἀναφανήσει φρονήσεως.*

20) Trendelenburg (Historische Beiträge zur Philosophie, Bd. III, p. 199 sq.) bemerkt, dafs, „wenn Schleiermacher in Aristoteles' Ethik den Begriff der Gesinnung vermifst hat, er recht habe, was den Namen, und unrecht, was die Sache betrifft. Es zeige eine gemeinsame (!) Vertiefung des sittlichen Bewufstseins an, wenn sich für wesentliche Verhältnisse oder Thätigkeiten des ethischen Vorgangs bestimmte Namen hervorbilden; aber es sei falsch, zu schliefsen, dafs, wo die Bezeichnungen fehlen, auch die Sache nicht gewahrt und beachtet sei." Es finde sich z. B. erst bei den Stoikern ein Name für „Gewissen" (συνείδησις). auch in der Bibel finde sich ein Name erst in dem (von der Stoa beeinflufsten) Buche der Weisheit; man werde doch aber nicht behaupten wollen, dafs Plato, Aristoteles, das Gesetz Mosis, diesen Begriff „ganz und gar nicht gekannt hätten". Aber er sagt doch auch: „Weder Plato noch Aristoteles haben den Namen, und weil sie den Namen nicht haben, haben sie bis zu einem gewissen Punkte auch den Begriff nicht; denn die Vollendung des Begriffs zieht den Namen als sein notwendiges Zeichen nach sich."

Es ist aber überhaupt schief, wenn es sich um Begriffe handelt, die „Sache" von dem „Namen" zu trennen. Der Name ist dieser Begriff, und dieser Begriff ist die Sache, so dafs sie neben ihm nicht etwa noch einmal vorhanden ist. Wie für das Erkennen und die Sprache Wort und Begriff einander decken, erörtert W. v. Humboldt (Über das vergl. Sprachstudium u. s. w. Ges. W. Bd. III, p. 257 ff.):

„Das Wort macht zwar nicht die Sprache aus, aber es ist doch der
bedeutendste Teil derselben, nämlich das, was in der lebendigen Welt
das Individuum. Es ist auch schlechterdings nicht gleichgiltig, ob
eine Sprache umschreibt, was eine andere durch Ein Wort ausdrückt,
nicht bei grammatischen Formen, da diese bei der Umschreibung gegen
den Begriff einer blofsen Form, nicht mehr als modifizierte Ideen,
sondern als die Modifikation angebende erscheinen, aber auch nicht in
der Bezeichnung der Begriffe. Das Gesetz der Gliederung leidet notwendig, wenn dasjenige, was sich im Begriff als Einheit darstellt, nicht
ebenso im Ausdruck erscheint, und die ganze lebendige Wirklichkeit
des Worts als Individuum fällt für den Begriff weg, dem es an einem
solchen Ausdrucke fehlt. Dem Verstandesakt, welcher die Einheit des
Begriffes hervorbringt, entspricht, als sinnliches Zeichen, die des Worts,
und beide müssen einander im Denken durch Rede möglichst nahe
begleiten. Denn wie die Stärke der Reflektion Trennung und Individualisierung der Töne durch Artikulation hervorbringt, so mufs diese
wieder trennend und individualisierend auf den Gedankenstoff zurück-
wirken und es ihm möglich machen, vom Ungeschiedenen ausgehend
und zum Ungeschiedenen, der absoluten Einheit, hinstrebend, diesen
Weg durch Trennung zurückzulegen.“

21) cf. Bonitz, Index Aristotelicus s. v. *ἀνώνυμος* : *λίθοι πολλοὶ
ἀνώνυμοι μδ* 10. 398 a 8. praecipue usitatum Arist. ubi generis alicujus
non exstat unum quo contineatur nomen. Es folgen zahlreiche Stellen.
— Trendelenburg im Commentar zu Arist. de an. II, 7, 9: „Adeo
lingua duce de rebus cogitare solemus, ut verba e medio accepta cogi-
tationes aeque cohibeant atque amplificent. Magna in eo cernitur
Aristotelici acuminis vis, ut linguam post se relinquat, ut rerum rationes
nondum observatas neque a lingua significatas tanquam gravissimas
indicet. Quod si quoties et in physicis et in ethicis *ἀνώνυμα* significet,
attenderis, sagacitatem, quae communem sensum superavit, admiraberis.
(cf. eth. Nic. II, 7, 7; II, 7, 8; II, 7, 11; III, 7, 7; IV, 4, 4; 5, 1, 6; 9, 7, 1.)
Adeo Aristoteles, verborum finibus haud quaquam coercitus, in res ipsas
descendit.“

22) Arist. (cat. 7): *οὕτω δὲ ῥᾷστα ἄν ἴσως τις λαμβάνοι οἷς μὴ
κεῖται ὀνόματα, εἰ ἀπὸ τῶν πρώτων καὶ τοῖς πρὸς ἃ ἀντιστρέφουσι τιθείη
τὰ ὀνόματα, ὥσπερ ἐπὶ τῶν προειρημένων ἀπὸ τοῦ πτεροῦ τὸ πτερωτὸν
καὶ ἀπὸ τοῦ πηδαλίου τὸ πηδαλιωτόν.*

23) Wir folgen bei diesen vielfach bestrittenen Angaben: Zeller,
Philos. der Griechen, 4. Aufl. Bd. I, p. 183 ff.

24) In Bezug auf Heraclit cf. Zeller (l. c. I, p. 585 ff.). — Arist.
(Magn. Moral. I, 1): *Πρῶτος μὲν οὖν ἐνεχείρησε Πυθαγόρας περὶ ἀρετῆς
εἰπεῖν, οὐκ ὀρθῶς δέ· τὰς γὰρ ἀρετὰς εἰς τοὺς ἀριθμοὺς ἀνάγων οὐκ*

οἰκείαν τῶν ἀρετῶν τὴν θεωρίαν ἐποιεῖτο· οὐ γὰρ ἡ δικαιοσύνη ἀριθμὸς ἰσάκις ἴσος.

25) Arist. (Met. I, 5): Ξενοφάνης — εἰς τὸν ὅλον οὐρανὸν ἀποβλέψας τὸ ἓν εἶναί φησι τὸν θεόν. — Παρμενίδης δὲ μᾶλλον βλέπων ἔοικέ που λέγειν· παρὰ γὰρ τὸ ὂν τὸ μὴ ὂν οὐθὲν ἀξιῶν εἶναι, ἐξ ἀνάγκης ἓν οἴεται εἶναι τὸ ὂν καὶ ἄλλο οὐθέν.

26) Schopenhauer ist sich der Methode seines Sprachschaffens (innerlicher Art) ganz wohl bewufst. Er sagt (Welt als Wille u. Vorstellung, T. I, p. 131 ff.): „Ding an sich ist allein der Wille.“ „Dieses Ding an sich, welches als solches nimmermehr Objekt ist, eben weil alles Objekt schon wieder seine blofse Erscheinung, nicht mehr es selbst ist, mufste, wenn es dennoch objektiv gedacht werden sollte, Namen und Begriff von einem Objekt borgen, von etwas irgendwie objektiv Gegebenem, folglich von einer seiner Erscheinungen: aber diese durfte, um als Verständigungspunkt zu dienen, keine andere sein, als unter allen seinen Erscheinungen die vollkommenste, d. h. die deutlichste, am meisten entfaltete, vom Erkennen unmittelbar beleuchtete: diese aber eben ist des Menschen Wille. Man hat jedoch wohl zu bemerken, dafs wir hier allerdings nur eine denominatio a potiori gebrauchen, durch welche eben deshalb der Begriff Wille eine gröfsere Ausdehnung erhält, als er bisher hatte. Erkenntnis des Identischen in verschiedenen Erscheinungen und des Verschiedenen in ähnlichen ist eben, wie Platon so oft bemerkt. Bedingung zur Philosophie. Man hatte aber bis jetzt die Identität des Wesens jeder irgend strebenden und wirkenden Kraft in der Natur mit dem Willen nicht erkannt, und daher die mannigfaltigen Erscheinungen, welche nur verschiedene Spezies desselben Genus sind, nicht dafür angesehen, sondern als heterogen betrachtet: deswegen konnte auch kein Wort zur Bezeichnung des Begriffs dieses Genus vorhanden sein. Ich benenne daher das Genus nach der vorzüglichsten Species, deren uns näher liegende, unmittelbare Erkenntnis zur mittelbaren Erkenntnis aller anderen führt. Daher aber würde in einem immerwährenden Mifsverständnis befangen bleiben, wer nicht fähig wäre, die hier geforderte Erweiterung des Begriffs zu vollziehen, sondern bei dem Worte Wille immer nur noch die bisher allein damit bezeichnete Species — verstehen wollte —. Das uns unmittelbar bekannte innerste Wesen eben dieser Erscheinung müssen wir nun in Gedanken rein aussondern, es dann auf alle schwächeren, undeutlicheren Erscheinungen desselben Wesens übertragen, wodurch wir die verlangte Erweiterung des Begriffs Wille vollziehen.“

Viel weniger Sorge machte es De La Mettrie (L'homme machine. Amsterd. 1764, p. 28), als er die Bedeutung seines „imaginer“ erweiterte: Je me sers toujours du mot imaginer, parce que je crois que tout s'imagine, et que toutes les parties de l'Ame peuvent être justement réduites à la seule imagination qui les forme toutes.

27) cf. Descartes: Meditat. metaphys. trad. par Mr. C. L. R. Meditation IV, du vray et du Faux. — In den Princip. philos. P. I, 35 heifst es kurz: Intellectus perceptio non nisi ad ea pauca, quae illi offeruntur, se extendit, estque semper valde finita. Voluntas vero infinita quodammodo dici potest: quia nihil unquam advertimus, quod alicujus alterius voluntatis, vel immensae illius quae in Deo est, objectum esse possit, ad quod etiam nostra non se extendat: adeo ut facile illam, ultra ea quae clare percipimus, extendamus; hocque cum facimus, haud mirum est, quod contingat nos falli.

28) Franc. Bacon unterschied mit Nachdruck die begrifflich-methodische Erfahrung von der individuell und zufällig sich bildenden. Er sagt (Nov. Org. I, 100): Vaga experientia et se tantum sequens mera palpatio est, et homines potius stupefacit, quam informat. At cum experientia lege certa procedet, seriatim et continenter, de scientiis aliquid melius sperari poterit. Diese letztere Art der Erfahrung nennt er (l. c. 101) experientia literata.

29) vid. Lange, Geschichte des Materialism. Bd. II, p. 67. Hegel, Gesch. d. Philos. Bd. III, p. 282.

30) Hegel scheint nicht berücksichtigt zu haben, dafs Erfahrungs-wissen ebenso sich fortentwickelt, wie das philosophische Erkennen. „Die Idee, wenn die Wissenschaft fertig ist, sagt er (l. c.), mufs von sich ausgehn, — die Wissenschaft fängt nicht mehr vom Empirischen an" u. s. f. (cf. auch Encyklopädie d. phil. Wissensch. § 246.) Er ver-achtet die Erfahrung nicht, meint aber sie in genügender Menge und Genauigkeit zu besitzen. Der Grund aber der wunderlichen Begriffs-konstruktionen, welche Erfahrung aus der Spekulation erzeugen wollen, ist in der Einbildung von einem „Begriff im spekulativen Sinne" zu suchen (Encyklop. § 9), bei dem übersehen wird, dafs er doch immer, ob „gewöhnlich" oder ungewöhnlich, nur als Wort, d. h. als unser Begriff, Wirklichkeit hat.

31) Bacon weifs, dafs dem Erfahrungswissen Saft und Kraft erst zuwachse durch das begriffliche Erkennen (de augm. scient. II, p. 39): Qui in philosophia ac contemplationibus universalibus positum omne studium inane atque ignavum arbitratur, non animadvertit singulis professionibus et artibus exinde succum et robur suppeditari. Aufgabe also ist es ihm, beides zu verbinden (Nov. org. praef. p. 274 sq.): Empiricam et rationalem facultatem conjugio vero et legitimo in per-petuum firmare (l. c. p. 278): anticipationem scilicet mentis cum inter-pretatione naturae. Bacon sucht also den Grund der Erscheinungen (Nov. Org. II. Aph. 2): Recte ponitur: Vere scire esse per causas scire

und weiter (l. c. I. Aph. 109): Satis scimus, nullum de rebus raris aut notabilibus judicium fieri posse, multo minus res novas in lucem protrahi, absque vulgarium rerum causis et causarum causis rite examinatis et repertis. Und zwar sucht Bacon den Grund als das allgemeine Gesetz der Dinge (Nov. org. II, aph. 3): Qui causam alicujus phaenomeni in certis tantummodo subjectis novit, ejus scientia imperfecta est: et qui effectum super certas tantum materias inducere potest, ejus potentia pariter imperfecta est; at qui formas novit, is naturae unitatem in materiis dissimilibus complectitur. Unter diesen Formen versteht Bacon die allgemeinen Naturgesetze (l. c. aph. 17): Nos autem quum de formis loquimur, nil aliud intelligimus quam leges illas et determinationes actus puri, quae naturam aliquam simplicem ordinant et constituunt, ut calorem, lumen, pondus in omnimoda materia et subjecto susceptibili.

32) Bacon vergleicht die wahre Naturwissenschaft mit dem Echo (de augm. scient. lib. II, p. 67): Ea demum vera est philosophia, quae mundi ipsius voces fidelissime reddit et veluti dictante mundo conscripta est, et nihil aliud est, quam ejusdem simulacrum et reflexio, neque addit quicquam de proprio, sed tantum iterat et resonat.

Die Liebesträuke der Alten (Xen. (mem. II, 6): φίλτρα, οἷς οἱ ἐπιστάμενοι πρὸς οὓς ἂν βούλωνται χρώμενοι φιλοῦνται ὑπ᾽ αὐτῶν) hatten gewifs insofern etwas nicht Eingebildetes, als es ja Mittel giebt, die zum Geschlechtsgenufs reizen; über das „Phlogiston" cf. Döbereiner (Ersch u. Gruber Encykl. Sect. III, T. 24): „Die phlogistische Theorie liefs in kurzer Zeit eine Menge der wichtigsten Thatsachen bekannt werden und gab für die qualitativen Erscheinungen wissenschaftliche Erklärungen; erst mit dem Bekanntwerden solcher Thatsachen, die sich nicht mehr mit ihr vereinigen liefsen, und mit der gehörigen Würdigung der quantitativen Verhältnisse konnte sie nicht mehr den Erfordernissen der vermehrten Erfahrungen entsprechen." — Und Helmholtz (Das Denken in der Medicin p. 18) sagt: „Wenn man sein (Stahls) Phlogiston in latente Wärme übersetzt, so gingen die theoretischen Grundzüge seines Systems auch in Lavoisiers über; nur kannte Stahl den Sauerstoff noch nicht."

33) Descartes (Epist. P. I, 30): Cogitatio prius et certius, quam ulla res corporea cognoscitur; (Epist. P. III, 113): Anima se ipsam tantum concipit per intellectum purum.

34) Bacon (de augm. scient. lib. V, p. 137) sagt von dem „judicium, quod fit per inductionem": Uno eodemque mentis opere illud, quod quaeritur, et invenitur et judicatur. Neque enim per medium aliquod res transigitur, sed immediate, eodem fere modo, quo fit in sensu. Quippe sensus in objectis suis primariis simul et objecti

speciem arripit et ejus veritati consentit. Descartes (Resp. ad II Obj. p. 74) sagt, es sei sein Satz „nos esse res cogitantes: prima quaedam notio, quae ex nullo syllogismo concluditur"; „neque etiam, cum quis dicit: ego cogito, ergo sum sive existo, existentiam ex cogitatione per syllogismum deducit, sed tanquam rem per se notam simplici mentis intuitu agnoscit."

35) Quintilian (inst. or. I, 6, 43 sq.) bespricht und verneint die Frage, ob etwa, was die Meisten gebrauchen an sprachlichen Ausdrücken, nun deshalb auch als geltender Sprachgebrauch zu betrachten sei. Er schliefst: Ergo consuetudinem sermonis vocabo consensum eruditorum, sicut vivendi consensum bonorum.

36) Bei Curtius (Grundz. der griech. Etym. p. 272) sind zusammengestellt: περάω, durchdringen, πεῖρα, Erfahrung, Versuch; experior, peritus; got. faran gehen, farjan fahren, ahd. arfaru erfahre. — Was die spätere Entwickelung der Bedeutung betrifft, so findet sich ervaren = comprehendere, begrifen, schon bei Notker (Eucken, Gesch. d. phil. Termin. p. 117). Im Nibel.-Liede (2247, 1) heifst es: Der vogt von Amelunge hiez iz ervarn baz cet. = genauer erforschen. Paracelsus (Euck. l. c. p. 125) bringt den Terminus „Erfahrung" zu spezifisch wissenschaftlicher Verwendung. „Auch die Zweideutigkeit ist schon hier vorhanden, dafs die Ausdrücke die wissenschaftliche Thätigkeit des Geistes bald umfassen, bald ausschliefsen". cf. (z. B. labyr. medic. cp. 6): „Das Experimentum ad fortem geht ohne Scientia: aber Experientia, mit der Gewifsheit, wohin zu gebrauchen, mit der Scientia. Dann Scientia ist die Mutter der Experientz und ohn die Scientia ist nichts da." Dagegen (comment. in aphor. Hippocr.): „Also ist die Arzney im Anfang gestanden, dafs kein theorica gewesen ist, allein ein Erfahrenheit." — Experientia z. B. bei Lucrez (1451): Usus et impigrae simul experientia mentis Paullatim docuit, pedetentim progredientes. Manil. (1, 61): Per varios usus artem experientia facit. — Ἐμπειρία ist bei Xenophon und Plato noch nicht fest bestimmt in seiner Bedeutung, doch wird ἐμπειρία als Gegensatz zur Wissenschaft genannt bei Plato (legg. p. 938): εἴτ' οὖν τέχνη εἴτε ἄτεχνός ἐστί τις ἐμπειρία καὶ τριβή — wie später bei Sextus Empiricus (adv. Grammat. p. 229) vom Peripat. Ptolem. citiert wird: „αὐτὴ μὲν γὰρ ἡ ἐμπειρία τριβή τίς ἐστι καὶ ἐργάτις ἄτεχνός τε καὶ ἄλογος ἐν ψιλῇ παρατηρήσει καὶ συγγυμνασίᾳ κειμένη". — „Erst bei den Stoikern tritt die ἐμπειρία μεθοδική in einen bewufsten Gegensatz zu der vagen Erfahrung des täglichen Lebens." (So z. B. bei Polybius, Θ 14.) (vd. Eucken l. c. p. 32.)

37) cf. Vaihinger, Kommentar zu Kants Kritik der r. Vern. Bd. I. p. 427; u. p. 434.

38) **Diogenes Laert.** (IX, 16) giebt folgendes Epigramm:

Ἡράκλειτος ἐγώ· τί μ' ἄνω κάτω ἕλκετ' ἄμουσοι;
Οὐχ ὑμῖν ἐπόνουν, τοῖς δέ μ' ἐπισταμένοις.
Εἷς ἐμοὶ ἄνθρωπος τρισμύριοι· οἱ δ' ἀνάριθμοι
Οὐδείς·

zu welcher Stelle **Menage** ähnliche Aussprüche von Philosophen citiert.

39) **Cicero** (Tusc. I, 13) sagt: Firmissimum hoc adferri videtur, cur deos esse credamus, quod nulla gens tam fera, nemo omnium tam sit inmanis, cujus mentem non inbuerit deorum opinio: multi de dis prava sentiunt, id enim vitioso more effici solet, omnes tamen esse vim et naturam divinam arbitrantur, nec vero id conlocutio hominum aut consessus effecit, non institutis opinio est confirmata, non legibus: **omni autem in re consensio omnium gentium lex naturae putanda est.** Cicero beweist an derselben Stelle durch dieselbe „consensio omnium gentium" die Unsterblichkeit der Seele, wozu das **Système de la Nature** (T. I, p. 280) bemerkt: „Voici comment raisonnent les partisans du dogme de l'immortalité de l'âme. Tous les hommes desirent de vivre toujours, donc ils vivront toujours. Ne pourroit-on pas leur rétorquer l'argument en disant, tous les hommes desirent naturellement d'être riches, donc tous les hommes seront riches un jour."

Aristoteles (Eth. ad Eud. I, 6) legt Gewicht auf die Übereinstimmung aller (κράτιστον μὲν γὰρ πάντας ἀνθρώπους φαίνεσθαι συνομολογοῦντας τοῖς ῥηθησομένοις), es liefsen sich ja auch alle durch Gründe überzeugen, da jeder in der Sphäre des Wahren lebe (ἔχει γὰρ ἕκαστος οἰκεῖόν τι πρὸς τὴν ἀλήθειαν); andrerseits sei es richtig, dafs die Menge nur nach dem Äuserlichen urteile (Eth. Nic. X, 8): οἱ πολλοὶ γὰρ κρίνουσι τοῖς ἐκτός, τούτων αἰσθανόμενοι μόνον.

40) **Kant** (Proleg. p. 111): „Es sind viele Gesetze der Natur, die wir nur vermittelst der Erfahrung wissen können, aber die Gesetzmäfsigkeit in Verknüpfung der Erscheinungen, d. i. die Natur überhaupt, können wir durch keine Erfahrung kennen lernen, weil Erfahrung selbst solcher Gesetze bedarf, die ihrer Möglichkeit a priori zum Grunde liegen. Die Möglichkeit der Erfahrung überhaupt ist also zugleich das allgemeine Gesetz der Natur, und die Grundsätze der ersteren sind selbst die Gesetze der letzteren. Denn wir kennen Natur nicht anders als den Inbegriff der Erscheinungen d. i. der Vorstellungen in uns, und können daher das Gesetz ihrer Verknüpfung nirgend anders als von den Grundsätzen der Verknüpfung derselben in uns d. i. den Bedingungen der notwendigen Vereinigung in einem Bewufstsein, welche die Möglichkeit der Erfahrung ausmacht, hernehmen." (l. c. p. 113): „**Der Verstand schöpft seine Gesetze (a priori) nicht aus der Natur, sondern schreibt sie dieser vor.**"

41) cf. Jacobi, D. Hume über d. Glauben p. 194. — In Bezug
auf Kants Krit. d. r. Vern. sagt er (l. c. p. 121): „Wenn unsere Sinne
uns gar nichts von den Beschaffenheiten der Dinge lehren; nichts von
ihren gegenseitigen Verhältnissen und Beziehungen; ja nicht einmal,
daſs sie auſser uns (im transcendentalen Verstande) würklich vorhanden
sind: und wenn unser Verstand sich blofs auf eine solche gar nichts
von den Dingen selbst darstellende, objektiv platterdings leere
Sinnlichkeit bezieht, um durchaus subjektiven Anschauungen, nach
durchaus subjektiven Regeln, durchaus subjektive Formen zu verschaffen,
so weifs ich nicht, was ich an einer solchen Sinnlichkeit und einem
solchen Verstande habe, als daſs ich damit lebe; aber im Grunde nicht
anders wie eine Auster damit lebe." — Über die Termini der „Allgemeinheit" „Allgemeingiltigkeit" bei Kant vid. Vaihinger,
(Komm. zur Krit. d. r. Vern. p. 201—205. —), über den Terminus der
„Objektivität" vid. Eucken (Gesch. d. philos. Termin. p. 203).

42) Kants Meinung ist also scheinbar die der alten Skeptiker,
wie Sextus Empiricus sie (adv. Math. lib. VIII, p. 460) angiebt: οἱ
μὲν περὶ τὸν Αἰνησίδημον λέγουσί τινα τῶν φαινομένων διαφοράν, καὶ
φασὶ τούτων τὰ μὲν κοινῶς φαίνεσθαι, τὰ δὲ ἰδίως τινί, ὧν ἀληθῆ μὲν
εἶναι τὰ κοινῶς πᾶσι φαινόμενα, ψευδῆ δὲ τὰ μὴ τοιαῦτα. ὅθεν καὶ ἀληθὲς
φερωνύμως εἰρῆσθαι τὸ μὴ λῆθον τὴν κοινὴν γνώμην. Aber Kant weifs
wohl, dafs ἀληθές nicht besteht in der Übereinstimmung mit den
Menschen, sondern dafs „Wahrheit Übereinstimmung ist der Erkenntnis mit dem Objekt." (Krit. d. r. Vern. 2. Aufl. p. 236; cf. auch
p. 82.)

43) Kant selbst hat das Gefühl, dafs das Entstehen seiner transcendentalen Schemata von ihm nicht klar dargelegt werden kann. Er
sagt (Krit. d. r. V. p. 180): „Dieser Schematismus unseres Verstandes
in Anschung der Erscheinungen und ihrer blofsen Form ist eine verborgene Kunst in den Tiefen der menschlichen Seele, deren wahre
Handgriffe wir der Natur schwerlich jemals abraten und sie unverdeckt
vor Augen legen werden."

44) Feuerbach (Vorles. über d. Wes. d. Relig. p. 153) nennt Gott
den „Inbegriff der Gattungsbegriffe" und sagt über die Frage nach
dem Verhältnis der Gattung zu den Individuen: „sie gehöre zu den
wichtigsten und zugleich schwierigsten Fragen der menschlichen Erkenntnis und Philosophie, wie schon daraus erhellt, dafs die ganze
Geschichte der Philosophie sich eigentlich nur um diese Frage dreht,
dafs der Streit der Stoiker und Epikurcer, der Platoniker und Aristoteliker, der Skeptiker und Dogmatiker in der alten Philosophie, der
Nominalisten und Realisten in dem Mittelalter, der Idealisten und
Realisten oder Empiristen in neuerer Zeit nur auf diese Frage hinausläuft. Sie ist aber eine der schwierigsten Fragen nicht nur deswegen,

weil die Philosophen, namentlich die neuesten, durch den willkürlichsten Gebrauch der Worte eine unendliche Konfusion in diese Materie gebracht haben, sondern auch, weil die Natur der Sprache, die Natur des Denkens selbst, welches sich ja gar nicht von der Sprache abtrennen läfst, uns gefangen nimmt und vexiert, indem jedes Wort ein allgemeines, daher vielen schon die Sprache allein, weil sich das Einzelne nicht einmal aussprechen lasse, ein Beweis von der Nichtigkeit des Einzelnen und Sinnlichen ist."

45) Überweg (Grundr. d. Gesch. d. Philos. T. III, p. 216, 5. Aufl.) bemerkt zu Kants Ausführung: „Es bedarf nicht eines besonderen „Schematismus", da ja schon die Gestaltung des sinnlich gegebenen Stoffes durch die beiden Anschauungsformen überhaupt denselben zu der ferneren Gestaltung durch die Kategorieen präpariert. Wenn es aber doch desselben bedarf, so scheint aus denselben Gründen, wie die Zeit, auch der Raum einen Schematismus liefern zu können und zu müssen."

46) Weshalb Kant die Zeitbestimmungen als Schemata der reinen Verstandesbegriffe aufstellen mufste, geht aus seinen Worten hervor (Kr. d. r. V. 1. Aufl. p. 98): „Unsere Vorstellungen mögen entspringen, woher sie wollen, ob sie durch den Einflufs äufserer Dinge oder durch innere Ursachen gewirkt sind, sie mögen a priori oder empirisch als Erscheinungen entstanden sein, so gehören sie doch als Modifikationen des Gemüts zum inneren Sinn, und als solche sind alle unsere Erkenntnisse zuletzt doch der formalen Bedingung des inneren Sinnes, nämlich der Zeit unterworfen, als in welcher sie insgesamt geordnet, verknüpft und in Verhältnisse gebracht werden müssen."

47) Kant (Kr. d. r. Vern. p. 369) erkennt für die technische Sprache der Philosophen die enge Verbindung von Wort und Begriff sehr wohl. Ohne einen Ausdruck, sagt er, „der seinem Begriffe genau anpafst", kann der denkende Kopf „weder anderen noch sogar sich selbst recht verständlich werden. Neue Wörter zu schmieden, ist eine Anmafsung zum Gesetzgeben in Sprachen, die selten gelingt." „Wenn also etwa sich zu einem gewissen Begriffe nur ein einziges Wort vorfände, das in schon eingeführter Bedeutung diesem Begriffe genau anpafst, — so ist es ratsam, damit nicht verschwenderisch umzugehen — sondern ihm seine eigentümliche Bedeutung sorgfältig aufzubehalten, weil es sonst leichtlich geschieht, dafs, nachdem der Ausdruck die Aufmerksamkeit nicht besonders beschäftigt, sondern sich unter dem Haufen anderer von sehr abweichender Bedeutung verliert, auch der Gedanke verloren gehe, den er allein hätte aufbehalten können."

48) cf. Wundt, Grundzüge der physiolog. Psychologie Bd. II,
p. 203: „Als die entscheidende Bedingung für die Reproduktion der
Vorstellungen erweist sich überall teils die häufige Wiederholung der
betreffenden Sinneseindrücke, teils die intensive Wirkung derselben auf
das Bewufstsein." — „Diese Spuren der Übung weisen deutlich
darauf hin, dafs die Vorstellungen nicht Wesen sind, welche sich eines
unsterblichen Daseins erfreuen, sondern Funktionen, welche erlernt,
geübt und gelegentlich auch verlernt werden können." (l. c. p. 319.)
„Die unbewufst vorhandenen Dispositionen und der Grad ihrer
Einübung sind nur dafür bestimmend, welche Vorstellungen überhaupt
in das Bewufstsein eintreten können; der wirkliche Eintritt einer
gegebenen Vorstellung aber wird stets durch den Zustand des Bewufstseins selber veranlafst." (p. 320): „Darum ist auch die Ausbildung des Gedächtnisses durchaus an jene Kontinuität des Bewufstseins geknüpft, welche schliefslich in dem entwickelten Selbstbewufstsein ihren Abschlufs findet."

49) Kant (Kr. d. r. V. p. 95 ff. 1. Aufl.) hat in einem besonderen
Kapitel (welches in der zweiten Auflage d. Kr. wegblieb): „Von den
Gründen a priori zur Möglichkeit der Erfahrung", von dem Wesen der
Erinnerung und des Gedächtnisses gehandelt, indem er untersucht, wie
die „Einheit der transcendentalen Apperception" zustande kommt,
welche die Bedingung der Erfahrung ist. Nach der ersten Synthesis
der Apprehension ist weiter Erinnerung nötig durch Synthesis der
Reproduktion, und die Identität des Reproduzierten wird sicher gestellt
durch die Synthesis der Rekognition, vermittelst welcher die Anschauungen im Begriffe wiedererkannt werden. — Hobbes (Opp.
T. II. Logica, c. 2 p. 2) sagt einfach: „experientia nihil aliud est quam
memoria."

50) In Bezug auf das Verhältnis der μνήμη zur φαντασία sagt
Aristoteles (de mem. 1): ἡ δὲ μνήμη καὶ ἡ τῶν νοητῶν οὐκ ἄνευ φαν-
τάσματός ἐστιν. — Τίνος μὲν οὖν τῶν τῆς ψυχῆς ἐστιν ἡ μνήμη, φανερόν,
ὅτι οὕπερ καὶ ἡ φαντασία καὶ ἔστι μνημονευτὰ καθ' αὑτὰ μὲν ὅσα ἐστὶ
φαντασία κ. τ. λ. — Über die ἀνάμνησις heifst es (l. c. 2): διαφέρει
δὲ τοῦ μνημονεύειν τὸ ἀναμιμνήσκεσθαι οὐ μόνον κατὰ τὸν χρόνον, ἀλλ'
ὅτι τοῦ μὲν μνημονεύειν καὶ τῶν ἄλλων ζῴων μετέχει πολλά, τοῦ δ' ἀναμιμνήσκεσθαι οὐδὲν ὡς εἰπεῖν τῶν γνωριζομένων ζῴων, πλὴν ἄνθρωπος,
αἴτιον δ' ὅτι τὸ ἀναμιμνήσκεσθαί ἐστιν οἷον συλλογισμός τις· ὅτι γὰρ πρό-
τερον εἶδεν ἢ ἤκουσεν ἤ τι τοιοῦτον ἔπαθε, συλλογίζεται ὁ ἀναμιμνησκό-
μενος καὶ ἔστιν οἷον ζήτησίς τις. — Aus den Erinnerungen entsteht dann
Erfahrung und aus dieser Wissenschaft (Met. I, 1): γίγνεται δ' ἐκ τῆς
μνήμης ἐμπειρία τοῖς ἀνθρώποις· αἱ γὰρ πολλαὶ μνῆμαι τοῦ αὐτοῦ πράγ-
ματος μιᾶς ἐμπειρίας δύναμιν ἀποτελοῦσιν· καὶ δοκεῖ σχεδὸν ἐπιστήμῃ
καὶ τέχνῃ ὅμοιον εἶναι ἡ ἐμπειρία· ἀποβαίνει δ' ἐπιστήμη καὶ τέχνη διὰ
τῆς ἐμπειρίας τοῖς ἀνθρώποις.

Kapitel VII.

Von der Kopula des Urteilssatzes im Verhältnis zur Kopula des Wahrnehmungssatzes. Die Kausalität als Vorstellung der Verursachung im Wahrnehmungssatze und als Denken der Begründung im Urteilssatze ist Übertragung des menschlichen Wollens in den Erkenntnisakt. — Hume, St. Mill, Reid, Berkeley, Malebranche. — Hegels wirkender Begriff und die Sprache, Schopenhauers allmächtiger Wille und die Sprache. — Aristoteles' Mittelbegriff als Grund. — Die sprachliche Darstellung der Kopula im Urteilssatz.

Wir betrachten nunmehr die Kopula des Urteilssatzes. Hierzu ist nötig an dasjenige anzuknüpfen, was wir früher über die Kopula des Wahrnehmungssatzes vorgetragen haben.

Nur aus einer Bewegung kann ein Reiz entstehen; ein Geschehen, ein Vorgang, eine Änderung im Wahrgenommenen muß empfunden werden, damit Verwunderung eintreten kann, der Anreiz zum Erkennen. Die Seelenruhe, gestört durch das Aufheben einer Empfindung, an deren Stelle eine andere tritt, wird wiederhergestellt, wenn die Form des Bewußtseins das Geschehen in sich aufnimmt und es im Satzbilde als einheitliche Vorstellung vollendet. Das Neue ist der Seele dann zu eigen geworden, da es vom Bewußtsein aufgenommen d. h. erkannt ist.

Wir haben bei Betrachtung des Wahrnehmungssatzes ausgeführt, wie der Erkennende, indem er sich in die Vorgänge des Universums findet als ein Hungriger, nur eben sich findet in diesen Vorgängen als ein Gesättigter; sein Bewußtsein nimmt den sich bietenden Inhalt auf, wie eine Nahrung, aber, nun es ihn erfaßt — es erfaßt ihn freilich nur nach Vermögen — hat es ihn schon verwandelt in Seelensubstanz. Als Einigungspunkt für das Mannigfaltige des Vorstellungsaktes und dessen Vollendung im Satzbilde setzt sich das Ich-Subjekt des Individuums, und das Geschehen, als von diesem Träger des Geschehens ausgehend, wird so für den Erkennenden zu einem vom Subjekte Bewirkten. Ich erkenne, daſs die Sonne leuchtet, wenn ich die Sonne mir vorstelle als Ursache dieser Wirkung, des Leuchtens. Was so als wirkend dargestellt wird, ist mit nichten die Sonne der Wahrnehmung — dieser ist, auch wenn der Blick das leuchtende Gestirn mitumfaſst, nur eben ein Leuchten gegeben in unbestimmter Umrahmung — sondern das in die Sonne als Mittelpunkt des Vorstellungsaktes gesetzte Ich, welches verfährt, wie das Ich des Individuums es fühlt: aus eigenem Antrieb, nach eigenem Willen. Daſs das Individuum sich so seiner Thätigkeit gegenüber fühlen kann, ist eben Folge seines Erkennens, wie es durch Sonderung von Subjekt und Prädikat im Satzbilde sich seiner, seinem Inhalt gegenüber, bewuſst wird.

Die pronominale Personalendung des Verbum im Wahrnehmungssatz, welche blieb, auch nachdem ein bestimmtes, inhaltlich charakterisiertes Subjekt dem Vorgang entnommen und gesetzt war, zeigt als Kopula, wie durchaus die Vorstellung des Geschehens im Prädikat durchdrungen wird von jenem wirkenden Subjekt, auf welches es deutet. Es ist dies der tiefere Sinn jener grammatischen Kongruenz von Person, Genus, Numerus im Satze, welche ein Wollen und dessen Ausführung, Ursache und Wirkung, in Einen Vorstellungsakt zusammenschlieſst. So erst stellt sich im Satzbilde nicht bloſs die Form des Bewuſstseins dar, sondern kommt auch zum Ausdruck das eigentliche Wesen dieser Form, jenes Formen der Bildekraft des Individuums, als dessen Abschluſs des jedesmaligen Bewuſstseinsaktes wir eine Augenblicks-Form uns vorstellen mögen, die immer sich schlieſst und immer sich öffnet (cf. oben p. 90).

Der Quell der Bewegung im Vorstellungsakte (ὅϑεν ἡ κίνησις Arist. de gen. an. II, 6), die causa efficiens, ist also der in das Subjekt übertragene Wille, wie ihn der Mensch bei seinem Wirken in sich fühlt. Ein Fluſs wird gesehen. Das Satzbild sagt: das Wasser flieſst. Das Wasser ist Ursache des Flieſsens, die Personalendung t weist auf dieses Subjekt zurück als wirkend in dieser Bewegung. Wenn durch Subjekt und Prädikat räumliche und zeitliche Ordnung und Bestimmtheit für das Bewuſstsein gewonnen wird, so sichert doch erst die Personalendung als Satzband die Einheit des Vorstellungsaktes, wie sie im Bewuſstsein

Leben hat, denn nun ist ihm das Prädikat nur das Herausgehen einer Substanz aus sich selbst, deren Identität sich wiederherstellt aus der räumlichen und zeitlichen Trennung ihrer Elemente. Nicht die Zeitbestimmung, das Temporalsuffix, bewirkt, dafs nunmehr das Erkennen dem Bewufstsein genügt, sondern ein Gefühl davon, dafs in dem Erkannten eine Kraft, analog der Ichform, die Kontinuität der Substanz und deren Herrschaft aufrecht erhält. — Dies Gefühl ist es, was die Zeitfolge eines Mannigfaltigen von dessen kausalem Zusammenhange unterscheidet; Kausalität ist der Triumph des Erkennens über räumliche und zeitliche Trennung eines Gekannten. (1)

Kant fafste den Begriff der Kausalität, durch den a priori eine notwendige Verknüpfung von Ursache und Wirkung gedacht werde, als entsprungen aus der reinen Vernunft; er würde ihn, wenn er die Sprache bei seiner Untersuchung zu Rate gezogen hätte, auch schon in den Wahrnehmungssätzen haben auffinden können. Hume aber, von dessen Aufstellungen er ausging, schien allerdings der Ansicht zu sein, dafs der Kausalitätsbegriff lediglich aus der Erfahrung entspringe (welche nach Kant durch ihn überhaupt erst möglich wird), und setzt daher für sein Entstehen wiederholte Beobachtungen von aufeinander folgenden Vorgängen voraus. Er meint, dafs von einem Wissen a priori bei der Kausalität nicht die Rede sein könne, sondern nur von dieser Erfahrung, dafs einzelne Gegenstände immer miteinander verbunden auftreten. Die Vernunft könne aus sich selbst weder ausfindig machen, aus welchen Ursachen ein Gegenstand hervorgegangen sei, noch welche Wirkungen er haben werde. Selbst auch, wenn man nun eine Erfahrung von dem Vorhandensein einer Ursache und ihrer Wirkung gewonnen habe, stütze sich dieser Erwerb keineswegs auf eine Einsicht oder ein Denken. Denn es sei nicht mit Sicherheit zu schliefsen, dafs zu anderer Zeit gleiche Dinge, wie die, an denen wir die Erfahrung machten, dasselbe Verhalten zu einander zeigen würden. Dennoch zu glauben, dafs dies wiederum der Fall sein werde, dazu bestimmten uns nicht Gründe, sondern Gewohnheit oder ein fertig gewordener Zustand (Custom or habit.) in uns. (2)

Wenn Hume annimmt, dafs das Eintreten eines Geschehens, nachdem ein anderes Geschehen vorausgegangen, aus Gewohnheit erwartet werde, so setzt er voraus, dafs nur aus einer Wiederholung solcher Akte auf Kausalität geschlossen werde. Aber der Schlag, welcher einen Menschen tötet, wird als Ursache dieser

Wirkung, nicht nur als Folge von uns aufgefaßt (auch wenn von
dem Totschläger der Schlag als Ursache solcher Wirkung keineswegs gewollt war), und zwar ohne Gewohnheit; und auch, wenn
der Totschlag von dem Schlagenden beabsichtigt war, sollte der
Schlag Ursache sein, nicht nur Folge, und nicht aus Gewohnheit
braucht der Kausalnexus als solcher anerkannt zu werden. Gewohnheit macht uns überhaupt nicht kund, daß Ursache und Wirkung
bei aufeinander folgenden Vorgängen als deren Band zu betrachten
sind, sondern bewirkt nur, daß wir das Eintreten gewisser Einzelfälle eines Geschehens erwarten zu dürfen glauben. (3)

Nun ist ja richtig, daß die zum Urteil befähigende Erfahrung auf dem Gedächtnis beruht, d. h. auf der zur Gewohnheit gewordenen Reproduktion gewisser Reihen von Er-
kenntnisakten, und daß die bloße Wiederholung des einen dieser
Akte genügender Reiz ist, um das erneute Bilden der folgenden
herbeizuführen und sie ins Bewußtsein treten zu lassen, aber nur
als Succession erfolgt dies Reproduzieren, und der Nexus der
Kausalität kommt nicht dadurch hinein, daß auch er in vielen
Einzelfällen faktisch vorhanden ist. Gewohnheit läßt glauben
und erwarten, was kommen wird, nicht aber, was kommen muß,
wann ein mehrfaches Geschehen im Verhältnis von Ursache und
Wirkung einander bedingt. So bringt Übung zuwege, daß ich
z. B. fertiger bin, ein Musikstück zu spielen, wie die Töne aufeinander folgen; daß ich es tiefer verstehe in seiner Verknüpfung,
hängt aber ab von tieferem Eindringen in seinen Geist.

Wie oft übrigens und wie stark auch Hume seine Meinung
über die Wirkung der Gewohnheit ausdrückt, so begnügt er sich
doch eigentlich nur mit ihr als Erklärung für das Entstehen des
Kausalitäts-Begriffs, weil er ein vorsichtiger Mann ist und nicht
gern etwas behauptet, was er als wahr nicht glaubt ausreichend
begründen zu können. Er selbst meint nicht, daß die Gewohnheit
als letzter Grund für den Glauben an die Folge der Wirkungen
gelten müsse, obwohl man sich mit der Auskunft begnügen könne,
welche man durch sie in durchaus verständlicher Weise erhält,
da die möglicherweise zu Grunde liegenden geheimen Kräfte sich
der Wahrnehmung entziehen. Richtig erkennt er auch, daß die
Verknüpfung von Ursache und Wirkung als eine streng notwendige
in der Seele gefühlt wird, aber auch selbst dies soll sich aus einer
Gewohnheit erklären, daß wir das Wirken unseres Willens auf
die Bewegungen unseres Körpers als ein ursachliches zu fühlen
glauben; es können, meint er, diese Akte zwar als verbunden

(conjoined) erfahren werden, als verknüpft (connected) glaube
man sie aber nur infolge der Macht der Gewohnheit. (4) —
St. Mill (Logik, übers. Schiel I, p. 406ff.) sagt in demselben Sinne
in Bezug auf das allgemeine Kausalgesetz, er kümmere sich nicht
um eine letzte Ursache der Dinge, er spreche nur von einer physikalischen, welche aus der Erfahrung zu entnehmen sei. Im übrigen
führt er aus, daſs gewöhnlich nicht Eine, sondern eine Summe
von verschiedenen vorhergehenden Erscheinungen nötig ist, um
durch ihr Zusammenwirken eine folgende Erscheinung hervorzubringen, eine jede solcher Bedingungen eines Phänomens könne
dann gelegentlich als Ursache bezeichnet werden. Eine unveränderliche Sequenz ist noch nicht auch schon Ursache, sie muſs
dazu nicht blofs unveränderlich sein, sondern auch unbedingt.
Er bespricht endlich (l. c. p. 441) „eine ziemlich alte Lehre bezüglich der Kausalität, die in den letzten Jahren an manchen
Orten wieder aufgetaucht ist, und gegenwärtig mehr Lebenszeichen
von sich giebt, als eine jede andere“ — „Nach der fraglichen
Theorie ist der Geist, oder genauer ausgedrückt, der Wille die
einzige Ursache der Erscheinungen. Unsere eigene Willensthätigkeit ist der Typus der Verursachung, sowie die ausschlieſs-
liche Quelle, aus der wir die Idee schöpfen. Da und nur da
(so sagt man) haben wir den direkten Beweis einer Verursachung.
Wir wissen, daſs wir unsern Körper bewegen können. Bezüglich
der Erscheinungen der leblosen Natur besitzen wir keine andere
direkte Kenntnis, als die von Antecedens und Folge, aber in be-
treff unserer freiwilligen Handlungen behauptet man, wir wären
uns eines Vermögens bewuſst, bevor wir die Erfahrung von Resultaten haben. Ob eine Wirkung darauf folge oder nicht, der
Willensakt ist von einem Bewuſstsein einer Anstrengung, „einer
ausgeübten Kraft, einer Kraft in Thätigkeit, die notwendig ur-
sächlich oder bewirkend ist“, begleitet. Dieses einem Willensakte
inhärente Gefühl von Energie oder Kraft ist Wissen a priori, der
Erfahrung vorausgehende Gewiſsheit, daſs wir das Vermögen besitzen, Wirkungen zu verursachen. Das Wollen, so wird behauptet,
ist daher etwas mehr als das unbedingte Antecedens, es ist eine
Ursache, und zwar in einem andern Sinne als man physikalische
Phänomene einander verursachend nennt, es ist eine causa efficiens.
Von dieser Lehre zu der Lehre, daſs die Willensthätigkeit die
einzige causa efficiens aller Erscheinungen sei, ist der Übergang
leicht.“ Mill entgegnet dieser Ansicht, daſs auch „eine Willensthätigkeit nicht eine urwirkende, sondern einfach eine physikalische

Ursache sei. Unser Wille verursacht unsere körperlichen Thätigkeiten in demselben und in keinem anderen Sinne, in dem die
Kälte Eis, oder in dem ein Funke die Explosion des Pulvers verursacht". Er schließt: „Da unsere Willensakte diejenigen Fälle
von Verursachung ausmachen, mit denen wir am meisten vertraut
sind, so werden sie in der Kindheit und in der frühen Jugend
des Menschengeschlechts spontan als der Typus von Verursachung
im allgemeinen genommen, und von allen Erscheinungen wird angenommen, sie würden durch den Willen eines empfindenden
Wesens direkt hervorgebracht".- Er charakterisiert dann „diesen
ursprünglichen Fetischismus nicht mit den Worten Humes, sondern
mit denen eines „religiösen Metaphysikers, wie Reid (Essays on
the Active Powers, Ess. IV, ch. 3), damit die Übereinstimmung
aller kompetenten Denker in Beziehung auf diesen Gegenstand
um so stärker hervortrete", und wir teilen auch aus der so citierten
Stelle das wesentliche mit, weil wir einige Bemerkungen an-
schließen wollen, durch welche unsere Aufstellung noch vielleicht
deutlicher hervortritt. Reid sagt, wir unterschieden Bewegungen
und Veränderungen, die wir zu erzeugen Macht haben, von solchen,
die aus anderen Ursachen entstehen. Zuerst freilich denken die
Menschen, z. B. die Wilden, daß auch in dem letzteren Falle
eine Seele, wie die unsrige vorhanden sei, welche so wirke. Darum
glauben z. B. rohe Völker, daß Sonne, Mond, Erde, Meer, Luft,
Quellen und Seen Verstand und aktive Macht haben und kommen
zu Götzendienst. Ferner „tragen alle Sprachen in ihrem Bau die
Zeichen, daß sie entstanden sind, während solcher Glaube herrschte.
Die Unterscheidung von Verben und Participien in aktive und
passive, welche sich in allen Sprachen findet, muß ursprünglich
den Zweck gehabt haben, das wirklich Thätige von dem bloß
Leidenden zu unterscheiden; in allen Sprachen finden wir aktive
Zeitwörter auf Gegenstände angewendet, in denen die Wilden eine
Seele annehmen, wie z. B. die Sonne geht auf oder unter, der
Mond wechselt, die See ebbet und flutet cet. Die Sprachen
wurden von Menschen gebildet, welche glaubten, diese Gegenstände
hätten Leben und thätige Kraft in sich"; — „und es giebt keinen
sichereren Weg, die Gedanken und Empfindungen der Nationen
in einer vorgeschichtlichen Zeit zu verfolgen, als vermittelst des
Baues ihrer Sprache, die trotz der Veränderung, welche die Zeit
in ihr hervorgebracht hat, immer noch den Stempel der Gedanken
derjenigen bewahren wird, welche sie erfunden haben". Nachher
freilich wird von philosophischen Köpfen gefunden, daß die für

beseelt und thätig gehaltenen Gegenstände, in Wirklichkeit tot
und unthätig sind, so daſs der Aberglaube schwindet. „und die
Natur erscheint als eine groſse Maschine, in der ein Rad durch
ein anderes und dies durch ein drittes gedreht wird, und der
Philosoph weiſs nicht, wie weit diese notwendige Reihenfolge
reichen mag." — Mill fährt fort: „Es existiert also eine spontane
Neigung des Geistes, sich alle Fälle von Verursachung dadurch
zu erklären, daſs er sie dem absichtlichen Handeln von willens-
fähigen Agentien, wie er selbst ist, vergleicht". Nur langsam
mache sich bessere Einsicht geltend und finde in jener „instinkt-
mäſsigen Philosophie" fortwährend einen dauernden Widerstand. (5)

Wir nun begnügen uns mit dem Eingeständnis, daſs die „in-
stinktmäſsige Philosophie" den Belehrungen Humes, Mills und so
vieler anderen „kompetenten Denker" hartnäckigen Widerstand
zu leisten fortfährt, und halten es für kein Unglück, wenn wir
uns einem „ursprünglichen Fetischismus" um des Erkennens willen
nahe halten. Die Lehre allerdings, daſs der Wille des göttlichen
Wesens die einzige Ursache der Erscheinungen sei, wie sie z. B.
Malebranche, Berkeley vortrugen (6), stellen wir nicht auf,
indem wir uns bescheiden, darüber etwas zu wissen. Menschlicher
Wille sucht irgend einem Mangel abzuhelfen; Wollen, Fühlen,
Denken sind Rubriken für die Menschenseele, sie können Gott
nicht beigelegt werden.

Der Wille, von dem wir sagen, daſs auf seiner Übertragung
der Sinn der Kopula im Wahrnehmungssatze beruht, ist kein
transcendenter, der den Veränderungen in der Natur als Ursache
zu Grunde liegt, sondern der lebendige Wille jedes Individuums
unseres Geschlechts. Man fühlt diesen Willen nicht etwa als eine
im Menschen bereit liegende, der Verwendung harrende Kraft,
sondern gerade als ein Verursachendes in Bezug auf jede Veränderung, welche man hervorbringt oder hervorbringen will. Es
ist nicht dieser Wille, der sich hinsetzt, weil er in Ruhe wollen
will, um dieses Wollen in seinem Verhalten zu den Muskelbewe-
gungen des Körpers zu beobachten, aber, wenn etwa das Individuum aufmerkt, um ferne Töne zu unterscheiden, wenn es der
lästigen Mücke nachstellt, ein Niesen zu unterdrücken sucht, sich
an früher Gewolltes erinnern muſs, seinen Durst zu stillen eilt
— dann will es, und es fühlt auch, daſs es will. Als Wille gilt
uns auch, was als Trieb sein Ziel erst allmählich unter Einwirkung sinnlicher Reize bestimmt und sein Streben oder Wider-

streben erst, wenn es ins Bewufstsein getreten ist, mit einer
gewissen Freiheit der Wahl kundgiebt.

Der menschliche Wille entwickelt sich zugleich mit dem Bewufstsein des Individuums durch die Empfindungen aus dem Gefühl,
und da die Bildekraft des Individuums, wie auch immer zur Freiheit und Selbstbestimmung sich durchringend, ursprünglich doch
wurzelt in der Bildekraft des Universums, so braucht Mill nicht
unrecht zu haben, wenn er behauptet, dafs auch die menschliche
Willensthätigkeit „nicht eine urwirkende, sondern einfach eine
physikalische Ursache sei", nur, dafs dies uns so „einfach" nicht
eben vorkommt. Wir behaupten also auch dies nicht, dafs der
menschliche Wille als letzte Ursache seiner Thätigkeit aufzufassen sei, sondern begnügen uns mit der Thatsache, welche
Mill nicht leugnet, dafs der Wille des Individuums von diesem
als verursachend gefühlt wird.

Richtig ist auch Mills Hinweisung, dafs für die Veränderungen
an Dingen oder Vorgängen eine Ursache nirgend wahrgenommen wird; in der That kann man sie ebensowenig aufweisen,
wie die Substanzialität, welche wir in das Subjekt einbilden,
weil wir uns hineinfühlen. Wie durch unser Erkennen ein
räumlich Ausgedehntes, in örtlicher Bestimmtheit Wahrgenommenes, zum wirkenden Träger eintretender Veränderungen gemacht wird, so durchgeistigt sich das zeitliche Geschehen für menschliches Erkennen und Sprechen, indem es als
hervorgebrachte Veränderung zugleich als zusammenhängend
mit der Substanz dem Zufall entrissen wird und als Wechselwirkung erscheint, weil durch seine eigene Bestimmtheit der
Substanz erst jener Inhalt zukommt, welcher das Kausalitätsverhältnis ermöglicht.

Eben, weil im Universum, wenn wir das Kausalitätsgesetz
schon mit in unserm Wahrnehmen aufstellen, alles Einzelne für
uns in Wechselwirkung tritt, ein Wille Alles im Zusammenhange hält, ist es nicht thunlich, im Einzelfalle eine aus- und
abschliefsende Ursache für ein Geschehen zu setzen. Da treten
Wirkungen auf, nicht weil ein Vorgang sie verursacht, sondern
weil er durch sein Wirken verursacht, dafs nunmehr etwas als
Ursache zu wirken vermag, dessen Kraft vorher gebunden war;
da wird ein sonst für ein Geschehen gleichgiltiger Vorgang vorübergehend zu einer Ursache desselben, weil er unter gewissen
Bedingungen erfolgt, die für sich allein zur Ursache nicht genügt
hätten; alle Eigenschaften der Dinge können in besonderen Fällen

als Ursachen wirken und unter Zutritt anderer Bedingungen Ursachen zu anderen Wirkungen werden; und endlich: welches ist denn die Ursache zu den gefundenen Ursachen (die ja selbst ohne Ursache nicht wirken), der in Wahrheit der Name „Ursache" zu geben wäre?

So sind denn auch für die Akte unserer Willensthätigkeit die Ursachen uns nicht weiter bekannt, als dafs wir fühlen, wie wir, indem wir wollen, eine Wirkung uns zum Zweck setzen, und dafs wir dieses Willensaktes uns bewufst werden. Indem wir dann, um solche Wirkung herbeizuführen, zweckmäfsige Mittel in Anwendung bringen, z. B. bei der Konstruktion unserer Instrumente und Maschinen, erzeugen wir, was die sogenannten Experimente wertvoll macht, Ketten von Ursachen und Wirkungen. Aber das Verursachende hierbei, wie nicht minder die physikalischen Ursachen in uns selbst, aus welchen diese Willensakte sich erzeugen, bleiben im Dunkeln; ist es doch z. B. dunkel, wiefern die Aufsenwelt Ursache sein kann zum Entstehen menschlicher Empfindungen; und nicht weniger dunkel, wie unsere Seele auf ihren Körper zu wirken imstande ist.

Hegel (Wissenschaft der Logik, I, 2, p. 89 ff.) spottet über die „bestimmten Gründe (Ursachen) der Reflexion", „die Angabe eines Grundes sei blofser Formalismus und leere Tautologie, welche denselben Inhalt in der Form der Reflexion in sich, der Wesentlichkeit, ausdrücke, der schon in der Form des unmittelbaren, als gesetzt betrachteten Daseins vorhanden ist. Ein solches Angeben von Gründen ist deswegen von derselben Leerheit begleitet, als das Reden nach dem Satze der Identität. Die Wissenschaften, vornehmlich die physikalischen, sind mit den Tautologieen dieser Art angefüllt, welche gleichsam ein Vorrecht der Wissenschaft ausmachen. Es wird z. B. als der Grund, dafs die Planeten sich um die Sonne bewegen, die anziehende Kraft der Erde und Sonne gegeneinander angegeben. Es ist damit dem Inhalte nach nichts anderes ausgesprochen, als was das Phänomen, nämlich die Beziehung dieser Körper aufeinander in ihrer Bewegung, enthält, nur in der Form von in sich reflektierter Bestimmung, von Kraft. Wenn danach gefragt wird, was die anziehende Kraft für eine Kraft sei, so ist die Antwort, dafs sie die Kraft ist, welche macht, dafs sich die Erde um die Sonne bewegt". „Wodurch sich diese Erklärungsweise empfiehlt, ist ihre grofse Deutlichkeit und Begreiflichkeit, denn es ist nichts deutlicher und

begreiflicher, als daſs z. E. eine Pflanze ihren Grund in einer
vegetativen d. h. Pflanzen hervorbringenden Kraft habe". (7)

Die Tautologie, auf welche die Angabe solcher Ursachen
hinausläuft, belehrt zwar nicht über die Beschaffenheit derselben,
aber man sieht aus ihr, daſs unter allen Umständen bei jedem
Geschehen ein Verursachendes vorausgesetzt wird, und man sieht
weiter, und zwar eben aus der Tautologie, was hierzu veranlaſst:
das Bedürfnis nämlich, das Geschehen als ein trotz der Bewegung
und Veränderung, welche es als solches in sich schlieſst, als ein
in sich gegründetes, mit sich in Identität bleibendes zu verstehen.
In dem Satz der Identität: A ist A bedeutet das Subjekt A ein
gegebenes A, das Prädikat A ein — wenn auch als identisch —
gesetztes; und so sind die tautologisch aufgestellten Ursachen
immer doch die Aussage, daſs ein Verursachendes vorhanden ist,
daſs also anzunehmen sei eine so oder so wirkende Eigenschaft
oder Kraft, durch welche der Zusammenhang der Satzelemente
sich erklärt. Gerade durch solche Kontinuität der Substanz trotz
der beständigen Veränderungen des Inhalts erhält sich die Form
des Ich; nach jedem Willensakt, der es aus sich hinausführt, kehrt
es zu sich zurück, sich aufs neue genieſsend in der Tautologie:
Ich bin Ich.

Was sprechen denn die von Hegel angeführten Sätze eigentlich aus, wenn sie im Zusammenhang ihrer Elemente gefaſst
werden, wie sie gemeint sind?

Nicht etwa als leuchtende Körper bewegen sich die Planeten
um die Sonne, und nicht etwa kann ein um die Sonne sich
Bewegen wie das der Kometen ausgesagt werden von den
Planeten, sondern nur eben: die um die Sonne sich bewegenden (Sterne, genannt) Planeten bewegen sich nach Pla-
netenart um die Sonne. Ebenso wird nicht von der Pflanze,
sofern sie etwa Blattläuse ernährt, ausgesagt, daſs sie hervorgebracht wird, sondern von der Pflanze, sofern sie entsteht und
wächst, und kein Hervorgebrachtwerden wie z. B. das der Krystalle
kann als Prädikat gesetzt werden zur Pflanze, sondern nur das
vegetative, so daſs der Satz ausspricht: Die hervorgebrachte
Pflanze wird nach Pflanzenart hervorgebracht.

Das Erkennen trennt, indem es sich ausspricht, die Satzelemente als Ursache und Wirkung, aber in dieser Trennung verhalten sie sich doch nur als Glieder einer Einheit; die Ursache
spricht der Satz, in dieser Einheit gefaſst, selbst nur aus als

Wirkung, und die Wirkung ist nichts als eben die Ursache, welche sich enthüllt und als enthüllte kundgiebt.

Daher ist denn auch der Satz aufgestellt worden, es seien Ursache und Wirkung dasselbe. Hegel (l. c. p. 88) sagt: „Es ist im bestimmten Grunde dies vorhanden: erstens, ein bestimmter Inhalt wird nach zwei Seiten betrachtet, das eine Mal, insofern er als Grund, das andere Mal, insofern er als Begründetes gesetzt ist. Er selbst ist gleichgiltig gegen diese Form; er ist in beiden überhaupt nur Eine Bestimmung. Zweitens ist der Grund selbst so sehr Moment der Form, als das durch ihn Gesetzte: dies ist ihre Identität der Form nach." — Sextus Empiricus sagt, dafs wenn zur Kausalität ein Wirkendes gehöre und ein Bewirktes, dann nur zwei Namen für Eine Sache da wären, denn jedes von beiden bedinge das Resultat, wie wenn z. B. Feuer als Ursache des Brennens genannt werde, zum Brennen doch aber auch passendes Holz gehöre, nicht mehr Grund sei, das Feuer die Ursache des Brennens zu nennen als das Holz. — Die Dogmen des Veda und das Hauptwerk der Vedântaschule lehren, dafs Ursache und Wirkung, bei aller Verschiedenheit der äufsern Form, im Grunde identisch sind, und es folge aus dieser Identität, dafs Brahman gleich ist der Welt, oder, wie zu sagen sei, dafs die Welt gleich ist dem Brahman. (s)

Reid und Mill geben zu, dafs die Sprache, welche sagt: die Sonne geht auf oder unter, die See ebbet u. s. w. von Menschen gebildet sei, welche solche Gegenstände mit Leben und Willen erfüllt vorstellten, aber sie meinen, dafs vor der besseren Einsicht der Nachkommen dieser Wahn verschwinde. Es ist dies ja richtig, aber es wäre ein Irrtum, wenn man annehmen wollte, es sei da also in Urzeiten aus Unkenntnis eine fehlerhafte Ausdrucksweise aufgekommen, an deren Folgen wir noch einigermafsen zu leiden hätten, obwohl unsere Philosophie den Aberglauben zerstreut hätte, an den sie erinnere. Die Sprache spricht in den Formen, nach welchen unser Erkennen erkennt, und es ist schief, hierbei an Fehlerhaftes und an dessen Besserung zu denken. Ob wir, indem wir unsere Seele der von uns wahrgenommenen Natur einbilden, um sie zu erkennen, auch dazu Anlafs geben, dafs Fetische aufgerichtet, Gestirne, Flüsse, Bäume als Götter verehrt werden können, das hat mit dem Erkennen nichts zu thun: die in solchen Kulten Befangenen haben ihre Verehrung auch nie als ein Erkennen erstrebt oder für ein Erkennen gehalten, und es konnte

diese sich verlieren, ohne dafs die Formen, unter denen unser Erkennen vor sich geht, sich änderten. Ob wir sagen: Die Sonne
geht auf und unter, oder dafür setzen: Die Erde dreht sich um
die Sonne und um ihre Achse; ob wir sagen: die See ebbet, oder:
die Anziehung des Mondes hebt und senkt das Meer, oder: bewirkt
die Erscheinungen von Ebbe und Flut — wir erkennen, indem
wir diese Vorgänge nach Subjekt und Prädikat sondern, zugleich
auch verbunden halten, und dadurch als erkannt uns zu eigen
machen, ein Geschehen unter der Form einer Verursachung.

Allerdings setzen wir infolge einer genaueren Kenntnis des
Thatbestandes, wie sie Erfahrung und Wissenschaften uns verschaffen, als Ursachen an Stelle der Namen von Einzeldingen
Wortbegriffe, wie Kraft, Eigenschaft, Entwickelung, Kampf ums
Dasein, Vererbung, oder Verstand, Überlegung, Liebe, Leidenschaft, oder Tugend, Gerechtigkeit, Freiheit, oder Wärme, Anziehung. Elektricität u. s. f., aber immer setzen wir dann solche
Subjekte als von unserem Denken unabhängige Substanzen und
in den Wissenschaften wird auch mit solchen Abstractis mancher
Götzendienst getrieben. Ein Wortbegriff ist vor göttlicher Verehrung keineswegs sicher. Die Salus, Libertas, Spes, Concordia,
Pietas u. d. m. hatten Tempel und Altäre bei den Römern, und
man betete zu ihnen, sie möchten wirken; Plato glaubte zu erkennen, dafs „die Idee des Guten Ursache sei von allem Rechten
und Schönen." (9)

Nicht das Universum freilich erkennen wir auf diese Weise,
sondern unsere Formen des Erkennens, wie sie erscheinen, wenn
sie unser Empfinden des Universums zum Inhalt haben. Wir
sprechen nur von einem Erkennen aus unserer Vorstellung, nicht
von dem Vorgang im Universum, wie er in Wirklichkeit erblickt
wird, wenn wir sagen: Die Sonne leuchtet, und das Subjekt „Sonne"
ist nur „Ursache" des vorgestellten Leuchtens, das Prädikat
„leuchtet" nur „Wirkung" der vorgestellten Sonne; die Trennung
der Wahrnehmung des Sonnenleuchtens nach Subjekt und Prädikat erfolgt, weil eben nur in solcher Form unser Bewufstsein
erkennt.

Es ist aber eine lebendige Verursachung, welche der Wahrnehmungssatz ausspricht, und so stellt er seinen Inhalt dar, wie
die Akte unserer Willensthätigkeit in ihrem Verlauf von uns empfunden werden, als ein zeitliches Nacheinander ursachlicher Kraft-
entwickelung, welche anhebt vom Subjekt und je nach der Zeit-

bestimmung des Prädikats in einer Zeitfolge sich fortsetzt.*)
Ursache und Wirkung erkennen wir als Glieder einer Succession auch in dem Fall, wenn für die Wahrnehmung des
Kennens das Auftreten des Verursachenden und die Erscheinung
des Bewirkten ein gleichzeitiges ist. Nehmen wir z. B. als
Einen Vorgang wahr das „Sonnenleuchten", so stellen wir doch
vor die Substanz „Sonne" als das in jeder Veränderung in Identität
mit sich Verharrende, welches zu der bestimmten Zeit zu seinem
Wirken, dem „leuchtet", aus seiner Ruhe tritt, so dafs von der
Kraftfülle der Substanz her durch den Kausalnexus des Geschehens
die Zeitmomente ihre Regelung erhalten. Nur an diesem Beharrenden unserer Ichsubstanz werden wir ja überhaupt uns der
Zeit als einer Folge bewufst, oder, wie Kant sagt: „Nur das Beharrliche (die Substanz) wird verändert." (10)

Während nun im Wahrnehmungssatze das Subjekt lediglich
eine ihm innewohnende Kraft nach der Angabe des Prädikats zu
entfalten scheint, so dafs der Kausalnexus zwischen diesen Satzgliedern, als unmittelbar gegeben, gar nicht besonders bemerkt
wird, und eine Untersuchung des Kennens, auf welche sich die
Einheit des Satzbildes stützt, erst von einer späteren Reflexion als
erforderlich betrachtet wird, ist es im Urteilssatze gerade diese
Verbindung, die Kopula, von deren Berechtigung, isolierte
Wörter als Wortbegriffe mit einander zu verbinden, die Wahrheit der Aussage abhängt. Ein zureichender Grund mufs rechtfertigen können, warum unter den möglichen Verbindungen des
Subjektsbegriffs mit Prädikatsbegriffen dieser bestimmte gewählt
wurde, damit das Urteil vor der Gattung gelten kann.

Was im Wahrnehmungssatz auseinander trat als Ursache
und Wirkung erscheint im Urteilssatz als Verbindung durch
das Verhältnis von Grund und Folge; (11) — aus der vorgestellten Kausalität wird eine begriffliche. Die Bedeutungen
der Wörter Ursache (und Wirkung), Grund (und Folge) verhalten sich hiernach so zu einander, dafs Ursache vorgestellt
wird als eine Kraft, durch welche eine, äufsere oder innere, wahr-
zunehmende Veränderung hervorgebracht wird, während Grund
begriffen wird als gedachte Ursache, aus deren Begriff das
Folgen einer anderen Erscheinung sich als allgemein giltig ergiebt.

---

*) Wir können auch etwa sagen (statt: die Not endet nicht): die Not
will nicht enden.

Wir stellen uns die Ursache vor als causa essendi, wir denken den Grund als ratio cognoscendi, (12) wobei zu erinnern ist, daß diese causa essendi zwar als Ursache der Wirklichkeit gemeint ist, in der That aber nur eine Beziehungsweise unseres Vorstellens ist, daß wir also immer hingewiesen bleiben auf unser Kennen des Vorgangs der Wirklichkeit, von dessen Genauigkeit es daher auch abhängt, ob als Träger der Ursache in dem Wahrnehmungssatze ein mehr oder weniger passendes Subjekt vorgestellt wird.

In der Vorstellung kann nur vorhanden sein das einzelne Geschehen des Hier und Jetzt, und was so für dieses Vorstellen die Kraft einer Substanz wirkt, ist nur ein einzelner Akt derselben, welcher ihren Begriff nicht erschöpft. Das Subjekt im Wahrnehmungssatze ist Ursache zu dieser Einen Wirkung an diesem Orte, zu dieser Zeit, im Urteilssatze ist es Grund zu seiner Folge, wobei abgesehen ist von dem bestimmten Ort und der bestimmten Zeit, und man kann daher sagen, daß mit der Ursache im Wahrnehmungssatz die Veranlassung (occasio) angegeben ist für das Eintreten einer Wirkung, mit dem Grunde im Urteilssatz aber die Einsicht, daß das Eintreten einer Folge als allgemeingiltig anerkannt werden soll. Es wird also aus dem Grunde immer auch die Ursache als möglich begriffen werden müssen (und unter Voraussetzung der Bedingungen, welche für den Einzelfall nötig sind, auch als wirklich), aber die Ursache ihrerseits wird nur dann auch der Grund sein, wenn sie, wie z. B. beim physikalischen Experiment, rein für sich zur Wirkung kommt.

Ich sage etwa: Der Wind hat das Fenster zerbrochen, und gebe damit als Ursache des Vorgangs, wie ich ihn vorstelle, die Kraft des Windes an, welche an diesem Fenster zu dieser Zeit in dieser Art wirkte, aber der Grund zum Zerbrechen eines Fensters ist aus dem Begriff des Windes nicht zu entnehmen. Wenn ein genaueres Kennen aus genauerer Wahrnehmung mein Vorstellen bestimmt hätte, so würde der Wahrnehmungssatz mit mehr Grund etwa als Subjekt des Satzes hinstellen: Ein Windstoß, oder: das Aufreißen der Thüre, oder: die Zugluft, oder: das Offenstehen des Fensterflügels, oder das Unterlassen der Scheibenverkittung u. d. m. Erst aus der Erfahrung — der Wahrnehmung aller — würde ein Kennen hervorgehen, welches die reine Thatsache erfassen läßt, und dann erst kann der begriffliche Grund gesucht werden, der die angegebenen Subjekte in ihrer relativen Berechtigung dazu, Ursache zu sein, gelten läfst.

Betrachten wir die Aussage „das Wasser fliefst" als Wahrnehmungssatz, so ist dieses Wasser etwa insofern die Ursache des Fliefsens für das Vorstellen, als es von einem höheren Orte herabströmt; wird die Aussage Urteil, so ist der Grund für dessen Wahrheit aus dem Begriff des Wassers zu entnehmen, zu welchem gehört, dafs bei gewissen Wärmegraden ein nur geringer Zusammenhang der Wasserteilchen vorhanden ist, aus welchem selbst bei nicht geneigter Grundfläche sich die Erscheinung des Zerfliefsens und damit die des Fliefsens als Folge für die Einsicht ergiebt. Auch bei Wahrnehmungen innerer Vorgänge ist das als Ursache derselben Vorgestellte nicht auch schon als der Grund der Empfindung zu denken. Ich empfinde etwa Schmerz und sage: der Hunger thut mir weh, Hunger hinstellend als Ursache des Wehes, aber wenn ich urteile: Hunger erregt Schmerz, so dafs verlangt werden kann, ich wisse den Grund, warum der Zustand des Hungers Schmerzgefühle zur Folge hat, so werde ich weiteres anführen müssen, als meine Empfindung, und zwar derartiges, dafs aus ihm sich auch die Empfindung des Schmerzes als Wirkung der Ursache „Hunger" ergiebt.

Wir haben indes noch genauer zu erwägen, worauf wir im Vorhergehenden bereits hinwiesen, wie das Verhältnis der Kausalität zum Ausdruck kommt zwischen Wortbegriffen als Subjekten und deren Prädikaten. Die Verbindung von Wortbegriffen im Urteilssatz beruht auf einem Gedachten, auf einem Grunde, aus welchem sie allgemeingiltig folgt, und es scheint nicht zulässig und zu Gedankenfetischismus führend, wenn der Wortbegriff des Subjekts als Ursache vorgestellt wird, zu welcher das Prädikat sich verhalte wie dessen Wirkung. Dennoch verfährt so die Sprache z. B., wenn sie im Urteilssatz das Prädikat durch ein Verbum bezeichnet: „das Wasser fliefst", „der Hunger schmerzt", oder wenn die Platonische Idee des Guten das Rechte und Schöne hervorbringt. Solche Rede erklärte Aristoteles für nichtig, für eine poetische Wendung, denn es sei ja nichts vorhanden, was verursachend wirke im Hinblick auf die Idee. (13) Man hat sich hieran nicht gekehrt. Ἐν ἀρχῇ ἦν ὁ λόγος — sagt das Evangelium des Johannes — πάντα δι᾽ αὐτοῦ ἐγένετο, καὶ χωρὶς αὐτοῦ ἐγένετο οὐδὲ ἕν, ὃ γέγονεν und fafst also den Wortbegriff als Substanz, als die göttliche Substanz, — καὶ θεὸς ἦν ὁ

λόγος — durch welche alle Dinge gemacht sind. Und wenn dann
der Goethesche Faust, der

> — — „das Wort so sehr verachtet,
> Der, weit entfernt von allem Schein,
> Nur in der Wesen Tiefe trachtet",

für das Ewigschaffende nach anderen Substanzen sucht, so nennt
er den Sinn, die Kraft, die That, und bleibt mit allem Mühen
im Banne der Begriffe und, wie Aristoteles tadelt, der Poesie.
Und diese Poesie ist im gewöhnlichen Ausdruck überall zu finden:
Der Glaube macht selig, Arbeit macht das Leben süfs, Glück macht
blind u. d. m.

Besonders bedenklich scheint es zu sein, wenn die Sprache
abstrakte, abgeleitete, Substantiva zu Subjekten von Urteilssätzen
macht, bei denen ein Erkennen gefordert wird, welches allgemeingiltig, also wahr sein soll. Denn was kann denn ausgesagt werden
von diesen Prädikatsbegriffen, als dies, was wir in sie hineinlegten,
als wir sie (von Verben oder Adjektiven) bildeten? Man wird
also zwar aus dem Inhalt und Umfang dieser Wortbegriffe den
Grund entnehmen für die Verbindung, welche ihnen in Urteilssätzen mit dem Prädikat angewiesen ist; aber wird nicht das
Urteil lediglich zu einer Gedankendichtung, wenn das Gattungs-
Ich, sich kleidend in den Wortbegriff (vid. oben p. 155 ff.), diesen
nicht nur formell als Subjekt-Substanz einsetzt zum Träger einer
gedachten, begrifflichen Kausalität, sondern wenn dieser Substanz
auch der lebendige Wille des Individuums eingebildet wird, so
dafs sie als eine vorgestellte Kausalität, als Ursache wirkt
und zwar so, wie es an sich weder der Eigenschaft noch der
Thätigkeit eigen ist, von denen sie ihren Inhalt einzig miterhält,
wenn man sie von ihnen ableitet?

Handelt es sich nämlich um Gemeinnamen als Subjekte, die
als gegebene Substanzen, also als Komplexe verschiedener
Eigenschaften und Kräfte vorgestellt werden, so kann von ihnen
ohne Bedenken nach vielen Richtungen hin ausgesagt werden z. B.
Gold ist gelb, fest, schwer, dehnbar, Gold schmilzt, glänzt u. d. m.,
aber die von Adjektiven oder Verben abgeleiteten Abstracta bedeuten nichts Gegebenes, sind von uns mit Inhalt nur nach
Einer Richtung ausgestattet, weil wir Wirkliches, Substanzen,
nicht schaffen können. Gerechtigkeit ist nur, was gerecht ist,
Flüssigkeit, was fliefst, Thätigkeit, was thut u. s. w.

Allerdings wird die Poesie des Ausdrucks den Sinn nicht schädigen, solange die Subjekte der Urteilssätze nur mit solchen Prädikaten verbunden werden, deren Bedeutung von der ihrigen, wie sie sich im allgemeinen Sprachgebrauch festgestellt hat, umfaßt wird. In den Sprichwörtern z. B. Der Glaube macht selig, Gewohnheit lindert alle Ding, Geduld überwindet alles, Zorn macht verworrn, Hoffnung läßt nicht zu schanden werden u. d. m. wird die Identität des Subjekts-Begriffs nicht aufgehoben, wenn das Prädikat als durch ihn verursacht vorgestellt werden soll, und so bleibt der poetische Ausdruck für das Erkennen unschädlich. Anders aber ist es, wenn durch eine neue Definition — gleichviel, ob sie ausdrücklich ausgesprochen ist oder nicht — dem Subjekts-Begriff erst der Inhalt gegeben werden muß, ohne den er als hervorbringende Ursache seines Prädikats gar nicht vorgestellt werden kann. Eben jene Wortbegriffe, von denen wir sprechen, der des „Begriffs" und des „Willens" sind z. B. von den Philosophen Hegel und Schopenhauer zu Ursachen gemacht worden, durch welche nicht weniger als alles hervorgebracht werde. Verweilen wir bei ihnen mit einigen Bemerkungen, welche nicht sowohl bezwecken, das Unhaltbare dieser Aufstellungen nachzuweisen — sie sind immer nur von wenigen ernstlich festgehalten worden — als zu zeigen, daß sie sich zum guten Teil aus einer mangelhaften Auffassung der Sprache erklären.

Nach Hegel verwirklicht sich der Begriff selbst und ist Idee, indem er in seiner Verwirklichung mit sich identisch bleibt. Der Hegelsche Begriff ist so die schaffende Substanz, von welcher in der Notwendigkeit der eigenen stufenweisen Entwickelung zugleich erzeugt und enthüllt wird: die Entwickelung des Universums. Der Begriff ist (Encyklop. d. philos. Wissensch. § 163): „schlechthin das Wirkende, und zwar nicht wie die Ursache mit dem Scheine, ein Anderes zu wirken, sondern das Wirkende seiner selbst." „Diese Realisierung des Begriffs (l. c. § 193) — ist das Objekt." Hegel fügt hinzu, daß „so fremdartig auf den ersten Anblick dieser Übergang vom Begriff — in das Objekt scheinen mag, es doch zugleich nicht darum zu thun seyn kann, der Vorstellung diesen Übergang plausibel machen zu wollen." Aber gerade die vorgestellte Kausalität war plausibel zu machen, was allerdings Hegel vermieden hat.

Nun fühlte er wohl, daß die Sprache seiner Spekulation nicht folge, es war dies jedoch nach seiner Meinung ein Mangel der Sprache und ein Vorzug seines Denkens. Er wollte nämlich

Urteilssätze bilden, die zugleich Wahrnehmungssätze wären, und
nicht minder die Intensität der Sprachwurzel behaupteten; er wollte
Begriffe denken und zugleich schauen, und so dachte er als
Philosoph, was sich ihm im Schauen darstellte als einem Dichter.
Dieses dichtende Denken aber hatte nur ein Sein, wie das des
τραγέλαφος und wurde so dem Denken eine σφίγξ (Arist. Ausc.
Phys. IV, 1), wie genial es sich auch ausnimmt. Er sagt (Phäno-
menolog. d. Geistes, p. 41): „Die Wissenschaft darf sich nur durch
das eigene Leben des Begriffs organisieren", und (l. c. p. 42): „Das
wissenschaftliche Erkennen erfordert, sich dem Leben des Gegenstandes zu übergeben" (die sich zum Satzbilde entfaltende
Sprachwurzel) „oder, was dasselbe ist, die innere Notwendigkeit desselben vor sich zu haben und auszusprechen"
(Urteilssatz). Es entgeht ihm nicht, daß dies eine schwere Sache
ist (p. 46): „Worauf es bei dem Studium der Wissenschaft ankommt, ist, die Anstrengung des Begriffs auf sich zu nehmen.
Sie erfordert die Aufmerksamkeit auf ihn als solchen, auf die einfachen Bestimmungen, z. B. des Ansichseins, des Fürsichseins, der
Sichselbstgleichheit und so fort; denn diese sind solche reinen
Selbstbewegungen, die man Seelen nennen könnte, wenn nicht ihr
Begriff etwas Höheres bezeichnete als diese. Der Gewohnheit, an
Vorstellungen fortzulaufen (Wahrnehmungssatz), „ist die Unter-
brechung derselben durch den Begriff ebenso lästig, als dem formalen Denken" (Urteilssatz), das in unwirklichen Gedanken hin
und her raisonniert. Jene Gewohnheit ist ein materielles Denken
zu nennen, ein zufälliges Bewußtsein, das in den Stoff nur ver-
senkt ist, welchem es daher sauer ankommt, aus der Materie zugleich sein Selbst rein herauszuheben und bei sich zu seyn. Das
andere, das Raisonnieren, hingegen ist die Freiheit von dem Inhalt,
und die Eitelkeit über ihn; ihr wird die Anstrengung zugemutet,
diese Freiheit aufzugeben, und statt das willkürlichbewegende
Prinzip des Inhalts zu seyn, diese Freiheit in ihn zu versenken,
ihn durch seine eigene Natur d. h. durch das Selbst als das
seinige", (gerade umgekehrt wie wir, die wir das Selbst (Ich) in
das Universum legen lassen, findet Hegel das Universum im Selbst
(Ich) und spricht aus diesem es nur aus) „sich bewegen zu lassen
und diese Bewegung zu betrachten". Hegel entwickelt dann
weiter, wie dadurch das Subjekt seines „spekulativen Satzes" ein
schwankendes wird, dagegen das Prädikat zur eigentlichen Substanz,
und sagt (p. 49): „Die Natur des Urteils oder Satzes überhaupt,
die den Unterschied des Subjekts und Prädikats in sich schließt,

wird also durch den spekulativen Satz zerstört" und es „entsteht
ein Konflikt der Form eines Satzes überhaupt mit der sie zerstörenden Einheit des Begriffs". Es wird dies dann an den beiden
Sätzen: „Gott ist das Seyn" und „das Wirkliche ist das Allgemeine" weiter besprochen, und es heifst dann (p. 52): „Die dialektische Bewegung hat zum Element den reinen Begriff; hiermit
hat sie einen Inhalt, der durch und durch Subjekt an ihm selbst
ist. Es kommt also kein solcher Inhalt vor, der als zum Grunde
liegendes Subjekt sich verhielte, und dem seine Bedeutung als ein
Prädikat zukäme: der Satz ist unmittelbar eine nur leere Form."
— Man kann hierzu noch vergleichen, was Hegel am Anfang
seiner Logik in Bezug auf den „Satz": „Seyn und Nichts ist Eins
und dasselbe" bemerkt (Encyklop. § 88, 4. Wissensch. der Logik
T. I, p. 83, A. 2). Es heifst in der Logik: „Indem dieser Satz die
Identität von Seyn und Nichts ausspricht, aber in der That ebenso
sie beide als unterschieden enthält, widerspricht er sich in sich
selbst und löset sich auf, — hat die Bewegung, durch sich selbst
zu verschwinden. Damit geschieht an ihm selbst das, was seinen
eigentlichen Inhalt ausmachen soll, nämlich das Werden." Es
wird dann weiter ausgeführt, dafs man überhaupt in einem Urteilssatze eine spekulative Wahrheit nicht sagen könne. Wolle man
jenen Satz durch den ebenso richtigen ergänzen: „Seyn und Nichts
ist nicht dasselbe", so entstehe wieder „der Mangel, dafs diese
Sätze unverbunden sind", während sie doch eigentlich nur Einen
Satz bilden sollten, „eine Vereinigung, welche dann nur als eine
Unruhe zugleich unverträglicher, als eine Bewegung ausgesprochen werden kann."
So ist also zwischen Hegel und der Sprache kein Friede
möglich. Wollten wir ihm anbieten, seinen Satz so zu sagen:
Wenn man dem Seyn jede Bestimmung nimmt, so unterscheidet
es sich in nichts von einem Nichts, so würden wir auch dann ihn
nicht befriedigen, denn das objektive Sein selbst soll es sein,
welches sich ins Nichts bewegt, nicht aber soll man „raisonnieren";
gäben wir ihm aber zu, dafs das objektive Seyn dergleichen durch
unsern Mund vollbrächte, so hätten wir dem Sein diese Kraft zugesprochen, also eine Bestimmung, und dann wäre es doch wirklich
nicht mehr ein Nichts. (14)
Wenden wir uns nun zu Schopenhauers „Wille".
Schopenhauer gerät nicht in die Schwierigkeit der dialek-
tischen oder irgend einer anderen Methode des Beweisens, er dichtet
Gedanken mit der ganzen Zuversicht des schauenden Genies. Er

weist darauf hin (Welt als Wille und Vorstellung, Bd. I, p. 127 ff.),
dafs „jede Aktion unseres Leibes Erscheinung eines Willensaktes
ist", dafs „der ganze Leib Erscheinung des Willens ist", eben
„der sichtbar gewordene Wille", die „Objektität des Willens".
Bei „fortgesetzter Reflexion" komme man dahin, „nicht allein in
denjenigen Erscheinungen, welche der unseren ganz ähnlich sind,
in Menschen und Tieren, als deren innerstes Wesen jenen näm-
lichen Willen anzuerkennen", sondern auch „die Kraft, welche in
der Pflanze treibt und vegetiert, ja, die Kraft, durch welche der
Kristall anschiefst, die, welche den Magnet zum Nordpol wendet,
die, deren Schlag uns aus der Berührung heterogener Metalle
entgegenführt, die, welche in den Wahlverwandtschaften der Stoffe
als Fliehen und Suchen, Trennen und Vereinen erscheint, ja, zuletzt sogar die Schwere, welche in aller Materie so gewaltig strebt,
den Stein zur Erde und die Erde zur Sonne zieht, — diese alle
nur in der Erscheinung für verschieden, ihrem innern Wesen nach
aber als das Selbe zu erkennen, als jenes ihm unmittelbar so intim
und besser als alles andere bekannte, was da, wo es am deutlichsten
hervortritt, Wille heifst." Dieser Wille sei das Kantische „Ding
an sich"; allerdings „erhalte der Begriff Wille durch diese denominatio a potiori eine gröfsere Ausdehnung als er bisher hatte",
und es mufs also ein jeder die so „geforderte Erweiterung des
Begriffs vollziehen", wenn er den Namen richtig verstehen wolle.
„Man subsumierte bisher den Begriff Wille unter den Begriff
Kraft", was Schopenhauer eben umkehrt, weil dem Begriff Kraft
„zuletzt die anschauliche Erkenntnis der objektiven Welt d. h. die
Erscheinung, die Vorstellung, zum Grunde liegt". „Kraft ist aus
dem Gebiet abstrahiert, wo Ursach und Wirkung herrscht, also
aus der anschaulichen Vorstellung, und bedeutet eben das Ursach-
sein der Ursache, auf dem Punkt, wo es ätiologisch durchaus nicht
weiter erklärlich, sondern eben die notwendige Voraussetzung aller
ätiologischen Erklärung ist. Hingegen der Begriff Wille ist der
einzige, unter allen möglichen, welcher seinen Ursprung nicht in
der Erscheinung, nicht in blofser anschaulicher Vorstellung hat,
sondern aus dem Innern kommt, aus dem unmittelbarsten Bewufstsein eines jeden hervorgeht, in welchem dieser sein eigenes
Individuum, seinem Wesen nach, unmittelbar, ohne alle Form,
selbst ohne die von Subjekt und Objekt, erkennt und zugleich
selbst ist." Wenn man also dem Begriff Wille den Begriff Kraft
subsumiere, so habe man ein ganz Bekanntes statt eines weniger
Bekannten und halte fest „die einzige unmittelbare Erkenntnis,

die wir vom inneren Wesen der Welt haben." — Schopenhauer
führt dann aus, wie der Wille als Ding an sich frei ist von allen
Formen, in denen er erscheint. Die Vielheit dieser Formen werde
durch Zeit und Raum, dem principio individuationis, hervorgebracht, und innerhalb dieser Erscheinungswelt finde der Satz vom
Grunde Anwendung. Es sei dieser „Satz vom Grunde überhaupt
nicht zu beweisen, ja, einen Beweis für ihn zu suchen, sei eine
Verkehrtheit" (vid. Über die vierfache Wurzel des Satzes vom
zureichenden Grunde. § 14.).

Über Wahrheit oder Unwahrheit dieser Aufstellungen Schopenhauers haben wir uns hier nicht zu äufsern, jedenfalls stand ihm
bei seinem Erkennen das Recht unserer Sprachgenossen zu, den
Begriff „Wille" in erweiterter Bedeutung anzuwenden und die
Einführung derselben in den allgemeinen Sprachgebrauch auf diese
Weise zu beantragen. Uns handelt es sich nur um die Frage,
ob der „Begriff Wille" den Leistungen gewachsen sein kann,
welche Schopenhauer ihm zuschreibt. Dafs es von ihm nicht bewiesen und nicht zu beweisen sei, führt er selbst aus (Welt als
Wille I, p. 122): „es sei aus dem unmittelbaren Bewufstsein, aus
der Erkenntnis in concreto, zum Wissen der Vernunft erhoben,
oder in die Erkenntnis in abstracto übertragen worden", „sei eine
Erkenntnis ganz eigener Art", die er eine „κατ' ἐξοχὴν philosophische Wahrheit nennen möchte". Wenn Schopenhauer bedacht
hätte, dafs er „die bestimmten Stufen der Objektivation" des
Begriffs Wille als das erkannt hatte, was „Platon die ewigen
Ideen, oder die unveränderlichen Formen (εἰδῆ) nannte", (l. c.
p. 200) und dann noch eine andere Erkenntnis von sich hinzugefügt hätte (l. c. p. 217), die ebenso richtig ist, so würde er gesehn haben, dafs er als Künstler und zwar als Dichter einen
Hymnus auf den Begriff Wille nicht sowohl gedichtet als gedacht
habe. Die Stelle heifst: „Welche Erkenntnisart nun aber betrachtet
jenes aufser und unabhängig von aller Relation bestehende, allein
Wesentliche der Welt, den wahren Gehalt ihrer Erscheinungen,
das keinem Wechsel Unterworfene und daher für alle Zeit mit
gleicher Wahrheit Erkannte, mit Einem Wort, die Ideen, welche
die unmittelbare und adäquate Objektität des Dinges an sich, des
Willens, sind? Es ist die Kunst, das Werk des Genius. Sie
wiederholt die durch reine Kontemplation aufgefafsten ewigen
Ideen, das Wesentliche und Bleibende aller Erscheinungen der
Welt, und je nachdem der Stoff ist, in welchem sie wiederholt,
ist sie bildende Kunst, Poesie, oder Musik. Ihr einziger Ursprung

ist die Erkenntnis der Ideen; ihr einziges Ziel Mitteilung dieser Erkenntnis".

Der Begriff Wille ist zustande gekommen durch Substantivierung des Verbum wollen. Da „Wille" also keine gegebene Substanz ist, sondern nur von uns als eine solche geschaffen und in die Sprache eingeführt wurde, so ist seine Bedeutung durch das Wort bestimmt, von dem es abgeleitet ist, und es kann also von ihm nur eine Thätigkeit ausgesagt werden, in welcher ein Wollen zu erkennen ist, und nur solche Prädikate können ihm zugeschrieben werden, welche eine Art, eine Richtung, eine Eigenschaft des Wollens kennzeichnen. Es würde schon einer besonderen Definition des Begriffs Wille bedürfen, damit Prädikate, wie: dafs der Wille erhaben sei, unerschütterlich, oder dafs er beunruhige, quäle u. d. m. von ihm gelten könnten. Wie sollte es aber angehn, dafs von diesem Begriffe als selbstverständlich ihm zukommend ausgesagt wird, was doch als sein Gegensatz aufgefafst werden mufs? — Wollen, sagt Paulus (Röm. 7, 18), habe ich wohl, aber Vollbringen ($\varkappa\alpha\tau\varepsilon\rho\gamma\acute{\alpha}\zeta\varepsilon\sigma\vartheta\alpha\iota$), das Gute finde ich nicht. Und nun vollbringt dieser Schopenhauersche Wille ohne weiteres alles, und dies soll eben seinen „Begriff" ausmachen. Dem Wollen Gottes wird dies zugeschrieben, dafs es zugleich Vollbringen sei, aber Schopenhauer spricht gerade von dem Willen, der unmittelbar im Menschen erfahren wird und dort seine höchste Stufe erreicht. Und wenn in Gott ein Wollen angenommen wird, so ist es damit eben aufgehoben, dafs man sein Vollbringen mit ihm in Eins setzt. In der That erzeugt sich ja überhaupt Wollen nur dann, wenn dessen Vollbringung fehlt und als Mangel empfunden wird.

Nun vermeidet zwar Schopenhauer möglichst, den Willen mit dürren Worten als die hervorbringende, schaffende Kraft zu bezeichnen. Die Platonischen Ideen sollen die unmittelbare, adäquate Objektität des Dinges an sich, des Willens, sein, der Leib, alle Einzeldinge, seien die Erscheinungen des Willens, der ihr „innerstes Wesen" sei, so dafs sie zwar Bilder von ihm seien, jedoch nicht eigentlich erst hervorgebracht durch ihn, aber schon Plato sah sich genötigt, die einzelnen Erscheinungen mit ihren Urbildern, den Ideen, durch etwas Bestimmteres zu verknüpfen, als durch $\mu\acute{\varepsilon}\vartheta\varepsilon\xi\iota\varsigma$, $\mu\acute{\iota}\mu\eta\sigma\iota\varsigma$, $\acute{o}\mu o\acute{\iota}\omega\sigma\iota\varsigma$, $\varkappa o\iota\nu\omega\nu\acute{\iota}\alpha$, $\pi\alpha\rho o\nu\sigma\acute{\iota}\alpha$, sie als verursachend (namentlich die Idee des Guten) zu fassen und so als $o\mathring{v}\sigma\acute{\iota}\alpha$ $\chi\omega\rho\iota\sigma\tau\alpha\acute{\iota}$ (nach Aristoteles' Ausdruck, Met. VII, 16) hinzustellen. Auch Schopenhauer mufs seinen „Willen" als eine

Substanz denken, eine lebendig wirkende, und zwar nach Menschen-
art, da ja der Wille erst im Menschen seine höchste Form erreicht.
Er spricht z. B. so von ihm (Welt als Wille I, p. 325): „Die
ganze Natur ist die Erscheinung und auch die Erfüllung des
Willens zum Leben". (l. c. p. 329): „Die Gegenwart ist Das,
was immer da ist und unverrückbar feststeht". „Die Quelle
und der Träger ihres Inhalts ist der Wille". (p. 216):
„Der Wille allein ist: er, das Ding an sich, er die Quelle", „aus
der die Individuen und ihre Kräfte fließen". „Seine Selbsterkenntnis und darauf sich entscheidende Bejahung oder
Verneinung ist die einzige Begebenheit an sich". (p. 321): „Infolge unserer ganzen Ansicht aber ist der Wille nicht nur frei,
sondern sogar allmächtig: aus ihm ist nicht nur sein
Handeln, sondern auch seine Welt; und wie er ist, so
erscheint sein Handeln, so erscheint seine Welt: seine Selbsterkenntnis sind Beide und sonst nichts: er bestimmt sich
und eben damit Beide" u. s. w.

Das ist doch gewiß wirkende, verursachende, ja mit ihrer
„Selbsterkenntnis" auch zwecksetzende Substanz — dieser „Begriff
Wille", dessen Geschlecht freilich nur dem deutschen „Wille" als
einem männlichen Wesen das „Erzeugen" gestattet, während der
lateinische und griechische Wille, voluntas und βούλησις, sich nur
empfangend bethätigen können, βούλημα aber am Ende gar nicht,
(15) was um so verwunderlicher ist, als vil - vol - βολ ja dasselbe
Ding sind.

Vielleicht wäre Schopenhauer zu seiner Aufstellung nicht gekommen, wenn er das Wesen der Sprache und des „Begriffs"
deutlicher erkannt hätte. Es wird genügen, einige Stellen anzuführen, welche von den Begriffen handeln: „Die Begriffe
(heißt es: Welt als Wille I, § 9) bilden eine eigentümliche, von
den anschaulichen Vorstellungen toto genere verschiedene
Klasse, die allein im Geiste des Menschen vorhanden ist. Wir
können daher nimmer eine anschauliche, eine eigentlich evidente
Erkenntnis von ihrem Wesen erlangen; sondern auch nur abstrakte
und diskursive. Es wäre daher ungereimt, zu fordern, daß sie
in der Erfahrung, sofern unter dieser die reale Außenwelt, welche
eben anschauliche Vorstellung ist, verstanden wird, nachgewiesen,
oder wie anschauliche Objekte vor die Augen, oder vor die Phantasie gebracht werden sollten. Nur denken, nicht anschauen lassen
sie sich, und nur die Wirkungen, welche durch sie der Mensch
hervorbringt, sind Gegenstände der eigentlichen Erfahrung.

Solche sind die Sprache, das überlegte, planmäfsige Handeln und die Wissenschaft". Weiter (l. c. II. I, Kap. 6) heifst es, nachdem bemerkt ist, dafs Wahrnehmungs- und Phantasiebilder die eigentliche Erfahrung nicht begründen können, weil die Zeit sie verwischt: „Frei von der Gewalt der Zeit ist nur Eines: der Begriff. In ihm also mufs die belehrende Erfahrung niedergelegt seyn, und er allein eignet sich zum sichern Lenker unserer Schritte im Leben". „Ein so wichtiges Werkzeug der Intelligenz, wie der Begriff ist, kann offenbar nicht identisch sein mit dem Wort, diesem blofsen Klang" — „Dennoch ist der Begriff eine Vorstellung, deren deutliches Bewufstsein und deren Aufbewahrung an das Wort gebunden ist" — „Dennoch ist der Begriff sowohl von dem Worte, an welches er geknüpft ist, als auch von den Anschauungen, aus denen er entstanden, völlig verschieden. Er ist ganz anderer Natur, als diese Sinneseindrücke", verhält sich zu ihnen wie das ätherische Öl der Blumen zu diesen, hat ihr „Wesentliches" in sich. Seine enge Verbindung mit dem Wort wird so erklärt: „Unser ganzes Bewufstsein, mit seiner inneren und äufseren Wahrnehmung, hat durchweg die Zeit zur Form. Die Begriffe hingegen haben — ein zwar gewissermafsen objektives Daseyn, welches jedoch keiner Zeitreihe angehört. Daher müssen sie, um in die unmittelbare Gegenwart eines individuellen Bewufstseins treten, mithin in eine Zeitreihe eingeschoben werden zu können, gewissermafsen wieder zur Natur der einzelnen Dinge herabgezogen, individualisiert und daher an eine sinnliche Vorstellung geknüpft werden: „diese ist das Wort". — Eher ist anzuhören, wenn (Vierfache Wurzel cet. V, § 26) die Begriffe definiert werden als „Vorstellungen aus Vorstellungen", so dafs in ihnen die Anschauung gleichsam verdünnt vorhanden sei, aber schief bleibt auch hier sowohl, dafs sie dann doch immer noch „Vorstellungen" sein würden, als auch, dafs die zu Grunde liegenden „Vorstellungen" weiterhin ohne Worte gar nicht vorzustellen wären.

Es liegt nahe, an dieser Stelle unsere eigene Verwendung der Begriffe Kraft und Wille noch einmal im Zusammenhange zur Sprache zu bringen. Wir sprachen von Anfang an von der Bildekraft des Universums, und, sofern diese sich im Menschen besonders gestaltet, von ihrem Auftreten als einer Bildekraft des Individuums. Es war das Entstehen und Vergehen, die Veränderung der Dinge, das Walten von Empedokles' φιλία und νεῖχος im Universum, für welche wir die Ursache suchten. Und nur

eben dies, dafs wir es suchen, dieses Wirkende, Verursachende,
drückten wir aus, als wir von der Bildekraft des Universums
sprachen, denn nur dies wissen wir von dieser Kraft, dafs sie —
wie Hegel scherzen würde — die Im - Universum - Veränderung-
hervorbringende - Kraft sei. Wie aber konnte man denn auch nur
zu dem Begriff der Kraft gelangen?

Die Wahrnehmung zeigt Erscheinungen und, wenn diese
sich ändern, zeigt sie die geänderten, aber ihre Veränderung zeigt
sie nicht; sie zeigt den Verlauf des Geschehens, aber ein Wirken
zeigt sie dabei nicht und darum auch nicht das Verursachende.
Woher nimmt sie diese Zuthaten?

Man könnte etwa sagen: Damit Veränderung bemerkt werden
könne, sei zunächst Wiederholung der Wahrnehmung unumgäng-
lich, schon deswegen, weil die Identität des Wahrgenommenen
ebensowohl angetastet werden könne durch eine Veränderung des
Objekts, wie durch Veränderung des Wahrnehmens; dies wäre
dann der Anfang zur gattungsgemäfsen Wahrnehmung, zunächst
zur Erfahrung des Individuums. Dann müsse verglichen werden
zwischen diesen Wahrnehmungen, und die reine Thatsache festgestellt; es müfste dann jede mögliche Beziehung zwischen den
Bestandstücken der Wahrnehmung erwogen werden — kurz, man
könnte angeben, wie die Erfahrungswissenschaft methodisch dazu
gelange, die Beschaffenheit irgend einer Änderung als abhängig nachzuweisen von anderen Zuständen oder Vorgängen.
Wenn aber so die Beschaffenheit der Ursache ermittelt wäre,
ist damit auch erklärt, wie es geschehen konnte, dafs überhaupt
nach einer Ursache geforscht wurde?

Schon in dem Akte des Vorstellens lebt die Kausalität, denn
schon im Satzbilde stellt sich die kopulative Beziehung der auseinander tretenden, sich entfaltenden Satzelemente dar als ein Verhältnis von Ursache und Wirkung. Es kann ja die Vorstellung
nicht anders zustande kommen, als in der Form des Bewufstseins,
und es kann im Satz das Erkennen in keiner anderen Weise sich
aussprechen, als diese Form es bedingt. Nicht die Vorgänge sind es
ja, das Geschehen, welches dargestellt wird durch Sprechen, sondern
allein der Seelenakt, dessen Abschlufs der Satz ist und dessen
Vollendung. Übersehen wir nun nicht, dafs aus der Beschaffenheit der Vorstellung sich nur der Inhalt des Satzes erklärt,
nicht aber dies, dafs dessen Elemente umschlossen erscheinen zu
einer Einheit, so werden wir daran erinnert, dafs „Vorstellung“
genauer zu bestimmen ist als: „Vorstellen“, dafs wir durch dieses

Arbeiten kein fertiges Seelengebilde gewinnen, vergleichbar etwa
mit der Arbeit des Malers, sondern eben nur ein mehr oder
weniger kräftiges Wirken, dessen Ursache ein Wollen, dessen
Zweck ein Erkennen ist. Schon um wahrnehmen zu können,
bedarf es einer Regung des Willens, eines Aufmerkens nach
bestimmter Richtung; ein Anspannen der Bildekraft ist Bedingung dazu, daß Vorstellungen zustande kommen; und das Selbstbewußtsein leuchtet dann erst auf, erst dann weiß und fühlt sich
das Ich als Träger des Erkenntnisaktes, wenn uns zum Bewußtsein kommt, wie der Akt des Vorstellens von unserm Willen
beherrscht wird. Wir fühlen, wie von einem Akte dieses Willens
aus das Bilden dieser Vorstellung erfolgt, und wie die neben- und
nacheinander auftretenden Elemente derselben von eben diesem
Wollen umschlossen und zusammengehalten werden. Dieses Gefühl
aber ist es, welches die Empfindung bloßer Zeitfolge umwandelt
in die einer zwingenden Verursachung, einer zwingenden,
weil gefühlt wird, daß ohne dieses Verursachen des Willens die
Glieder des Vorstellens sich fremd und verlassen voneinander lösen.
Sagt also das Satzbild von seinem Subjekt ein Wirken aus, so
heißt dies: das wollende Ich des Bewußtseins setzt durch diese
Aussage das vorgestellte Geschehen als ein gewolltes, und schließt
so die vorgestellte Substanz, aus der heraus es spricht, mit ihrem
Prädikate zusammen.

Schopenhauer läßt alle Erscheinungen des vorgestellten Universums aus dem Willen hervorgehn; wir erklären aus dem Wollen,
von welchem das Bilden unserer Vorstellungen beherrscht wird,
die Kategorie der Kausalität in unserm Erkennen und (16) in der
Sprache.

Was wir aber so für die Gestaltung des Wahrnehmungssatzes nachgewiesen haben, gilt ebenso für den Urteilssatz. Es
ist auch im Urteilssatz der Wille, welcher bezieht und durch
sein Beziehen die Verbindung der Satzelemente begründet, ja
er ist selbst der Grund, auf dem diese Verbindung sich er-
richtet, der sie hervortreibt, freilich nicht der Wille des Individuums als solchen, sondern ein Wille, welcher das Allgemeingiltige will, das Streben der Gattung nach Wahrheit des Erkennens.

Im Wahrnehmungssatz zeigt sich das Erkennen als ein
Vorstellen, dessen Träger, eine Substanz, in einem Einzelfall als
Ursache wirkt, und diese Ursache erscheint, wie der Inhalt selbst,
den sie zusammenhält, als gegeben von der Wirklichkeit selbst

(causa essendi); dagegen tritt im Urteilssatz der Wille des Erkennenden in dessen Denken unverhüllt hervor, indem er zwischen
isolierten Wortbegriffen eine Verbindung herbeiführt, welche nicht
zufällig verursacht ist durch Vorgänge des Hier und Jetzt,
sondern zur Allgemeingiltigkeit berechtigt, d. h. als wahr begründet. Es giebt ja nicht etwa für das Urteil einen bestimmten, einen fertigen Grund (ratio cognoscendi), sondern er
wird durch begriffliches Erkennen erzeugt, durch Denken, d. h.
durch Beziehen der Begriffe aufeinander und durch eine Wahl
unter diesen Beziehungen, welche nicht von den Bedingungen
eines Einzelfalls abhängt, sondern aus dem Bewufstsein der Gattung
heraus erfolgt. Der Grund aber will begründen, weil er eben
begründen soll, weil der Inhalt des Urteils sich an der Erfahrung
der Gattung bewähren soll, der Grund aber es ist, welcher Subjekt und Prädikat als für das Erkennen zusammengehörig erweist.

Der Grund selbst aber ist in dem Wortlaut des abgeschlossenen Urteils zu Grunde gegangen, denn jeder Urteilssatz ist vielmehr ein Schlufssatz; der sein Zustandekommen vermittelnde
Begriff, angedeutet durch die Kopula, ist der Wille, welcher
in ihm als Grund gedacht wird, und dieser Grund ist eben
ein Denkakt.

Es hindert natürlich nichts, dafs nachträglich auch dieses
Begründen zur Breite von Prämissen in Urteilen entwickelt und
dargestellt werde. Aristoteles' Entwickelung der Schlufsformen.
sein besonderes Verdienst bei Bearbeitung der Logik, zeigt vor-
trefflich, wie das Schlufsurteil zustande kommt.

Wir können davon absehn, dafs Aristoteles eine Ursache der
Verknüpfung der Dinge, nicht unserer Vorstellungen, bei diesen
Untersuchungen im Auge hat, und davon, dafs er von solcher
realen Verursachung die begriffliche Begründung nicht unterscheidet, denn am Ende hat er es dabei doch nur mit dem Grunde
des denkenden Erkennens zu thun. Er lehrt, dafs wenn man in
Bezug auf ein Urteil das Was oder den Grund zu wissen verlangt (Beides sei dasselbe Verlangen), man nach einem Mittelbegriff suche, denn dieser sei die Ursache. (17) Mittelbegriff aber
nennt er denjenigen Begriff, durch welchen dem Denkenden die
Wahrheit seines Urteils als eine notwendige Folgerung gesichert
erscheint, durch welche der Schlufssatz also vermittelt wird. (18)

An der Sprache hat die Logik sich entwickelt, und so wird
es möglich sein, die Aristotelische Technik des Schliefsens von

der Sprache aus zu würdigen. Es ist das Schlußverfahren überhaupt als wertlos bezeichnet worden, weil kein Mensch auf diese
Art sein Urteil sich feststelle, und man hat vielfach darauf hingewiesen, daß der Schluß gar nicht fördere an Erkenntnis. Denn,
wenn in der ersten Schlußfigur, auf welche die anderen zurück-
geführt werden, nach dem Obersatz: „alle Menschen sterblich
sind", im Untersatz dann versichert wird, „Cajus sei ein Mensch",
und nun geschlossen wird, „Cajus sei sterblich", so muß ja der
Obersatz, dessen Richtigkeit vorausgesetzt ist, schon wissen, daß
auch Cajus (als einer unter allen) sterblich sei, und es sei also
vielmehr die Richtigkeit des Schlußsatzes vorauszusetzen, damit
der Obersatz aufgestellt werden kann. Dies ist so richtig, daß
ich annehme, es würde auch Aristoteles nicht entgangen sein,
wenn er seine Aufstellung so gemeint hätte, wie diese Bemänge-
lung sie nimmt, d. h. wenn er der Ansicht gewesen wäre, daß
man von „allen" Menschen nur dann so oder so aussagen könne,
nachdem jeder einzelne daraufhin untersucht worden sei, und daß,
wenn von „Allen" etwas ausgesagt sei, dies so viel bedeuten solle,
daß man es jedem Einzelnen zugeschrieben habe.

Der Urteilssatz: „Alle Menschen sind sterblich", gilt der
Gattung ihrer Erfahrung nach als sicher, so daß sie die Menschen
nach dieser Richtung ihres Wesens auch als die Sterblichen, mor-
tales, βροτοί bezeichnete. Dieselbe Sicherheit und Allgemeingiltigkeit beansprucht der Erkennende für den, von ihm aufgestellten, neuen Satz: „Cajus ist sterblich", um ihn für wahr
halten zu können. Aber, wenn schon es richtig ist, daß auch
dem Cajus das Prädikat zukommt, wenn es allen Menschen mit
Sicherheit beigelegt wird, ebenso, daß auch er, der Erkennende,
dasjenige für wahr hält, was ja allgemein gilt, so ist doch ein
neuer Denkakt nötig, um dies Richtige als richtig zu erkennen.
Die Gattung aber als solche erkennt nicht, dies ist Sache der
Individuen.

Wie verläuft nun der Denkakt des Individuums, durch den
das von ihm neu Erkannte: „Cajus ist sterblich" sich ihm als
allgemein geltend erweist? Das Neue an seinem Urteilssatze ist
die Aufstellung des Subjekts „Cajus", mit welchem dasselbe Prädikat verbunden wird, welches nach dem allgemein geltenden Urteil dem Subjekt „Alle Menschen" zukommt; dieses Neue ist es,
welches das θαυμάζειν, den Reiz zum Erkennen, hervorruft, so
daß der Wille rege wird, die Identität des Begriffs „Cajus" auch
für den Fall gesichert zu wissen, daß jenes Prädikat „sterblich"

ihm beigelegt und in seine Definition, wie sie an sich der Sprachgebrauch giebt, aufnehmbar erklärt wird.

Hier ist nun nicht, wie in Bezug auf die Kopula des Wahrnehmungssatzes ausgeführt wurde, die Identität einer vorgestellten Substanz durch den Nachweis des Verursachens der ausgesagten Wirkung zu zeigen, sondern ein Begriff ist als identisch zu begreifen mit einem anderen, welcher schon allgemein giltig als solcher bestimmt ist, daſs ihm das Prädikat „sterblich" zukommt. In diesem Begreifen der Identität des Begriffs „Mensch" in den Subjekten „Alle Menschen" und „Cajus" (des terminus medius), liegt für das Individuum die Giltigkeit seines Urteils innerlich begründet. Der Ausdruck desselben ist der Untersatz der Schluſsfigur: „Cajus ist ein Mensch". Daſs das Individuum diesen Satz begriff, wurde Anlaſs und Ursache für dasselbe, sein neues Urteil zu bilden: „Cajus ist sterblich"; daſs aber die Identität so begründet wird für das Erkennen auch der Gattung, indem durch den Mittelbegriff „Mensch" „Cajus" als in „allen Menschen" enthalten sich für den allgemein geltenden Obersatz ausweist, ist der Grund dafür, daſs nunmehr das neue Urteil ebenso sicher wahr ist, d. h. allgemein gilt, wie der Obersatz der Schluſsfigur.

So trägt das Individuum zur Vermehrung des Erkenntnisschatzes der Gattung bei, indem es sein Erkennen — Wollen von ihrem Erkennen durchdringen und leiten läſst und aus dem Giltigen logisch weiter schlieſst. Andrerseits kann das geistesgewaltige Individuum sein Wollen festhalten und durchsetzen gegen das allgemein Geltende, indem es ausspricht, was gelten soll, und zwar im Namen der Gattung, die auch in ihm sich darstellt. Das Erkennen, welches auf begriffliche Begründung sich stützt, erhält nicht etwa durch Logik — diese bewahrt den Sprachgebrauch — sondern durch das Schaffen der Sprache eine groſse Freiheit der Bewegung in Wortbegriffen. Denn die Gründe, die Mittelbegriffe, durch welche der Schluſs vermittelt wird, werden ja in gröſster Auswahl von der Sprache geboten, und zwingend sind für das logische Denken alle zu verwenden. Man braucht also z. B. bei dem Urteilssatz: „Cajus ist sterblich" sich ja keineswegs auf den Grund zu stützen, daſs er ein „Mensch" ist. Wer nach der Bibel (Genes. 3. 19, 22) sich den Grund wählt, wird etwa schlieſsen: Die Sünder sind nach Gottes Willen sterblich, Cajus ist ein Sünder, also —; oder, wer mit Goethes Mephistopheles sagt: „Alles, was entsteht, ist wert, daſs es zu Grunde

geht", wird er nicht als den allgemein geltenden Satz sich denken:
„Alles Entstandene" ist sterblich, und mit diesem Satze sein
Urteil vereinbaren: Cajus muſs sterben? — Keinesweges also muſs
dieselbe Denkbewegung denselben Inhalt umfassen, keineswegs
offenbart sie dasselbe Erkennen der Individuen, wenn sie auch
alle sagen: Cajus ist sterblich: und im weiteren Verlauf des Erkennens innerhalb der Gattung machen sich dann zum unwilligen
Erstaunen der nach ihrer Meinung Gleichgesinnten die verschiedenen
Folgerungen lästig und spitzen sich wohl bis zu Gegensätzen zu,
welche aus den verschiedenen Gründen abgeleitet werden. Zu
erstaunen ist da indessen nicht, denn, wie Aristoteles sagt (v. oben):
der Grund ist auch das Was. — Aus dem Was werden ja auch
wieder die Gründe. Man nehme etwa den Urteilssatz: „Hochmut kommt vor dem Fall", und man bemerke, daſs es auf die
in dem Sprachgebrauch liegende Definition des Begriffs Hochmut
ankommt, auf dessen Was also, um seine Verbindung mit dem
Prädikate, drücken wir es allgemein aus: „ist schädlich", zu rechtfertigen. Nun wird man nicht anstehen, dem Begriff „Hochmut"
als allgemein giltige Prädikate beizulegen: Hochmut sei beleidi-
gend, er sei gottlos, unverständig. mache unvorsichtig u. d. m.,
und nichts hindert also auch das Individuum, logisch zu setzen:
1) im Obersatz: Beleidigen ist schädlich. oder Gottlosigkeit, oder
Unverstand, oder Unvorsichtigkeit u. s. w., 2) im Untersatz: Hochmut beleidigt, ist gottlos, ist unverständig. macht unvorsichtig,
also Schluſssatz: Hochmut ist schädlich. Welcher Unterschied
aber in ethischer Beziehung, wenn aus dem einen oder wenn aus
dem anderen Grunde Hochmut für schädlich erklärt wird! — Es
könnte ja auch das Individuum zum Grunde des Urteils selbst ein
durchaus Schiefes, ja Unsinniges haben, und es käme dennoch
logisch richtig zu seinem Schluſs; (19) wie, wenn es z. B. setzte:
Hochmut zeichnet uns vor andern aus, Was uns auszeichnet, ist
schädlich, also — oder Hochmut bereitet Vergnügen, aber Vergnügen ist schädlich, also —. Dergleichen Urteile läſst sich die
Masse allerdings oft zu schulden kommen, die leichtfertig an die
Sache geht, so denkt man, aber in der Wissenschaft, nun gar in
der Begriffe bearbeitenden Philosophie sind sie statutenmäſsig nicht
zu finden. Sie sollten dort allerdings nicht vorkommen, denn die
Urteile der Wissenschaft sollen wahr sein und allgemeingiltig im
höchsten Grade — aber auch die Masse beansprucht das von den
ihrigen, und wenn sie, deren Wahrheit beteuernd, auf den Tisch
schlägt, so ist dies ebenso ernstlich gemeint, wie wenn etwa

Schopenhauer den „Philosophieprofessoren" gegenüber für die
Wahrheit seiner Sätze mit Worten einsteht. Freilich, wir sind
durch vieles Begreifen gewitzigt, wir nehmen uns mehr in' acht.
wir drücken uns geschickter aus, aber wer giebt uns Sicherheit
dafür, dafs jedes Urteil nur durch den passenden Grund zustande
kommt, wer kann bewirken, dafs es durch einen zureichenden
geschieht? — Warum kommt die Geschichte der Philosophie
niemals zu einem sicheren Resultate? — Ist es vielleicht für uns
genug auch als Denkenden, Wahrheit Wollenden, dafs unsere
Seele bei allen ihren Mängeln doch lebte in der Sphäre der
Wahrheit — da doch Cajus ein Mensch ist und sterblich?

Worauf stützen wir uns denn, wenn wir annehmen. Wahres
erkannt zu haben? Unserer eigenen Denkbewegung halten wir
uns sicher und meinen. sie könne zu Irrigem nicht führen, wenn
sie logisch fehlerlos fortschreite; im übrigen giebt das Gefühl der
Übereinstimmung mit uns selbst, wiefern nämlich es von den Ergebnissen unseres Denkens Störung oder Stärkung erfährt, uns
doch diese Gewifsheit. dafs unsere Erkenntnis wenigstens in sich
selber vollständig zusammenhängend und einig sei, was schwerlich
stattfinden könnte. wenn sie irrig wäre. Gröfsere Gewähr für die
Wahrheit, als sie dieses Gefühl biete, liege darin, dafs sie sich
als allgemeingeltend ausweise. wenn sie gefunden sei.

Was nun zunächst jene Übereinstimmung mit uns selbst betrifft, so ist sie freilich für unsere Überzeugung ganz unentbehrlich, und, wenn sie wirklich vorhanden wäre, so müfsten wir
eben annehmen, dafs die jedem von uns mögliche Wahrheit
von uns erkannt sei. Aber dazu würde nötig sein. dafs wir nach
allen Richtungen unseres begrifflichen Denkens. auf allen Gebieten
unseres Erfahrungswissens die Prüfung und Feststellung solcher
Übereinstimmung durchführten, denn ein Gefühl von dem Vorhandensein derselben kann doch nur dafür zeugen. dafs ein dieselbe
Aufhebendes uns nicht zum Bewufstsein gekommen ist, und für
jeden Satz also, den wir annehmen, sei es Wahrnehmungs- oder
Urteilssatz. müfste der Widerspruch, wie er unserer sonstigen Erkenntnis entspräche oder mit Notwendigkeit aus ihr folgen würde,
aufgestellt und als unhaltbar erkannt sein. Wie schwierig wäre
es dabei. die zu untersuchenden Begriffe aus ihrem dem neuen
Urteilssatze fremden Zusammenhange zu lösen, um zu entscheiden.
ob es dieselben sind, von denen wir in diesem Falle aussagen!
Es ist klar, dafs wir nicht imstande sind, uns in dieser Weise

eine Überzeugung von unserer Übereinstimmung mit uns selbst
zu verschaffen.

Auch bringt die logische Genauigkeit und Folgerichtigkeit
des Denkens uns keine Hülfe von entscheidendem Werte. Allerdings wohnt unserm Schliefsen eine Notwendigkeit bei (ἐξ ἀνάγκης
συμβαίνει τῷ ταῦτα εἶναι), aber diese ist jener ähnlich, von welcher
das Sprichwort handelt: Wer A sagt (τεθέντων τινῶν), mufs auch
B sagen. Wer nämlich B hat sagen müssen, der sagt damit
wieder nur A, und diese Formalien des Denkens bringen das Erkennen nicht weiter und hindern nicht, dafs von Anfang an ein A
gesagt wurde, während C oder D hätte gesagt werden sollen.

In der That sieht sich das Individuum von seinem Gefühl der
Übereinstimmung weiter an den Beistand der Gattung gewiesen,
welche zu befinden hat, ob die individuelle Gewifsheit als allgemeine Wahrheit gelten könne. Wir haben oben (p. 183 ff.)
bei Besprechung von Kants „Erfahrungsurteilen", welche „objektive Giltigkeit" beanspruchen, über die Notwendigkeit, Allgemeingiltigkeit und die durch diese bedingte Objektivität der Urteilssätze bereits diesen Beistand der Gattung in betracht gezogen.
Wir fügen nur weniges hinzu.

Allerdings arbeitet die Gattung unaufhörlich an jener Prüfung,
zu welcher die Lebenszeit und die Kraft des Individuums nicht
ausreichen, der Prüfung, wie weit ihr Wissen und Erkennen sich
mit sich selber in Übereinstimmung befindet, und es ist zu verwundern, wie eifrig die Individuen bemüht sind, hierin der Gattung
zu dienen, indem jeder sich drängt, Proselyten an den anderen
zu machen für seine Urteile, für seine Wahrheit, die Urteile
aber und die Wahrheit der andern zu bekämpfen und zu zer-
stören, auch wenn sein Lohn sich auf Widerspruch, Erregung
von Hafs und Neid, auf Empfangnahme von Verhöhnung oder
Verachtung beschränkt. Auch ist es ihm dabei nicht um die
Mitlebenden allein zu thun, sondern, wie er sich verbunden weifs
mit den Arbeiten der Vergangenheit, sorgt er ebenso für die
Nachfolgenden, indem er in seiner Hoffnung auf Würdigung und
Fortbildung seiner Bestrebungen das Zusammenwirken mit ihnen
kaum weniger deutlich vorausfühlt, als die Gegenwart es ihm mit
den Zeitgenossen erfahren läfst. Aber die Ergebnisse dieses Ar-
beitens aller schliefsen doch niemals ab, und kein Strebender
beruhigt sich bei ihnen. Es löst sich ferner freilich das Kennen
und Erkennen der langlebenden Gattung von dem Hier und Jetzt
der Einzelfälle, bestimmt und reinigt die Verwendung der Wort-

begriffe, aber der Fortschritt auf jedem Gebiete geistiger Arbeit
ist selbst doch wieder lediglich bedingt von den Individuen,
welche, so weit ihre Kraft reicht, sich nicht kümmern um das
unbestimmte und unsichere Allgemeingiltige, sondern ihre Meinung,
wenn auch als Märtyrer, durchzusetzen suchen gegen die Gattung,
welche allmählich diese prüft nach allen Seiten, für alle Anwen-
dungen, und so allmählich, was sie bestehen läfst, auch in sich
aufnimmt. Man kann solche Individuen in besonderem Sinne als
Vertreter der Gattung bezeichnen: sie fühlen und erkennen weniger
nach Art des Individuums, als in einem ihnen mehr oder weniger
bewufsten Auftrage des Gattungslebens. Über das Erkennen, wie
es sich in der Gattung vollzieht, vermögen wir aber ein höheres
nicht zu setzen. (20) Das Individuum, welches fühlt, dafs ihm im
Besitze dieses Erkennens noch etwas fehlt, damit es in Übereinstimmung komme, könne mit sich selbst, mag sich trösten mit
der Allgemeingiltigkeit desselben für alle: Solamen miseris, socios
habuisse malorum.

Zumeist freilich fühlen wir eines Trostes uns gar nicht bedürftig. Wir täuschen uns leicht über die Bedingtheit unseres
Erkennens, weil jedes neue Kennen, jeder Fortschritt der Erfahrungswissenschaften unser Denken wieder in Bewegung setzt
und die Mittel vermehrt und umgestaltet, mit denen es arbeitet.
Die neue Erfahrung, das neue Naturgesetz, die neue Descendenz-
lehre ist dann unserer Sprachwelt einzuordnen. Da mufs mit den
überlieferten Begriffen gerechnet werden, sie gegeneinander neu
abzugrenzen, sie zu erweitern, zu verengen; neue Wortbildungen
werden versucht, andere, lange in Ehren gehaltene, werden verworfen als gar keiner Wirklichkeit entsprechend, und an ihre
Stelle treten hypothetische Urteile. Wer nun sieht, wie der
Wissensschatz wächst, wie durch seine Verwendung die Kultur,
in allen Gebieten fortschreitend, die Lebensweise verfeinernd, das
Wesen des Menschen selbst zu erhöhen scheint, wird er sich sagen
wollen, dafs auch für so hohen Kulturstandpunkt die Sprache es
ist, an welche unser Erkennen gebunden bleibt? Und doch hat
Mephistopheles recht:

> „Setz dir Perrücken auf von Millionen Locken,
> Setz deinen Fufs auf ellenhohe Socken,
> Du bleibst doch immer, was du bist."

Wenn aber Faust mit Recht den inneren Widerspruch, an
welchem unsere Seele krankt, in die verzweifelnde Frage drängt:

„Was bin ich denn, wenn es nicht möglich ist,
Der Menschheit Krone zu erringen,
Nach der sich alle Sinne dringen?"

so ist die grausame Antwort: „Du bist am Ende — was du bist",
vielleicht doch auch die beruhigende.

Wir haben noch einige Bemerkungen über die sprachliche
Darstellung der Kopula zu machen, sofern sie im Urteilssatz
eine andere zu sein scheint, als im Wahrnehmungssatz. In diesem
wird sie vertreten durch die Personalendung des Verbum, wie
oben besprochen wurde, (21) für den Urteilssatz wird gewöhnlich
das Hülfszeitwort „sein" als Kopula betrachtet (So z. B. Kühner,
lat. Gr. II, p. 10: „Die eigentliche Copula esse.") Wir sind der
Meinung, daß auch, wenn das Verbum „sein" bei der Aussage
zur Verwendung kommt, die Kopula nur durch diese formelle
Bezeichnung des Subjekts am Prädikatsverbum, d. h. durch die
Personalendung, zum Ausdruck kommt, wie wenn andere Verba
das Prädikat bilden: daß das Hülfsverbum selbst aber, zusammen
mit den Wörtern, welche den Inhalt der Aussage angeben (seien
dies nun Nomina: der Baum ist eine Pflanze, ist grün, oder Participia: ist verdorrt, oder anderer Art: ist im Absterben, ist hin)
das Prädikat bildet, indem es diesen die ihnen fehlende, ihm als
Verbum eigene Form des Aussagens zubringt. (22)

An den Vorstellungen der Bewegung und der verschiedenen
Arten von Bewegung und Veränderung, wie das Verbum sie ausdrückt, bildeten sich die Vorstellungen des Ruhens heraus und der
verschiedenen Arten von Ruhen und Beharren, welche ebenso in
der Form des Verbum vorgestellt wurden, weil sie als Momente
der Bewegung und Veränderung erschienen, gleichsam im Gegensatz und im Verhältnis zu diesen, zu ihrem Beginn, ihrem Aufhören, etwa mit Angabe der Stellung oder Lagerung, welche sie
änderten oder beliefsen. Solche Verba bezeichnen also ein stehen,
liegen, sitzen, verweilen, fortdauern, sich befinden, wohnen, bleiben
u. d. m., und sie bieten sich von selbst zur Verwendung, wenn ein
Beharrendes in Form eines Nomen substantivum oder adjectivum
von einem Subjekt ausgesagt werden soll, denn sie fügen dem
Inhalt des Prädikatsnomen nur eben dies hinzu: es befinde sich
derselbe, zeige sich, beharre, ganz abstrakt ausgedrückt: er sei
so oder so. (23) Sie mußten also wesentlich Verwendung finden
in Urteilssätzen, weil von Begriffen, als welche auf das Hier
und Jetzt nicht bezogen sind, nicht sowohl auszusagen ist eine
lebendig bewegte Thätigkeit, als ruhende, beharrende Zustände

und Eigenschaften. Wir haben hiervon bereits gesprochen (p. 107) und bemerken, daſs schon der Gebrauch der Hülfszeitwörter als der Aussagewörter bei Participien den angedeuteten Unterschied im Ausdruck deutlich empfinden läſst. Er leidet, es betrübt, erquickt, Er empfand u. d. m. ist etwas anderes, als: er ist leidend, es ist betrübend, erquickend, es wurde empfunden; ebenso: he is going: il est souffrant, wobei Schattierung möglich: frigus patitur, frigus patiens est, frigoris patiens; μὴ προδοὺς ἡμᾶς γένῃ (Soph. Aj. 589) u. d. m. Aristoteles (Met. V, 7) nimmt freilich ἄνθρωπος βαδίζων ἐστίν für gleichbedeutend (οὐδὲν γὰρ διαφέρει) mit ἄνθρωπος βαδίζει, aber es handelt sich ihm nur darum, daſs durch ἐστίν inhaltlich nichts hinzugefügt wird; anders empfunden hat er gewiſs (Ar. Ran. 34): καὶ γὰρ ἐγγὺς τῆς θύρας ἤδη βαδίζων εἰμί.

Die farblosesten Verba eigneten sich am besten, Prädikatsnomina auszusagen, und das Zeichen der Kopula an sich auszudrücken. Wir haben in den indogermanischen Sprachen besonders so in den Dienst der Satzform gestellt die Verba aus der Wurzel as: Skr. asmi, asti; εἰμί (statt ἐσμι) ἐστί; sum (für esum), est, ist: (24) ferner aus Wurzel bhu: φύω; fui; bin; aus Wurzel vas, altd. wesan; war, gewesen: vom lat. stare : j'étais. (25)

In demselben Maſse, wie die ohnehin unkräftige Bedeutung dieser die Prädikatsform ergänzenden Verba ihre besondere, sinnliche Färbung verlor, hörte man auch auf, in der Verbindung der Satzglieder, für welche sie die Form gewährten, eine Verknüpfung nach Ursach und Wirkung zu fühlen. Sätze, wie „das Meer bleibt ruhig", „das Leben stand in Gefahr", mögen der Seele noch eine schwache Anregung zum Bilden der Vorstellung geben einer vom Meere ausgehenden Kraft, welche auf Ruhe hinwirkt, eines dem Leibe eigenen oder zugekommenen Verursachens, welches dasselbe in Gefahr stellte, aber auch diese fehlt, wenn man „bleiben" und „stehen" nicht anders empfand, als wenn wir diese Sätze ausdrücken: „Das Meer ist ruhig", „das Leben war in Gefahr". Solche Sätze sind nicht mehr Darstellung eines in sich geschlossenen vorgestellten Wirkens, sondern erscheinen als Verbindungen von an sich getrennten Begriffen, deren Verknüpfung also nicht als mit diesen gegeben vorgestellt wird, sondern die ihren Grund aus dem urteilenden Denken zu entnehmen hat. Es wandelt sich so in den Urteilssätzen das vorgestellte Kausalitätsverhältnis zu einem gedachten, wie die Elemente des Satzbildes in ihnen übergehen in Begriffe.

Anmerkungen.

1) Kant (Kr. d. r. V. p. 102): „Raum und Zeit enthalten ein Mannigfaltiges der reinen Anschauung a priori, gehören aber gleichwohl zu den Bedingungen der Receptivität unseres Gemüts, unter denen es allein Vorstellungen von Gegenständen empfangen kann, die mithin auch den Begriff derselben jederzeit affizieren müssen. Allein die Spontaneität unseres Denkens erfordert es, dafs dieses Mannigfaltige zuerst auf gewisse Weise durchgegangen, aufgenommen und verbunden werde, um daraus eine Erkenntnis zu machen. Diese Handlung nenne ich Synthesis. Ich verstehe aber unter Synthesis in der allgemeinsten Bedeutung die Handlung, verschiedene Vorstellungen zueinander hinzuzuthun und ihre Mannigfaltigkeit in einer Erkenntnis zu begreifen". „Die Synthesis eines Mannigfaltigen aber bringt zuerst eine Erkenntnis hervor, die zwar anfänglich noch roh und verworren sein kann und also der Analysis bedarf, allein die Synthesis ist doch dasjenige, was eigentlich die Elemente zu Erkenntnissen sammelt und zu einem gewissen Inhalte vereinigt; sie ist also das erste, worauf wir acht zu geben haben, wenn wir über den ersten Ursprung unserer Erkenntnis urteilen wollen. Die Synthesis überhaupt ist die blofse Wirkung der Einbildungskraft, einer blinden, obgleich unentbehrlichen Funktion der Seele, ohne die wir überall gar keine Erkenntnis haben würden, der wir uns aber selten nur einmal bewufst sind."

2) Hume (Ess. and Treat. Edinb. 1825. Vol. II, Inquiry Concern. Hum. Underst. Sect. IV. P. I. p. 25): We must inquire how we arrive at the knowledge of cause and effect. — I shall venture to affirm, as a general proposition which admits of no exception, that the knowledge of this relation is not, in any instance, attained by reasonings a priori; but arises entirely from experience, when we find that any particular objects are constantly conjoined with each other. — No object ever discovers, by the qualities which appear to the senses, either the causes which produced it, or the effects which will arise from it; nor can our reason, unassisted by experience, ever draw any inference concerning real existence and matter of fact. — (l. c. p. 42): „nor is it reasonable to conclude, merely because one event in one instance precedes another, that therefore the one is the cause, the other the effect. The conjunction may be arbitrary and casual". Wenn nun aber, setzt Hume weiter auseinander, jemand nach seiner Erfahrung dennoch eine Wirkung nach vorangegangener Ursache erwartet, so kann er durch Gründe hierzu nicht bestimmt sein, aber:

though he should be convinced that his understanding has no part in the operation, he would nevertheless continue in the same course of thinking. There is some other principle which determines him to form such a conclusion. This principle is Custom or Habit."

3) Hume (l. c. p. 45): „Having found, in many instances, that any two kinds of objects, flame and heat, snow and cold, have always been conjoined together: If flame or snow be presented anew to the senses, the mind is carried by custom to expect heat or cold, and to believe, that such a quality does exist cet. This belief is the necessary result of placing the mind in such circumstances."

4) Hume (l. c. p. 43): „By employing that word (custom) we pretend not to have given the ultimate reason — We only point out a principle of human nature, which is universally acknowledged, and which is well known by its effects." cet (p. 42): „A person, — endowed with the strongest faculties of reason and reflection — would, indeed, immediately observe a continual succession of objects, and one event following another; but he would not be able to discover any thing farther. He would not, by any reasoning, be able to reach the idea of cause and effect; since the particular powers, by which all natural operations are performed, (weiter unten: „the secret power, by which the one object produces the other") never appear to the senses". (p. 75): „We suppose that there is some connection between Cause and Effect (weiter unten: „connection, which we feel in the mind"); some power in the one, by which it infallibly produces the other, and operates whith the greatest certainty and strongest necessity." (p. 74): „The authority of the will over its own faculties and ideas is not a whit more comprehensible: So that, upon the whole, there appears not, throughout all nature, any one instance of connection, which is conceivable by us. All events — seem conjoined, but never connected".

5) vid. St. Mill, System der deduktiven und induktiven Logik. Übers. von Schiel, T. I, Kp. V, p. 402—455.

6) cf. Berkeley (Treatise on the principles of human knowledge. Übers. von Überweg, K. V, p. 77): „Wenn wir den Unterschied, der zwischen Naturforschern und andern hinsichtlich ihrer Erkenntnis der Erscheinungen besteht, näher ins Auge fassen, so werden wir finden, dafs derselbe nicht in einer genaueren Kenntnis der wirkenden Ursache, welche die Erscheinungen hervorbringt, besteht, denn diese kann nur der Wille eines Geistes sein, sondern nur in einer gröfseren Breite der Auffassung" u. s. w. — Malebranche (De la recherche de la vérité, T. I, Liv. VI. ch. 3): „Il n'y a qu'un vrai Dieu, parcequ'il n'y a qu'une vraie cause; la nature ou la force de chaque chose n'est que la volonté de Dieu; toutes les causes natu-

relles ne sont point de véritables causes, mais seulement des causes occasionnelles". „La force mouvante des corps n'est donc point dans les corps qui se remuent, puisque cette force mouvante n'est autre chose que la volonté de Dieu".

7) Wie Hegel äufserten sich Berkeley und Malebranche. Berkeley (Treat. on the princ. p. 75): „Das grofse mechanische Princip, welches jetzt in Ansehen steht, ist die Attraktion. Aber wie sind wir denn aufgeklärt, wenn uns gesagt wird, es geschehe etwas durch Anziehung? Zeigt dies Wort die Weise des Strebens an?" cet. Malebranche (De la recherche cet. p. T. II, L. VI, ch. 2) schildert die Verlegenheit der Aristoteliker, „qui ont de la peine à comprendre que ces mots (puissance, forme cet.) ne signifient rien et qu'on n'est pas plus sçavant qu'on étoit auparavant, quand on leur a ouï dire que le feu dissout les métaux, parcequ'il a la faculté de dissoudre; et qu'un homme ne digére pas, à cause qu'il a l'estomach foible, ou que sa faculté concoctrice ne fait pas bien ses fonctions". So: „le pain nourrit — par sa qualité nutritive ou nourrissante" cet.

8) Sextus Empiricus (Adv. Mathem. lib. IX, p. 601 sq.): εἰ τὸ ἕτερον πρὸς τῷ ἑτέρῳ νοεῖται οὗ τὸ μὲν ποιοῦν, τὸ δὲ πάσχον, ἔσται μία μὲν ἔννοια, δυοῖν δ᾽ ὀνομάτων τεύξεται, τοῦ τε ποιοῦντος καὶ τοῦ πάσχοντος, καὶ διὰ τοῦτο οὐ μᾶλλον ἐν αὐτῷ ἢ ἐν τῷ λεγομένῳ πάσχειν ἐγκείσεται ἡ δραστήριος δύναμις. ὡς γὰρ αὐτὸ οὐδὲν δύναται ποιεῖν χωρὶς τοῦ λεγομένου πάσχειν, οὕτως οὐδὲ τὸ λεγόμενον πάσχειν δύναται χωρὶς τῆς ἐκείνου παρουσίας πάσχειν κ. τ. λ. Deussen (Das System des Vedânta nach den Brahma-Sûtras des Bâdarâyana und dem Kommentare des Çañkara cet. Leipz. 1883, p. 276 ff.): „Die Ursache besteht in der Wirkung fort", „folglich sind Ursache und Wirkung nicht verschieden"; „die Wirkung besteht vor ihrem Entstehen als Ursache", „wenn sie aber schon vor ihrem Entstehen mit der Ursache identisch war, so bleibt sie es auch nach demselben" u. s. w.

9) Plato, Rep. VII, p. 517: τοῦ ἀγαθοῦ ἰδέα — αὕτη ὀρθῶν τε καὶ καλῶν αἰτία.

10) cf. Kant (Krit. d. r. Vern. p. 225 ff.) von den „Analogieen der Erfahrung" namentlich die erste und zweite: „Grundsatz der Beharrlichkeit der Substanz" und „Grundsatz der Zeitfolge nach dem Gesetze der Kausalität." Schopenhauer (Welt als Wille und Vorstell. Bd. I, § 4) sagt: „Die Zeit ist weiter nichts, als die Gestaltung des Satzes vom Grunde, und hat keine andere Eigenschaft. Succession ist die Gestalt des Satzes vom Grunde in der Zeit; Succession ist das ganze Wesen der Zeit".

11) Die deutschen termini „Ursache" (für causa) „Grund" (für ratio) finden sich bei Wolff (deutsche Metaphysik II, § 67, 13). Unter-

schieden werden causa und ratio z. B. in seiner Ontologia (Kap. II, § 56 sq.), wo „de principio rationis sufficientis" gehandelt wird. Er sagt (l. c. § 71): Scholastici dudum usi sunt axiomate, nihil esse sine causa: sed haec propositio cum principio rationis sufficientis minime confundenda, cum ratio et causa plurimum differant. Inde est, quod iidem in Physicis non admiserint effectum sine causa, admiserint tamen sine ratione sufficiente. Ita e. gr. agnoscebant, attractionis magneticae causam esse debere, dum ad vim attractricem magneti inexistentem provocabant; sed quia non necessarium esse existimabant, ut per vim istam attractricem intelligibili modo attractionem magneticam explicarent, eandem profecto absque ratione sufficiente subsistere posse sibi persuaserunt.

12) Die vier aristotelischen Ursachen (angeführt Met. V, 2 und Phys. II, 3) sind: 1. τὸ ἐξ οὗ γίνεταί τι ἐνυπάρχοντος, 2. τὸ εἶδος καὶ τὸ παράδειγμα, 3. ὅθεν ἡ ἀρχὴ τῆς μεταβολῆς ἡ πρώτη ἢ τῆς ἠρεμήσεως, 4. τὸ τέλος· τοῦτο δ' ἐστὶ τὸ οὗ ἕνεκα. Bei Averroes (wie Eucken, Gesch. d. phil. Terminol. p. 68 angiebt) finden sich diese 4 Ursachen ausgedrückt als causa materialis, formalis, agens (oder efficiens) und finalis. Es lassen sich indessen, wie Zeller (Die Philos. d. Griechen II, 2 p. 327 ff.) bemerkt, diese vier Ursachen auf die zwei ersten zurückführen, welche dann, wenn die causa materialis als eine nur vorgestellte gefafst wird, den im Text unterschiedenen „Ursache" und „Grund" entsprechen. (ἀρχή ist Beides, wie αἴτιον, Met. V, 1.)

13) Arist. (Met. I, 9): Πάντων δὲ μάλιστα διαπορήσειεν ἄν τις, τί ποτε συμβάλλεται τὰ εἴδη τοῖς ἀϊδίοις τῶν αἰσθητῶν ἢ τοῖς γιγνομένοις καὶ φθειρομένοις· οὔτε γὰρ κινήσεως οὔτε μεταβολῆς οὐδεμιᾶς ἐστιν αἴτια αὐτοῖς. — Τὸ δὲ λέγειν παραδείγματα αὐτὰ εἶναι καὶ μετέχειν αὐτῶν τἆλλα κενολογεῖν ἐστι καὶ μεταφορὰς λέγειν ποιητικάς. τί γάρ ἐστι τὸ ἐργαζόμενον πρὸς τὰς ἰδέας ἀποβλέπον;

14) Bei Hegel bestimmt das Verlangen den „Begriff" sich selbst bewegen und den Gedanken schaffen zu lassen, den Stil auch da, wo nicht die dialektische Methode, sondern der Schriftsteller das Wort hat. So heifst es z. B. (Encykl. p. 85): „In den angeführten Erfahrungen ist sich auf das berufen" (Logik I, 76): „es wäre sich über jene Verwunderung zu verwundern." (Encykl. p. 36); „Die Betrachtung hat das Unbequeme, nur raisonnierend sich verhalten zu können"; „die Fragen führen sich zurück auf Gedankenbestimmungen"; (p. 81): „der Standpunkt begnügt sich nicht damit, gezeigt zu haben"; (p. 82): „der Standpunkt weist es ab, zu betrachten"; (p. 94): „Der Standpunkt ändert nichts — führt Wissenschaften fort — verwirft eine Methode — überläfst sich wilder Willkür"; (p. 82): „Eine Ansicht meint sich über etwas hinausgesetzt zu haben" u. d. m.

15) Ich zweifele nicht, dafs die Hinweisung auf das Geschlecht der Abstracta lediglich als Scherz und dazu als ein frostiger empfunden wird, aber Schopenhauer (Über die vierfache Wurzel cet. IV, § 34) gab ihn in die Hand. Er setzt hier auseinander, welches „die Thätigkeit der Vernunft" sei: sie kann Begriff bilden, „hingegen Stoff aus eigenen Mitteln liefern kann sie nimmermehr. Sie hat nichts, als Formen: sie ist weiblich, sie empfängt blofs, erzeugt nicht. Es ist nicht zufällig, dafs sie, sowohl in den lateinischen, wie den germanischen Sprachen, als weiblich auftritt, der Verstand hingegen als männlich".

16) Schopenhauer verwirft (Vierfache Wurzel d. Satzes vom zureichenden Grunde IV, § 21) eine der unsern verwandte Ansicht, „dafs die Wirkung des Willens auf die Glieder des Leibes" „Ursprung und Prototyp des Kausalitätsbegriffes sei", mit den Worten: „Zwischen dem Willensakt und der Leibesaktion ist gar kein Kausalzusammenhang, sondern Beide sind unmittelbar Eins und Dasselbe, welches doppelt wahrgenommen wird: einmal im Selbstbewufstsein, oder innern Sinn, als Willensakt; und zugleich in der äufsern, räumlichen Gehirnanschauung, als Leibesaktion". Die von Schopenhauer zurückgewiesene Ansicht finden wir u. a. bei Waitz (Psychologie als Naturwissenschaft p. 563 ff.): „Der Ursprung des Kausalbegriffes ist hauptsächlich im Wollen und den mit diesem verbundenen Erscheinungen zu suchen". (p. 568): „Die Auffassung des Kausalverhältnisses geht aus von der Vorstellung der Kraft, unter welcher zunächst nichts anderes verstanden wird als das sinnliche Muskelgefühl, welches wir aus eigener Erfahrung kennen". (cf. Schopenh. Welt als W. u. V. T. II, p. 41 ff.)

17) Arist. (Anal. post. II, 2); τὸ μὲν αἴτιον τὸ μέσον, ἐν ἅπασι δὲ τοῦτο ζητεῖται. — (l. c.): Τὸ τί ἐστιν εἰδέναι ταὐτό ἐστι καὶ διὰ τί ἐστιν.

18) Arist. (Anal. pr. I, 4): Ὅταν οὖν ὅροι τρεῖς οὕτως ἔχωσι πρὸς ἀλλήλους ὥστε τὸν ἔσχατον ἐν ὅλῳ εἶναι τῷ μέσῳ καὶ τὸν μέσον ἐν ὅλῳ τῷ πρώτῳ ἢ εἶναι ἢ μὴ εἶναι, ἀνάγκη τῶν ἄκρων εἶναι συλλογισμὸν τέλειον. Καλῶ δὲ μέσον μὲν ὃ καὶ αὐτὸ ἐν ἄλλῳ καὶ ἄλλο ἐν τούτῳ ἐστίν, καὶ τῇ θέσει γίνεται μέσον.

19) Arist. (Anal. pr. II, 2): ἐξ ἀληθῶν μὲν οὐκ ἔστι ψεῦδος συλλογίσασθαι, ἐκ ψευδῶν δ' ἔστιν ἀληθές, πλὴν οὐ διότι ἀλλ' ὅτι.

20) Über das Verhältnis des Individuums zur Gattung finde ich in den 1883 erschienenen „Sprachphilosophischen Werken W. v. Humboldts, herausgegeben und erklärt von Steinthal" (p. 217) aus einem unvollendeten Manuskripte: „Darstellung der amerikanischen Sprachen" eine Stelle abgedruckt, von welcher Steinthal mit Recht sagt, dafs sie „ein wahres Glaubensbekenntnis enthält". Es heifst da: „Mir nun — ich spreche dies lieber in dem Tone innerer Überzeugung, als mit

der Zuversicht allgemeiner Behauptung aus — scheint das Wesen der
Sprache verkannt, der geistige Prozefs ihrer Entstehung (nicht der an
sich, sondern auch der im jedesmaligen Sprechen und Verstehen) nur
scheinbar erklärt, und ihre mächtige Einwirkung auf das Gemüt un-
richtig gewürdigt, wenn man das Menschengeschlecht als zahllose zu
Einer Gattung gehörende Naturen, und nicht vielmehr als Eine in
zahllose Individuen zerspaltene betrachtet, eine Ansicht, zu der man
auch in ganz andern Beziehungen, als in der Sprache, und von ganz
andren Punkten aus gelangt. Die Verschiedenheit der beiden einander
gegenüber gestellten Behauptungen ist einleuchtend, da die innere Verwandtschaft des Menschengeschlechts nach der letzteren auf der Einheit des Wesens derselben, nach der ersteren nur auf der Einheit der
Idee beruht, welche dasselbe, schaffend oder betrachtend, zusammen-
fafst. In der Art dieser Verwandtschaft liegt das Geheimnis der
menschlichen Individualität verschlossen, das man zugleich als das des
menschlichen Daseyns ansehen kann. Es ist der Punkt, in dem sich
in einem auf den irdischen folgenden Zustande vorzüglich eine Verschiedenheit erwarten läfst, die dann, wenn Bewufstsein beide Zustände
verknüpfte, zugleich eine durchgängige Umänderung aller bisherigen
Ansichten hervorbringen würde. Erklären und ergründen läfst sich
dieses Geheimnis nicht, aber zur Erklärung der Erscheinungen und
zur Richtung des intellektuellen Strebens mufs man sich hüten, das
wahre Wesen jener Verwandtschaft der menschlichen Individualität zu
verkennen, es aus logischen und diskursiven Begriffen schöpfen zu
wollen, statt es in der Tiefe des innern Gefühls, und in einem die
Untersuchung bis zu ihren Endpunkten verfolgenden Nachdenken aufzufassen. Man gewinnt daher schon, wenn man die im vorigen als
die richtige angegebene Ansicht auch nur in der Form geahndeter
Möglichkeit als eine warnende stehen läfst, sich nicht in die entgegen-
gesetzte zu verschliefsen. Was für mich am überzeugendsten für die
Einheit der menschlichen Natur in der Verschiedenheit der Individuen
spricht, ist das oben Gesagte: dafs auch das Verstehen ganz auf der
inneren Selbstthätigkeit beruht, und das Sprechen nur ein gegenseitiges
Wecken des Sprachvermögens des Hörenden ist".

21) Zweifellos sind auch Aussagen, wie amavit, ἐποίησας als Sätze
zu betrachten. In Bezug auf sie macht W. v. Humboldt (Über das
Entstehen der grammatischen Formen Ges. W. Bd. III, p. 288) die
Bemerkung, dafs ihnen die Kopula zu fehlen scheint, oder, wie er sagt,
dafs man „bei ihnen das wahre grammatische Verhältnis hinzudenken
mufs. In amavit und ἐποίησας kommen Bezeichnungen des Stammwortes, des Pronomen und des Tempus zusammen, und die wahre, in
der Synthesis des Subjekts mit dem Prädikat liegende Verbalnatur hat
darin keine besondere Bezeichnung, sondern mufs hinzugedacht werden".
Aber „das Zusammenwachsen des Ganzen bringt die Bedeutung der

Teile in Vergessenheit, die feste Verknüpfung derselben unter Einem Accent verändert zugleich ihre abgesonderte Betonung, und oft sogar ihren Laut, und nun wird die Einheit der ganzen Form — die Bezeichnung des bestimmten grammatischen Verhältnisses".

22) So bestimmt auch Sigwart, Logik, Bd. I, p. 92: „Auch wo das Verbum „Sein" als Bindemittel eines substantivischen oder adjektivischen Prädikats mit dem Subjekte erscheint, vollzieht sich der Urteilsakt nur durch die Verbalendung, und das Verbum „Sein" bildet einen Bestandteil des Prädikats".

23) Man kennt aus der Grammatik diese Verba als solche, welche das prädikative Nomen in der Form mit dem Subjekt kongruieren lassen, da bei dem Fehlen der Bewegung, des Wirkens, auch keine Veränderung in der nominativischen Bezeichnung des Wortes eintreten kann; z. B.: Ein Deutscher bleibt ein Deutscher; nemo nascitur dives; ῥόδον καλόν ἐστιν, πέλει, πέλεται, ἔφυ, τελέθει. Kühner (Ausf. Gr. d. gr. Spr. II, § 345, 355) bemerkt: „Während die griechische Sprache (ebenso die lat.) bei den angeführten Verben das Verhältnis des Prädikates in der Form eines Kongruenzverhältnisses auffafst, — fafst die deutsche Sprache bei den meisten der genannten Verben das Verhältnis als ein den Begriff des Prädikates ergänzendes, als ein Verhältnis der Wirkung auf und bedient sich zum Ausdruck desselben verschiedener Präpositionen, als: ich werde zum Feldherrn gemacht, gewählt, man erkennt mich für gut." Bekanntlich findet sich solcher Gebrauch, durch welchen diese Verba die Farbe eines Wirkens erhalten, auch in anderen Sprachen: Cela est de rigueur; La France est à genoux; La maison est en cendres (cf. Mätzner, frzsch. Gr. p. 306). Dahin gehört auch: mihi bene est u. a. m.

24) Über das Verbum as vid. Pott (Etymologische Forschungen II, 4 p. 229 ff.): „Aller Wahrscheinlichkeit nach hat sich der mittelst des Vb. as ausgedrückte Begriff des Seins — erst allmählich aus einer sinnlicheren Anschauung empor (?) sublimiert und verflüchtigt. Haben wir anders aber recht, im Substantiv-Verbum as einen Anverwandten von âs (sedere; commorari) zu suchen: dann bezeichnete es ursprünglich nicht etwa Essen oder Atmen oder dergleichen, sondern nur Existenz im Raume, wie das lat. existere (von stare). Vgl. got. visan, praet. vas (war) Gab. W. B. S. 193 vgl. mit skr. vas (habitare) und skr. adhyâs (mit der gleichen praep. wie lat. adesse) einen Sitz (Acc.) einnehmen: seinen Aufenthalt irgendwo haben oder nehmen, bewohnen. Aus diesem Grunde ist esse zu einem abstrakten, toten Begriff herabgesunken und daraus erklärlich, dafs der Wurzel as so wenig Zeugungskraft zu Gebilden aus ihr z. B. vom part. sat-ya (eig. sciendlich, also wirklich, wahr), und asu (Lebensgeist), desto gröfsere aber der auf einer mehr sinnlichen und konkreten Basis ruhenden Wurzel bhû

(s. diese; und vgl. bauen; φύομαι wachsen) inne wohnt". (Vgl. über skr. vas eb. S. 471 ff.) Fick (Vergl. Wörterb. Bd. I, p. 26) stellt skr. as (ἐσ, es, got. im, is, ist) zu as (às) sitzen, liegen (vgl. zend. àç - tê), liegt, ist). Curtius (Grundz. d. griech. Etym. p. 375) sagt dagegen: „Daſs die sinnliche Bedeutung dieses uralten verbum substantivum hauchen, atmen gewesen sei, wird durch skt. ás - u - s, Lebenshauch, ásu - ra - s lebendig und das mit lat. ōs auf einer Stufe stehende skt. ās, āsau (N.), ās - já - m Mund, fast zur Gewiſsheit. — Die drei Hauptbedeutungen entwickeln sich wohl in folgender Reihenfolge: atmen, leben, sein. Ebenso Max Müller (Vorles. üer die Wissensch. d. Spr. II, p. 382)“: „Die abweichende, sich namentlich auf skt. ás - t a - m heim stützende Auffassung Ascolis (Framm. linguist. IV, p. 20) und Schweizers (Zeitschr. XVII, 144), wonach die Wurzel as stehen, verweilen als Grundbedeutung gehabt hätte, paſst sehr wenig zu skt. ásus, ásuras“.

25) Das Verbum sthâ wird schon im Sanskrit häufig gebraucht, um ein dauerndes Sein auszudrücken; wir sagen auch statt: es ist schlimm, ist in Aussicht: es steht schlimm, es steht etwas in Aussicht; so im Englischen: I stood neuter u. d. m. (cf. Mätzner, engl. Gramm. II, p. 35).

Kapitel VIII.

Die Kategorieen der Sprache und des Erkennens. — Frühere Ableitungen der Kategorieen von Aristoteles, Kant, Schopenhauer. — Die ursprünglichen Bezeichnungen der Kategorieen sind die Deutewurzeln. — Die Kategorie der Substanz, d. h. das Ich. — Kants synthetische Einheit der Apperception und Trendelenburgs Realismus. — Das allgemeine Sein. — Kants „Ich". — Kants „Ding an sich"; Fichtes absolutes Ich; Schopenhauers Ich, Wille und Vorstellung. — Grenze des Erkennens und der Sprache.

Aus der Betrachtung des Satzbildes und seiner Elemente ergaben sich uns (cf. oben p. 91) als Kategorieen des Erkennens für die Sprache des Individuums die Vorstellung des empirischen Ich im Subjekts-Substantiv, die Vorstellung von räumlich-zeitlicher Bewegung im Prädikats-Verbum, die Vorstellung der verursachenden Beziehung in der Kopula. Wir besprachen darauf die Bestandteile des Urteilssatzes, welche uns dieselben Kategorieen des Erkennens für die Sprache der Gattung aufwiesen, und wir bezeichnen nunmehr die Kategorie des empirischen Ich mit dem begrifflichen Namen der Substantialität und vereinigen die Kategorieen der vorgestellten Ursache und des gedachten Grundes unter dem Namen der Kausalität. Die Vorstellungen von Raum und Zeit innerhalb der Bewegung sind nur Kategorieen des Vorstellens, welche dem begrifflichen Denken zwar zu Grunde liegen, in ihm als solchem aber erlöschen.

Diese Kategorieen beherrschen also die Satzform, in welcher die Form unseres Bewußtseins sich darstellt; sie zeigen die Formen an, unter denen wir vorgestellten oder gedachten Inhalt aussprechen und erkennen, und es fragt sich nun, ob sie diese Geltung beanspruchen können für jede Art, wie unsere Seele sich dem Universum gegenüber, und damit auch sich selber als der von der Bildungskraft des Universums hervorgebrachten gegenüber, verhält. Unzweifelhaft ist, dafs sie gelten, sofern irgend welches Verhalten der Seele sich zu Vorstellungen herausbildcn oder in Begriffen gedacht werden kann, denn dann werden die Kundgebungen dieses Verhaltens aufgenommen in unsere Sprachwelt. Aber, wie wir selbst nur Anteil haben am Universum als dessen Teile, so zeigt auch die Sprache, welche davon Zeugnis ablegt, unser Verhältnis zu demselben nur zu diesem Teile, den unser eigenstes Schaffen aufdeckt und erkennt; sie zeigt es überall nicht, wo wir nicht selbst uns erfassen, indem wir uns unserer bewufst werden, sondern wo das Universum sein Leben wortlos in uns und an uns walten läfst. Wie also der Mensch zwar eine eigene Bildekraft im Verlauf seines Lebens zu bethätigen vermag, wie aber der Eingang in dasselbe sowie dessen Ausgang lediglich dem Leben des Universums anheimgegeben ist, so stellt zwar Erkennen durch Sprache unser eigenes Seelenleben, wie es sich findet im Universum, vor unser Bewufstsein, aber Quelle und Mündung des Erkennens und der Sprache sind unserm Bewufstsein entrückt, obwohl nicht unserm Wahrnehmen und unserem Gefühl.

Ehe wir indessen das Verhältnis des Erkennens zum Kennen und zum Gefühl genauer betrachten, versuchen wir uns über das Wesen der Kategorieen gröfsere Klarheit zu verschaffen. Es ist sowohl Aristoteles wie Kant, welche vorzugsweise über die Kategorieen zu hören sind, zum Vorwurf gemacht worden, dafs sie dieselben aus einem Prinzipe nicht abgeleitet haben. Über Aristoteles sagt Trendelenburg (Geschichte d. Kategorieenlehre p. 180): „Es ist ein grofser Übelstand, dafs sich, so viel wir wissen, Aristoteles über den Grund des Entwurfs und über die Gliederung in zehn Begriffe nicht ausgesprochen hat, und wir können ihm daher — nicht nachrechnen. Wenn es uns zwar aus manchen Anzeichen wahrscheinlich wurde, dafs Aristoteles in der That der Erfindung einem grammatischen Leitfaden, der Zergliederung des Satzes folgte, um die allgemeinsten Prädikate zu bestimmen: so haben wir dadurch doch nicht mehr, als eben nur einen Leitfaden, einen allgemeinen umfassenden Gesichtspunkt — Wir erfahren nicht, wie Aristoteles dazu kam, gerade diese zehn und keine andern und nicht mehr und nicht weniger Begriffe hinzuheften. Wenn wir uns diese dunkle Stelle durch eine Vergleichung der Redeteile aufzuhellen suchten: so war das mehr

unsere Betrachtung und wir vermifsten die genauen Gründe.
Ferner ist dieser grammatische Leitfaden, die Zergliederung des
Satzes, dem Ausdruck des erscheinenden Urteils entnommen, und schon vom hervorbringenden Grund entfernt liegt
er nur unserer Betrachtung zunächst."

Wir meinen, dafs Aristoteles die Kategorieen allerdings „dem
Ausdruck des erscheinenden Urteils" d. h. der Sprache entnehmen
mufste, wenn er seine Ableitung auf sicherem Boden vollziehen
wollte, meinen weiter, dafs sie geschehen mufste an dem Satze.
sofern er Ausdruck eines Seelenaktes ist, nicht sofern er Form
für das Urteil der Logik ist, und finden endlich den Mangel seiner
Aufstellung darin, dafs er den Satz als solchen nicht zergliederte,
sondern — und dies wird er freilich an Sätzen gethan haben —
sich die γένη τῶν κατηγοριῶν an der Unterscheidung der Wörter
nach ihrer Verwendung in der Rede, nach den Aussagen, gewann.

Kant (Krit. d. r. Vern. p. 107) sagt denn auch von „diesen
Grundbegriffen" des Aristoteles, es habe sie dieser, „da er kein
Principium hatte, aufgerafft, wie sie ihm aufstiefsen, habe zuerst
zehn aufgetrieben" u. s. w.; sie seien unvollständig und mangelhaft; und (Prolegg. p. 119) so denkt er von ihrem Wert sehr
gering: „Diese Rhapsodie konnte mehr für einen Wink für den
künftigen Nachforscher, als für eine regelmäfsig ausgeführte Idee
gelten und Beifall verdienen, daher sie auch bei mehrerer Auf-
klärung der Philosophie als ganz unnütz verworfen worden." Er
selbst konnte wenig Gebrauch von ihnen machen, „weil kein
Prinzip vorhanden war, nach welchem der Verstand völlig ausgemessen und alle Funktionen desselben, daraus seine reinen Begriffe entspringen, vollzählig und mit Präzision bestimmt werden
können". Wie kam nun Kant zu solchem Prinzip? Dafs es Ein
Prinzip war, von dem er sie ableitete, betont er besonders (in der
Vorrede zu den Prolegg.): „Ich fand bald, dafs der Begriff von
Ursache und Wirkung bei weitem nicht der einzige sei, durch
den der Verstand a priori sich Verknüpfungen der Dinge denkt,
vielmehr dafs Metaphysik ganz und gar daraus bestehe. Ich suchte
mich ihrer Zahl zu versichern, und da dieses mir nach Wunsch,
nämlich aus einem einzigen Prinzip, gelungen war, so ging
ich an die Deduktion dieser Begriffe, von denen ich nunmehr versichert war, dafs sie nicht, wie Hume besorgt hatte, von der Erfahrung abgeleitet, sondern aus dem reinen Verstande entsprungen
seien." (l. c. p. 119) „Um aber ein solches Prinzip auszufinden,
sah ich mich nach einer Verstandeshandlung um, die alle übrigen

enthält, und sich nur durch verschiedene Modifikationen oder Momente unterscheidet, das Mannigfaltige der Vorstellung unter die Einheit des Denkens überhaupt zu bringen, und da fand ich, diese Verstandeshandlung bestehe im Urteilen. Hier lag nun schon fertige, obgleich noch nicht ganz von Mängeln freie Arbeit der Logiker vor mir, dadurch ich in den Stand gesetzt wurde, eine vollständige Tafel reiner Verstandesfunktionen, die aber in Ansehung alles Objekts unbestimmt waren, darzustellen."

Kant leitet also die Kategorieen her vom „Urteilen". Nehmen wir an, daſs nur aus dem logischen Denken Erkenntnis gewonnen werde, so wird ja wohl, was man Kategorieen nennt, sich im „Urteilen" auffinden lassen, aber damit ist doch nichts ausgerichtet. daſs ich sage, die Grundbegriffe des Denkens müssen im urteilenden Denken wirksam sein, also sind sie aus ihm abzuleiten? Ja, wenn man sie so abzuleiten vermöchte! Haben denn unwissentlich die Logiker bei „nicht ganz von Mängeln freier Arbeit" ihre Arten des Urteils nach den Kategorieen geordnet? Wodurch denn gezwungen? Teilen sie denn alle Logiker in gleicher Weise ein? — Hegel (Gesch. d. Phil. III, p. 568) sagte: „Man bemerkt, daſs es Arten des Urteils, Funktionen des Denkens, und zugleich besondere Weisen des Beziehens giebt. — Aus dieser Bemerkung nimmt nun Kant die Kategorieen her. Aus diesen Urteilen nimmt Kant die Kategorieen heraus: insofern diese besonderen Weisen des Beziehens herausgehoben werden, sind es Kategorieen. Kant nimmt sie empirisch auf, und die Notwendigkeit derselben erkennt er nicht. Er denkt nicht daran, die Einheit zu setzen und aus der Einheit die Unterschiede zu entwickeln. Daran wird gar nicht gedacht, diese Arten zu deduzieren, so wenig als Raum und Zeit: sondern sie sind aus der Erfahrung aufgenommen, wie sie in der Logik zurechte gemacht sind. Dieses sind Formen des Verstandes, oder Weisen der Beziehung des Mannigfaltigen."

Kant würde mindestens gesagt haben: es sind „die Formen des Verstandes", denn er sagt (Kr. d. r. Vern. p. 105) von diesen „reinen Verstandesbegriffen", „der Verstand sei durch gedachte Funktionen völlig erschöpft, und sein Vermögen dadurch gänzlich ausgemessen", aber er lehnt es überhaupt ab, die Kategorieen zu definieren (Krit. d. r. V. p. 108), (1) da wenigstens eine „reale" Definition derselben nicht möglich ist „ohne uns sofort zu Bedingungen der Sinnlichkeit — herabzulassen" (l. c. p. 300). Schopenhauer (Welt als Wille u. V. Bd. I, p. 531) „verlangt, daſs wir von den Kategorieen Kants elf zum Fenster hinauswerfen und

(aufser Zeit und Raum) allein die der Kausalität behalten." Er
will dann, was für uns von Interesse ist (l. c. p. 566ff.), das „was
Aristoteles und Kant unter dem Namen der Kategorieen suchten,
nämlich die allgemeinsten Begriffe, unter welche man alle noch
so verschiedenen Dinge subsumieren müsse, durch welche daher
alles Vorhandene zuletzt gedacht würde", „vorschlagsweise" nach-
weisen. Und worauf zeigt er nun hin? Auf jene „partes orationis",
mit denen er nun freilich, nachdem in 2000 Jahren die Kenntnis
der Grammatik einigermafsen vorgerückt war, besser Bescheid
wufste, als Aristoteles. Etwas Besonderes bringt er im übrigen
nicht, — obwohl auch von den Satzteilen gesprochen wird. Auch
Kant (Prolegg. p. 217 ff.) spricht in Bezug auf das System der
Kategorieen davon, dafs ohne Ableitung „aus einem Prinzip
a priori" „diese Begriffe aus der gemeinen Erkenntnis herauszusuchen", kein gröfseres Nachdenken oder mehr Einsicht voraus-
setze, als aus einer Sprache Regeln des wirklichen Gebrauchs
der Wörter überhaupt herauszusuchen, und so Elemente zu einer
Grammatik zusammen zu tragen; — „in der That seien beide
Untersuchungen einander auch sehr nahe verwandt" —
und man sieht also, wie nahe es allen diesen Denkern lag, die
Aufstellung der Kategorieen auf die Formen der Sprache zu
gründen (cf. oben p. 94). Es ist in der That nur der Fortschritt
der Sprachwissenschaft, welcher es uns ermöglicht hat, darauf zu
fufsen, dafs die Sprache vom Satze ihren Anfang nehme, nicht
von den Wörtern.

Was aber die Schwierigkeit betrifft, eine Definition der Kategorieen zu geben, so zeigt die Sprache, worin diese liegt. Sind
nämlich die Kategorieen lediglich Formen, so können auch
ursprünglich qualitative Wurzeln für sie nicht gebildet
worden sein, ihre Bezeichnung konnte nur sichtbar machen,
dafs sie beim Vorstellen und beim Denken vorhanden sind und
irgendwie bestimmend einwirken, nicht aber, was sie sind. In
der That sind die ursprünglichen Bezeichnungen dieser
Formen des Erkennens und der Sprache sämtlich Formwörter, Deutewurzeln, und sie wurden gebildet, als form-
gebende, zugleich mit den Qualitativwurzeln, deren Inhalt, ein
Geschehen, sie für die Vorstellung um einen Halt ordneten, auf
den sie deuteten, weil die aufmerkende Seele von ihm aus ihr
Vorstellungsbild zum Stehen brachte. (2) Die Kategorie trat hervor,
sobald die Bildekraft des Individuums sprechend und erkennend
ihre Thätigkeit begann. Die Kategorie der Substanz wurzelt im

Gefühl des Ich, und das Ego geht zurück auf den Pronominalstamm a (cf. oben p. 148); die Kategorieen des Raumes und der
Zeit, sowie die der Kausalität führen auf Deutewurzeln, die lautlich
nicht verschieden sind (cf. oben p. 89). Heyse (System der Sprachwissensch. p. 102) sagt: „Die Formwörter für die Zeit, und weiterhin die für rein geistige, logische (besonders kausale) Beziehungen
entwickeln sich aus den Formwörtern des Ortes durch meta-
phorische Anwendung. Also auch hier, wie in dem Gebiete der
Stoffwörter, vertieft und vergeistigt die Sprache die ursprünglich
sinnlichen Vorstellungen auf dem Wege der Metapher. Vergl.
die örtliche, zeitliche und kausale Bedeutung von da, daher,
dann (ursprünglich = von da, und in der Form denn begründend):
weil (ursprüngl. = während; Gleichzeitiges wird als durch einander
begründet gedacht).“

Daſs bei Adverbien, Präpositionen, Konjunktionen zwischen
örtlicher, zeitlicher, kausaler, überhaupt eine Beziehung des Denkens
ausdrückender Bedeutung unterschieden wird, ist bekannt. Man
denke etwa an die Verwendung von vor, nach, an, auf, bei,
aus u. a. m.; ἐν, πρός, διά, παρά, ὑπό, ἀμφί, ὑπό, ἐπί (ἐπὶ
χϑονί auf der Erde, ἐπὶ τούτοις darauf, ἐπὶ παιδείᾳ zum Zweck
der Bildung) u. a.; so ex (urbe, quo, causa), in, pro, prae, ab,
de, ad, u. a.; örtlich und zeitlich werden gebraucht z. B. ubi,
ibi, inde, aber auch z. B. inde est, quod —; Kausalität bezeichnen
die Zeitadverbien ὅτε, ἐπεί, quum, quoniam (= quum jam);
es haben auch ὅτι, quod, quia wahrscheinlich demonstrative
Wurzeln; es kann so zuweilen zweifelhaft bleiben, in welchem
Sinne eine Konjunktion zu nehmen ist z. B. Ich bin vergnügt,
weil ich dich sicher weiſs (vgl. Man muſs das Eisen schmieden,
weil es warm ist); ebenso: — nun oder da ich dich sicher weiſs;
auch das hinweisende daſs (= das) könnte den Nachsatz einführen:
daſs ich dich sicher weiſs. — Mit Bezug darauf, daſs Raum, Zeit,
Kausalität eben Formen unseres Erkennens sind, wird man sich
diese Unterschiede in der Bedeutung der Partikeln nicht so vorzustellen haben, wie die grammatisch-logische Betrachtung sie als
von einander geschieden hinstellt. Es kann doch nur die Form
des in der Sprache sich darstellenden Erkennens sein, aus welcher
diese Mehrheit von Formen sich erzeugt. Wollte man etwa das
menschliche Bewuſstsein sich ausgestattet denken mit Abteilungen
für verschiedene Kategorieen, in welchen dann die einer jeden
entsprechende Formierung des Inhalts vor sich ginge? Wenn wir
eine Vorstellung bilden, so wird deren Inhalt, die zeitlich-räum-

liche Bewegung. Veränderung, nicht abstrakt als solche, sondern
sofort als eine veranlaßte, bewirkte, vorgestellt, denn unser Ich,
das Subjekt der Bewegung im Bewußtsein, fühlt so den Hergang
der Bewegung und Veränderung als einen Akt der Aufhebung
und Wiederherstellung seiner Identität mit sich, und dieses selbe
Subjekt regiert damit auch den Vorstellungsakt, sich kleidend in
den Namen des von ihm in diesen hineingesetzten Subjektes.

Bewegung und Veränderung als solche sind keine Wahrnehmungen und keine Kategorieen, sondern von Verben abgeleitete,
abstrakte Wortbegriffe, wie sie in Urteilssätzen zur Verwendung
kommen, indem man sie denkt. Die noch nicht entwickelte Vorstellung eines blofsen Geschehens wurde von der Sprachwurzel
ausgedrückt: sobald aber die Entwickelung zum Satz der Form
des Bewufstseins entsprechend erfolgte, sobald eine Substanz, als
an einem Orte im Raume befindlich, dem Verbum, welches die
Art des Geschehens ausdrückt, gegenübertrat, war es nicht ein
um die Einheit des Vorstellens und des Satzbildes unbekümmertes,
gegen seine Beziehung gleichgiltiges Bewegen, welches vorgestellt
wurde, sondern eine verursachende Kraft und deren Wirken.
Die Bedingung aber, dafs diese Unterscheidung und Trennung des
Einen Vorgangs nach Ursache und Wirkung ausgesprochen und
erkannt werden konnte, war gegeben durch die Kategorieen des
Raumes und der Zeit, nach welchen, wie wir oben ausgeführt
haben, die Elemente der Vorstellung im Bewufstsein sich ordnen.

Unmittelbar also setzt unser Erkennen dies für sich fest, wenn
es vorstellt: Jede Bewegung, jede Veränderung wird bewirkt durch
eine Ursache, was für den Urteilssatz heifst: jede begriffliche Verbindung hat ihren Grund.

Man sieht, dafs die Kategorieen des Erkennens und
der Sprache nichts anderes sind, als die Elemente der
Form des Bewufstseins.

Was im Verlauf unserer Betrachtungen in Bezug auf diese
Kategorieen sich ergeben hat, wollen wir nunmehr zusammenfassen
und zum Abschlufs zu bringen versuchen. Wir besprechen nach
der Reihe die Kategorieen der Substanz, des Raumes und der Zeit,
und die der Kausalität. Die Substanz ist uns das Ich, und
zwar dieses Ich, welches wir meinen, wenn wir sagen: Ich höre,
ich begreife. Es ist dieses Ich, welches seiner als einer beharrenden Wesenheit in seiner Erinnerung bewufst wird, und
welches, wenn es sich so seiner erinnert, immer nur diesen oder
jenen Inhalt antrifft, der, sofern er erkannt wurde, wann er

wieder erkannt wird, sich auch wieder darstellt als Wort. Genauer ausgedrückt heifst also unser Satz: Aus dem vorgestellten empirischen Ich, wie es im Satzbilde als Subjekt-Substantiv auftritt, entwickelt sich der Begriff der Substanz, und damit ist gesagt, dafs der Begriff der Substanz zu erklären ist aus der Sprache.

Da vor uns, so viel ich weifs, niemand ausgesprochen hat, dafs die Satzsubjekte nur unser je nach dem wechselnden Inhalt der Vorstellung wechselnd benanntes Ich — seiner Form nach, welche ja in der That das Ich eben nur ist — zur Darstellung bringen, also anzunehmen ist, dafs unser Satz dem Verständnis Schwierigkeiten bereitet, so erörtern wir diesen Punkt bei dieser Gelegenheit noch einmal. Trendelenburg (Gesch. der Kategorieenlehre, p. 286) sagt: „Wie nach Kant schon auf dem Gebiete der Anschauung die Materie jeder Wahrnehmung (das Mannigfaltige der Erscheinung, das der Empfindung entspricht) von aufsen gegeben wird, indem die Sinne von den Gegenständen affiziert werden: aber die Form, wodurch das Mannigfaltige der Erscheinung in gewissen Verhältnissen geordnet werden kann (Raum und Zeit) in unserm Gemüte bereit liegt: so wiederholt sich dieselbe Ansicht in Bezug auf den Verstand, dem das Viele gegeben wird, der aber die Einheit aus sich nimmt, aus der Grundthat des Selbstbewufstseins, die in dem „Ich denke" alle Vorstellungen begleitet. Kant hält auf solche Weise die Lehre von Raum und Zeit und die Lehre von den Kategorieen in derselben Richtung des Subjektiven und vollendet dadurch jenes Ergebnis, das die Erkenntnis an die Erscheinung bindet und dem Ding an sich entzieht. — In jedem Urteil ist die Einheit so ausgesprochen, als sei sie im Zusammenhang der Sache begründet. Es liegt in der Sache, dafs z. B. in dem Urteil, die gerade Linie ist der kürzeste Weg zwischen zwei Punkten, Subjekt und Prädikat in eine Einheit und zwar in diese und keine andere treten. Diese Einheit wird nicht dadurch herbeigeführt oder erklärt, dafs ich, der Denkende, eins bin und mich in einer sich gleich bleibenden Einheit weifs. Die innere Verbindung der Sache (gerade, kürzester Weg) hat mit dem sich zur Einheit zusammenfassenden Subjekt nichts zu thun; jene bleibt, sie mag gedacht werden, oder nicht; es ist dies in der objektiven Gestalt des Urteils die stillschweigende Voraussetzung; erst wenn die Verbindung gedacht wird, ist sie von dem sich gleichbleibenden Selbstbewufstsein be-

gleitet. Die synthetische Einheit der Apperception ist die Grund-
bedingung für die That des bewußten Denkens; aber nicht für
die Sache, die gedacht, und für die Verhältnisse der Sache, die
im Urteil ausgesprochen werden. Insofern bleibt der angegebene
Grund (die Einheit des Selbstbewußtseins) hinter dem, was er
eigentlich begründen soll (der sachlichen Einheit des Urteils) weit
zurück. Das Selbstbewußtsein meint im Urteil etwas anderes
ausgesagt zu haben, als seine eigene Einheit. Das Ziel und das
Mittel der Erklärung bleiben hiernach im Widerspruch."

Wir führen diese ganze Stelle hier an, weil kaum klarer
gesagt werden kann, was von der sogenannten realistischen Auffassung gegen unsere Betrachtungsweise eingewandt werden muß,
und andrerseits deutlicher hervorgehoben, in wie weit wir von
der Kantschen Durchführung und Darstellung „der ursprünglich-
synthetischen Einheit der Apperception" abweichen.

Kant hält sich mit seiner Aufstellung auf dem richtigen
Wege, Trendelenburg mit seiner Bestreitung ist im Irrtum;
aber Kant unterläßt den letzten, zum Ziele führenden Schritt,
und so kann Trendelenburg mit einigem Rechte behaupten,
daß jener nicht angelangt sei, wohin er wolle. Trendelenburg
sagt: in dem Urteil „die gerade Linie ist der kürzeste Weg
zwischen zwei Punkten" ist doch von Sachen die Rede: Gerade,
kürzester Weg, und nicht von mir, dem so Urteilenden; wären
jene Sachen nicht an sich innerlich verbunden, so könnten sie von
mir auch nicht so gedacht werden, und so spreche ich das Urteil
wohl aus, aber ich vollziehe damit nur, was ohne mich schon
vollzogen war. — Wo denn vollzogen war? fragen wir, indem
wir dem Beispiel folgen. Trendelenburg (Logische Untersuch.
Bd. I, p. 268) sagt: „In der Natur giebt es nirgends eine
gerade Linie; und wollte man sagen, daß sie in der Kante eines
Kristalles oder irgendwo sonst wenigstens angedeutet, wenn auch
nicht streng vollzogen sei: so ist das eben die apriorische That
des Geistes, diese Intention der Natur, gleichsam ihr
Ideal, in dem Mangelnden zu erraten und das Unvollkommene
zu vollenden." Es ist dies gesprochen mit der Sinnigkeit eines
Dichters, nicht aber mit der Genauigkeit des Untersuchenden.
Bedenklich ist schon, daß die „Geschichte der Kategorieen" dem
Subjekt „die Sache: gerade Linie" entgegenstellt, während, wie
die „logischen Untersuchungen" wohl wissen, diese „Sache" nicht
in der Wirklichkeit vorhanden ist, sondern hervorgebracht wird
von dem „Subjekt", dem sie als Fremdes gegenüberstehen soll.

Nun soll man allerdings das Subjekt in diesem Falle (d. h. wann es gerade Linien entwirft, nicht, wann es urteilt) sich wohl gewissermafsen versachlicht vorstellen. Die Natur hat eine Intention, in der geraden Linie eines ihrer Ideale herzustellen, und das Subjekt verwirklicht nur, was jene schon immer gewünscht hat. Man müfste es glauben, wenn die Natur selbst es uns sagte. Da sie aber stumm ist und wir ihre Gedanken „erraten" müssen, so mufs gestattet sein, aus ihrem Benehmen zu schliefsen, dafs ihr die gerade Linie aufs äufserste unangenehm ist, und dafs sie nur zufällig z. B. in der Kristallkante ihrer Abneigung nicht unzweideutigen Ausdruck gegeben hat. Warum hat man die französische Gartenkunst, welche der Natur z. B. in der Heckenbeschneidung ihr „Unvollkommenes vollenden" wollte, als unnatürlich bezeichnet, wenn man die Intention derselben nicht so gefühlt hätte erraten zu müssen? — Aber lassen wir die Gegenüberstellung des „Subjekts" mit dem Subjekt dieses Urteils und wenden wir uns zu dem Urteil selbst. Es sollen die Sachen: „Gerade — kürzester Weg" in solcher Art „innerlich verbunden" sein, dafs diese „Verbindung mit dem sich zur Einheit zusammenfassenden Subjekt nichts zu thun hat." Nun wird sich eine innerliche Verbindung dieser Sachen nicht wohl denken lassen, ohne dafs man sie denkt, aber sie soll eben schlechthin sein, ohne dafs man sie denkt, und wir müssen freilich zugestehen. dafs ein Subjekt solche Verbindung sich weder vorstellen noch denken kann. Die gerade Linie, welche wir uns vorstellen — sonst ist sie ja nicht — wird allerdings so vorgestellt, dafs wir damit zugleich einen kürzesten Weg uns vorstellen, wenn wir sie als Verbindung zweier Punkte vorstellen, aber ist denn diese in den Sachen als solchen gegeben? Damit ein nicht tautologisches Urteil überhaupt möglich sei, müssen die zu verbindenden Begriffe als gesondert vorgestellt werden können. Es stehen uns eben für die Bildung des Urteilssatzes die für sich, isoliert gekannten Wörter zur Verfügung. Wir können uns also eine gerade Linie ganz wohl vorstellen ohne Rücksicht auf einen kürzesten Weg, und ebenso diesen ohne jene. Diese Kristallkante, sagen wir etwa, bildet eine gerade Linie; stellen wir sie uns dann etwa vor als kürzesten Weg zwischen zwei Punkten? Und wenn ich etwa von dem kürzesten Wege spreche, von einer Bergspitze ins Thal, brauche ich an die Luftlinie nicht zu denken. In der That ist es erst das Subjekt, welches diese Begriffe verbindet; die seienden Sachen bleiben unbekümmert um einander und ihre „innerliche Ver-

bindung" erfolgt nur im Innern des Subjekts, aus welchem heraus
wir sie den Dingen unserer Vorstellung eindichten, wenn wir diese
ansehen, wie Trendelenburg.   Kant sagt (Kr. d. r. V. p. 135):
„Verbindung liegt nicht in den Gegenständen, und kann von ihnen
nicht etwa durch Wahrnehmung entlehnt und in den Verstand
dadurch allererst aufgenommen werden, sondern ist allein eine
Verrichtung des Verstandes, der selbst nichts weiter ist als das
Vermögen, a priori zu verbinden und das Mannigfaltige gegebener
Vorstellungen unter die Einheit der Apperception zu bringen,
welcher Grundsatz der oberste in der ganzen menschlichen Erkenntnis ist." — Wenn dies nun richtig ist, so hat andrerseits
Trendelenburg Kant gegenüber doch genügenden Anlaſs zu
einer Einsprache, sofern dieser aus dem Satz, daſs unser Erkennen
mit Vorstellungen und Begriffen zu thun hat, nicht aber mit
Dingen, den Schluſs zieht, wie er es z. B. in Beziehung auf Raum
und Zeit ausspricht, daſs, was als Form unseres Anschauens nachgewiesen ist, um deshalb in Wirklichkeit nicht vorhanden, also
lediglich subjektiver Art sei.

Hiermit wird dann eben über die Wesenheit der Dinge
etwas ausgesagt, während Kant es doch vermeiden wollte, ein
Wissen von dem „Ding an sich" in Anspruch zu nehmen. Nur
dies sagen wir, daſs dem Erkennen unsere Welt allein zugänglich ist durch unser Vorstellen und Denken, wie sie — nicht
dem Universum gegenüber, sondern in und bis zu einem gewissen Punkt neben demselben — sich uns sinnlich aufbaut in
dem Sprechen des Individuums und in der Sprache der Gattung.
Wer bedenkt, daſs z. B. unser Sehen und Hören nur zustande
kommt durch ein Begegnen gewisser Nerven mit gewissen Bewegungen gewisser Stoffe, wird schon der Vorsicht halber, wenn
es sich um wissenschaftliche Aufstellungen handelt, die Dinge, wie
sie uns erscheinen, nicht als das Wirkliche betrachten, und
wir würden uns die richtige Einsicht in die Natur unseres Erkennens versperren, wenn wir dasselbe abhängig machen wollten
von einem Kennen, welches täglich sich ändert und uns doch
immer nur mit Erscheinungen bekannt machen kann, auch
wenn unsere Sinnesorgane sich ändern lieſsen.

Wenn nun freilich gesagt wird, es könne niemand einfallen,
an der Realität der Dinge zu zweifeln, nur dies sei die Frage,
oder sei vielmehr keine Frage, ob wir, was uns als solche erscheine, auch als das Reale zu betrachten hätten, so kann gemeint werden, daſs dann auch das Sein, nämlich das wirkliche

Sein, als Kategorie aufzustellen sei. Wie sich aus dem folgenden ergeben wird, ist es eben der Substanzbegriff, welcher das Wirkliche in der Erscheinungswelt ausdrücken soll; ein allgemeines Sein aber ohne jede Bestimmung hat weder einen Inhalt, noch ist es eine Form, unter welcher vorgestellt oder gedacht wird. Die Kopula „ist" hat, wie wir gesehen haben, mit diesem abstrakten Begriff nichts zu thun, und wenn es richtig ist, dafs ein „Sein" vorausgesetzt werden mufs, damit auch Erkennen und Sprache sein könne, so wird doch dadurch, ob sie sind oder auch nicht sind, ihnen keinerlei Veränderung in Stoff oder Form zugemutet weder in ihrem Verhältnis zu sich selbst noch zu irgend etwas anderem. Hegel hat in diesem Sinne mit Recht das reine Sein gleich gesetzt dem Nichts. (3)

Wenden wir uns nun zu Kant.

Er sagt (Kr. d. r. V. p. 132) „von der ursprünglich-synthetischen Einheit der Apperception": „Das „Ich denke" mufs alle meine Vorstellungen begleiten können; denn sonst würde etwas in mir vorgestellt werden, was gar nicht gedacht werden könnte, welches eben so viel heifst, als die Vorstellung würde entweder unmöglich oder wenigstens für mich nichts sein. Diejenige Vorstellung, die vor allem Denken gegeben sein kann, heifst Anschauung. Also hat alles Mannigfaltige der Anschauung eine notwendige Beziehung auf das „Ich denke" in demselben Subjekt, darin dieses Mannigfaltige angetroffen wird. Diese Vorstellung aber ist ein Aktus der Spontaneität, d. i. sie kann nicht als zur Sinnlichkeit gehörig angesehen werden. Ich nenne sie die reine oder — ursprüngliche Apperception, weil sie dasjenige Selbstbewufstsein ist, was, indem es die Vorstellung „Ich denke" hervorbringt, die alle andern mufs begleiten können und in allem Bewufstsein ein und dasselbe ist, von keiner weiter begleitet werden kann. Ich nenne auch die Einheit derselben die transscendentale Einheit des Selbstbewufstseins, um die Möglichkeit der Erkenntnis a priori aus ihr zu bezeichnen." — „Die durchgängige Identität der Apperception eines in der Anschauung gegebenen Mannigfaltigen enthält eine Synthesis der Vorstellungen, und ist nur durch das Bewufstsein dieser Synthesis möglich. Denn das empirische Bewufstsein, welches verschiedene Vorstellungen begleitet, ist an sich zerstreut und ohne Beziehung auf die Identität des Subjekts. Diese Beziehung geschieht also dadurch noch nicht,

daſs ich jede Vorstellung mit Bewuſstsein begleite, sondern daſs
ich eine zu der andern hinzusetze und mir der Synthesis derselben bewuſst bin." „So ist die synthetische Einheit der Apperception der höchste Punkt, an den man allen Verstandesgebrauch,
selbst die ganze Logik, und nach ihr die Transscendental-Philo-
sophie heften muſs, ja dies Vermögen ist der Verstand selbst."
    Infolge also eines Aktus der Spontaneität, der das Mannig-
faltige zu einer Einheit der Vorstellung verbindet, kommt die
synthetische Einheit der Apperception zustande, welche — als
Selbstbewuſstsein — „die Vorstellung „Ich denke" hervorbringt",
die dann „alle anderen muſs begleiten können". Es ist deutlich,
daſs Kant diese hervorbringende Apperception hätte, wenn nicht
als Ich, doch als „Verstandes"-Ich bezeichnen können, als das erkennende Ich. Er hat es nicht gethan, und wir müſsten uns also
mit ihm einen aus unserer Eigenheit frei hervortretenden Akt des
Erkennens vorstellen, welcher die Einheit der Vorstellung zwar
hervorbringt und festhält, an welchem, als an einem „höchsten
Punkte, aller Verstandesgebrauch haftet, ja welcher der Verstand
selbst ist" — der aber doch sich auſser und neben diesem Akte,
d. h. neben sich selber, zu halten versteht, so daſs er denselben
nur mit einem Merkzeichen seines Wirkens versieht, indem dieser
nunmehr sich begleitet findet von der Vorstellung: Ich denke!
    Wie Kant zu solcher Konstruktion kommen muſste, ist nicht
schwer zu sehen. Wenn Trendelenburg sogar die Verbindung
der „Sachen" als eine diesen „innerliche" betrachtet, so sieht Kant
freilich, daſs solche Verbindung nur in dem vorstellenden Subjekte
sich vollzieht, aber „das Mannigfaltige in der Anschauung" bleibt
ihm als „Sache" neben der Vorstellung, als ein Selbständiges,
„Gegebenes", welches unmöglich übergehen könne ins Subjekt.
„Das Wasser flieſst", so urteilt Ich, und diese Einheit der Anschauung von Wasser und vom Flieſsen begleite ich nach Kant
mit dem Gefühl, daſs ich sie „hinzusetze", daſs „ich denke"; aber
ich selbst, daran haftet Kant und kann es nicht überwinden,
ich selbst bin doch nicht das Wasser, das gegebene! Freilich
nicht. Aber ist denn dieses Wasser, von dem ich urteile, das
gegebene Wasser? Kann ein Ding Subjekt sein eines Satzes?
Die Subjekts-Vorstellung oder der Subjekts-Begriff heiſst doch
nur „Wasser", kann es doch nimmermehr sein. Wenn ich von
diesem Subjekt alles, was ich von ihm mir vorzustellen, was ich
an ihm zu begreifen vermag, also die mir möglichen Prädikate,
wegdenke, kann ich eben von ihm nichts mehr aussagen, und ich

müfste, sollte es dennoch von mir verlangt werden, eine neue
Vorstellung. einen neuen Begriff aus Wahrnehmung und Erfahrung
zu bilden suchen. um ihn als Subjekt aufstellen zu können. Das
wirkliche, gegebene Wasser fliefst, unberührt von allen diesen
Mühen, weiter, wie vorher, und weder Wahrnehmung noch Erfahrung kann mir zu etwas anderem von ihm verhelfen, als wieder
zu Vorstellungen und zu Begriffen.

Kant konnte in der That an das wirkliche, wirkende Ich, an
dies Centrum der Bildekraft des Individuums nicht herankommen,
obwohl er es ebenso als gegebenes, wie als denkendes vollkommen
begreift, denn eben die Wirklichkeit hat er sich vom Leibe gehalten. Er untersucht nur „reine" Vernunft, „reine" Erkenntnisse a priori, „reine" Anschauung, „reines" Denken. Obwohl
er weifs (Kr. d. r. V. p. 75). „dafs Gedanken ohne Inhalt leer sind,
und Anschauungen ohne Begriffe blind", „dafs Erkenntnis nur
daraus entspringen kann, dafs Verstand und Sinne sich vereinigen",
hat er doch „grofse Ursache, jedes von dem anderen sorgfältig
abzusondern und zu unterscheiden", und so unterscheidet er
nicht blofs „Sinnlichkeit" (d. h. „die Receptivität unseres
Gemüts, sofern es auf irgend eine Weise affiziert wird") und
„Verstand" (d. h. „die Spontaneität der Erkenntnis, welche
Vorstellungen selbst hervorbringt"). sondern er stellt sie einander entgegen und hält sie getrennt. Dadurch kommt er
notwendig in die Lage. erklären zu müssen, dafs der Erkenntnisakt unbegriffen bleibe, dafs er zwar durch „den Schematismus der
reinen Verstandesbegriffe" sich vollziehe, dafs aber eben dieser
Schematismus „eine verborgene Kunst in den Tiefen der menschlichen Seele sei", „ein transcendentales Produkt der Einbildungskraft" (vid. oben p. 189 sq. cf. p. 210). Jawohl wird diese Vereinigung von Sinnlichkeit und Verstand hervorgebracht in der
Tiefe der Seele durch die Bildekraft des Individuums, durch das
schaffende Ich, und Kant würde dies gesehen haben, wenn seine
eigene Einbildungskraft d. h. seine Bildekraft ebenso mächtig gewesen wäre, als seine Denkkraft. So aber hält er — der Reinheit
wegen — gesondert hier: Receptivität und Sinnlichkeit, dort:
Spontaneität und Verstand, als ob wir recipierten, ohne das
sich Bietende zu nehmen. zu formen, uns anzueignen; als ob wir
zu denken vermöchten aus eigener Macht, aus eigenem Vermögen,
ohne den ursprünglich recipierten Inhalt. Das letztere wenigstens
beurteilt er ja so gut (Kr. d. r. V. p. 33): „Alles Denken mufs
sich, es sei geradezu (directe) oder im Umschweife (indirecte),

vermittelst gewisser Merkmale zuletzt auf Anschauungen, mithin
auf Sinnlichkeit beziehen, weil uns auf andere Weise kein Gegenstand gegeben werden kann."

Kant dachte eben zu sehr innerhalb seines begrifflichen Fach-
werks; er schlägt aus Vorsicht das sinnliche Leben des Subjekts
tot, um das so zum Objekt gewordene in Ruhe, ungestört durch
die Zuckungen der Glieder, sezieren zu können. Das Ich ist ihm
eine leere, vorhandene Form; er wagt nicht, sich auf das unaufhörlich neu sich vollziehende Faktum einzulassen, daß diese Form
nur dann vorhanden ist, wenn sie selbst sich hervorbringt, gerufen durch die Reize des Universums. So muß er dann freilich
vom Ich sprechen, wie in dem Kapitel „von den Paralogismen
der reinen Vernunft" (Kr. d. r. V. p. 604): „Zum Grunde einer
transcendentalen Seelenlehre, welche fälschlich für eine Wissenschaft der reinen Vernunft von der Natur unseres denkenden
Wesens gehalten wird, können wir nichts anderes legen, als die
einfache und für sich selbst an Inhalt gänzlich leere Vorstellung
Ich, von der man nicht einmal sagen kann, daß sie ein
Begriff sei, sondern ein bloßes Bewußtsein, das alle
Begriffe begleitet. Durch dieses Ich oder Er oder Es (das
Ding), welches denkt, wird nun nichts weiter als ein transcendentales Subjekt der Gedanken vorgestellt = X, welches nur durch
die Gedanken, die seine Prädikate sind, erkannt wird, und wovon
wir abgesondert niemals den mindesten Begriff haben können; um
welches wir uns daher in einem beständigen Zirkel herumdrehen,
indem wir uns seiner Vorstellung jederzeit schon bedienen müssen,
um irgend etwas von ihm zu urteilen; eine Unbequemlichkeit,
die davon nicht zu trennen ist, weil das Bewußtsein an
sich nicht sowohl eine Vorstellung ist, die ein besonderes
Objekt unterscheidet, sondern eine Form derselben überhaupt, sofern sie Erkenntnis genannt werden soll."

Mein kleiner Sohn hielt sich einmal die Augen zu und sagte:
„Nun ist ich dunkel". Einige Tage vorher würde er noch gesagt
haben: Nun ist Wicker (Viktor) dunkel. Er war also auf dem
Punkte, zu fühlen, daß das Subjekt seines Satzes er selbst sei als
Subjekt. — Das ist es.

Wenn das Subjekt aus dem Gesamtinhalt seiner Wahrnehmung
eines fließenden Wassers vermittelst der Sprache das Substantivum
„Wasser" als Satzsubjekt für das Satzbild „Das Wasser fließt"
entnimmt und dieser Teilvorstellung damit die Form einer besonderen Wesenheit erteilt, als deren Kraftäußerung und Wirkung

es das Fliefsen aussagt und erkennt, so haben wir in diesem Satzbild die Verkörperung eines erkennenden Seelenaktes. Die an ihr
selbst inhaltsleere Bildekraft des Individuums, das Ich, tritt hervor
in dieser von ihr gesetzten Vorstellung der Substanz „Wasser",
welche so zum Träger wird der Aussage, die ihrerseits nichts
darstellt, als eben den Inhalt, welchen das Subjekt in der Einheits-
form schon in sich birgt. Das Subjekt-Substantiv „Wasser" zeigt
einerseits als Subjekt die Verkörperung der schaffenden Kraft
des Individuums als die des Einheitspunktes unseres Bewufstseins;
andrerseits als Substantiv enthüllt es, mit welchem Inhalt in
diesem Augenblick das an sich leere Ich vom Universum her sich
versorgte, in welcher Art die Bethätigung seines Erkennen-Wollens
vom Universum her ermöglicht, angeregt, umschrieben und bestimmt wurde. Die Substanz also, d. h. die Wesenheit, die Kraft,
die Seele dieses „Wassers" ist nichts anders, als das diese Teil-
vorstellung schaffende Ich.

So verhält es sich mit dem Ich in dem Wahrnehmungssatze.
— Das Ich sichert unser Bewufstsein davor, im All zu zerfliefsen,
aber es webt eben damit den Schleier, durch welchen dieses All
von uns geschaut wird. Ist ja doch das Streben nach Erkenntnis
und so das Erkennen selbst überhaupt nur möglich in Seelen,
welche ein eigenes, von dem universalen gesondertes Leben in sich
fühlen, für sich in einem Bewufstsein sich erfassen; wie andrerseits eine Verwirklichung dieses Erkennens nicht möglich wäre,
wenn nicht auch das Leben dieser Seelen eine Lebensweise wäre
im Universum, wie sie sich eben dem Bewufstsein derselben
enthüllt.

Und wie das vorstellende Ich im Wahrnehmungssatz
die eigentliche Wesenheit und wirkende Kraft d. h. die
Substanz des Subjekts ausmacht, (1) so ist das Gattungs-Ich
die Substanz des Subjekts im Urteilssatze. Denn, wie wir
oben gezeigt haben: das Kennenlernen der Wörter, weiter die
Niedersetzung eines Sprachgebrauchs aus dem schaffenden Sprechen
der Individuen, durch welchen die Wortbegriffe für unser Gefühl
definiert werden, bewirkt, dafs die individuellen Vorstellungen,
verifiziert durch die beständig wachsende Erfahrung aller, zu
solchen heranreifen, welche allgemein gelten sollen. Es beruht
dann die Einheit im Urteilssatz nicht mehr auf dem Vorstellen,
sondern sie wird gedacht und begründet durch ein Wissen um
das Kennen und Erkennen der Gattung. So arbeiten dann die
Einzelseelen weiter an ihrem Erkennen unter dem Gewicht, welches

das Gattungsleben ihnen auferlegt durch die Sprache, aber
auch mit der Befriedigung, daß ihr Denken, den Zufälligkeiten
der Einzelfälle sich entwindend, nicht nur dem Bewußtsein ihres
vorstellenden Ich nicht widerspricht, sondern, daß es,
ruhend auf der Substanz des denkenden Ich, sich mit dem
Bewußtsein des begriffsmäßigen Menschen in Übereinstimmung
weiß. In den Urteilssätzen der Erfahrungswissenschaften fällt das
Kennen für sich dem individuellen Ich zu, das Erkennen dem
Ich, welches der Gattung zu genügen strebt; beides aber ist in
der Wissenschaft verbunden.

Während also z. B. in dem Wahrnehmungssatz „Das
Wasser fließt" das Ich nur eben diese Teilvorstellung, zu deren
Bildung die Wahrnehmung anregte, als deren Substanz erfüllt,
würde in einem gleichlautenden Urteilssatze das erfahrene Ich
der Gattung die Identität des Wortbegriffs „Wasser" denken als
eine bestimmter definierte gegenüber anderen Wahrnehmungen,
nach welchen etwa „Wasser" auch gekannt wird als Eis oder als
Dampf, und dann wäre das Ich dessen Substanz als Begriff.
Der Wahrnehmungssatz enthält die Vorstellung der Substanz
des Wassers als einer Ursache, welche das Fließen bewirkt,
der Urteilssatz setzt mit dem Begriff dieser Substanz den
Grund, aus welchem die Verbindung mit dem Begriffe des Fließens
allgemein giltig folgt.

Man könnte sagen, es sei ein Beweis von uns dafür nicht
gegeben worden, daß das vorstellende oder denkende Ich die
Substanz sei der Satzsubjekte, welche unserm Vorstellen oder
Denken die „Dinge" vertreten. Und wenn nun schon in der That
der Beweis, den wir zu bieten haben, nur darin besteht, daß man
mit uns sieht, so sei es; so scheint es ferner mißlich, von dem
einen Etwas, dem Ich, zu sagen, daß es als ein anderes Etwas,
als Substanz, erscheine in der Ding-Vorstellung, während doch
das Wesen des einen Etwas uns nicht weniger unbekannt ist, als
das des anderen. Wir führten an, daß Kant das Ich nur wie
ein X betrachtet, von dem wir „ohne die Gedanken, welche seine
Prädikate sind, niemals den mindesten Begriff haben können", und
von dem Worte Substanz sagt z. B. Locke geradezu, es bezeichne nichts, sondern sei nur Zeichen für die unklare Annahme
eines Substrats von Vorstellungen; die beiden Silben „Substanz"
seien nur erfunden, um die Accidenzen zu tragen, welche irgendwo
angehängt werden mußten. (5) Und wie steht es mit der Ding-
Vorstellung, mit unserer Erkenntnis von dem Substantiv-Subjekt?

Es ist dies die Frage nach Kants „Ding an sich". Schopenhauer (Welt als Wille T. I, p. 595 ff.), der das „Ding an sich als
den Willen erkannt hat" („nicht erschlichen noch erschlossen,
sondern unmittelbar nachgewiesen, da, wo es unmittelbar liegt,
im Willen, der sich jedem als das Ansich seiner eigenen Erscheinung unmittelbar offenbaret"), bemerkt richtig, dafs „Kant
das Ding an sich nirgends zum Gegenstand einer besonderen Auseinandersetzung oder deutlichen Ableitung gemacht hat". In der
That lassen die Stellen in der Kritik der reinen Vernunft, in
welchen das Ding an sich besprochen wird, für sich nicht selten
verschiedene Auslegung zu. Wir glauben indes nicht zu irren,
wenn wir Kants Darstellung seiner Ansicht über diesen Punkt,
wie er sie in der Vorrede zur zweiten Aufl. der Kritik (p. XXVI)
giebt, für diejenige halten, nach welcher jene Stellen gedeutet und
in Übereinstimmung gebracht werden können. „Wir können, sagt
er dort, von keinem Gegenstande als Dinge an sich selbst Erkenntnis haben, sondern nur sofern er Objekt der sinnlichen
Anschauung ist d. i. als Erscheinung." „Gleichwohl wird, welches
wohl gemerkt werden mufs, doch dabei immer vorbehalten,
dafs wir eben dieselben Gegenstände auch als Dinge an sich selbst,
wenn gleich nicht erkennen, doch wenigstens müssen denken
können.*) Denn sonst würde der ungereimte Satz daraus folgen,
dafs Erscheinung ohne etwas wäre, was da erscheint." An anderen
Stellen bezeichnet Kant das „Ding an sich" als Grund. auch wohl
als Ursache seiner Erscheinung; aber keinerlei positiver Inhalt ist
doch von ihm auszusagen; es ist ein blofser Grenzbegriff, gerade
so ein X, wie das Ich. (Kr. d. r. V. p. 310.)

Nun wissen auch wir ja von dem Ich nichts weiter anzugeben,
als dafs wir seiner als des Trägers unseres Fühlens, Wollens,
Vorstellens uns unmittelbar bewufst sind, aber von einem Dinge
an sich, welches aufser unserer Vorstellung zu denken sei, wissen
wir überhaupt gar nichts, und wir bestreiten, dafs es in Wirklichkeit vorhanden sei. Man wird nur dann sich gezwungen sehn,
es zu denken, wenn man der Wirklichkeit eine Welt der Erscheinungen gegenüberstellt. Daher, dafs wir wissen, unser

---

*) In der Anm. hierzu wird gesagt, zum Erkennen wird Beweis aus
Erfahrung oder a priori durch Vernunft erfordert; aber denken kann man
alles, was sich nur nicht selbst widerspricht, obzwar man nicht dafür stehen
kann, dafs solchem logisch möglichen Begriff auch ein reales Objekt entspreche. Die Realität aber müsse nicht notwendig aus theoretischer Erkenntnis sich ergeben, sie könne auch in einer praktischen liegen.

Erkennen habe es nur mit unseren Vorstellungen zu thun, können wir nicht ableiten, dafs wir nur mit Erscheinungen umgehn, obwohl freilich uns alles erscheinen mufs, was wir vorstellen.

Dafs ich die Dinge vorstelle, kann doch nicht bewirken, dafs sie zu Erscheinungen werden, umgekehrt nur wirkt dies, dafs die Dinge mir erscheinen, in mir, dafs ich zur Bildung von Vorstellungen angeregt werde. „Erscheinung" also ist nur der Name für ein subjektives Gebilde, aber im Universum für sich giebt es derartiges nicht, und wir haben keine Kraft, es als ein Wirkliches zu schaffen. Als ein Wirkliches aber behandelt es Kant. (6)

Warum sollten wir denn auch betrogen sein mit unserem Vorstellen, warum, wenn allerdings zuzugeben ist, dafs bei anderen Sinnesorganen andere Vorstellungen von dem nunmehr anders Erscheinenden bei anderen Wesen sich bilden werden, sollen unsere Vorstellungen nicht das Wirkliche selbst treffen, soweit nämlich Vorstellungen dies überhaupt vermögen, welche doch nicht selbst die Dinge sind? — Kant fehlte darin, dafs er die Vorstellungen an dem Sein der Wirklichkeit messen wollte, von dem er doch nichts weifs, statt sie an sich selber auf ihren Gehalt hin — an den Empfindungen, die nicht vergleichbar sind mit den Dingen — zu prüfen. In der That hat er sie ja dann auch nur mit seiner Vorstellung von den Dingen verglichen, und in dieser fand er freilich als Rätsel jenes einigende, der „Erscheinung" zu Grunde liegende „Ding an sich", d. h. das vorstellende, denkende Ich, welches ihm nun ein zweites Rätsel wurde zu dem des Ich.

Die Dinge allerdings sind uns gegeben, aber sind uns darum auch gegeben die Subjektssubstantiva, wie Wasser, Welle, Wind, Berg, Gesicht u. s. w.? Und wo ist gar das sachlich Gegebene bei den abstrakten Substantiven: Tugend, Schönheit, Bewufstsein u. s. w.? Wenden wir unser Kennen an, welches ja das Gegebene in Empfang nimmt, so sehen wir leicht, dafs jene „Sachen", wie wir sie an den Worten als unsere Vorstellungen uns aneigneten, in der Wirklichkeit als für sich bestehende Dinge, als Substanzen, nicht vorkommen, dafs diese Abstracta lediglich Ergebnisse urteilender Denkakte darstellen, in der Wirklichkeit aber nicht zu finden sind. Wenn wir also alle von solchen Vorstellungs- und Begriffs-Dingen irgendwie aussagbaren Prädikate diesen entzogen denken, so dafs eben nur das Wort bleibt ohne in Satzverbindung zu stehen — also das iso-

lierte Wort — was sollte dies dann endlich noch enthalten, als
eben die Form des Ich, oder vielmehr das formende Ich, wie es
sich zu diesem Vorstellen des „Wassers", zu diesem Begreifen der
„Tugend" bestimmt und sich damit einen Inhalt gegeben hat?

Werden Dinge Anlaſs zur Bildung von Vorstellungen, so heiſst
dies eben, daſs die Menschen sie zu Teilen ihres erkennenden Ich
gestalten, gerade so, wie sie die Dinge, welche geeignet sind, ver-
zehrt zu werden, als Nahrung in Menschenleib umwandeln. Diesen
Egoismus des Erkennens stört und unterbricht freilich ohne Aufhören das weitere Kennen, bricht als Erfahrung die Zuversicht
des individuellen Ich und erzieht es zum Ich der Gattung.

Kant hätte also die realen Dinge selbst für jenes unerkannte
und unerkennbare „Ding an sich" erklären müssen, da wir sie
eben nur kennen. Er glaubte, von den Dingen selbst sprechen
d. h. etwas aussagen zu können unter Begleitung freilich, (d. h.
mit Hülfe und mit Beschränkung) des Gedankens: „ich denke",
aber das, wovon er sprach, waren nur seine Vorstellungen von
den Dingen, wie sie in Wörtern sich verkörpern. Seine Frage
nach dem „Ding an sich" ist nichts weiter als die Frage nach
der Bedeutung des Wortes, wenn es in keinerlei Satzverbindung
steht, wir ihm also alle Aussagen entzogen denken. Es ist dies
eben jenes Problem, welches uns beschäftigte, als wir von der
Bedeutung der isolierten Wörter sprachen. Wir haben da gesehen,
daſs die Wörter an sich, wenn das Ich seine vorstellende Thätigkeit einstellt, sich gleichsam aus ihnen zurückzieht und sie als
bloſsen Sprachstoff, als Zeichen einer zustande gekommenen Teil-
vorstellung, den Menschen zur Kenntnisnahme überläſst, nur
eben noch die Möglichkeit bewahren, Verbindungen einzugehn
mit anderen Wörtern, welche innerhalb des Begriffskreises liegen,
dem sie als Teilvorstellungen angehören. Baustücke nannten wir
sie für die Arbeiten des Denkens. Kant nun sonderte von dem
wirklichen Dinge alle Thätigkeiten, Zustände und Eigenschaften,
also unsere Empfindungen, durch welche es uns erscheint, sah,
daſs der Rest, das Ding an sich, unerkennbar sei, muſste aber
freilich so den Gedanken zurückweisen, daſs diese dem wirklichen Dinge zu Grunde liegende Wesenheit — das vorstellende
Ich wäre.

Er sagt (in der Einleitung zur Kritik d. r. V. p. 6): „Wenn
ihr von einem empirischen Begriffe eines jeden körperlichen oder
nicht körperlichen Objekts alle Eigenschaften weglaſst, die euch
die Erfahrung lehrt, so könnt ihr ihm doch nicht diejenige nehmen,

dadurch ihr es als Substanz oder einer Substanz anhängend
denkt, (obgleich dieser Begriff mehr Bestimmung enthält, als der
eines Objekts überhaupt)." So kam er zu dem Widerspruch, daſs
er diesem unerkennbaren „Ding an sich", von dem nichts auszusagen ist, dennoch ein Wirken beilegte; und zwar schrieb er ihm
nicht bloſs das Wirken seines Erscheinens zu. Er sagt (Kr. d.
r. V. p. 566) in dem Kapitel von der „Möglichkeit der Kausalität
durch Freiheit" u. s. w.: „Wenn dasjenige, was in der Sinnenwelt
als Erscheinung angesehen werden muſs, an sich selbst auch
ein Vermögen hat, welches kein Gegenstand der sinnlichen Anschauung ist, wodurch es aber doch die Ursache von Erscheinungen sein kann, so kann man die Kausalität dieses
Wesens auf zwei Seiten betrachten, als intelligibel nach ihrer
Handlung als eines Dinges an sich selbst, und als sensibel
nach den Wirkungen derselben als einer Erscheinung in
der Sinnenwelt." „Da den Erscheinungen, weil sie an sich
keine Dinge sind, ein transscendentaler Gegenstand zum Grunde
liegen muſs, der sie als bloſse Vorstellungen bestimmt, so
hindert nichts, daſs wir diesem transscendentalen Gegenstande
auſser der Eigenschaft, dadurch er erscheint, nicht auch eine
Kausalität beilegen sollten, die nicht Erscheinung ist, obgleich
ihre Wirkung dennoch in der Erscheinung angetroffen wird."
Wenn nun das „Ding an sich" von „intelligiblem Charakter" ist,
dann erkennt Kant in dessen Wirken den unabhängigen Willensakt eines autonomen Ich. Da wäre nun wohl viel zu bemerken,
vielleicht zu entwirren, was hier seine Stelle nicht finden kann,
— vor allem die Einreihung der „intelligiblen", unmittelbar von
uns gefühlten und ausgeführten Willensakte unter die „Erscheinungen" in dem Sinne, wie die Dinge Erscheinungen sind —
aber es ist klar, daſs es sich für Kant fast zwingend aufdrängte,
das Ding-an-sich, die Substanz, als Ich zu fassen. Er leugnet
also zwar, daſs, wenn das vorstellende Ich immer als Subjekt
auftrete, es deshalb auch als Objekt eine für sich bestehende
Substanz sein müsse, das denkende Subjekt brauche kein selbständiges Wesen zu sein (Kr. d. r. V. p. 407), aber er spricht doch
als Vermutung aus (l. c. p. 427), daſs, was der Materie als Ding
an sich zu Grunde liegt, dem Wesen der Seele „vielleicht so ungleichartig nicht sein dürfte". Freilich setzt er damit nicht schon
das Ich als Substanz der vorgestellten Dinge (der Subjekts-Substantiva), sondern, einer metaphysischen Vermutung gemäſs,
ein Etwas, welches sowohl teil hat an der Wesenheit der Seele

wie an der der Materie (cf. Anm. 6 zu diesem Kapitel). Ganz
deutlich äufsert er sich hierüber in der ersten Auflage der Kritik
d. r. V. (p. 379): „Ich, durch den innern Sinn in der Zeit vorgestellt, und Gegenstände im Raume, aufser mir, sind zwar spezifisch
ganz unterschiedene Erscheinungen, aber dadurch werden sie nicht
als verschiedene Dinge gedacht. Das transscendentale Objekt,
welches den äufseren Erscheinungen, ingleichen das, was der
inneren Anschauung zum Grunde liegt, ist weder Materie, noch
ein denkend Wesen an sich selbst, sondern ein uns unbekannter
Grund der Erscheinungen, die den empirischen Begriff von der
ersten sowohl als zweiten Art an die Hand geben." — So konnte
denn Kant aus seiner Vorstellung von der Substanz der Dinge,
der vorgestellten Dinge, die Materie nicht los werden, von
der er andrerseits auch wieder weifs (Kr. d. r. V. 1. Aufl. p. 360),
dafs sie „gar kein Ding an sich selbst ist, sondern nur eine
Art Vorstellungen in uns", d. h. (l. c. p. 359) „blofs äufsere
Erscheinung, deren Substratum durch gar keine anzugebenden
Prädikate erkannt wird." — In der That ist Materie (gleich
„Stoff") ein Begriff, und ist als solcher nur in der Sprache
vorhanden, an die Kant nicht gedacht hat; sie ist weder ein wirkliches Ding, noch die Vorstellung von einem Dinge. Sagt man
also, dafs Materie irgendwie den Erscheinungen zu Grunde liege,
so schreibt man ihr ein Wirken zu, welches ihr ihrem Begriffe
nach gerade fehlt, sie wäre ja eben der zerfallene, formlose Stoff,
welcher der Formierung bedürfte, um etwas zu sein. Plato
schon hatte gelehrt, dafs alles Wirkliche, Beharrliche, Einheitliche
der sinnlichen Erscheinung nur durch die Idee gegeben wird,
während diese an sich nur ein beständig wechselndes Auseinander
sei. Der Stoff, die Materie (ὕλη, σῶμα, ἐκμαγεῖον) ist ihm das
Nichtseiende, nichts als der Raum (χώρα), das Leere. (7)

Es haben denn auch mehrere Denker, welche von Kant ausgingen, namentlich aber Fichte, dessen Trennung des Dinges als
„Erscheinung" und als „Ding an sich" für nicht haltbar erklärt.
Fichte läfst ebensowohl den Stoff wie die Form der Vorstellungen
aus dem Thathandeln des Ich hervorgehen, welches dann als
absolutes das schaffende ist. (8)

Aber mit diesem absoluten Ich, welches schafft, haben wir
nichts zu thun; wir wissen eben nur von unserm vorstellenden
und denkenden Ich, welches aus sich ein Nicht-Ich zu erzeugen
keineswegs imstande ist (übrigens auch nicht nach Fichtescher
Deduktion, sondern Behauptung), (9) vielmehr dem Menschen

gegeben ist als ein Nicht-Universum, welches aus dem Universum
hervorgeht und dennoch als Eigenkraft des Individuums auftritt
durch Wollen und Erkennen. Schopenhauer setzte, wie wir
schon anführten (p. 273), an Stelle des Kantschen „Ding an sich"
den „Willen", aber während er in Kants Fehler nur einen Beleg
zu dem indischen Sprichwort findet: „Kein Lotus ohne Stengel",
heifst es (Welt als Wille Bd. I. p. 517) von Fichte: „Er war
dreist und gedankenlos genug, das Ding an sich ganz abzuleugnen
und ein System aufzustellen, in welchem nicht, wie bei Kant, das
blofs Formale der Vorstellung, sondern auch das Materiale, der
gesamte Inhalt derselben, vorgeblich a priori aus dem Subjekt
abgeleitet wurde." Das „Ich" ist für Schopenhauer als das
„Subjekt des Erkennens nichts Selbständiges, kein Ding an
sich, hat kein unabhängiges, ursprüngliches, substantielles Dasein;
sondern es ist eine blofse Erscheinung, ein Sekundäres, ein
Accidenz, zunächst durch den Organismus bedingt, der die Erscheinung des Willens ist: es ist nichts anderes, als der Fokus,
in welchen sämtliche Gehirnkräfte zusammenlaufen." (Parerga
und Paralip. Bd. II, p. 48.) An anderer Stelle (Welt als Wille,
Bd. II, p. 314) sagt er: „Dieses erkennende und bewufste Ich",
„weit entfernt, das schlechthin Erste zu sein, wie z. B. Fichte
lehrte, ist im Grunde tertiär, indem es den Organismus voraussetzt, dieser aber den Willen."

Ob dies alles sich so verhält, wie Schopenhauer versichert,
kann zunächst dahin gestellt bleiben, zumal da er selbst sich
weiter dahin ausspricht: „Ich gebe zu, dafs alles hier Gesagte
doch eigentlich nur Bild und Gleichnis, auch zum Teil hypothetisch sei: allein wir stehen bei einem Punkte, bis zu welchem
kaum die Gedanken, geschweige die Beweise reichen." Wenn wir
uns aber bescheiden, seinen metaphysischen Aufstellungen bei-
zupflichten oder zu widersprechen, so ist es doch nicht schwer,
das Richtige an seiner Auffassung des erkennenden Ich von
dem Unrichtigen zu sondern. Gewifs läfst sich aus dem Begriff
eines theoretisch sich verhaltenden Ich kein Schaffen des
Stoffes für Vorstellen und Denken ableiten, und jede schöpferische Thätigkeit führen wir bei uns zurück auf Akte des
Willens. Und weiter mufs für unsere Überlegung zuerst
etwas da sein, hervorgebracht sein, also z. B. das aus einem
Willen entspringende Universum, ehe dies dann vorgestellt
werden kann, aber darum ist doch das vorstellende Ich kein
„Sekundäres" oder „Tertiäres" im Verhältnis zum „Willen". Wir

kennen nur dieses wirkliche Ich im Menschen, und nur von
dem Erkennen dieses Ich ist mit Sicherheit zu reden, und nur
durch ein Erkennen, wie es diesem Ich eigen ist, werden ja selbst
erst erzeugt die Begriffe „Erkenntnis" und „Wille". Dabei
bleiben wir, soweit wir eben erkennen, stehen, weil man nur
erkennen kann, was man kennt. Nun aber ist in diesem uns
bekannten Ich eine Trennung von Denken und Wollen nicht vorhanden, nur eine verschiedene Richtung der Bethätigung. Dieses
Ich nimmt wahr, stellt vor, erkennt, weil es kennen und erkennen
will, und es will, weil es lebendig wirkt; ebenso aber setzt
jeder Willensakt desselben ein Wissen voraus, weil es bewufstes
Ich ist. Beide also, Fichte wie Schopenhauer, verfielen einem
einseitigen Denken, wenn sie das vorstellende Ich von dem wollenden trennten; (10) das Vorstellen und das Wollen findet sich,
ehe es ins Bewufstsein tritt, schon vereinigt im Gefühl.

Wir fassen zusammen.

Weil das Ich bei dem Erkenntnisakte als Substrat (ὑποκείμενον)
der in den Subjekts-Substantiven verkörperten Teilvorstellungen
gefühlt wird, stellen wir diese Wort-Repräsentanten der Dinge
vor als Substanzen d. h. wir sprechen sie aus und erkennen
sie als von derselben Wesenheit, welche wir unmittelbar in uns
selbst als das Ich fühlen, den selbständigen, beharrenden, wollend
wirkenden Träger unseres Erkennens und Wollens. Während wir
also die Dinge selbst durch Wahrnehmung und Erfahrung
kennen lernen als örtlich und zeitlich beständig beeinflufst von
anderen Dingen und Kräften, als beständig sich wandelnd, immer
neu entstehend und vergehend, und, wie sie für sich sind, als
Formeinheiten von Kräften, denen nur die Möglichkeit des
Wirkens eigen ist, so erkennen wir sie und stellen sie dar durch
Sprache als selbständige Subjekte, als Wesenheiten, welche
trotz des Wechsels der Prädikate, ihrer Accidenzen, beharren
und ihre Identität bewahren, welche Ursachen sind eines durch
ihr Wesen bestimmten Kreises von Wirkungen.

Dafs sie Ursachen sind, rührt daher, dafs eben von ihnen
aus das vorstellende Ich seine Satzaussage schafft, frei insofern,
als es sie nach seiner Natur gestaltet, bestimmt insofern, als der
Inhalt ihm in Form der Empfindung vom Universum gegeben
wird. Ohne das Satzbild würde die Subjekt-Substanz ihrer Accidenzen ermangeln, durch welche sie erst Substanz wird, wie auch
umgekehrt kein Prädikat Accidenzen darstellen könnte ohne die
Subjekt-Substanz, welche sie trägt. Das Satzbild ist früher als

die Wörter, in welche es sich auseinanderlegt, weiter aber sind
dann diese Wörter als Begriffe früher als das Urteil, sobald
sie isoliert als Repräsentanten der Dinge kennen gelernt werden
von den Sprachgenossen, welche den einzelnen Individuen gegenüber als deren Gattung sich geltend machen. Indem nun das
Individuum die Lautformen, welche es gekennzeichnet findet als
Vertreter von Vorstellungen selbständiger Wesenheiten und mit
einer Bedeutung, welche der Sprachgebrauch der Gattung definiert
hat und die damit frei geworden ist von der Beschränkung auf
ein Hier und ein Jetzt, begreift und zu weiteren Aussagen
aufnimmt, erfüllt es dieselben von neuem mit dem wirkenden
Leben des Ich als mit ihrer Substanz. Diese weiteren Aussagen,
welche demnach eine vorhandene Sprache voraussetzen, sind die
Urteilssätze, in denen das Ich-Subjekt nicht mehr Gegebenes als
von einer Substanz getragen darstellt, sondern Begriffenes nach
dessen wesentlichem Inhalt, wie das Gattungs-Ich ihn erfaſst hat,
auf andere Begriffe bezieht und nach seinem Denken verbindet.
Das Wirken des Subjekts-Ich als der Substanz ist dann nicht
mehr vorstellbar, sondern begrifflich begründet durch das Denken.

Es ist von besonderer Wichtigkeit, daſs die Substanz, sofern
in ihr unser Ich erkannt wird, auch als wirkende aufgefaſst
werde, denn erst dann, wenn das Vorstellen und Denken, wenn
das Satzbild und der Urteilssatz als durch ein Wollen hervorgerufen in Betracht kommen, enthüllt sie sich uns als die volle
dem Individuum als solchem eigene Bildekraft, als das lebendige,
sprachschaffende Ich.

Kant verbindet mit dem Worte „Substanz" nur den Begriff
der Selbständigkeit und Beharrlichkeit; (11) betrachtet man aber
den Begriff des „Ding an sich" als den einer dem Dinge zu Grunde
liegenden Wesenheit und in diesem Sinne als Substanz, so bewirkt
dieses Ding-an-sich nach Kant freilich seine eigene Erscheinung
und im Menschen die freie Entschließung, aber wenn uns von
der Beschaffenheit dieses Ding-an-sich durchaus nichts bekannt
sein soll, so bleibt auch durchaus unerklärt, wie aus ihm ein
Wirken hergeleitet werden kann. Hegel nennt (Logik I, 2 p. 128)
„die Abstraktion des Dinges, reines Ding-an-sich zu sein, eine
unwahre Bestimmung", er bestimmt das Wesen als den Grund
der Existenz, die Erscheinung als die Form des Wesens, durch
welche es Dasein hat. Dieses stellt sich dann in der Einheit
des Innern und Äußern dar als die Wirklichkeit, welche sich
in sich selbst vermittelt durch die Verhältnisse der Substantialität,

Kausalität und Wechselwirkung. Da ist ihm denn (l. c. p. 212) die Substanz; „das Seyn, das ist, weil es ist, das Seyn als die absolute Vermittelung seiner mit sich selbst; sie ist als die letzte Einheit des Wesens und Seyns das Seyn in allem Seyn, weder das unreflektierte Unmittelbare, noch auch ein abstraktes, hinter der Existenz und Erscheinung stehendes, sondern die unmittelbare Wirklichkeit selbst — als an und für fürsichseyendes Bestehen". (l. c. p. 214): „Die Substanz manifestiert sich durch die Wirklichkeit mit ihrem Inhalte, in die sie das Mögliche übersetzt, als schaffende, durch die Möglichkeit, in die sie das Wirkliche zurückführt, als zerstörende Macht. Aber beides ist identisch." (12)

Wir gehen über zu den Kategorieen des Raumes und der Zeit als Momenten der Bewegung.

Das Leben des Universums zeigt sich uns als Veränderung, Wechsel, Bewegung (13) an den Dingen. Als Bedingung für das Eintreten der Bewegung dehnt sich der Raum aus; mit ihrer Verwirklichung an dem Bewegten entsteht für uns das Messen einer Zeit, die sich ausspannt. (cf. oben p. 125.) (14) Mit allen Empfindungen und Vorstellungen verbindet sich deshalb deren Einordnung in die Formen des Raumes und der Zeit. Und diese Formen haften an unserm Vorstellen, auch wenn es die Bewegung als gehemmte im Zustande der Ruhe d. h. als beseitigt vorstellt. Der Raum engt sich nur ein bis hin zum einengenden Vorstellen. für dieses aber bleibt ihm ein Ort und dessen Umgrenzung d. h. ein Raumbild, die an diesem Punkt angehaltene Zeit aber wandelt sich für die Vorstellung nur aus einer enteilenden in eine dauernde. Wird nun ein einzelnes Geschehen, ein Vorgang empfunden, wahrgenommen, vorgestellt, und der Akt des Vorstellens durch Sprache nach der Form des Bewußtseins vollendet und so als dieser Einzelakt umgrenzt, so wird in dem auf diese Weise entstehenden Satzbilde in dem Ausgedehnten des Vorstellungskreises mit der Teilvorstellung des Subjekts ein Ort, eine Stelle (locus = stlocus = Stelle) bestimmt (der ἴδιος τόπος des Aristoteles, ἐν ᾧ πρώτως τὰ σώματά ἐστιν gegenüber dem τόπος κοινός [Phys. Ausc. IV. 2]), in Bezug auf welchen die Bewegung sich vollzieht, indem zugleich sich für uns die Zeitlinie ausstreckt, an welcher wir die Bewegung als Geschwindigkeit messen (Arist. [de coelo, I, 9, 10]: Χρόνος δέ ἐστιν ἀριθμὸς κινήσεως· κίνησις δ' ἄνευ φυσικοῦ σώματος οὐκ ἔστιν). Die Sprache kann Raum und Zeit, wie sie die allgemeinen Voraussetzungen sind für das Vorstellen, nicht weiter ausdrücken, als eben durch Deutewurzeln, denn sie sind ohne Qualität; und

als solches Deuten finden wir auch im Satzbilde den bestimmten
Ort und die vorgestellte Zeit mit Suffixen bezeichnet, sowohl an
den Substantiven, den raumerfüllenden Trägern der Bewegung,
wie an den Verben, welche die Art der Bewegung ausdrücken. (15)
Von den Bezeichnungen der räumlichen und zeitlichen Vorstellung sind ganz verschieden die Begriffswörter „Raum", „Zeit",
welche abgeleitet sind von Verben oder Nomina (vid. Anm. 14
got. rums Raum, geräumig), also einem Urteilssatz ihr Entstehen
verdanken (cf. oben p. 153), wie er etwa gebildet wurde, wenn
man von einem Deutewort, Pronomen, ein sich Erstrecken, ein
Dehnen aussagte mit der Bedeutung: da — die Weite, da — das
Folgen, oder ähnliches. Kant (Kr. d. r. V. p. 38 u. p. 47) hat
zwar bei seiner „Erörterung", dafs Raum und Zeit nur „an der
subjektiven Beschaffenheit unseres Gemüts haften", gesagt: „Der
Raum und die Zeit sind keine empirischen Begriffe, die von
äufseren Erfahrungen abgezogen worden. der Raum und die Zeit
sind auch keine diskursiven oder, wie man sie nennt, allgemeinen Begriffe, sondern reine Formen der sinnlichen
Anschauung, aber in den Überschriften zu § 2 und § 4 (und
sonst im Text dieser Paragraphen) spricht er doch von den „Begriffen" des Raumes und der Zeit. (16) Wir untersuchen hier nicht,
ob Kant, indem er bestreitet, dafs Raum und Zeit empirische
oder diskursive Begriffe seien, ihnen hiermit überhaupt den begrifflichen Charakter habe absprechen wollen, sondern bemerken
nur, dafs wir diese Ausdrücke ja ohne Zweifel Begriffe zu nennen
haben, wenn sie freilich auch sich als Begriffe von besonderer
Art ausweisen, nämlich eben als solche von Kategorieen. Wir
besprechen an dieser Stelle diesen Punkt, welcher auch für die
anderen Kategorieen in betracht kommt. Wir nehmen die Dinge
wahr an gesonderten, sich einander bestimmenden Orten, und
wir nehmen auch wahr, wie entweder die Gestaltung der Dinge
selbst oder deren gegenseitige Lage sich ändert. Hierbei grenzt
sich uns zugleich ab und verschiebt sich für die Wahrnehmung
die Gestalt des Auseinander der Dinge, d. h. der sondernden und
umgrenzenden Räume, und an den Gestaltungen der Dinge bilden
sich so Gestaltungen der Örter für die Vorstellung. Indem ferner
der Blick des Wahrnehmenden dem Wechsel, der Veränderung
der Lagen folgt, folgt so auch das Vorstellen; und das Erinnern
des Individuums, durch welches die Kontinuität des Ich im Bewufstsein sich erhält, bewirkt, dafs dieses Folgen von uns empfunden wird als eine Aufeinanderfolge von Teilen eines fliefsenden

Ganzen, als eine Succession von Zeitmomenten. Die Örter wie
die Successionen der Zeitmomente werden für sich in irgend
welcher Form von uns nicht angeschaut, sondern zugleich mit
dem Wahrnehmen hervorgebracht. Wenn man sagt, dafs sie an
den Dingen wahrgenommen werden, so ist dies nicht dahin zu
verstehen, dafs sie an diesen haften, wie ein Qualitatives; sie
melden sich uns nur an zugleich mit den Dingen, aber ohne sie
würden wir auch die Dinge nicht vorstellen, wie sie wirklich
(d. h. wirkend) sind (z. B. auf unsere Sinne), sondern nur
einzeln für sich, wie sie nicht sind. Da weder bei Wahrnehmung der Lagen noch der Aufeinanderfolge der Zeitmomente
wir an ihnen ein Qualitatives bemerken, nur also, dafs sie sind,
nicht aber, wie sie sind, so fehlt auch für sie ein ursprünglicher,
bestimmt ausgeprägter sprachlicher Ausdruck, und es wird auf
sie nur gedeutet als auf Bestimmungen, welche zugleich mit den
Dingen bei unserm Vorstellen sich erzeugen. Sie geben aber allein
die Möglichkeit, sind die Bedingung, dafs die Vorstellung
der Dinge für unser Erkennen (d. h. darstellbar in der
Form des Satzes) eintrete in das Bewufstsein, denn das
Anschauungsbild eines Vorgangs sondert sich durch die Formierung unseres Vorstellens nach den Kategorieen von Raum und
Zeit in seine Elemente, hält diese Elemente aber eben damit auch
in gegenseitiger Beziehung. Leibnitz (Troisième écrit de
Mr. Leibniz. ed. Erdm. p. 752) sagt: „Pour moi, j'ai marqué plus
d'une fois, que je tenois l'Espace pour quelque chose de pure-
ment relatif, comme le Temps: pour un ordre des Coexi-
stences, comme le Temps est un ordre de Successions. Car
l'espace marque en termes de possibilité, un ordre des choses qui
existent en même temps, entant qu'elles existent ensemble: sans
entrer dans leurs manières d'exister. Et lorsqu'on voit plusieurs choses ensemble, on s'aperçoit de cet ordre des
choses entr'elles".

Leibnitz hat auch sonst besonders hervorgehoben, dafs Zeit
und Raum ideale Wesenheiten seien, blofse Möglichkeiten, wie
die Zahlen in Bezug auf die zu zählenden Gegenstände. (17)

Hieraus erklärt sich nun, dafs die sprachliche Bezeichnung
von räumlichen oder zeitlichen Wahrnehmungen keine eigentlichen Wörter aufweist; es fehlte ja eben bei dem Vorstellen
derselben ein qualitativer Inhalt. So verfuhr die Sprache bei
diesen, wie bei der Bezeichnung unsinnlicher Wesenheiten, brauchte
Metapher oder Gleichnis, wie z. B. Ort (= Spitze), Punkt, Augen-

blick, oder Metonymie, wie z. B. Lage, Stelle, Moment (movimen-
tum) (Gegenwart, Vergangenheit, Zukunft) u. d. m. Ähnlich wurde
bei den abgeleiteten Wörtern für die Begriffe von Raum und
Zeit verfahren. Es wurde die Möglichkeit der Bewegung und
der Lage der Dinge durch Metaphern versinnlicht, welche mit den
Bildern der Dehnung, Ausspannung, den Blick in eine sich er-
öffnende Weite lenken. Was aber so über die sprachlichen Bezeichnungen der Kategorieen Raum und Zeit gesagt ist, gilt allgemein von den Kategorieen. Sie sind ebensowohl in den Vorstellungen wie in den Begriffen, werden an deren Gestaltung jedes
Inhalts bemerkt, entbehren eines eigenen, qualitatives Vorstellen
ausdrückenden Wortes und brauchen zu ihrer begrifflichen Darstellung ein Bild. Das unvergleichliche Ich hält die ursprüngliche, deutende Pronominalform für die vorgestellte wie für die
gedachte Substanz (Ichheit?) fest; die Kategorie der Kausalität
wird, sofern Ursache und Wirkung vorgestellt wird, am Prädikatsverbum, als Kopula, wie wir sahen, ausgedrückt, begrifflich
wird sie bezeichnet durch Composita: als Ursache, Wirkung
(got. vaúrkjan, ἐργάζεσθαι) durch Bilder, wie Grund, Folge.

Die schon oben ausführlicher besprochene Kategorie der
Kausalität ist noch in ihrem Verhältnis zu den Kategorieen des
Raums und der Zeit näher zu betrachten.

Man sieht an den kausalen Konjunktionen, wie z. B. denn
(dann), darum (um das), deshalb (ahd. dës halp = von der Seite
oder Richtung her), daher, mithin, demnach, folglich u. a. m., daſs
die Kausalität von der Sprache durch Bezeichnungen räumlicher
und zeitlicher Verhältnisse ausgedrückt wird. Und wenn, wie wir
oben besprachen, jede Veränderung oder Bewegung die Vorstellung
fordert, daſs sie verursacht sei, so ist ein enger Zusammenhang
zwischen Raum, Zeit und Kausalität selbstverständlich. Näher
betrachtet zeigt sich dies in folgender Bestimmung.

Die Zeit entsteht dem Ich auf Grund seines Beharrens, der
Kontinuität, wie sie im Gedächtnis sich verwirklicht, denn an
seinem Beharren fühlt und erfährt es die Veränderung und Bewegung der Vorstellungen; der Raum entsteht ihm auf Grund
seiner eigenen Umgrenzung und Selbständigkeit, seines körperlichen, individuellen Daseins, denn durch dieses fühlt und erfährt
es sich als ein Besonderes, für sich Ausgestaltetes, der Mannigfaltigkeit des Wahrgenommenen gegenüber; die Zeit wird ihm
ursprünglich kund an seinem geistigen Leben, der Raum an seiner
körperlichen Erscheinung. Jeder Akt des Wirkens, also des Her-

vorbringens einer Veränderung, welcher vom Ich ausgeht, vollzieht sich ihm daher an irgend einem Orte, in irgend welcher Zeitfolge, aber diese räumlich-zeitliche Bestimmung ist keine beliebige;
sie ist abhängig von dem Akte des Wirkens, als in welchem der
Wille des Ich sich kund giebt, als in welchem also die Identität des Ich gewahrt bleibt. Wenn daher das Erscheinen
der Wirkung einerseits gebunden ist an Raum und Zeit, so verlieren diese andrerseits die Gleichgiltigkeit ihres Aufsereinander,
erfüllen sich mit einem sie innerlich beherrschenden Mafs
und treten in bestimmte Beziehung sowohl zum Ich, d. h. zu dem
seinen Ort selbst bestimmenden Ausgangspunkt der Bewegung,
als auch zu dessen Thätigkeit, für welche sich je nach der Natur
des Wirkens die erforderliche Zeitfolge und Zeitdauer bestimmt.

Wie wir fühlen, dafs in der Seele die Akte des Erkennens
aus einem Wollen hervorgehen, welches den Inhalt des Kennens
zeitlich-räumlich dem Bewufstsein vorstellt, so erscheint uns im
Satzbild die wirkende Kraft der Subjekt-Substanz als die innerliche Ordnerin des Inhalts für dessen äufserliche Ordnung nach
Raum und Zeit, als die Seele des Geschehens. Das Subjekt, da
von ihm die Wirkung ausgeht, bestimmt hierdurch zugleich den
Ort des Geschehens; das Prädikat, da es vom Subjekt verursacht
ist, wovon es das Zeichen in der Personalendung des Verbum an
sich trägt, erhält von diesem die Bestimmung seiner Zeitangabe.

Der Vorgang des Leuchtens der Sonne erscheint in dem Satzbilde „die Sonne leuchtet“ nach Raum und Zeit auseinandergelegt,
in der That ist nur die Substanz Sonne vorhanden, von der anderes
als sie, ein Wirken, ausgesagt wird, welches doch völlig von deren
Wesen bestimmt ist, denn von allem Leuchtenden ist es nur eben
dieses der Sonne Eigentümliche, welches von ihr bewirkt werden
kann. Der Inhalt dieses Satzbildes nicht nur, sondern jedes möglichen mit derselben Subjekt-Substanz ist erschöpft, wenn ich
weifs, Sonne ist Sonne; und im Urteilssatz wird der Grund gefordert, durch welchen solche Identität nachgewiesen wird, trotz
der Veränderung, welche das Prädikat von ihm angiebt.

Dies also sind die Kategorieen, wie sie sich bei Betrachtung
des Satzes als des sprachlichen Ausdrucks für einen Akt des Vorstellens oder des Denkens ergeben.

Wir haben gesehen, dafs die Bezeichnungen dieser Kategorieen die von Teilvorstellungen und Begriffen sind, aber es ist
von entscheidender Wichtigkeit für unsere Erkenntnis, dafs wir
nicht sie selbst für Vorstellungen oder Begriffe ansehen. Mit Recht

hat Kant sich gesträubt, Raum und Zeit als blofse Begriffe
gelten zu lassen und hat die Kategorieen „als die wahren Stammbegriffe des reinen Verstandes" vor den anderen Begriffen ausgezeichnet, doch ist ihm ihr Unterschied von diesen nicht ganz
klar geworden, und so sagt er zwar (Kr. d. r. V. p. 108): „Der
Definitionen dieser Kategorieen überhebe ich mich in dieser Ab-
handlung geflissentlich, ob ich gleich im Besitz derselben sein
möchte"; „sie würden hier nur den Hauptpunkt der Untersuchung
aus den Augen bringen, indem sie Zweifel und Angriffe erregten",
aber weiterhin (p. 300) erklärt er, dafs die Kategorieen überhaupt
nicht real zu definieren wären, ohne dafs man sich „sofort zu
Bedingungen der Sinnlichkeit — herabgelassen" und in der ersten
Auflage (p. 241) hatte er einfach eingeräumt, dafs „wir sie nicht
definieren könnten, wenn wir auch wollten".

Wir hatten schon oben (p. 141 ff.) bei Besprechung der natürlichen Metaphern als Bezeichnungen für unsinnliche Wesenheiten
darauf hingewiesen, dafs man nicht verwechseln dürfe diese Bezeichnungen lebendiger, der Bildekraft des Universums entstam-
mender Kräfte, für deren Benennung die Sprache sich der Namen
von sinnlichen, analogen Erscheinungen bedient, mit den zu Begriffswörtern gewordenen Lautbildern, welche unter Festhaltung
ihrer eigentlichen, sinnlichen Bedeutung nunmehr gedacht würden,
statt, wie ursprünglich, vorgestellt zu werden, und die freilich
insofern ebenfalls unsinnlicher Art wären. Ihnen, als unseren
Begriffen, kommt keine andere Wirklichkeit, kein Wirken zu, als
ein solches, welches von uns abhängt. Gebunden mit ihrem Leben
an ihren Wortleib wirken sie nur in unserm Denken. Ihnen
gegenüber ist nur jenes Einzelne wirklich zu nennen, an welchem als einem so vom Universum Gegebenen, wir zu der Bildung
der Satzelemente gelangen, dieser Hans und Kunz, diese Menschen,
nicht der Mensch, welcher im Denken die „Menschheit" vertritt.
Darum lassen sich aus Platos Ideen, wenn man sie sich real
denkt, doch die unterschiedenen einzelnen Erscheinungen nicht
herleiten, obwohl sie dieselben im Denken umfassen: sollten sie
deren Musterbilder sein, so fehlt eben diesen die nachbildende
Kraft (18); und ebensowenig könnte man aus diesen allgemeinen
Begriffen die Einzelvorstellungen ableiten, da vielmehr die
Begriffe aus den Vorstellungen sich entwickeln.

Dagegen schöpfen wir aus unmittelbarem Empfinden die
Kenntnis von einem Wirkenden, welches unsinnlich ist, geistiger
Natur, gegeben ohne unser Zuthun, vorstellbar und durch Sprache

zu verkörpern nur nach Analogie von Vorstellungen, die von
sinnlichen Erscheinungen entnommen sind. So wird „Seele" bezeichnet mit dem Namen der Vorstellung „Hauch" (ψυχή, anima).
Setzen wir nun, genötigt eben durch die Kategorie der
Substantialität, nach welcher in unserm Bewufstsein
das Vorstellen sich formt, die Vorstellung einer Seele
an als die einer Wesenheit einheitlicher Natur, der gemeinsamen Quelle der verschiedenen Arten des Wirkens,
durch welches unser geistiges Leben seine Wirklichkeit
bethätigt, so beruht unser Recht dazu auf der unmittelbaren
Erfahrung von dem Wirken unseres Ich, dessen wir uns als des
Einheitspunktes in der Mannigfaltigkeit jener in uns nach verschiedenen Richtungen wirkenden Kräfte bewufst werden, wie wir
seiner in unserm Gefühl sicher sind. Was uns so aber sein
Wirken als Subjekt mit derjenigen Sicherheit verbürgt, von
welcher überhaupt jede Gewifsheit abhängig ist, das ist uns
doch seiner Qualität nach durchaus unbekannt, und es wäre
in dieser Beziehung z. B. auch gleichgiltig, ob man die sinnliche
Erscheinung des Menschen mit der Seelensubstanz unlöslich verbunden erachtet, denn auch dann stellen wir die einheitliche —
wenn auch nicht einfache — Seele vor als das Wirkende, das
Wirkliche des Menschenindividuums. Dieses Wirken nun oder
die Folgen dieses Wirkens bezeichnet die Sprache nach den Ergebnissen der inneren Erfahrung mit Wörtern, welche von Verben
abgeleitet sind, oder als Zusammensetzungen auf ursprüngliche
Sätze zurückzuführen, welche also ebensowohl Wortbegriffe darstellen, wie die aus der äufseren Erfahrung gewonnenen Abstracta,
und deren Substantivierung ebenso dazu verleiten kann, dafs ihnen
ein wirkliches Dasein zugeschrieben werde (cf. oben p. 146 fg.). Es
sind dies sowohl Begriffe von Thätigkeiten der Seele, wie z. B.
Wille, Begierde, Verstand, Vernunft, oder von deren Zuständen, wie
z. B. Gefühl, Empfindung, Leidenschaft, Bewufstsein, oder von abgeschlossenen Bildungen, welche ihrem Wesen entstammen, wie
Vorstellung, Begriff, Gedanke, Gedächtnis, Erfahrung, Erkenntnis
u. d. m. Alle diese Begriffe sind Substantivierungen von Bezeichnungen solcher Wirkungen, welche wir uns als von der Seele
ausgehend vorstellen, mit denen unser Denken arbeitet, denen
aber ein selbständiges Wirken nicht zukommt. Freilich sind z. B.
Wille, Gefühl schon vor dem Ich-Bewufstsein vorhanden, aber sie
werden vorgestellt als von der Seele ausgehend, welche im Ich
ihren Einigungspunkt hat. Dagegen bedeuten nun die Kategorieen

Ich, Raum, Zeit, Kausalität die Formierung des Bewufstseins selbst:
sie sind die Ursache, dafs im Erkennen alle diese Begriffe
entstehen; und das Ich mit diesen formellen Bestimmungen
seiner Form setzt sich selbst zwar im Bewufstsein als solches, aber
nicht darum ist es wirklich und wirkend, weil es sich setzt, sondern
es vermag sich nur zu setzen und zu wirken, weil es als diese
Form des Individuums vom Universum gesetzt und gegeben ist.
Wollte man sagen, es sei auch die Seele, welche das Ich hervorbringe, so könnte dies nur den Sinn haben, dafs das Ich aus ihr
sich entwickele. Dann ist eben die Form des Ich dem Seelenwesen eigen als vom Universum gegeben, denn die Seele
selbst schafft sich nicht. In den Akten des Erkennens setzt sich
das Ich als die wirkende Substanz (19), und zugleich hiermit treten
dann auch die übrigen Kategorieen als die Bestimmtheiten seiner
Form an diesen Akten hervor. Bestimmtheiten, welche nicht die
Seele hervorbringt, sondern welche der Seele eingeboren sind
von der Bildekraft des Universums.

Es ist dies nicht so aufzufassen, als seien die Kategorieen
gleichsam Zugaben zur Seelensubstanz, welche im übrigen deren
Wesen fremd wären. Es hat sich uns vielmehr gezeigt, dafs die
ihrer sich bewufste Seele, sofern sie erkennen, zunächst also die
Vorgänge des Universums sich zur Vorstellung bringen will, durch
die Wahrnehmung eben dieser Vorgänge veranlafst wird, ihr Vorstellen nach der Form des Bewufstseins, d. h. eben nach den
Kategorieen zu vollziehen. Bezeichneten wir diese also als der
Seele eingeboren, so soll damit gesagt sein, dafs die sich theoretisch auf das Universum beziehende Seele zu dessen Erfassung
sich auch formell eingerichtet findet — ganz natürlich, denn sie
selbst ja gehört dem Universum an — wie dies nicht minder der
Fall ist, wenn ihr Wollen sich praktisch nach aufsen bethätigt.
Weil also ein Ich, um sich eines Geschehens, auf welches es
merkte, bewufst zu werden und es zu erkennen, sich dasselbe
räumlich-zeitlich zur Vorstellung bringen mufs, weil es ferner
das hierdurch getrennte aufeinander beziehen, kausal verbinden
mufs, darum sind Raum, Zeit, Kausalität die Formen, in denen
sich die Erkenntnisakte eines Ich bewegen. Es mufs aber ein
Ich, seinem Wesen nach, räumlich und zeitlich vorstellen, wenn
es erkennen will, weil sein Inhalt ihm als Bewufstsein nur unter
der Form solcher Ordnung erscheinen kann; es mufs kausal
die Elemente dieses Inhalts auf sich bezogen halten, weil es nur
so an dem aufgenommenen, es erfüllenden Inhalt die Einheit

seines Wesens, seine Identität, zu behaupten vermag. Die Kategorieen sind also nicht zu betrachten als Eigenschaften, auch nicht als sogenannte Anlagen der Seele, welche ihr von ihrem Entstehen an mitgegeben seien, sondern als die Form ihres Bewußtseins konstituierend und charakterisierend, so daß sie nicht sowohl hervortreten auf Grund einer ursprünglichen Veranlagung, als vielmehr bei jedem Akt des Erkennens in derselben Ursprünglichkeit sich kundgeben.

Wir glauben mit dieser Aufstellung den Kern der Frage aufgedeckt und ihre Beantwortung gefunden zu haben, welche namentlich die Philosophie der neueren Zeit in den Untersuchungen über an- oder eingeborene Ideen oder Begriffe oder Vorstellungen und über ein Wissen a priori beschäftigt hat. Kant freilich schließt aus der Apriorität der von ihm aufgestellten reinen Formen des Anschauens und Denkens (die er zwar nicht als „anerschaffen oder angeboren“ betrachtet, aber als eine „ursprüngliche Erwerbung“), (20) daß wir die Dinge nicht nach ihrer wirklichen Beschaffenheit vorstellen, sondern, wie sie uns nach Maßgabe jener Formen erscheinen. Und gewiß ist dies zuzugeben. Dann aber schließt er hieraus weiter, daß sie lediglich subjektiv vorgestellt werden, obwohl, wenn seine Stammformen a priori sind, also nicht von uns erdacht und „schlechterdings von aller Erfahrung unabhängig“ (Kr. d. r. V. p. 3), sie als gegeben zu betrachten sind, da (l. c. Einl.) „gar kein Zweifel ist, daß alle unsere Erkenntnis mit der Erfahrung anfange“. Sind sie aber gegeben, und sind sie „Erkenntnisse a priori“, so kann unser Vorstellen und Denken nicht durchaus subjektiv sein, so weit wenigstens nicht, als es eben von jenen Formen bestimmt wird und sie an sich trägt. Dadurch, daß die Menschen erkennen, geben sie ihr Leben im Universum, ihre Wechselwirkung mit diesem nicht auf. Wenn dasjenige, was sie selbst bilden, zweifellos subjektiver Natur ist, so haben sie doch die ihnen eigenen Kategorieen des Erkennens nicht zu vertreten, und man darf nicht behaupten, daß diese selbst aufhören müssen, objektive Bedeutung zu haben, wenn ihre Anwendung von Subjekten gehandhabt wird, also subjektive Färbung erhält. Descartes hatte aus der Veranlagung unseres Geistes mit gewissen Ideen gerade geschlossen, daß diese ein für die Wahrheit Wesentliches enthalten müßten. Leibnitz ist der Ansicht, daß die Begriffe und Lehren, welche die Seele von Ursprung an in sich enthält, so daß sie von der äußeren Welt nur gelegentlich zum Hervortreten veranlaßt werden,

Göttliches und Ewiges bedeuten, wie es sich in den notwendigen Vernunftwahrheiten offenbare. (21) Nun sind allerdings die „notiones innatae" (Medit. III) des Descartes und die „principes innées" des Leibnitz nicht dieselben Vorstellungs- und Denkformen, welche sich uns als die Kategorieen des Erkennens ergeben haben, denn jene sind nicht blofs „notions" sondern auch „doctrines", können Vorstellungen, Begriffe, Urteile sein, (22) aber es kommt hier eben nur darauf an, dafs gewisse Formen, welche unser Erkennen bestimmen und zwar notwendig bestimmen, gegeben sind von der Bildekraft des Universums, nicht erst geschaffen werden von der Bildekraft des Individuums.

Aus dem Gefühlsleben der Seele entwickelt sich das Bewufstsein, als dessen Form sich die Kategorieen ergaben: die Mannigfaltigkeit in der Einheit des Ich. Unser Wesen ist auf sie hin angelegt. Jedes Geschehen, jede Veränderung trägt sie für uns schon in sich. So zeigen sie sich unbewufst schon in der Art, wie wir empfinden, wahrnehmen, fühlen. Langsam nur lernte der Mensch sie kennen, denn sie haben keine Beschaffenheit, welche direkt bemerkt werden kann. Man mufste, da sie selbst nicht Dinge waren, sondern aus dem Verhalten und der Bewegung der Dinge gewissermafsen erst erschlossen wurden, sich mit der Kenntnis begnügen, dafs sie ein Etwas wären, welches zugleich mit den Vorgängen beim Erkennen sich von selbst als dessen Form bestimmend einstellte. Die Deutewurzeln, durch welche man auf sie hinwies, etwa i, ta, ka, ja, gehören, wie W. v. Humboldt (Versch. d. Spr. p. 117) bemerkt, „einem primitiven Zustand der Sprachen" an; sie besagen nichts als ein natürliches Hervorbrechen der Empfindung, aus ihnen spricht unsere Natur, d. h. die Bildekraft des Universums in uns, sie deutet auf Das, wodurch ihre theoretische Zugehörigkeit zum universalen Leben bedingt ist.

Man kann versuchen, ein fafsbares Weltbild dadurch zu gewinnen, dafs man es allein nach der Kategorie der räumlich-zeitlichen Bewegung entwirft und seine Mannigfaltigkeit ordnet durch Mathematik, die Wissenschaft von Form und Mafs in Raum und Zeit. Man konstruiert so das Meisterwerk einer Weltmaschine. Man kann auch bei der Kategorie der Kausalität als der weltschaffenden Macht stehen bleiben, und der Besitz einer logisch sich um sein Leben zusammenschliefsenden Notwendigkeit würde dann der Preis sein, um welchen das Universum das Recht des Daseins erworben hätte; aber die Natur unseres Erkennens zwingt uns dort, nach dem Baumeister als dem Ich der Maschine, hier, nach dem Ich als Verursacher des ganzen Getriebes zu fragen, ohne dafs wir Antwort erhalten, falls wir uns nicht genügen lassen an Wortbegriffen, wie Materie, Kausalität, welche auf Grund ihrer Substantivierung zum Range einer Substanz erhoben werden. Nirgend treffen wir in jenen Weltbildern auf die Form des Ich, so dafs diese, unser eigenstes Eigen, wie durch ein Versehen, gewifs also nur anscheinend, zur Welt gekommen zu sein scheint.

In Wahrheit zeigt uns die Sprache im Satz die Kategorieen von Raum, Zeit, Kausalität nur als unselbständige Formen, als Accidenzen an der Substanz, deren Entfaltung sie darstellen, und ebenso weifs unser Bewufstsein sein Vorstellen und Denken als ausgehend und getragen von seinem Ich. Es steht also zwar der Wortbegriff der Substantialität als solcher in gleichem Verhältnis zur Wirklichkeit, wie die Begriffe des Raumes und der Zeit und der Kausalität, aber die Kategorieen, welche ihnen zu Grunde liegen, zeigen sich in unserm Bewufstsein an der allein selbständigen Form des Ich nur als Bedingungen, unter denen es erscheint und seinen Willen im Wirken bethätigt. Wir müssen sie so vorstellen und denken. Darauf beruht ihre Wichtigkeit für das Erkennen, denn was wir annehmen müssen, das müssen wir eben annehmen.

Man könnte einwenden, dafs bei allem uns durch die Bildekraft des Universums Gegebenen wir uns beschieden, Vorstellungen von den Objekten zu haben, und zwar gelte dies nicht blofs für das sinnlich Gegebene, sondern auch für das innerlich Wahrgenommene; nun habe man auch bei den Kategorieen es zwar mit einem Gegebenen zu thun, aber deswegen doch auch nur mit Vorstellungen von diesem Gegebenen, nicht aber mit dem Gegebenen selber, zu welchem als Erkennende unmittelbar wir eben nicht zu gelangen vermögen.

Aber wir haben bereits ausgeführt, dafs, da ursprüngliche qualitativ bezeichnende Wurzeln und Wörter für die Kategorieen nicht gebildet wurden, wir sie zwar vorstellen und in Begriffen denken, dafs aber diese Vorstellungen und Begriffe von Bildern sinnlicher Wahrnehmung ausgehen und an Wörter geknüpft sind, welche von den Kategorieen selbst unterschieden werden müssen. Diese Vorstellungen und Begriffe geben uns eben Bilder von einem Was, von einer Beschaffenheit der Kategorieen, scheinen uns mit ihrer Qualität bekannt zu machen, während wir doch von ihnen nichts wissen, als dafs sie da sind, während wir doch

aus unserer Wahrnehmung nur Arten des Erscheinens und der
Bewegung entnehmen können, aus welchen auf ihre Anwesenheit
geschlossen werden kann (cf. oben p. 149 ff.). Ihr Wesen enthüllt
sich uns eben nicht mittelbar durch Vorstellung, sondern unmittelbar durch sie selbst — die Sprache deutete nur auf
sie in den Urwurzeln, ihr Wirken in der Seele damit bezeugend
— und dies ist es, wodurch sie sich von allem anderen „Gegebenen"
unterscheiden.

Nicht unser Kennen nimmt von Anfang an wahr, stellt vor,
gestaltet weiter als Erkennen zu Satzelementen die Kategorieen
wie das sonst Gegebene, denn qualitativ bezeichnende Wörter und
Wortbegriffe von ihnen bilden sich erst später aus dem Beobachten
und Vergleichen der Erfahrung, sondern umgekehrt: die Kategorieen ergreifen und gestalten unser Kennen und Erkennen von
Anfang an, und wir können sie überhaupt von unserm Vorstellen
und Denken nicht trennen. Die Sprache setzt das Wahrnehmen
von Veränderungen voraus, und schon im Wahrnehmen bethätigt
sich sowohl das Ich, an dessen Beharren die Veränderung erst
als solche erscheint, wie der Ort, die Zeitfolge, das Wirken, so
dafs durch die Kategorieen wir überhaupt erst in den Stand gesetzt werden, Erkennende zu sein. Die Natur, unsere Natur,
drängt sie uns auf; sie bilden formend, trennend, verbindend das
Rückgrat der Bildungen, aus welchen wir die Welt unseres Erkennens erbauen, durch die allein wir innerhalb des Universums
ein bewufstes Eigenleben behaupten können, denn sie sind eben
die ganze Form unseres Bewufstseins.

So sehen wir denn, wie es die Ich-Substanz ist, durch welche
die Bildekraft des Universums sich zu der des Individuums gestaltet, indem sie in diesem, welches sie in sich fühlt als gegebene,
zur Form des Bewufstseins kommt und dieser gemäfs sich entfaltet. Vorstellend ergreift diese Substanz in ihrer Entfaltung,
die sonst nicht eintreten könnte, die Mannigfaltigkeit des Daseins,
umschliefst sie zu einer Einheit und drückt ihr ihr Gepräge auf.
Was sie so nach ihren Kategorieen in die Vorstellung hineinlegt,
hat sie eben vom Universum empfangen, und durch die unsinnliche Form unseres Bewufstseins empfängt die sinnliche Welt
die Beglaubigung für die Kräfte, welche auch sie umschliefsen
zur Einheitlichkeit, zu einem Gesetz. Wir offenbaren das Unsinnliche im Sinnlichen dadurch — in Sprache, dafs sich das
Sinnliche unserer Unsinnlichkeit offenbart — im Bewufstsein. Ich
und dessen Accidenzen sind nicht zu verstehen ohne Universum,

das Universum ist nur zu begreifen durch das Ich. Das Ich also
ist, und seine Form ist ein in der Bildekraft des Universums
Vorhandenes; diese sich selbst setzende, im Wechsel in sich selbst
identisch beharrende Form waltet und wirkt, denn darin besteht
ihr Sein, auch im All, und wir müssen denken, dafs sie dort in
die Dinge sich kleidet, wie sie in uns unsere Vorstellungen erfüllt
und aufrecht hält als deren Subjekt, dafs sie ihr Wesen entfaltet
nach Raum und Zeit und Kausalität, wie wir gezwungen sind in
unserm Denken ihr zu folgen.

Es wird hiermit nicht gesagt, dafs wir von der Beschaffenheit
der Kategorieen mehr wissen, als dafs sie sind, und dafs wir
nach ihnen vorstellen und denken. Ob sie im Universum ebenso
sind, wie wir sie vorstellen müssen, das wissen wir nicht. Wir
wissen aber, dafs Sein und Leben des Universums von gewissen
Formen beherrscht wird, welche auf unser Vorstellen derartig
wirken, und zwar immer in gleicher Weise, dafs sie als Gegen-
wirkung die Formen der Kategorieen hervorrufen. So hat unser
Erkennen an den Kategorieen einen der Realität entsprechenden
Gehalt von der denkbar höchsten Bedeutung, durch welchen es in
der Sphäre der Wahrheit sich hält.

„In der Sphäre der Wahrheit" sagen wir, mit diesem Ausdruck an früher Besprochenes erinnernd, denn nur ein Verhältnis zwischen Universum und Ich, die Beziehung des Individuum
zum All ist es, welche unser Erkennen uns aufweist als bestehend,
als in unserm Bewufstsein gegeben. Aufgehoben wird so zwar
unsere Trennung von dem Geiste des All, und der individuelle
Geist ist vor dem Erkennen dem Zufall entzogen, aber wir wissen
nur, dafs es sich so verhält, und, wenn klar ist, dafs ein Erkennen überhaupt gar nicht zu denken wäre, wenn nicht Individuen getrennt vom Allleben ein eigenes Leben zu führen die
Macht hätten, so bleibt doch das Wie dieses Verhältnisses für
uns unbestimmt. Zwar spricht auch von dem „Wie" unser
naturgegebenes Gefühl, aber das Universum spricht nicht in
Worten, kennt keine Begriffe, und so verstärkt seine Sprache in
uns zwar unsere Zuversicht auf jenes „Dafs", aber sie trägt zur
Bestimmung des Erkennens nichts bei, obwohl sie eine gröfsere
Leistung in sich trägt. Die Sprache des Universums in uns, die
des Gefühls, bringt uns das Gröfste, das den ganzen Menschen
Umfassende, weil wir dem Universum durchaus angehören, weil
auch unser Erkennen mit seinem Bilden in dem Bilden des Universums als eine besondere Form desselben enthalten ist. Denn

darum fühlen wir uns dem Universum gegenüber in der Unselb-
ständigkeit unseres Daseins, und wir fühlen unsere Wesenheit,
unser Wohl und Wehe allein in der unbedingten Hingebung an
jene Unermefslichkeit gewahrt. Und wie wir uns selbst als ein
einheitliches Wesen in den verschiedenen Bethätigungen unserer
Kraft fühlen, so schliefst sich uns auch die unendliche Mannigfaltigkeit alles Wirkens zu einer Einheit zusammen, von
welcher es verursacht wird. Diese Vorstellung der Einheit des
Universums (d. h. des zum Eins Hingewandten) bildet auch für
das Erkennen den festen Untergrund, aber während sie für
dieses nur die Geschlossenheit unseres Bewufstseins vermittelt, erreicht und wahrt sie, im religiösen Gefühl sich entwickelnd zur Gottesidee, die Geschlossenheit des Seelenlebens
überhaupt. Was aber die Seele in sich fühlt als ihr Höheres,
weil über das Selbst sie hinaushebend, das Streben nach
dem Wahren und Guten, das leitet sie ab von dem Geiste, der
das All zu sich hin einigt, und sie fügt so zu dem „Dafs" des Erkennens ein „Wie" des Gefühls, an welches zu glauben den
Menschen beseligt. Die dem menschlichen Bewufstsein gegebenen
Kategorieen erscheinen, weil sie das Erkennen dem Universum
gegenüber bestimmen, als unanwendbar auf eine Einheit, von
welcher das Universum umschlossen wird, und es ergeben sich
daher in Bezug auf das „Wie" des göttlichen Wesens nur die
negativen Bestimmungen der Allgegenwart, der Ewigkeit, der
Unbedingtheit, d. h. der Unabhängigkeit von Raum, Zeit, Kausalität, als welche sie nur der Auffassung des Menschenindividuums
angehören. Aber auch die Kategorie der Substanz scheint unver-
einbar mit dem Begriff eines Wesens, welches das Universum
umschliefst, wenn wir sie in der Form des Ich denken; denn auch
dieses Ich, auf welchem die Persönlichkeit des Individuum beruht,
setzt als solches andere Substanzen voraus, von welchen es sich
abgrenzt, und besteht nur insofern, als anderes sich ihm gegen-
überhält. (23)

Das Erkennen kann hierüber nichts feststellen wollen, da
unser Vorstellen und Denken an die Kategorieen gebunden ist;
wenn aber das religiöse Gefühl ein Ich nach Art unseres Ich
als Beherrscher des Universums zu glauben und zu lieben sich
sehnt, so zeigt der Umstand, dafs die Accidenzen des individuellen
Ich, welche in unserm Bewufstsein notwendig mit dessen Form
verbunden sind, mit der Idee eines absoluten Ich sich nicht vereinigen lassen, wie dieses Ich von wesentlich anderer Art sein

mufs, als dies, dessen wir uns gewifs fühlen. Nur dies ja wissen wir, dafs die Form des Ich im Universum wirklich vorhanden ist, dafs also Ichheit dem Allleben nicht fremd ist, und da wir nicht von uns selbst da sind, sondern geboren werden, so können wir mit Recht auch diese Ichheit im Universum als Ursache denken der Form des Ich im Individuum. Es ist diese Form für uns ein Höchstes; dafs sie aber auch die weltumfassende sei, kann nicht erkannt werden. Auch was wir unsere Seele nennen, bezeichnet ja eine Einheit von Kräften, in deren Entfaltung zeitweilig die Form eines Ich erlebt wird, und so könnte auch die Gottheit als die Weltseele gedacht werden, innerhalb welcher die Menschen vorübergehend mit ihren Ichformen auftauchen, um sich im Unbewufsten wieder zu verlieren und in andere Bildungen überzugehn. (24) Dem religiösen Gefühl, weil es das Gefühl unseres Ich gesichert wünscht, wird freilich die Annahme sich empfehlen, dafs dem göttlichen Wesen die Ichform zukomme über, d. h. gegenüber dem Universum, aber diese Annahme führt dahin, dafs Gott aufser dieser Form der Persönlichkeit jede Eigenschaft abgesprochen werden mufs, da alle angebbaren Eigenschaften dem universalen Leben angehören. Dann aber mufs von diesem Standpunkt aus folgerecht auch die Unerkennbarkeit Gottes behauptet werden, so dafs nur gefordert wird, dafs er ist, nicht aber gewufst wird, wie, seine Persönlichkeit also ein blofses Wort bleibt. (25)

Wenn wir die Einheit des Universums als ein bewufstes Wesen, als Persönlichkeit, zu denken uns gedrungen fühlen, so müssen wir in ihm auch die Form unseres Bewufstseins annehmen, die reine Form des Satzes, welche unser Denken beherrscht. Es ist uns dieses Wesen dann also die Substanz, welche aus sich heraus wirkt, durch dieses Wirken sich in Raum und Zeit entfaltet, in dieser Entfaltung des Wirkens eben sich selbst darstellt. Auch unser Bewufstsein hat sein Ich nicht an Dingen aufser ihm, sondern an Dem, was es selber vorstellt und zum Bewufstsein bringt, an seinem eigenen Inhalt; der Kern der Persönlichkeit, die Geschlossenheit gegen das Nicht-Ich, ruht in ihm selbst und entfaltet sich nur in seiner Ausgestaltung zum Individuum. (26) Und so kann eine Persönlichkeit des göttlichen Wesens gedacht werden, da es an dem Universum, durch welches es sich als das wirkende setzt, sein Nicht-Ich, sein „Anderes" hat, welches doch nicht aufser ihm ist. (27)

Der Mensch freilich ist selbst verursacht in diesem Universum und bedarf zu seinem Leben des Zusammenhangs mit dem Wir-

kenden. Um vorstellen zu können, hat er den Reiz nötig, der
vom Universum her seine Empfindung weckt, und wenn er der
Ichheit teilhaftig ist, so wird doch sein individuelles Ich immer
nur und ist nicht ohne den Anstofs der Reize, und seine Persönlichkeit erringt er nur in dem Mafse, als er wollend und
denkend dahin gelangt, in seinem Ich das Gattungs-Ich darzustellen d. h. nur im Sollen.

Wie aber immer wir die Gottesidee uns denken mögen, wir
verfahren dabei nach Vorstellungen, welche wir von unserem
eigenen Wesen uns machen, wir denken nach Analogie, und
wir erkennen uns bei solchem Denken nicht im Irrtum, sondern
fühlen uns in der Sphäre der Wahrheit.

Wir haben schon früher (p. 144) von der Bedeutung der Analogie für Sprache und Erkennen gehandelt, als wir über die natürliche Metapher sprachen, durch welche auf Grund einer Analogie
man Wahrnehmungen unsinnlicher Art bezeichnet, und wir bringen
diese Untersuchung, welche, um es kurz zu sagen, die sogenannte
Metaphysik des Erkennens betrifft, nunmehr zum Abschlufs.
Trendelenburg (Log. Unters. Bd. II) sagt von der Analogie
(p. 338), dafs sie „die Erkenntnis in eine unbekannte Gegend
positiv erweitern wolle"; sie sei (p. 379) „die verbreitetste Weise
einer zufälligen Ansicht", und „bleibe um ihrer unbestimmten
Grundlage willen — da nicht notwendig ähnliche Erscheinungen
einen verwandten Grund haben müssen — eine Hypothese, bis sie
sich bewährt" (p. 384). „Gewöhnlich verweise man die Analogie
als ein einzelnes und untergeordnetes Verfahren in die Naturwissenschaft oder behandle sie verächtlich als ein Element aus
Epikurs unwissenschaftlicher Logik, aber kein Verfahren be-
herrsche alle Wissenschaften allgemeiner als die Analogie." (28)

Wir werden, wenn wir die Tragweite der Kategorie des Ich,
der Substanz, für das Erkennen darlegen wollen, nicht sowohl
unsere Erkenntnis „in eine unbekannte Gegend positiv zu erweitern" haben, als vielmehr von einer gegebenen Erkenntnis,
soweit sie gegeben ist, klar zu machen suchen, dafs an ihr ein
scheinbar Unbekanntes uns schon immer bekannt war.

Unser ganzes Erkennen bewegt sich in den Grenzen einer
Analogie; anders als in diesem Verhältnis haben wir Wahrheit nicht, aber immer befinden wir erkennend uns in der Sphäre
der Wahrheit: Βλέπομεν γάρ ἄρτι δι' ἐσόπτρου (durch ein dunkles
Glas) ἐν αἰνίγματι (Cor. I, 13, 12). (29) Von unseren Empfindungen

angeregt zum Wahrnehmen gelangen wir zu einem Kennen und
Erfahren des Universums, zum Stoff unseres Vorstellens und
Denkens; indem wir dann unsere Vorstellungen entfalten, die Begriffe verbinden nach der Form unseres Bewußtseins und dieses
Schaffen ausbilden in wahrnehmbaren Lautbildern, errichten wir
in der Sprache die Welt unserer Erkenntnis. Aber wie verhält
sich denn nun dies, was wir wahrnehmen, was wir vorstellen, zu
den wirklichen Vorgängen? Mit Recht nennt Kant (Prolegg.
p. 51) es „unbegreiflich, wie die Anschauung einer gegenwärtigen
Sache mir diese sollte zu erkennen geben, wie sie an sich ist, da
ihre Eigenschaften nicht in meine Vorstellungskraft hinüber wan-
dern können." In der That ist zwischen unseren Empfindungen
und den Eigenschaften der Dinge eine weitere Übereinstimmung
nicht vorhanden, als daß jedesmal unter gewissen gegebenen Bedingungen jene von diesen bewirkt werden. Unmöglich aber
wirken die Dinge durch etwas anderes als was sie sind; allerdings sind sie nur unter der Bedingung, daß sie irgendwie
erscheinen, aber durch dieses Erscheinen wirken sie nicht.
Und da nun die Wirkung der Dinge auf uns, d. h. unsere Empfindung, durch die Beschaffenheit derselben auch in ihrer Beschaffenheit sich bedingt findet, da also unsere Empfindungen auch
jedesmal andere werden, wann unserm Wahrnehmen andere Eigenschaften an den Dingen erscheinen, so ist klar, daß zwischen
unserm Empfinden, Wahrnehmen und den Dingen der Wirklichkeit ein bestimmtes Verhältnis gegeben sein muß. Zu einem
solchen Entsprechen des Verhaltens zwischen einer sinnlichen und
einer geistigen Wesenheit kommt es aber bei jedem Akt des Erkennens noch einmal, denn die Bildekraft des Individuums bildet
in Analogie mit der Bildekraft des Universums ihr Vorstellen und
Denken, ihre geistige Bestimmtheit, zu bestimmt wirkenden sinnlichen Lautgebilden fort, welche ebenfalls, als der Wirklichkeit
angehörig, nicht übereinstimmen können mit den Vorstellungen
und Gedanken, als welche von geistiger Art sind. Nur symbolisch
vertritt der Laut die Seelenbewegung, und über ein von uns aus
bestimmtes Verhältnis geht die Übereinstimmung zwischen Vorstellen und Sprechen, Denken und Sprache (d. h. Erkennen) nicht
hinaus. Man kann also sagen, daß unser Vorstellen und Denken
sich so verhält zum Sprechen und zur Sprache, wie unser Wahrnehmen zu den Vorgängen und den Dingen des Universums.
Unsere Erkenntnisakte werden innerhalb dieser Analogie vollzogen,
und so verhalten sich uns auch weiter nach Analogie dieser Ana-

logie die einzelnen Vorstellungselemente und Begriffe so zu
den entsprechenden Lautbildern, wie die innerlich oder äufserlich wahrgenommenen Gegenstände zu den entsprechenden
wirklichen Dingen. Da wir nun unseres Ich als eines unmittelbar
wahrgenommenen gewifs sind und ebenso wir sicher erfahren, dafs
wir selbst ein Teil des Universums sind, so ist auch der Gedanke
uns durchaus naheliegend, dafs die Vorstellung (Kategorie) des
Ich, wie die Sprache auf dasselbe als ein Sciendes und Wirkendes in uns deutet, analog so als Ich seiend und wirkend be-
herrsche das Universum.*) Was in uns als Einheit sich erweist
und demgemäfs wirkt, wollen wir analog auch im Universum nicht
nur als Einheit finden, sondern als diese Einheit des Ich, weil es
dem Gefühl widerstrebt, von einem Schicksal bestimmt zu werden
statt von einer Vorsehung.

Kant drückt dieses Gefühl aus, wenn er (Prolegg. p. 166) sagt:
„Wer sieht nicht bei der durchgängigen Zufälligkeit und Ab-
hängigkeit alles dessen, was er nur nach Erfahrungsprinzipien
denken und annehmen mag, die Unmöglichkeit, bei diesen stehen
zu bleiben, und fühlt sich nicht notgedrungen, unerachtet alles
Verbots, sich nicht in transscendente Ideen zu verlieren, dennoch
über alle Begriffe, die er durch Erfahrung rechtfertigen kann,
noch in dem Begriffe eines Wesens Ruhe und Befriedigung zu
suchen, davon die Idee zwar an sich selbst der Möglichkeit nach
nicht eingesehen, obgleich auch nicht widerlegt werden kann, weil
sie ein blofses Verstandeswesen betrifft, ohne die aber die Vernunft
auf immer unbefriedigt bleiben müfste.“   Er bespricht dann im
Verlauf dieses Abschnittes (§ 57) „Von der Grenzbestimmung der
reinen Vernunft“ die Einwürfe Humes wider den Deismus und
den Theismus, findet die ersteren „schwach“ und „keine sonderliche Gefahr nach sich ziehend“, aber die letzteren „sehr stark“,
sofern „seine gefährlichen Argumente sich insgesamt auf den
Anthropomorphismus beziehen, von dem Hume dafür hält, er sei
von dem Theismus unabtrennlich und mache ihn in sich selbst
widersprechend.“

Kant führt dann weiter aus, dafs man bei der Behandlung
dieser Frage die transscendenten Urteile vermeiden könne, wenn

---

*) So sagt Sokrates bei Xenophon (Mem. I. 4): *Ὦ γαθέ, κατάμαθε
ὅτι καὶ ὁ σὸς νοῦς ἐνὼν τὸ σὸν σῶμα ὅπως βούλεται μεταχειρίζεται.
Οἴεσθαι οὖν χρὴ καὶ τὴν ἐν τῷ παντὶ φρόνησιν τὰ πάντα ὅπως ἂν αὐτῷ
ἡδύ ᾖ, οὕτω τίθεσθαι.*

man sich „auf der Grenze des erlaubten Vernunftgebrauchs halte
und sein Urteil auf das Verhältnis einschränke, welches die Welt
zu einem Wesen haben mag, dessen Begriff selbst aufser aller Erkenntnis liegt, deren wir innerhalb der Welt fähig sind." „Denn
alsdann eignen wir dem höchsten Wesen keine von den Eigenschaften an sich selbst zu, durch die wir uns Gegenstände der Erfahrung denken, und vermeiden dadurch den dogmatischen
Anthropomorphismus; wir legen sie aber dennoch dem Verhältnisse
desselben zur Welt bei, und erlauben uns einen symbolischen
Anthropomorphismus, der in der That nur die Sprache und nicht
das Objekt selbst angeht. Wenn ich sage, wir sind genötigt, die
Welt so anzuschen, als ob sie das Werk eines höchsten Verstandes und Willens sei, so sage ich wirklich nichts mehr als:
wie sich verhält eine Uhr, ein Schiff, ein Regiment zum Künstler,
Baumeister, Befehlshaber, so die Sinnenwelt zu dem Unbekannten."
Kant bezeichnet diese Erkenntnis als „die nach der Analogie",
„welche eine vollkommene Ähnlichkeit zweier Verhältnisse zwischen
ganz unähnlichen Dingen bedeutet", und sagt, dafs „vermittelst
dieser Analogie ein für uns hinlänglich bestimmter Begriff von
dem höchsten Wesen übrig bleibe, ob wir gleich alles weggelassen
haben, was ihn schlechthin und an sich selbst bestimmen könnte."

Wenn man indes bei der Kritik unseres Erkennens von der
Sprache ausgeht, so bietet sich keine Veranlassung zu der Vorstellung, dafs es sich bei Betrachtung der Gottesidee um ein
„Verbot" handle, „transscendent" zu werden über die „Grenze"
dieses Erkennens hinaus. Einerseits kann nicht bestritten werden,
dafs alles, was wir uns zum Bewufstsein bringen, doch nun wirklich
in unserm Bewufstsein ist, dafs also wir uns seiner auch haben
bewufst werden können, andrerseits ist ja sicher, dafs unsere Begriffe eben Wortbegriffe sind, unsere Wörter aber nur Lautsymbole für Vorstellungselemente. Wenn also Kant bei der
Begriffsbestimmung des höchsten Wesens, um sich „auf der Grenze
des erlaubten Vernunftgebrauchs zu halten" den „dogmatischen
Anthropomorphismus vermeidet" und sich nur „den symbolischen
erlaubt", so erreicht er hiermit eben dies, was sich uns von selbst
ergab: wir erkennen, dafs das Ich, eine Form ohne qualitativen Inhalt, vorhanden ist, wirklich vorhanden ist, im Universum. (30) Dieses Ich aber ist das unsere, das empirische, wer-
dende, und es fragt sich uns nun, ob die im Universum vorhandene, dieses empirische Ich aus sich entlassende, Ichheit sich
zum Universum so verhalte, wie unser Ich zu unserm Individuum,

wobei qualitativ nichts weiter bestimmt wird. Kant sieht richtig, daſs es sich hierbei um eine Analogie handelt, aber die Beispiele, welche er giebt, sind zu wenig treffend, taugen nichts, weil sie nur von Accidenzen des Ich entnommen sind, nicht von der Substanz. Er sagt: Wie zum Schiff der Baumeister sich verhält, zum Regiment der Befehlshaber, so verhält sich zur Welt das unbekannte höchste Wesen. Gott wird hiernach gedacht als wirkend und schaffend, als einigend und herrschend, denn in diesem Sinne sind die Glieder der Proportion gewählt. Ebensowohl hätte dann aber das erste Verhältnis derselben etwa heiſsen können: Wie zum Nest sich der Vogel verhält, wie zur Herde der Stier. Der „Baumeister", der „Befehlshaber" als solche können keine Analogie bilden zu dem persönlichen Gott, sondern nur, sofern sie infolge ihrer Begabung mit dem menschlichen Ich wirken und herrschen. Das Persönliche ist eben unvergleichlich und einzig, und darum ist überhaupt hier eine andere Analogie gar nicht möglich, als eine solche, in welcher die Glieder „Gott" und „Ich" einander entsprechen. Und endlich das wesentlichste! Was aus der Analogie erschlossen werden soll, ist ja doch die Wirklichkeit Gottes, in dem Sinne, daſs wir sie notwendig denken müssen, nicht aber, daſs der Begriff des höchsten Wesens in irgend welche sonstige Analogie sich einsetzen lasse, gegen welche begrifflich nichts einzuwenden wäre. Sind denn nun aber die von Kant aufgenommenen Künstler, Baumeister, Befehlshaber wirklich in diesem Sinne? — Soll auf dieser Wirklichkeit nach Analogie geschlossen werden, so muſs eben das dem Begriffe des höchsten Wesens entsprechende Glied der Proportion als wirklich gedacht werden müssen, und wiederum ist dann uns nur möglich, das Ich einzusetzen, denn nur des Ichs sind wir unmittelbar gewiſs, weil es von der Bildekraft des Universums uns so gegeben ist, daſs es sich selbst setzt als seiend und wirkend.

Es konnte hiernach von Denkern, wie Descartes, Leibnitz, im weiteren Sinne wohl behauptet werden, daſs mit unserm Ich zugleich auch die Idee des persönlichen Gottes uns angeboren sei. (31) Ichheit war „zum wenigsten" der Bildekraft des Universums eigen, wenn sie „Ursache" des menschlichen Ich war. (32) Freilich durfte nicht eine solche Gottesidee für angeboren gelten, wie sie vom „dogmatischen Anthropomorphismus" angenommen war, aber die Analogie des göttlichen Ich mit dem menschlichen drängte sich unmittelbar auf, als man sich zum Bewuſstsein brachte: cogito, ergo sum, d. h. die Bewegung der Seele stammt von einem

wirkenden Ich, so dafs man übersah, wie man sich doch in zwei
verschiedenen Verhältnissen bewegte, in die man das Ich
einsetzte. Es ist ja überhaupt unmöglich — unmöglich wegen
der eigenartigen Subjektsnatur des Ich — dafs ein Ich von
einem Anderen als von eben diesem Ich als wirklich ausgesagt
werde, aufser auf Grund der Analogie mit dem eigenen Ich. Auch
die Ich unserer Mitmenschen, an denen zu zweifeln uns nicht ein-
fällt, erschliefsen wir aus den Analogieen mit uns selbst, welche
sich aus deren gleichartigem Wirken ergeben. Wären wir selbst
ohne Ich, so würde überhaupt kein Ich für uns vorhanden sein.

Wie Aristoteles zuerst bemerkt hat, ergeben sich aus jeder
Analogie zwei Metaphern als möglich. (33) Wenn sich der
Frühling zum Jahre verhält, wie die Jugend zur Lebenszeit, so
kann man ebensowohl sprechen von dem Frühling des Lebens,
wie von der Jugend des Jahres. Es enthält darum die Analogie:
Gott verhält sich zur Welt, wie das Ich zum Individuum, nicht
blofs die Metapher „Gott als Ich der Welt", sondern auch die
andere: „Ich als Gott des Individuums". Die erstere ist die
Metapher des Theismus, die zweite wurde z. B. von Feuerbach
in vielen Wendungen ausgesprochen. (34) Nun meine ich, dafs es
für das Erkennen unzulässig ist, diese Metaphern, gewissermafsen als Resultate der aufgestellten Analogie in Urteilssätzen
zu verwenden, obwohl die Analogie selbst nicht anzufechten ist.
Der Begriff von unserm „Ich" umfafst nur ein bestimmtes, einzelnes Ich, der Begriff „Gott" soll ein absolutes Wesen bedeuten.

Demnach ist es ein Widerspruch, zu urteilen: Gott ist ein
Ich, und es ist ein Widerspruch, das Ich des Menschen als dessen
Gott zu setzen. Wohlverstanden: für das Erkennen! Es ist im
übrigen durchaus zulässig in der Sprachkunst, von Gott zu
reden in bildlicher Weise als von dem Ich der Welt und von dem
Ich des Menschen als dessen Gott. Bleiben wir für unser Erkennen bei der Analogie — die ja freilich schwankender Natur
ist und ohne begriffliche Umgrenzung; ein Bruch, nichts Ganzes
— so kommen wir zurück auf den Satz, welcher sich aus unseren
Betrachtungen ergab, dafs nämlich die Bildekraft des Universums
Ichheit in sich enthält, und wir können von diesem Satze sagen,
dafs er angehörig ist der Sphäre der Wahrheit.

Es ist für das Erkennen von entscheidender Wichtigkeit, dafs
ihm das lebendige Ich des Individuums zu unmittelbarer Gewifsheit vom Universum gegeben ist. In diesem Ich ankert die

Überzeugung von der Wirklichkeit unserer Vorstellungen für uns,
denn es sind diese Vorstellungen Bildungen des Ich auf Grund
seines Zusammenhangs mit dem Universum. Und da das Ich
selbst nicht ein Vorgestelltes ist, sondern ein durch den Lebens-
prozeß des Universums Gesetztes, ein echtes Sein, soweit wir überhaupt von Sein reden können, so ist auch unseren Vorstellungen
und Begriffen, die von ihm ausgehn, eine mittelbare Wirklichkeit zuzusprechen, wie weit sie für des Menschen Erkennen
möglich ist. Dies unbedingte Anerkennen des gegebenen Ich
darf indes nicht ausgedehnt werden auf unsere Vorstellung vom
Ich. Wie alles, was dem Universum — uns gegenüber — ent-
stammt, spricht es seine eigene Sprache, die wir nicht hören, wie
die unsere, es sagt von sich lediglich aus durch sein Wirken,
und wenn wir dies, erkennend, zu deuten suchen, so haben wir
zu beachten, daß wir nicht von ihm sprechen können als dem
Subjekt unseres Wollens und Erkennens, sondern als einem Objekt
unserer Betrachtung. Selbst wenn wir es für das Einigende oder
Formende in der Seele erklären und sein Gebiet auf das Bewußtsein beschränken, sagen wir dies schon aus von unserer Vorstellung des Ich, nicht von dem Ich als Gegebenen, welches
nur ist, indem es sich setzt. Wir können von diesem Ich des
Individuums nicht mehr sagen in Bezug auf uns selbst, als von
seinem analogen Verhältnis zum Universum: In uns ist Ichheit in
der Form eines individuellen Ich. Und dennoch sagten wir mehr
von ihm, dennoch stellten wir es vor, als ob wir es kennten!

Wir meinten es als wirkend zu erkennen, sobald wir einen
Akt unseres Vorstellens oder Denkens vollendeten, im Satzsubjekt.
Wie das individuelle Ich sich dadurch setzt im Fühlen und Wollen
und Denken, daß es sich unterscheidet von diesem Wirken,
von den Seelenbewegungen, ebenso, wie das Individuum nach außen
sein eigenes Dasein abgrenzt und als ein besonderes erlebt, so
hebt im Satzbilde das im Subjektssubstantiv vorstellende Ich sich
ab von seinem Nicht-Ich, von dem vorgestellten Inhalt des Prädikats, als dessen Träger und Verursacher.

Die Akte des Vorstellens sind Akte seiner Personifikation.
In den vorgestellten Substanzen birgt sich die formende Kraft des
erkennenden Subjekts, von welcher die Satzelemente, d. h. die
nach den Kategorieen der Raum-Zeitlichkeit und der Kausalität
sich entfaltende Vorstellung, in ihrer Richtung auf das Subjekt
und so in ihrer Form bestimmt werden. Hier finden wir das
gegebene Ich des Individuums in seinem Wirken, in seinem

Sprachschaffen. Sobald es sich zurückzieht aus seinen Lautgebilden, sie nicht spricht und vorstellt, werden diese zu Wort-
leichen, dunkel und unbewufst fortlebend im Gedächtnis des
Ich, Bewahrer seiner Kontinuität, und darum befähigt, immer
wieder erweckt zu werden zu neuem Leben. In alle Prädikats-
formen auch, welche es den Kategorieen gemäfs ausbildet, kann
das Ich sich kleiden und diese so zu Substanzen verselbständigen.
Durch und durch wird die Sprachwelt eine Schöpfung des Ich
der Gattung, wenn die Lautbilder neu belebt werden zu Begriffswörtern, zu Elementen unserer Gedanken; sie starben als Vorstellungen, sie stehen wieder auf mit allgemeinerer, weiter rei-
chender, das Sinnliche in den Geist emporhebender Bedeutung.
Können wir nicht analog die Schöpfungsakte uns vorstellen der
Ichheit im Universum? — Aber wir wissen das nicht; wir können
es nicht begründen, weil unserm Kennen davon nichts gegeben ist.

Als die eine und einzige Thatsache ist uns gegeben die Wirklichkeit, näher: das im Wirken Erscheinen unseres Ich und zwar
in einem Verhältnisse zur Seele, durch welches wir zu Vorstellungen von ihm angeregt werden, die zur Bildung von Analogieen zwischen ihm und dem Seelencentrum des Universums
hinführen, aus welchem es hervorgeht. Es beruht auch alles Erkennen seines eigenen Wirkens in den Personifikationen der Sprache
lediglich auf Analogieen. Analog sind die Lautbilder der Wahrnehmungssätze Teilvorstellungen unserer Seele; diese selbst ist
analog einem Wahrgenommenen, das Wahrgenommene in der Seele
analog dem wirklichen Dinge; analog ist das Wort des Urteilssatzes einem Begriffe der Seele, und analog ist der Begriff irgend
einer Wesensbeschaffenheit, welche sich im Leben des Universums
offenbart. Es liegt dies im Wesen des Erkennens, als welches
eine Trennung eines erkennenden Subjekts von seinem Objekt voraussetzt, zugleich aber eine Beziehung auf dasselbe. Ohne Trennung
gäbe es nur bewufstloses Naturleben, ohne gegebene Beziehung
könnte sich keinerlei Kennen entwickeln; und so erkennt — und
spricht — eben nur der Mensch, weil er, obzwar dem Universum
angehörend, dennoch zu einem gewissen Grade eigenen, getrennten
Lebens gelangt.

Aus den Analogieen ergeben sich dann die Metaphern, und
schon die Sprachwurzel entstand gewissermafsen als Metapher, da
sie als Symbol einer Vorstellung gebildet wurde. Sie entsprach
im Gebiete der menschlichen Naturlaute der Vorstellung eines

Wahrgenommenen aus dem Gebiete der erscheinenden Wirklichkeit. Betrachten wir aber die Metaphern innerhalb der vollendeten, fertigen Sprache, vollendet freilich nur in dem Sinne,
wie eben die Sprachniedersetzung der Gattung das Erkennen unaufhörlich neu erzeugt, und so für jeden Augenblick auch ab-
schliefst, so zeigen sie sich wesentlich als von dreifacher Art.
Zwei Arten derselben besprachen wir bereits, die wir als natürliche und als Metapher der Sprachkunst von einander unterschieden. Die natürlichen Metaphern ergeben sich unbeabsichtigt im Verlaufe der Sprachentwickelung als Folge des durch
Erfahrung fortschreitenden Erkennens, wenn zur Bezeichnung von
bisher nicht gesondert vorgestellten also auch nicht benannten
Wahrnehmungen Wörter gewählt wurden, welche diesen analoge
Vorstellungen ausdrückten, wie wenn ahd. strâla, Pfeil, im nhd.
die Strahlen der Sonne bezeichnet; ihnen gehören namentlich die
Ausdrücke für äufsere Wahrnehmungen an, welche den Vorstellungen analog gefühlt wurden, die aus innerer Erfahrung hervorgehen. — Die Metaphern der Sprachkunst werden von
keinem Bedürfnis gefordert; es sind die „eigentlichen" Ausdrücke
neben ihnen als „bildlichen" vorhanden; sie gehen aus einem freien
Kunstschaffen hervor, indem die Bildekraft des Individuums einer
anderen Begriffssphäre ein innerhalb derselben dem eigentlichen
Ausdruck analog sich verhaltendes Wortbild entnimmt und so der
Rede, in welche sie es statt des eigentlichen Ausdrucks einsetzt,
eine neue Anregung des Vorstellens mitteilt. So sagt Schiller:
„Glühend trifft mich der Sonne Pfeil", indem er durch die alte
Bedeutung von Strahl eine vergessene Vorstellung wieder wach
ruft. In der „Sprache als Kunst" (Bd. II. p. 21 fg.) haben wir
diese Metaphern „ästhetische Figuren" genannt.

Wir nennen die dritte Art der Metapher, diejenige, mit
welcher wir es hier zu thun haben, die Metapher des Erkennens oder der Reflexion. Sie ersetzt, wie die erste, den
Mangel eines eigentlichen Wortes bei dem Sprechenden durch
Einführung eines anderen, sonst schon üblichen, aber, während
durch die natürliche Metapher ein schon Gekanntes, Erfahrenes,
also bestimmter Vorgestelltes, eine analoge Bezeichnung findet,
sucht die Metapher des Erkennens, durch ihre Benutzung der
vorhandenen Sprachmittel eine Vorstellung, einen Begriff überhaupt erst hervorzubringen, für welches ihr das Kennen und Wissen
fehlt. Man wählt sie aus zum Zweck des Erkennens, damit
dies an dem Wortbilde oder Begriffsworte einen Anhaltspunkt ge-

winnen und damit sich verwirklichen könne, „denn eben, wo Begriffe fehlen, da stellt ein Wort zur rechten Zeit sich ein.“ Als
Symbol der Veränderung galt Heraklit das Wort Feuer, zur
Bezeichnung des Weltprinzips nannte Empedokles die Liebe
und den Hafs; und sie haben gefühlt oder gewufst, dafs ihr $\pi\tilde{v}\varrho$,
ihre $\varphi\iota\lambda\iota\alpha$ und ihr $\nu\tilde{\epsilon}\iota\varkappa o\varsigma$ nur analog, nur als Metaphern dies bezeichneten, was sie meinten.*) Gegen die Wörter, welche so als
Begriffe gebraucht werden, ist nicht anders anzukämpfen, als gegen
die Lautbilder der Wahrnehmungssätze, wenn sie betrachtet werden
als Vertreter der Dinge statt der Vorstellungen, und gegen die
Begriffswörter, wenn man sie reale Wirklichkeit statt der gedank-
lichen bedeuten läfst. Wie hätte es denn Newton machen sollen,
sein Erkennen des Gravitationsgesetzes darzustellen, ohne zur
Metapher eben für das Erkennen seine Zuflucht zu nehmen?
Die „Anziehung“, durch welche er jene unbegriffene Wirkung in
die Ferne, die Centripetalkraft, kennzeichnete, galt auch ihm nur
als Metapher, und da sie ihm also als Analogie bewufst blieb,
war dies Wort so gut als ein anderes an seiner Stelle. (35) —
Pressensé (Die Ursprünge. Deutsche Ausgabe von Fabarius
p. 288 sq.) bespricht die von Herbert Spencer in seinen „Prinzipien der Sociologie“ behauptete Identität des socialen und des
einfach organischen Lebens. Es geschieht (nach Spencer) nichts
mehr, nichts wesentlich anderes in der Gesellschaft als in einem
wohleingerichteten Körper, und der Ausdruck „politischer Körper“
ist, wie Spencer erklärt, „keine Metapher, sondern eine Wirklichkeit“. Aber die Sprache giebt ihm darin Unrecht, und das Wort
„Körper“ verführt, so betrachtet, zum Irrtum. Pressensé erklärt
es ebenso (p. 294) mit Recht für einen Mifsbrauch der Sprache,
wenn Espinas (Les sociétés animales, p. 546) das sociale Bewufstsein ein „individuelles“ nennt, also „wirkliche kollektive Bewufst-
seine annimmt, sowohl in den niedrigsten Organismen als in den
menschlichen Gesellschaften“; oder wenn (p. 289) Schäffle (Bau
und Leben des socialen Körpers) aus der Analogie zwischen dem
socialen Körper und dem menschlichen Körper die Metapher gewinnt der „socialen Intercellular-Substanz“, um den „Reichtum“
zu bezeichnen. Schäffle selbst erkennt das Bedürfnis an, die
Auffassung seiner Metaphern richtig zu stellen. In der zweiten
Ausgabe seines Werkes „Bau und Leben des socialen Körpers“

---

*) Wiefern hierbei auch durch Erweiterung der Wortbedeutung
das Erkennen fortschreitet, ist oben (p. 169) besprochen worden.

läfst er „den fundamentalen Unterschied organischer und
civiler Lebensgemeinschaft schärfer hervortreten, als in der ersten
Ausgabe", und schon in dieser verfolgt er zwar die „realen Analogieen der Biologie" nach Comte, Littré, Spencer u. a., hütet
sich aber dabei möglichst vor den „Gefahren der Analogie: Ver-
wischung der Unterschiede und unwissenschaftliche Allegorik". (36)
— Max Müller (Vorles. über die Wissensch. d. Sprache. Ser. II,
2. Aufl. p. 391) sagt: „So oft ein Wort, das zuerst metaphorisch
gebraucht wurde, ohne eine ganz klare Auffassung der Schritte,
welche von seiner ursprünglichen Bedeutung zur metaphorischen
hinüberführten, gebraucht wird, so ist auch gleich Gefahr vorhanden, dafs es mythologisch gebraucht werde; so oft diese Schritte
vergessen und künstliche Schritte an ihre Stelle gesetzt werden,
so hat man Mythologie oder, wenn ich so sagen darf, eine krank
gewordene Sprache, mag sie sich nun auf geistliche oder weltliche
Angelegenheiten beziehen". „Mythologisch ist in dem Sinne, in
welchem ich es brauche, auf jede Gedankensphäre und auf
jede Wortklasse anwendbar, obgleich die religiösen Ideen —
auf den mythologischen Ausdruck am leichtesten eingehen." In
Bezug auf die Mythologie selbst heifst es (p. 443): „In den Hymnen
des Rig-Veda haben wir noch das letzte Kapitel der wirklichen,
echten Theogonie der arischen Volksstämme — dort in dem Veda
spricht die Sphinx der Mythologie noch einige wenige Worte aus,
um ihr eigenes Geheimnis zu verraten und zeigt uns, dafs es der
Mensch, dafs es die Vereinigung menschlichen Denkens
und Sprechens ist, was naturgemäfs und unvermeidlich jenes
wunderbare Konglomerat uralter Fabeln hervorbrachte."
M. Müllers Metaphern, welche zur eigentlichen Mythologie
führen, sind nicht unsere Metaphern der Reflexion, sondern diejenigen, welche wir als die natürlichen bezeichnen, also z. B. solche
(l. c. p. 386), die entstehen, wenn aus „Wurzeln, welche scheinen,
glänzen bedeuten, Namen gebildet werden, wie Sonne, Mond,
Sterne, die Augen des Menschen, Gold, Silber, Spiel, Freude,
Glück, Liebe". Die Metaphern der Reflexion gehen aus den
Forschungen der Wissenschaft, aus dem philosophischen Erkennen
hervor, aber freilich sind sie nicht weniger Metaphern, als die
unbeabsichtigt sich bildenden, und man wird also in Bezug auf
ihre Verwendung sie mit diesen zusammenstellen können: „Die
metaphysischen Systeme stellen, da sie das Absolute ergreifen
wollen, das Kunstwerk einer mythologischen Allegorie auf. Die
religiösen Gedichte der Hindu, Hesiods Theogonie, Spinozas All-

Eins-Lehre, Hegels Logik stehn auf gleicher Linie der Kunst, es unterscheidet sie nur das mehrgeübte, mehr kritische Bewuſstsein, durch welches eine spätere Zeit vor unverhüllter Mythenbildung geschützt ist. Der Philosoph glaubt, Begriffe zu konstituieren, frei zu erzeugen, und man wird durch Sprachkunst und Sprachtechnik geleitet, welche dann zu Weltgesetzen erhoben werden." (37) In der That vermeidet das philosophische Erkennen bei Verwendung der ihm eigenen Metaphern nur dadurch Ungenauigkeit im Denken und Verwirrung in Bezug auf die Sicherheit seiner Ergebnisse, daſs es sich bewuſst bleibt, wie diese Metaphern nur Resultate von Analogieen sind, für das Urteil also nur den Wert von Hypothesen haben. Auch befindet es sich dazu durchaus in der Lage, da es seine Metaphern nicht erdichtet, sondern durch Reflexion gewinnt. Trendelenburg sagte z. B. für Schopenhauer sicherlich nichts Neues, als er (Log. Unters. Bd. II, p. 118) dessen „Objektivität des Willens — eine nichts erklärende Metapher" nannte, es müſste denn der künstlerische Zug der Sprache stärker gewesen sein als des Philosophen Besonnenheit. (38) Indem also der Erkennende sich der Sprache als eines Mittels bedient, um auszudrücken, was ihm als Analoges vorschwebt, trennt er sich gleichsam von ihr, und indem er seine Metapher setzt, verhält er sich zugleich kritisch gegen dieselbe, und wenn er als Individuum zu einem Symbol gelangt ist für das, was er bezeichnen wollte und dies nun an dem Worte festzuhalten vermag, so hat er es doch zu einem Akte des Erkennens nicht gebracht. Er hat nicht Sprache geschaffen, sondern von ihr geborgt; darum erkennt er auch nicht, sondern deutet nur an, was er erkennen will, nämlich so, in der Art, wie er eine andere Erkenntnis besitzt. (39) Sagt also Aristoteles mit Recht: πάντες ἄνθρωποι τοῦ εἰδέναι ὀρέγονται φύσει, so spricht sich in der Metapher des Erkennens eben dies Sich-Strecken nach der Erkenntnis aus, welches ebenso weiter reicht, als die Sprache, wie es weiter reicht, als das Erkennen. Und wenn solches Sich-Strecken und Wollen φύσει ist, unserer Natur an sich zugehörig, so heiſst dies, daſs wir einen Schmerz in uns tragen von Natur, daſs das Gefühl unseres Eigenlebens uns nicht befriedigt, denn nur aus dem schmerzenden Gefühl eines uns anhaftenden Mangels kann unser Sehnen und Verlangen nach Erkenntnis hervorgehen. Die Besonderung des Individuum von dem universalen Leben wird gefühlt vom Ich, indem es sich selber fühlt. Als frei und zugleich als gebunden von der Bildkraft des Uni-

versums hingestellt, strebt darum das seiner selbst bewußte Ich
zu einer von ihm selbst gewollten Gebundenheit zurück, in welcher
es auch seine Freiheit d. h. sich selbst gewahrt wissen will, und
es fühlt so seine Trennung vom Universum als treibenden Stachel
für sein Erkennen in allem Einzelnen wie im Erkennen des Welt-
ganzen.

Das Fühlen als solches hat keine Sprache und kein Erkennen.
Wenn wir unsere Gefühle aussprechen, wie man zu sagen pflegt,
so sprechen wir von unserm Vorstellen dieser Gefühle, von den
Vorstellungen, welche ihnen zu Grunde liegen, den Veranlassungen
zu ihrem Entstehen, von ihrer Stärke, von dem Grade der Lust
oder Unlust, der ihnen beiwohnt, von ihrem Werte vor unserm
Urteil u. d. m.   Die Gefühle sind für das Erkennen Objekte
geistiger Art, deren Leben von der Bildekraft des Universums an
unsere Organisation geknüpft ist, gerade so, wie sich ihm Objekte
sinnlicher Wahrnehmung darbieten.   Ein Vorstellen, welches gefühlt wird, muß, um auch vom Bewußtsein aufgenommen, in
dessen helle Beleuchtung gebracht werden zu können, so daß es
dessen Form anzunehmen vermag, einen gewissen Abschluß, einen
gewissen Grad von Bestimmtheit, von Umgrenzung erreicht haben.
Dann erst vermag die Bildekraft des Individuums es auszudrücken
durch Sprache, dann erst ist es fest genug, daß auch die Gattung
es vorstellen, erfahren kann und erkennen, und wir können
so Kants Einleitungsworten zur Kritik d. r. Vern. nachsagen:
„Daß alle unsere Erkenntnis mit der Erfahrung anfange, daran
ist gar kein Zweifel."

Die Entwickelungsgeschichte der Sprache zeigt überall, wie
die erkennenden Sprachbilder unbewußt zu den natürlich sich
bietenden Metaphern ihre Zuflucht nehmen mußten, wenn sie ein
Gefühltes ausdrücken wollten, dem diese bestimmte Umgrenzung
abging.   Man entnimmt z. B. den Analogieen zwischen bestimm-
teren Sinnesempfindungen und den minder bestimmten die Metaphern, wenn man von stechendem Geschmack spricht, von einem
weichen Ton, einem süßen Geruch u. d. m.; man fühlt schwächere
Abstufungen in der Art des Empfindens und bezeichnet sie durch
Gleichnisse d. h. aufgelöste Metaphern, wie wenn man eine Farbe
himmelblau nennt, einen Ton silberhell; oder durch Andeutung,
daß Analogie bestehe, wie wenn z. B. etwas süßlich schmeckt
(lich = gelich, gleich); auch wohl durch den Tropus der Metonymie, wie wenn z. B. etwas gewürzig riechen soll oder me-
tallisch schmecken soll u. d. m.   Viele Metaphern erscheinen

deshalb als natürliche, obwohl sie der Reflexion ihr Entstehen verdanken, weil sie im Sprachgebrauch zu festen Bezeichnungen geworden sind. Man wird sich ihrer Unbestimmtheit, d. h. dafs sie nichts weiter vertreten als eine Analogie, erst dann bewufst, wenn sie einer philosophischen Kritik unterzogen werden, wie sie z. B. Newton seiner „attractio" zu teil werden liefs. Namentlich unter den abstrakten Begriffswörtern sind solche Metaphern in grofser Zahl, wie z. B. Verstellung, Aufrichtigkeit, Erinnerung, Vorstellung, Begriff, Grund, Folge, Schlufs, Beziehung, Zusammenhang, Bestürzung, Beklemmung, Erlösung, Spannung, Abspannung, Einsicht, Absicht, Vorsicht, Ansicht, Rücksicht, Umsicht, Nachsicht, Übersicht, Hinsicht, Zuversicht, u. s. f. — Wir erinnern, dafs überhaupt alle jene natürlichen Metaphern, die wir früher besprachen, durch welche Thätigkeiten, Zustände, Verhältnisse geistiger Natur bezeichnet werden, um deshalb, und zwar wohl ohne Ausnahme, Analogieen aus dem Gebiete der Sinnlichkeit entnommen wurden, weil den Vorstellungen dieser Art die nötige Bestimmtheit eigen war, während man das Wesen der geistigen Vorgänge eben nur fühlt.

Es war eine nicht gar bedeutende Zahl von Sprachwurzeln, welche die ersten Vorstellungen ausdrückten, die durch unmittelbare Wahrnehmungen, wie sie die Sinnesorgane uns vermitteln, angeregt wurden. Die Bewegungen und Vorgänge in der Seele empfinden wir ebensowohl wie jene Reize der Aufsenwelt; sie bilden den Inhalt unseres Fühlens, aber in dieser Form des Seelenlebens kommen sie nur soweit zu Klarheit und Bestimmtheit, dafs wir sie vergleichen können mit jenen ersten Vorstellungen, welche mit der ihnen von der Sinnlichkeit erteilten Lebendigkeit und Deutlichkeit zur Sprachschaffung angeregt hatten, so dafs sie im Lautmaterial plastisch hatten herausgearbeitet werden können. Alle geistigen Vorgänge werden nur gefühlt als Analogieen von sinnlichen, wenn wir uns ihrer bewufst werden; wird solche Analogie ausgedrückt in Sprache, hat man Metapher; in Metaphern geht das Geistige über in den Besitz unserer Erkenntnis.

Aber man würde das Gefühlsleben in seiner Wesenheit nicht erfassen, wenn man es nur in Bezug auf sein Verhältnis zum Bewufstsein und zum Erkennen betrachten wollte. Nach dieser Seite stellt es sich freilich nur dar als ein Zustand der Seele, aus welchem sich eine bestimmtere Form des Wissens, das Bewufstsein, entwickelt, also als ein unentwickeltes, dunkles Vorstellen und

Wissen. Es ist jedoch die verhältnismäfsige Dunkelheit des Vorstellens im Gefühl nur eine Folge davon, dafs der Seele als
einer fühlenden von der Vorstellung, mit welcher dieses Fühlen
verbunden ist, als solcher, also an ihrer Bestimmtheit, Klarheit,
Darstellung, gar nichts gelegen ist, sondern nur daran, wie weit
sie den ihr mit der Vorstellung gebotenen Inhalt als für ihr Leben
annehmbar empfindet oder ihn zurückweisen mufs. Sie fühlt also
ihre Vorstellung nicht als ein mehr oder weniger gleichgiltiges
Objekt des Kennens und Wissens, sondern in seiner Wirkung
auf sie als ihr Leben steigernd, fördernd, hebend oder beengend,
hemmend, drückend, kurz als Wohl bringend oder Wehe. Mit
der Lust und der Unlust ist aber unmittelbar verbunden das Begehren und die Abwehr, und so schliefst das Fühlen nicht blofs
in sich ein Vorstellen, sondern auch ein Wollen, so dafs die ganze
Seele von ihm ergriffen ist.

Das Gefühl aber von menschlicher Lust und Unlust mit seiner
Voraussetzung eines Vorstellens und seiner Folge eines Wollens
wird erlebt von einer Wesenheit, welche allmählich dessen inne
wird, dafs sie es ist, welche alle diese Bewegungen an sich erfährt und auf sich bezieht, in welcher sie alle zusammentreffen,
die auch fühlt, wie sie durch dieselben zu einer von ihr ausgehenden Bethätigung ihrer Kraft genötigt wird, oder veranlafst
wird oder Gelegenheit erhält. Diese Wesenheit fühlt sich, nachdem ihre Erziehung durch die Wechselwirkung des Universums
mit ihr selbst vollendet ist, mündig, und giebt sich selbstbewufst
ihren Namen: Ich, das vom Universum gegebene, bin dieses Ich,
welches selber sich setzt.

Schon aber fühlt das Individuum, indem es die Einwirkung
der anderen Iche auf sich erfährt, dafs es sein Ich als alleinigen
Mittelpunkt für sein Leben, Denken und Streben zu behaupten
nicht imstande ist. In gleichem Mafse, wie das Gebiet, auf dem
es sein Wohl und Wehe findet, sich erweitert und wertvoller wird,
fühlt es sich beschränkt durch Kräfte derselben Art, wie die Kraft,
welche ihm selbst eignet. Willig oder widerstrebend wird es umschlossen und gehalten von einer an einen socialen Organismus
gebundenen Ichheit, welche das geltende Wahre und Gute an
ihren einzelnen Gliedern durchsetzt und deren naiven Egoismus
beseitigt. Nicht mehr nur sein eigenes Los, sein eigen Wohl
und Wehe fühlt dann das Individuum, sondern zugleich das der
Gattung, des begrifflichen Menschen, und damit fühlt es sein

Leben an Werte gebunden, denen seine eigenen Lustgefühle und
Begehrungen sich unterzuordnen haben.

Wie nun die erkennende Seele sich die Ichform nur an
dem Inhalt zum Bewußtsein bringen kann, den sie vorstellt, also
an dem Nicht-Ich, so erwächst auch der fühlenden Seele das
Gefühl eines Ich erst an jenem Inhalt, durch welchen das Nicht-
Ich — und diesem gehört auch die eigene Leiblichkeit des Individuums an — in ihr den Wechsel der Lust- und Unlustgefühle
erregt. Und an der Übermacht dieses Nicht-Ich kommt dann
dem Selbst-Gefühl der Widerspruch zur Empfindung, der,
zwischen dem Wesen des individuellen Ich und dem Wirken des
Universums in Bezug auf unser Wollen zugleich mit dem Ich
gegeben, von Anfang an gefühlt und nur schneidender empfunden
wird, wenn das selbstbewußte Ich ihn als solchen auch erkennt
und die Folgen desselben im Verlauf seiner höchsten, der Gattung
gewidmeten Bestrebungen erfährt. (40)

Und wie die erkennende Seele ihr Vorstellen und Denken
dem Universum einbildet, das Ich mit den Kategorieen aus ihm
herausarbeitet, so fühlt die fühlende Seele sich ins Nicht-Ich
hinein und holt sich von dort Mitgefühl, Trost, Hilfe. Was in
der Wertschätzung des von ihr Erfahrenen und Gewollten unserm
Seelenwesen am meisten entspricht oder ihm am meisten zuwider
ist, das fühlt die Seele als im Universum irgendwie vertreten,
von dem ihr ja alles kommt, was sie als Wohl oder Wehe empfindet. Darum erwartet und ersehnt sie in Furcht und in Hoffnung von dort her je nach dem Maße, wie sie durch Erkennen
und Wollen Reichtum, Ordnungssinn, Zartheit, Innigkeit, Güte
des Gefühlslebens in sich entwickelt hat: Glück und Schutz, Lohn
und Strafe, Liebe und Erlösung. Nur aber von einem Ich, welches
ebenso fühlt, wie sie selbst, kann ihr diese Ergänzung ihres
Wesens zu Teil werden, und so wurden die im Universum wirkenden Kräfte als göttliche Personen gefühlt, und mit der Wert-
steigerung des menschlichen Gefühls steigerte sich die Würde der
Gottheit. Die Untersuchung der sprachlichen Bezeichnungen für
dieselbe, wie sie als in vielen einzelnen Persönlichkeiten oder in
einer einzigen sich zeigend von den Menschen gefaßt worden ist,
würde unsere Betrachtung nicht wesentlich fördern. Die Gott-
heiten der Indogermanen sind sehr verschieden benannt: selbst
θεός und deus können nicht sicher zusammengestellt werden; der
den Germanen eigentümlich angehörende Name „Gott“ bedeutet
vielleicht (von Skr. hu, havate, Götter anrufen) „das angerufene

Wesen". (Vid. Kluge. Etym. Wörterb. d. dtsch. Sprache p. 112).
Eben aber durch die Personifikation setzte man das in Raum und
Zeit Angeschaute (wie Sonne, Mond) oder das in seinem Wirken
zu Fürchtende (wie Donner und Wasserflut) als ein dem menschlichen analoges Ich vermöge einer natürlichen Metapher, welche
als Metapher des Erkennens entstand. Es setzt diese Metapher
den Namen eines Elements unserer Vorstellungen zur Bezeichnung
einer Wesenheit, welcher hierdurch auch ein bestimmter Inhalt
zugeschrieben wird; indem ferner diese Teilvorstellung personi-
fiziert wird, wandelt sich nach Analogie des menschlichen Individuums deren Wirken in ein bewußtes, gewolltes, bezwecktes;
weil sie aber an dem Gefühl ihre Grundlage hat, nicht an einem
Erkennen, so kann eine begriffliche Abgrenzung dieses Wirkens
nicht erfolgen, und das durch den Namen Bestimmte bleibt doch
unerkennbar und unaussprechlich:

> „Erfüll davon dein Herz, so groß es ist,
> Und wenn du ganz in dem Gefühle selig bist,
> Nenn es dann, wie du willst,
> Nenn's Glück! Herz! Liebe! Gott!
> Ich habe keinen Namen
> Dafür! Gefühl ist Alles;
> Name ist Schall und Rauch,
> Umnebelnd Himmelsglut."

Vor dem Erkennen können also diese Metaphern nicht bestehen, wenn sie den Anspruch erheben, Wirkliches zu setzen,
wie unser Ich wirklich ist, denn die Kritik der Sprache weist sie
als bloße Analogieen auf. Dies freilich sind wir nach der Kategorie
der Kausalität zu denken gezwungen, daß Ichheit auch im Universum als ein Wirkliches vorhanden ist, woraus folgt, daß der
Ansatz für jene Analogie des menschlichen Ich mit dem
universalen auch für das Erkennen als ein ursprünglich
mit unserm Ich gegebener zu gelten hat. Die Beschaffenheit der göttlichen Ichheit aber wird nur, und zwar sehr verschieden, gefühlt, und der Inhalt der Gefühle ist einer wissenschaftlichen Behandlung nicht leicht zugänglich. Hegel hat sich
hierüber mit einer gewissen Erregtheit öfter ausgesprochen, und
wir schließen unsere Ausführung an seine Worte an, weil er besonders als Vertreter des seiner selbst frohen Erkennens zu betrachten ist. Er sagt (Vorles. über d. Philosophie d. Religion,
Bd. I. p. 11 ff.): „Den Satz, daß unser Bewußtsein unmittelbar

von Gott wisse, verwirft nicht nur die Philosophie nicht, sondern
er macht eine Grundbestimmung in ihr selbst aus." „Aber das
Prinzip des unmittelbaren Wissens — tritt auch polemisch gegen
das Erkennen auf" — es will „dabei stehen bleiben, daſs man
wisse, daſs Gott ist, nicht, was er ist; der Inhalt, die Erfüllung
in der Vorstellung von Gott ist negiert"; „wir könnten nur unsere
Beziehung zu Gott wissen, nicht, was Gott selbst ist"; (p. 27):
„das Wissen von Gott solle man nicht in die begreifende Vernunft
stellen, sondern das Bewuſstsein Gottes quillt nur aus dem Gefühl,
und das Verhältnis des Menschen zu Gott liegt nur in der Sphäre
des Gefühls, ist nicht herüber zu ziehn ins Denken". Hiergegen
bemerkt nun Hegel (l. c.): „Wenn Gott für ein Produkt des
Gefühls genommen wird" — „also für ein Produkt der Schwäche,
der Hoffnung, der Furcht, der Freude etc." — „so wird ihm die
Objektivität abgesprochen; das Resultat ist dann der Atheismus".
(p. 73 fg.): „Das Gefühl als solches ist Unbestimmtheit". „Es kann
den allermannigfaltigsten Inhalt haben. wir haben Gefühl von
Recht, von Unrecht, Gott, Farbe, Haſs, Feindschaft etc., es findet
sich darin der widersprechendste Inhalt; das Niederträchtigste und
das Höchste, Edelste hat seinen Ort darin; ich kann mich be-
geistern für das Unwürdigste." „Wenn also das Seyn Gottes in
unserm Gefühl nachgewiesen wird, so ist es darin ebenso zufällig,
wie jedes andere, dem dies Seyn zukommen kann. Das nennen
wir dann Subjektivität im schlechtesten Sinne", d. h. „Zufälligkeit".
— „Man beruft sich häufig so auf sein Gefühl, wenn die Gründe
ausgehen; so einen Menschen muſs man stehen lassen; denn mit
dem Appellieren an das eigene Gefühl ist die Gemeinschaft unter
uns abgerissen". (p. 63 fg.): Um „Gewiſsheit auszudrücken, sagt
man: Ich weiſs dies so gewiſs, als ich selbst bin". „Es kann
Etwas gewiſs sein, eine andere Frage ist, ob er wahr sei".
(p. 85): „Wenn wahr ist, was im Gefühl ist, so müſste alles wahr
sein, Apisdienst etc.".

Wir aber meinen in der That, daſs wir über das Wahre
keine weitergehende Gewiſsheit erlangen können, als diejenige ist,
welche wir von unserm Ich haben, und daſs andrerseits wir nur
das als wahr anzunehmen befugt sind, dessen wir gewiſs sind.
Daſs etwas im Gefühl ist, giebt allerdings keine Gewähr, aber
auch keine Gewiſsheit für seine Wahrheit, und Hegel hat Recht,
wenn er (l. c. p. 72) es abweist, daſs „das Gefühl die Stellung des
Grundes erhalte", aber leider giebt uns das Erkennen zwar eine
andere Form, aber keinen höheren Grad der Gewiſsheit für die

Prinzipien. Kein Erkennen hat bisher eine in der Gattung
geltende Gewißheit über die Ursprünge hervorgebracht; Kants
Erkennen wurde von Hegel verworfen, Hegels Erkennen von
Trendelenburg. Es giebt aber kein Erkennen ohne einen Erkennenden, und wenn Hegel gleichwohl ein solches begründen
wollte durch ein Denken, welches sich selber denkt, so versuchte
er dies, indem sein Gefühl, welches die Fülle der Gottheit in
sich zu haben glaubte, ihn zu einer Kühnheit verleitete, (41) welche
vor unserm Erkennen sich nicht rechtfertigt, so daß die Jetztzeit
ihn mit seinem „Erkennen" „stehen läßt". Andrerseits ist klar,
daß etwas nicht schon darum unwahr ist, weil es sich im Gefühl
findet, auch darum nicht, weil es sich nur im Gefühl findet.
Hegel scheint dies zu glauben. Er sagt (Encyklop. § 20, p. 31):
„Das Unsagbare, Gefühl, Empfindung, ist nicht das Vortreff-
lichste, sondern das Unbedeutendste, Unwahrste". (42) Richtig
ist, daß weder der Inhalt des Gefühls noch der des Erkennens
das Wirkliche selbst ist, daß er es vielmehr nur vertritt,
indem er unsere Weise, dasselbe in uns zu erleben und vorzustellen, uns kund giebt: aber richtig ist auch, daß unser Gefühl
und unser Erkennen sich nicht außerhalb der Welt befinden,
sondern selber Wirklichkeiten sind, welche beide, jede in ihrer Art,
wie nicht minder in der ihm eigenen unser sinnliches Empfinden,
Zeugnis ablegen von unserm Verhältnis zu dem Wirklichen und
Wahren, welches uns trägt und umschließt. Wir haben auch
nicht nur an dem Erkennen ein Mittel zur Überwachung unreifer
Ansprüche des Gefühls, sondern ebenso an dem Gefühl Schutz und
Abwehr gegen die Verirrungen des Erkennens, wenn sie in ihren
Folgen in Bezug auf die Gesundheit des Seelenlebens hervortreten.

Wenn Hegel nicht zugiebt, daß „Gott für ein Produkt des
Gefühls genommen werde", so ist er gewiß gegen solche Behauptung, wenn sie aufgestellt wird, im Rechte, denn das Gefühl
bezeugt Gott nur, indem es seiner Beziehung zu ihm in Demut
und zugleich in Erhebung inne wird. Genügt dies aber Hegel
nicht, daß wir nur von „unserer Beziehung zu Gott wissen, nicht,
was Gott selbst ist", und meint er, daß dieses „Was" vom „Denken"
erfaßt werde, so ist doch sicher, daß, wenn hiernach Gott als des
Denkens „Produkt" erscheint, solches Denken wenigstens nicht
das eines Individuums sein kann, welches ihn doch nur an seinem
Teile produzieren könnte, selbst wenn wir annehmen, daß die
Gottheit nur in unserm Denken zum Selbstbewußtsein gelangt.
Produziert ihn aber das denkende Individuum, so weit er in

ihm ist, so weifs es ihn eben nur in seiner Beziehung
zu ihm.

Wenn nun Hegel auf die „Unbestimmtheit" des Gefühls hinweist, welche ebensowohl das Edelste wie das Niederträchtigste
in sich dulde, so dafs sein Inhalt vom Zufall abhange, so ist damit,
dafs es von zufälligem und niedrigem Inhalte erfüllt sein kann,
nicht auch dies gesetzt, dafs es Notwendiges und Höchstes zu enthalten unfähig sei. Soll z. B. von unserm Lebensgefühl oder vom
Selbstgefühl behauptet werden, dafs sie einen dem Menschen zufälligen Inhalt enthielten, oder sind diese Gefühle nicht notwendig
mit unserm Wesen verbunden? Und wenn mit Recht, um zu
zeigen, dafs das Gottesgefühl eben nicht zufälliger Art sei, man
sich auf den consensus gentium beruft, so mag Hegel dies
(Encyklop. p. 87) ein „respektables Vorurteil" nennen, auch aus-
setzen, dafs die Allgemeinheit des Glaubens nicht dessen Notwendigkeit vor dem „Denken" begründe, endlich aus der „Erfahrung"
das Faktum selber bestreiten, aber er kann doch nicht umhin,
diesen immerhin weit reichenden consensus als „bedeutende
Autorität" zu bezeichnen. Aber in der That ist der consensus ja
nicht Grund des Gottesgefühls im Menschen, sondern dessen Folge;
und wenn in der Art, wie er bei den einzelnen Individuen oder
Stämmen hervortritt, sich so viel dissensio findet, dafs man dazu
kommen kann, ihn überhaupt in Abrede zu stellen, so liegt dies
daran, dafs man Gefühl, und so das Gottesgefühl für ein Ding
hält, während es doch nur ein aus einem Vorstellen von uns geschaffener Wortbegriff ist. In Wirklichkeit ist nur eben ein
Fühlen vorhanden, welches, je nach dem Wirken unseres Vorstellens
und Denkens mehr oder weniger entwickelt, in der Seele lebt,
so dafs auch das Gottesgefühl der einzelnen Individuen selbst,
in verschiedener Art zu verschiedener Zeit angeregt, stufenweise
sich reinigend vom Zufälligen, dem Bewufstsein derselben nicht
unverändert erscheint. — Wenn demnach auch dem Gottesgefühl
in Bezug auf seinen Inhalt Unbestimmtheit anhaftet, so ist
doch auch dem Erkennen nur möglich, das Denken Gottes als auf
einer Analogie beruhend sich anzueignen, welche den Inhalt unbestimmt läfst, oder diese Analogie durch Metaphern zu ersetzen,
welche als solche sich nicht weiter begründen lassen, und wenn
daher bei seiner Ausgestaltung ein Zufälliges, Wechselndes bemerkt wird, wenn ein Kriterium seiner Wahrheit nur in unserer
Gewifsheit, in einem Glauben zu finden ist, so ist zu sagen, dafs
auch dem Erkennen der Prinzipien kein anderes Kriterium zu

Gebote steht. Die Gewißheit aber, daß unser Gottesgefühl die
Beziehung auf ein Wirkliches bezeuge, ist für das Erkennen
die denkbar größte, denn sie ist, wie wir gesehn haben, zugleich
gegeben mit derjenigen und deren notwendige Ergänzung, welche
uns von dem eigenen Ich innewohnt, eine solche also, der wir
uns überhaupt nicht entziehen können: Dieses Nicht-Ich, aus
welchem wir hervorgehen, welches daher unser Wesen in sich
enthält, hat irgendwie in sich Ichheit als Ursache und Grund der
Iche. Was in dem kleinen Menschen sich Vernünftiges findet,
sagte Sokrates, das sollte nur in ihm sein, und das, was im All
als Vernunft sich unserm Erkennen enthüllt, wäre so geordnet
durch Unvernunft? (43) Wir fühlen unser Ich im Universum,
weil wir es so erkennen: es zwingen uns dazu die Wirkungen
des Universums auf unsre Seele. Wir können unser eigenes Ich
weder denken, noch ihm irgend welchen wirklichen Wert
beimessen, wenn wir jene Wirklichkeit der Ichheit im Universum
nicht annehmen, wie sie sich uns bietet; und weil sie so sich bietet,
so könnte man mit Descartes über Täuschung klagen, wenn das
gegebene Gottesgefühl dennoch gegenstandslos wäre. (44) Wollte
man aber der Klage über die Unbestimmtheit des Gottesgefühls
antworten, wie Pascal sie ausführt: vielmehr wäre es wünschens-
wert, daß nichts in unserm Gefühl wäre, als dieses zweifelhafte
Wissen, welches uns nur Unruhe bereite — (45) und freilich damit
von Dingen reden, von denen wir nichts wissen —, so würde
einfach zu sagen sein, daß wir wirklich so bestimmt, so unzweifelhaft fühlen, als eben von den Menschenkindern dieser Inhalt gefühlt werden kann. Welche Widersprüche müßten unsere Gefühle
für Liebe, Wahrheit, Freiheit, Gerechtigkeit, für das Gute, Zweck-
mäßige, Schöne in sich aufnehmen und zu umschließen imstande
sein — Widersprüche, welche der Erfahrung an unzähligen Fällen
sich aufdrängen — wenn sie das Leben des Universums auch nur
mit unserer begrifflichen Bestimmtheit als ein göttliches, dem
absoluter Wert zukäme, sollten fühlen können! Wäre dies der
Fall, so hörte eben damit jedes individuelle Leben auf, von
Erkennen und Wollen könnte nicht mehr die Rede sein.

Vergönnen wir uns nunmehr einen freieren Umblick! Er eröffnet sich, wenn man die Zustände und Bewegungen der Seele
nicht bloß nach ihren Unterschieden betrachtet, sondern als Bethätigungen Einer Wesenheit. Wenn Fühlen nicht Erkennen ist,
sobald wir von ihnen sprechen, so können wir doch nicht daraus
folgern, daß in Wirklichkeit nicht gefühlt wird, wenn erkannt

wird, und dafs nicht auch im Gefühl etwas enthalten ist, was zum Erkennen gehört. Erinnern wir uns an schon früher Gesagtes!

Was vom Universum her die Seele berührt, das fühlt sie, d. h. sie wird der Wirkung inne, welche die in ihr erregte Empfindung auf ihr Leben übt, ob wohlthuend oder Wehe bereitend, störend oder fördernd. Hieraus entsteht ihr ein Wollen, in welchem sie ihre Besonderheit und Eigenkraft zum Ausdruck bringt. Auch das Erkennen geht aus solchem Wollen hervor, dem ein Wehgefühl zu Grunde liegt, nämlich das Gefühl einer Entzweiung mit seinem Ich, in welches das Nicht-Ich eindringt und sich in der Empfindung als Fremdes behauptet. Das Centrum des Seelenlebens ist damit angegriffen, denn es erleidet beständige Verrückung. Dies Wehe wird gefühlt gerade an der Form des inneren Lebens, durch welche dessen Einheit gesichert ist, und gegen das Bestehen des individuellen Geistes selbst ist also der Angriff gerichtet. Gelänge er, so flösse das Naturleben ohne Anstofs durch die Seele; er gelingt aber nicht, so lange die Individuen leben; das Fremde befremdet uns, und dies Befremden ist es, welches das Erkennen zu beseitigen sucht. Es geschieht dies dadurch, dafs die Bildekraft des Individuums das Fremde v o r s t e l l t, wie es uns zu eigen geworden ist, und es d a r s t e l l t durch Sprachformierung, welche das Vorgestellte in derjenigen Gestalt aufweist, an welcher wir es a l s u n s a n g e h ö r i g v e r s t e h e n.

Das in seiner Identität bedrohte Ich fühlt in seinem Widerstande sich als das die Vorstellung Wirkende, das Lautbild Schaffende, wird dadurch seiner selbst inne, und damit ist dann die Form des Bewufstseins dem Individuum gewonnen. Auch die sprachlichen Schöpfungen, in denen das Erkennen sich verwirklicht, zeigen und bewähren sich sogleich als der erscheinenden Wirklichkeit angeschlossen; sie wirken zurück auf die Seele, welche, indem sie die Wirkung erfährt, es fühlt, ob diese ihrem Gesamtleben frommt. Das Gefühl billigt oder mifsbilligt die Sätze des Erkennens nach dem Werte, den die Seele ihnen beizulegen gezwungen ist, die Satzbilder danach, ob sie der Vorstellung entsprechen, die Urteilssätze, ob bei der Verbindung der Satzelemente, wie sie das Urteil setzt, die Seele in Übereinstimmung mit sich selbst zu verbleiben vermag. Das Gefühl entscheidet, was dem Individuum als g e w i f s gelten kann — G r ü n d e dafür schafft erst das Wollen, wenn Zweifel erhoben oder als erhoben gedacht werden.

Immer also bleibt das Gefühl der Untergrund, aus dem auch
das Erkennen quillt: Wes das Herz voll ist, geht der Mund über.
Fühlte die Seele nicht jenen höchsten Wert, welchen das Erkennen für sie hat, so würde überhaupt nicht erkannt werden.
Auch für das Erkennen des Besonderen in Natur und Geschichte,
für die Erfahrungswissenschaften, ist die Wertabschätzung des
Gefühls der treibende Stachel. Wohl kann nur das urteilende
Erkennen im einzelnen und in bestimmter Nachweisung die Zweck-
mäßigkeit, den theoretischen oder praktischen Nutzen des auf Erfahrung sich stützenden Erkennens darthun, aber damit stellt es
nur heraus, was das Gefühl verlangt, damit es nicht gleichgiltig
bleibe, damit ein Wollen des Erkennens sich einstelle. Wenn
man gesagt hat, das Erkennen werde um seiner selbst willen
geübt, so wird damit eben nur sein höchster Wert bezeichnet;
freilich sucht es nur sein eigenes Wesen, wie es wirklich ist, zu
erfassen, es fragt nicht nach anderem Vorteil, aber nur deshalb,
weil es unmittelbar im Gefühl dessen inne wird, wie es den
höchsten Wert in sich schließt für das Bewußtsein. — Mit
Begeisterung preist daher der sonst so nüchtern forschende Aristoteles den göttlichen Frieden, welchen das Erkennen der Seele
bringt, einen süßen, seligen Genuß, der freilich stetig und vollkommen der Gottheit allein zukomme, dem Menschen nur, soweit
er Göttliches in sich hat. (46)
    Wir sehen, daß jene Analogie, mit welcher das Erkennen
des Verhältnisses unseres Ich zum Universum abschließt, die Analogie, welche sich auf die Gewißheit stützt, daß eine Ichheit, entfaltet nach den Kategorieen zeiträumlichen Erscheinens und der
Kausalität wirke im Universum, nur dies für das Bewußtsein
herausstellt, was dem Gefühl unmittelbar gegeben ist vom
Universum. Das Erkennen bestätigt, indem es aussagt, so weit
es dies andeutend durch Metapher vermag, was unsagbar im Gefühle lebt. Das Gottesgefühl wird uns zu eigen zugleich mit dem
Ichgefühl, entwickelt sich in uns zugleich mit diesem; es ist ebensowenig durch Sprachakt darstellbar wie dieses; ebensowenig erkennbar, d. h. ebensowenig fähig, in die Form des Bewußtseins,
bestimmt und umgrenzt, einzugehn, wie dieses. So enthüllt sich
schließlich die Selbstthätigkeit unseres Erkennens, der menschlichen Seele, als frei nur innerhalb der Notwendigkeit des Universums, welche sich selber das Gesetz ist und die Freiheit. Erkennend formulieren wir nur und führen nach unserer Erfahrung im einzelnen aus, was wir schon haben, weil es dem

Universum angehört, dem wir gehören. Nichts anderes hat
Plato mit seiner Lehre von der Wiedererinnerung gemeint, (47)
und so hebt er den Satz öfters hervor, daſs auch wir aus den
Elementen des Universums gebildet sind, daſs die Weltvernunft
auch in uns lebe. (48)

Als die Menschen die Sonne, den Mond in ihrer leuchtenden
Pracht sahen und bewunderten, als sie sich dem Eindruck ge-
waltiger Naturerscheinungen hingaben, das Schöne, Schreckliche,
Erhabene fühlten, da zweifelten sie nicht, daſs ein ihrem Gefühl,
ihrem Fürchten und Hoffen Entsprechendes irgendwie, da, dort
vorhanden sei und wirke, und wenn sie beteten und opferten, war
es ihnen gewiſs, daſs sie verstanden würden vom Universum her.
Als sie die Sprache schufen, fühlten sie ihr Ich in den Subjekts-
substantiven. weil es für sie in den Dingen vorhanden war, und
sie bildeten die Aussage, indem sie deren Seele, wie sie in ihrer
Vorstellung lebte, ihrem Wirken, ihren Zuständen nach heraus-
stellten. Als ihnen die Wörter isoliert zur Kenntnis kamen,
fühlten sie an ihnen, wie an den Einzelgestalten der Erscheinungswelt, die Möglichkeit ihres besonderen Wirkens in der Seele; sie
fühlten dann diese Wesenheiten als begriffliche Gestalten, jede
begrenzt nach ihrer Art und doch unbegrenzt für den Gedanken;
sie fühlten in ihnen als Ideen Mächte göttlicher Kraft, welche
sein sollen nach dem Gefühl, wenn auch in den Vorgängen der
Wirklichkeit ihre Herrschaft sich verleugnet. Als man anfing,
philosophisch zu erkennen, als man sich dieser dem Gefühl
zu Grunde liegenden Analogie bewuſst wurde, da sprach
man es aus, wie wir zu Anfang unserer Betrachtungen vom Empedokles anführten, es sei in uns selbst die Mischung der Elemente, welche das Gleichartige im Universum erkenne.

Wenn die Sprache sich bemüht, das Unaussprechliche, weil
nur Gefühlte, zu sagen, so kommt sie, wie wir gesehen haben,
zur Metapher des Erkennens. Sie stellt damit dem Denken
eine Aufgabe, deren kritische Lösung darin besteht, daſs man
zeigt, es liege dem Wortbegriff keine Vorstellung zu Grunde.
auch kein Urteil, sondern nur eine Analogie, welche den Inhalt
zweier Sätze ohne logischen Abschluſs auf einander bezieht. (49)
Metaphern sind für die besonderen Forschungen der Wissenschaft
etwa der Ausdruck für Hypothesen. Wie ist ihre Verwendung
bei dem Erkennen der Prinzipien zu beurteilen, d. h. wie stellt
sie sich in Bezug auf die Sprache?

Nur uneigentlich, sagten wir, kann durch Sprache ein
Fühlen ausgedrückt werden. Es soll in der Form des Bewußtseins, klar und bestimmt, sich darstellen, was den Göttergestalten
der bildenden Künste ihr Leben giebt, wodurch mit wunderbarer
Gewalt die Musik uns mit sich zieht, es soll — denn Gefühl ist
es, was sich uns mitteilen will — die ganze Seele ergriffen werden
von dem Dargestellten, nicht blofs die erkennende. So wird gefordert ein Sprachwerk, welches der Denker nicht zu schaffen
vermag, wenn er nicht zugleich auch Dichter ist. Die Dichtkunst
aber schafft als solche nicht Sprache — das wäre Sprachkunst (50)
— sondern sie setzt sie voraus als Mittel, um ihre Gedanken-
schöpfung zur Erscheinung zu bringen. Und so ist für das Erkennen der Prinzipien die Sprache lediglich Dienerin, nicht
mehr der eigene Leib. Man kann sagen: Das als höchster Wert
für unser Seelenleben Gefühlte, zugleich als Schlufsstein des Erkennens Erkannte, wird ausgesprochen unter Anwendung der in
der Sprache bereiten Mittel für den Ausdruck des Erkennens, und
die Wissenschaft der Erkenntnis wird ergänzt durch eine Kunst
des Erkennens. (51)

Zeigt sich so, dafs Sprache notwendig zum Mittel herunter-
gesetzt wird für das letzte Erkennen, so erweist sich damit — da
sie eben nur zum Ausdruck des Bewufstseinsinhalts ausreicht —
ihre Schwäche als die eines Menschenwerks, des gröfsten freilich
für die bedingt freie Ausgestaltung unseres Wesens in den
Individuen wie in der Gattung, gegenüber der Macht und ent-
scheidenden Bedeutung des Lebens in uns, welches wir im engeren
Sinne das der Bildekraft des Universums angehörige genannt
haben.

Kein Erkennender aber kann die Wahrheit und den Wert
seines Erkennens darüber hinaus steigern, dafs es Zeugnis ablege, wie in ihm das Verhältnis des Menschen zum Universum
zum Bewufstsein gekommen ist, wie weit seine Seele lebt in
der Sphäre der Wahrheit. Nie kann er das Zufällige ausschliefsen,
wenn er ausspricht, was er fühlt; es ist immer zugleich auch der
Gott ihrer Begabung, ihrer Erfahrungen, ihres Denkens und
Wollens, den die Fühlenden als den Gott ihres Gefühls offenbaren.
Vergeblich aber mühen sich hoch Verständige, solche Metaphysik
aus der Welt zu schaffen: mit jedem neuen Kennen, neuem Erfahren und mit neuen Resultaten des wissenschaftlichen Forschens
stellt sich das Bedürfnis ein nach neuem Abschlufs unseres Er-

kennens. wie wenig neu er auch ausfallen mag. (52) Es wird immer von gröfster Bedeutung für die Menschen sein, zu erfahren, wie in Männern, welche das Erkennen der Gattung zu vertreten den Beruf haben, das Verhältnis zwischen dem Ich und dem Universum in der Form des Bewufstseins erfafst wird.

Anmerkungen.

1) **Lange** (Gesch. d. Materialism. Bd. II, p. 51 fg.) sagt über Kants Kategorieenlehre: „Die „Ableitung aus einem Prinzip“ — bestand doch im Grunde nur darin, dafs fünf senkrechte Striche und vier Querstriche gemacht und die dadurch gebildeten 12 Felder ausgefüllt wurden, während es doch z. B. auf der Hand liegt, dafs von den Urteilen der Möglichkeit und Notwendigkeit höchstens eins eine ursprüngliche Form sein kann, aus der sich das andere durch Anwendung der Negation ergiebt. Da war das rein empirische Verfahren des Aristoteles im Grunde doch besser, weil es wenigstens nicht zu so gefährlichen Selbsttäuschungen führte.“ „Kant folgte unverkennbar jenem architektonischen Triebe der Metaphysiker, der in den Dichtungen der Spekulation seine Stelle hat, aber nicht in einer kritischen Untersuchung über die Fundamente des Verstandesgebrauches. Je weiter er daher auch in der Anwendung seiner vier Haupttitel von Quantität, Qualität, Relation und Modalität mit der Trichotomie ihrer Unterarten sich vorwagte, desto mehr verlor er den gesunden Boden der Kritik unter den Füfsen.“

2) **Fick** (Vergl. Wörterbuch der indogermanischen Spr. Bd. 4, p. 9 fg.) bemerkt über die Deutewurzeln, die, klein an Zahl und wenig mannigfaltig in der äufseren Form (blofser Vokal a i u, oder Konsonant mit a als ka, ta, ma), die Grundlage der Pronomina bilden, dafs die vagen Versuche, sie aus Verbalwurzeln herzuleiten, durchaus abzuweisen sind: „Vielmehr ist die Gesondertheit der Pronominal- und Verbal-Wurzeln in aller Schärfe festzuhalten, ja mit dieser Scheidung beginnt erst die wahrhaft menschliche Rede und die Möglichkeit ihrer Weiterentwickelung. Hier ist zunächst eine Irrung zu beseitigen, die aus der ganz verkehrten, aber einmal üblich gewordenen Bezeichnung der ersten Klasse von Elementen entstehen könnte. Man nennt sie Pronomina, Fürwörter, in der sonderbaren

Voraussetzung, dafs sie für sich selbst keine Geltung hätten, nur als Vertreter von anderen Namen, also solchen, die aus Verben erwachsen sind, zu fungieren hätten. Ein Augenblick Nachdenken aber genügt, gerade in ihnen die echten alten Urnomina zu erkennen, so dafs umgekehrt die Nomina die um den Verbalbegriff gemehrten und verstärkten Vertreter der Pronomina genannt werden könnten, während die sogenannten Pronomina den Nominalbegriff rein, ohne die verbale Beimischung und Erweiterung zeigen. Indem wir so der ältesten Sprache neben dem Urverb (Verbalwurzel) ein gleich ursprüngliches Nomen (die Pronominalwurzel) zuschreiben, setzen wir uns allerdings in Widerspruch mit der beliebten Annahme, als habe es einmal in den Uranfängen der indog. Sprachentwickelung eine Zeit gegeben, wo die Sprache zur Nominalbildung noch unfähig, blofs aus Verbalwurzeln oder Urverben bestanden hätte. Allein eine Sprache, welche blofs Handlungen und Zustände ausgedrückt hätte, ohne das Vermögen, den Träger dieser Handlungen als solchen zu bezeichnen, verdient gar nicht diesen Namen, weil sie nicht mehr der, wenn auch noch so rohe und einfache Ausdruck des menschlichen Denkens ist. Denn das auf dem Selbstbewufstsein basierende Denken beginnt mit der Fähigkeit, irgend eine Wahrnehmung in ihre zwei Grundbestandteile zu zerlegen, den Träger der Handlung von dieser zu scheiden und wieder mit ihr zu verbinden, und da wir von einem allmählichen Werden der Vernunft — als reiner Kraft — durchaus keine Kunde haben, dürfen wir auch sagen, diese Fähigkeit des Sonderns und Verknüpfens hat bereits dem Bewufstsein des ersten Menschen eingewohnt. Ihren lautlichen Ausdruck fand diese Sonderung in der gesonderten aber gleichzeitigen Schöpfung von Lauten, von denen die einen das reine Subjekt, die andern die von demselben vollzogenen Thätigkeiten bezeichneten. Als gemeinsamer Begriff liegt daher auch noch wohl erkennbar allen Pronominalstämmen — ein ganz allgemein gefafstes „der" — zu Grunde."

3) Aristoteles erklärt öfters, dafs das allgemeine Sein, wie das ziemlich gleichbedeutende Eins (ὄν und ἕν), keine Kategorie sein könne, sondern dieselben nur immer begleite, das Sein füge zu der jedesmaligen Qualität oder Quantität der Dinge nichts hinzu. Er sagt z. B. (Met. X, 2): ὅτι δὲ ταὐτὸ σημαίνει πῶς τὸ ἓν καὶ τὸ ὄν, δῆλον τῷ τε παρακολουθεῖν ἰσαχῶς ταῖς κατηγορίαις καὶ μὴ εἶναι ἐν μηδεμιᾷ, οἷον οὔτ' ἐν τῇ τί ἐστιν, οὔτ' ἐν τῇ ποῖον, ἀλλ' ὁμοίως ἔχει ὥσπερ τὸ ὄν. καὶ οὐ τῷ προςκατηγορεῖσθαι ἕτερόν τι τὸ εἰς ἄνθρωπος τοῦ ἄνθρωπος, ὥςπερ οὐδὲ τὸ εἶναι παρὰ τὸ τί ἢ ποιόν ἢ ποσόν, καὶ τὸ ἑνὶ εἶναι τὸ ἑκάστῳ εἶναι. — Was aber das Sein betrifft, welches als das wirkliche dem erscheinenden gegenüber tritt, so sagt er, dafs dies eben die Substanz sei. Das Sein der Prädikate hänge ab von dem Sein des Subjekts,

und eben dies vor allem andern Seiende, was kein Prädikat
sei, sei die Substanz (Met. VII, 1): ὥστε τὸ πρώτως ὂν καὶ οὐ τὶ ὂν
ἀλλ' ὂν ἁπλῶς ἡ οὐσία ἂν εἴη.

4) Das wirklich Seiende, die Wesenheit und das Wesentliche
der Dinge hat schon bei Plato den Namen οὐσία, Substanz. Die
οὐσία wird nicht von den Sinnen erfafst, sondern im Geiste erschaut
(Phaed. p. 65): Φαμέν τι εἶναι δίκαιον αὐτὸ ἢ οὐδέν; Φαμὲν μέντοι νὴ
Δία. Καὶ καλόν γέ τι καὶ ἀγαθόν; Πῶς δ'οὔ; Ἤδη οὖν πώποτέ τι τῶν
τοιούτων τοῖς ὀφθαλμοῖς εἶδες; Οὐδαμῶς, ἦ δ'ὅς. Ἀλλ' ἄλλῃ τινὶ αἰσθήσει
τῶν διὰ τοῦ σώματος ἐφήψω αὐτῶν; λέγω δὲ περὶ πάντων, οἷον μεγέθους
πέρι, ὑγιείας, ἰσχύος, καὶ τῶν ἄλλων ἑνὶ λόγῳ ἁπάντων τῆς οὐσίας, ὃ
τυγχάνει ἕκαστον ὄν — ὃς ἂν μάλιστα ἡμῶν καὶ ἀκριβέστατα παρασκευ-
άσηται αὐτὸ ἕκαστον διανοηθῆναι, περὶ οὗ σκοπεῖ, οὗτος ἂν ἐγγύτατα ἴοι
τοῦ γνῶναι ἕκαστον. — Darum stellt er (Theaet. p. 185) die οὐσία entgegen dem τὸ μὴ εἶναι.

5) Locke (On Hum. Underst. I, 4, 18) führt aus, dafs die Vorstellung der Substanz weder angeboren sei, noch durch innere oder
äufsere Wahrnehmung zu erlangen: „therefore signify nothing by the
word substance, but only an uncertain supposition of we know not
what, i. e.; of something whereof we have no particular distinct positive
idea, which we take to be the substratum or support of those
ideas we know." Er spricht dann (l. c. II, 12, 6) von Substanzen,
welche einzelne Dinge oder Kollektiva sind, erklärt aber (l. c. II, 13,
18, 19), man müsse Worte nicht für Dinge halten, es seien „Substance
and Accidents of little use in Philosophy" und schliefst: „We have
no idea of what it (substance) is, but only a confused, obscure one of
what it does."

Leibnitz (Nouv. Ess. II, 19) bemerkt hierzu: „J'avoue, que je
suis d'un autre sentiment, et je crois que la considération de la Substance est un point des plus importans et des plus féconds de la
Philosophie." Auf der tabellarischen Übersicht (Leibn. opp. ed Erd-
mann p. 730), welche auf die drei Briefe an Des Bosses folgt, findet
sich die „substantia simplex" als Monade („ut mentes, animae, quae
nulli aliarum creaturarum influxui obnoxiae sunt"), „Semisubstantia"
ist z. B. exercitus (hominum), grex (animalium). (Nouv. Ess. II,
12, 6, 7.)

6) Wie sich unsere „Vorstellung" von den Dingen zu der
„Erscheinung" der Dinge verhalte, ist von Kant nicht eben klar
dargestellt worden. Er scheint anzunehmen, dafs unsere Vorstellung
eben die Erscheinung selbst sei, also zwar in uns, doch aber vom
Dinge an sich derart abhängig, dafs sie vom Naturgesetz bestimmt
wird. Es wäre dies dann also eine gewissermafsen stoffliche, objektive
Vorstellung, die ähnlich befremden mufs, wie die subjektive Objek-

tivität der „Erfahrungsurteile", von der oben (p. 188) die Rede war.
Kant sagt (Kr. d. r. V. p. 565): „Wenn Erscheinungen für nichts
mehr gelten, als sie in der That sind, nämlich nicht für Dinge an
sich, sondern blofse Vorstellungen, die nach empirischen Gesetzen zusammenhängen, so müssen sie selbst noch Gründe haben,
die nicht Erscheinungen sind."

7) cf. Zeller, die Philosophie der Griechen. T. II, 1. Abt. 3. Aufl.
p. 603—623.

8) Fichte (Grundlage der gesamten Wissenschaftslehre. Leipz.
1794, p. 77): „Es ist ursprünglich nur Eine Substanz: das Ich.
In dieser Einen Subtanz sind alle mögliche Accidenzen, also alle mögliche Realitäten gesetzt." (l. c. p. 182sq.) „Das Nicht-Ich ist selbst
ein Produkt des sich selbst bestimmenden Ich, und zwar nichts Absolutes, und aufser dem Ich Gesetztes." „Das Ich kann sich nicht anders
setzen, als, dafs es durch das Nicht-Ich bestimmt sei. (Kein Objekt,
kein Subjekt.) Insofern setzt es sich als bestimmt. Zugleich setzt es
sich auch als bestimmend; weil das Begrenzende im Nicht-Ich sein
eigenes Produkt ist (Kein Subjekt, kein Objekt.)" — Man bemerkt
leicht, dafs Fichte bei seinen Deduktionen vom Satzschema geleitet
wird.

9) Fichte (Grundl. d. ges. Wiss. p. 21): „So gewifs das unbedingte
Zugestehen der absoluten Gewifsheit des Satzes: — A nicht = A unter
den Thatsachen des empirischen Bewufstseins vorkommt: so gewifs
wird dem Ich schlechthin entgegengesetzt ein Nicht-Ich";
aber (p. 17): „Aus dem gleichen Grunde, aus welchem der erste Grundsatz (Das Ich setzt schlechthin sein eigenes Seyn) nicht bewiesen noch
abgeleitet werden konnte, kann es auch der (soeben angeführte)
zweite nicht." Warum der zweite Satz aus dem ersten nicht „abgeleitet" werden kann, wird dann besonders (p. 18) auseinandergesetzt.

10) Wenn durch den Willen Gottes die Welt nicht geschaffen
wäre, würden wir auch nichts zum Vorstellen haben. Dies ist, genau
genommen, Schopenhauers tiefe Entdeckung. Wenn er dabei von
„Gott" nichts wissen wollte, hätte er auch den Ausdruck „Wille" vermeiden müssen. Er war dagegen (Welt als Wille Bd. II, p. 313), „dafs
man (Fichte) beim Prozefs des Erkennens, das allerletzte Produkt
desselben, das abstrakte Denken, zum Ersten und Ursprünglichen
mache", während doch „der Intellekt aus dem Organismus und
dadurch aus dem Willen entspringt"; „ohne diesen fände er
auch keinen Stoff und Beschäftigung: weil alles Erkennbare eben
nur die Objektivation des Willens ist". — Wie das Ich, „in welchem
der Wille sich erst seiner bewufst wird" mit diesem zum Selbstbewufstsein „zusammenfliefst", erklärt Schopenhauer (l. c. p. 314)

daraus, dafs „dieser Fokus der Gehirnthätigkeit, oder das Erkennende, sich mit seiner eigenen Basis, daraus er entsprungen ist, dem Wollenden, als identisch auffafst".

11) Es heifst z. B. bei Kant von der Substanz (Kr. d. r. V. p. 288): „Wie etwas nur als Subjekt, nicht als blofse Bestimmung anderer Dinge existieren. d. i. Substanz sein könne — läfst sich gar nicht aus blofsen Begriffen einsehen." und (l. c. p. 228 fg.): „Wir können einer Erscheinung nur darum den Namen Substanz (kurz vorher auch „Materie" genannt) geben, weil wir ihr Dasein zu aller Zeit voraussetzen, welches durch das Wort Beharrlichkeit nicht einmal wohl ausgedrückt wird" u. s. w.

12) Über das Kausalitäts-Verhältnis in der Substanz sagt Hegel (Encyklop. § 153. p. 153): „Die Substanz ist Ursache, insofern sie gegen ihr Übergehn in die Accidentalität in sich reflektiert und so die ursprüngliche Sache ist, aber eben so sehr die Reflexion — ja — sich oder ihre blofse Möglichkeit aufhebt, sich als das Negative ihrer selbst setzt und so eine Wirkung hervorbringt, eine Wirklichkeit, die so nur eine gesetzte, aber durch den Prozefs des Wirkens zugleich notwendige ist." „Es ist kein Inhalt in der Wirkung, der nicht in der Ursache ist" u. s. w.

13) Curtius (Grundz. d. gr. Etym. p. 323) stellt zur Wurzel mav zusammen: ἀμείβω (ἀμεύω) wechsle, moveo bewege, muto verändere.

14) Das Bild der Ausdehnung, Ausspannung, Erstreckung liegt auch Bezeichnungen für Raum und Zeit zu Grunde. spatium und σπάω gehören zusammen (Fick Vergl. Wörterb. Bd. II, p. 278), ebenso τόπος Ort (gleich „Spannung" von temp, drängen, spannen) und tempus Zeit (gleich „Spanne") (ib. p. 109). — („Zeit" tîdi, wird zu dâ (teilen) gestellt (ib. Bd. 3, p. 114). — cf. Chr. Wolf (Ontol. § 594): Spatium in abstracto spectatum concipi debet tanquam extensum.

15) Vid. Bopp (Vergl. Gramm. Bd. I, p. 245): „Die Kasus-Endungen drücken die wechselseitigen, vorzüglich und ursprünglich einzig räumlichen, vom Raume auch auf Zeit und Ursache übertragenen, Verhältnisse der Nomina, d. h. der Personen der Sprachwelt, zu einander aus. Ihrem Ursprunge nach sind sie, wenigstens gröfstenteils, Pronomina. — Woher hätten auch die mit den Wortstämmen zu einem Ganzen verwachsenen Exponenten der räumlichen Verhältnisse besser genommen werden können, als von denjenigen Wörtern, welche Persönlichkeit ausdrücken, mit dem ihr inhärierenden Nebenbegriff des Raumes, des näheren oder entfernteren, diesseitigen oder jenseitigen?" — Schleicher (Compend. d. vergl. Gramm. p. 662): Das Augment wurde zur Bildung des einfachen Aorist im Indo-

germanischen ursprünglich vorgesetzt „ein auf die Vergangenheit hinweisendes Demonstrativadverbium" (a).

16) Kant war offenbar unsicher darüber, ob Raum und Zeit als „Begriffe" aufzufassen seien, denn in der ersten Auflage der Kr. d. r. V. fehlt noch der Zusatz zur Überschrift „Von dem Raume": Metaphysische Erörterung dieses Begriffs", und ebenso heifst es dann im Text statt „den Begriff des Raums erörtern": „den Raum betrachten", ähnlich verhält es sich mit seiner Benennung des Zeitbegriffs in beiden Auflagen. — In Bezug auf die Bezeichnungen der Begriffe als empirische und diskursive ist aus dem Abschnitt: „Von den Begriffen" in seiner Logik (ed. Jäsche) anzuführen, dafs er unterscheidet zwischen empirischen und reinen Begriffen (vel empiricus vel intellectualis): „Der empirische Begriff entspringt aus den Sinnen durch die Vergleichung der Gegenstände der Erfahrung und erhält durch den Verstand blofs die Form der Allgemeinheit". Der diskursive Begriff ist der Materie nach nicht gegeben, sondern gemacht (conceptus dati und factitii); „das diskursive Erkenntnis (cognitio discursiva) erfolgt durch Merkmale d. h. durch „Partialvorstellungen, sofern sie als Erkenntnisgrund der ganzen Vorstellung betrachtet werden". (l. c. Einleitung, VIII.)

17) Leibnitz (Repl. aux reflexions de Bayle, p. 189 ed. Erdm.): „Je reconnois que le tems, l'étendue, le mouvement, et le contenu en général de la manière qu'on les prend en Mathématique, ne sont que des choses idéales; c'est-a-dire, qui expriment les possibilités, tout comme font les nombres. Hobbes même a défini l'espace par Phantasma existentis. Mais pour parler plus juste, l'étendue est l'ordre des coéxistences possibles, comme le tems est l'ordre des possibilités inconstantes, mais qui ont pourtant de la connexion; de sorte que ces ordres quadrent non-seulement à ce qui est actuellement, mais encore à ce qui pourroit être mis à la place, comme les nombres sont indifférens à tout ce qui peut être res numerata". (Weiteres über Raum und Zeit in den Nouv. Ess. liv. II, ch. XIII, XIV, XV.)

18) Arist. (Met. I, 9): τὸ δὲ λέγειν παραδείγματα αὐτὰ (τὰ εἴδη) εἶναι καὶ μετέχειν αὐτῶν τἄλλα κενολογεῖν ἐστὶ καὶ μεταφορὰς λέγειν ποιητικάς. τί γάρ ἐστι τὸ ἐργαζόμενον πρὸς τὰς ἰδέας ἀποβλέπον;

19) Leibnitz (Nouv. Ess. Avant-Propos.) betont, dafs „Substanz" überhaupt nur als wirkend begriffen werden könne: „Je soutiens, que les substances (matérielles ou immatérielles) ne sauroient être conçuës dans leur essence nuë sans activité; que l'activité est de l'essence de la substance en général".

20) cf. Eucken, Geschichte und Kritik der Grundbegriffe der Gegenwart p. 76.

21) vid. Leibnitz (Nouv. Ess. Av.-Prop.): „L'Ame contient origi-
nairement les principes de plusieurs notions et doctrines, que les
objets externes reveillent seulement dans les occasions, comme je le
crois avec Platon et même avec l'Ecole (der Aristoteliker) et avec
tous ceux, qui prennent dans cette signification le passage de S. Paul
(Rom. II, 15) où il marque, que la Loi de Dieu est écrite dans les
coeurs. Les Stoïciens appelloient ces principes notions communes,
Prolepses, c'est à dire des assumtions fondamentales, ou ce qu'on prend
pour accordé par avance. — Les Philosophes modernes leur donnent
d'autres beaux noms, et Jules Scaliger particulièrement les nommoit
Semina aeternitatis, item Zopyra, comme voulant dire des feux
vivans, des traits lumineux, cachés au dedans de nous, que la ren-
contre des sens et des objets externes fait paroitre comme des étin-
celles, que le choc fait sortir du fusil; et ce n'est pas sans raison,
qu'on croit, que ces éclats marquent quelque chose de divin et d'éternel,
qui paroit surtout dans les vérités nécessaires". Was die
„notions communes, Prolepses", also die κοιναὶ ἔννοαι, προλήψεις der
Stoiker betrifft, so zeigt schon deren Erklärung, wie Leibnitz sie
giebt („assumtions fondamentales ou ce qu'on prend pour accordé par
avance"), dafs deren Begriff sich nicht deckt mit dem der „idées
innées". Es sind dies Begriffe von natürlicher Kraft, so dafs man
sich für ihre Giltigkeit auf den consensus gentium berufen kann.
So sagt Seneca (ep. 117, 6): multum dare solemus praesumtioni
(πρόληψις) omnium hominum; apud nos veritatis argumentum est,
aliquid omnibus videri; Descartes dagegen (Ad Voetium VIII):
notandum est eas omnes res, quarum cognitio dicitur nobis esse a
natura indita, non ideo a nobis expresse cognosci; sed tantum tales
esse, ut ipsas absque ullo sensuum experimento ex proprii ingenii
viribus cognoscere possimus. Leibnitz war dieser Unterschied auch
klar, wie sich aus Nouv. Ess. I, § 2sq ergiebt: Je conclus qu'un con-
sentement assez général parmi les hommes, est un indice et non pas
une démonstration d'un principe inné; mais que la preuve exacte et
décisive de ces principes consiste à faire voir, que leur certitude ne
vient que de ce qui est en nous.

22) Descartes (Med. III) führt als Beispiele angeborner Ideen
an: Que j'aye la faculté de concevoir ce que c'est qu'on nomme en
general une chose, ou une verité, ou une pensée, il me semble
que je ne tiens point cela d'ailleurs que de ma nature propre. Wie
schon bei Descartes, ist noch deutlicher bei Leibnitz sichtbar, dafs
die nicht klare Bezeichnung der „angeborenen Ideen" besser mit „Spontaneität des Geistes" vertauscht worden wäre. cf. Leibnitz (Nouv.
Ess. I, p. 206, Erdm.): Vous savez, que j'ai toujours été comme je
suis encore pour l'idée innée de Dieu, que M. Descartes a soutenuë,
et par conséquent pour d'autres idées innées et qui ne nous sauroient

venir des sens. Maintenant je vais encore plus loin — et je crois
même que toutes les pensées et actions de nôtre ame viennent de son
propre fond, sans pouvoir lui être données par les sens.

23) Schleiermacher (Dialektik, § 216): „Absolutes, Höchste
Einheit, Identität des Idealen und Realen sind nur Schemata. Sollen
sie lebendig werden: so kommen sie wieder in das Gebiet des Endlichen und des Gegensatzes hinein, wie wenn man sich Gott
als natura naturans, oder als bewuſstes absolutes Ich denkt." cf. p. 528 fg.
Fichte (Über den Grund unseres Glaubens an eine göttliche Welt-
regierung, in Fichte u. Nieth. phil. Journ. VIII, 1, p. 16) sagt: „Ihr leget
Gott Persönlichkeit und Bewuſstsein bei. Was nennt ihr denn nun
Persönlichkeit und Bewuſstsein? Doch wohl dasjenige, was ihr in
euch selbst gefunden, an euch selbst kennen gelernt, und mit diesem
Namen bezeichnet habt? Daſs ihr aber dieses ohne Beschränkung und
Endlichkeit schlechterdings nicht denket, noch denken könnet, kann
euch die geringste Aufmerksamkeit auf eure Konstruktion dieses Begriffes lehren. Ihr machet sonach dieses Wesen durch die Beilegung
jenes Prädikats zu einem endlichen, zu einem Wesen euresgleichen,
und ihr habt nicht, wie ihr wollet, Gott gedacht, sondern nur euch
selbst im Denken vervielfältigt".

24) Man findet z. B. bei Seneca solche Auffassung. Mit Wärme
preist er das Glück des Menschen, sich zur Gottesidee erheben zu
können (Natur. Quaest. praef.): Nisi ad haec admitterer, non fuerat
operae pretium nasci. Quid enim erat, cur in numero viventium me
positum esse gauderem? An ut cibos et potiones percolarem? ut hoc
corpus caussarium ac fluidum, periturumque nisi subinde impleatur,
farcirem, et viverem aegri minister? ut mortem timerem, cui omnes
nascimur? Detrahe hoc inaestimabile bonum, non est vita tanti, ut
sudem, ut aestuem. O quam contempta res est homo, nisi supra
humana se erexerit! Weiterhin aber heiſst es: „Quid est Deus?
Mens universi. Quid est Deus? Quod vides totum et quod non
vides totum. Sic demum magnitudo sua illi redditur, qua nihil majus
excogitari potest, si solus est omnia, opus suum et extra et intra
tenet. Quid ergo interest inter naturam Dei et nostram? Nostri
melior pars animus est: in illo nulla pars extra animum. Und von
den endlichen Wesenheiten sagt er (Ep. 71): „Quidquid est, non erit,
nec peribit, sed resolvetur. Nobis solvi, perire est. Proxima enim
intuemur: ad ulteriora non prospicit mens hebes et quae se corpori
addixerit: alioqui fortius finem sui suorumque pateretur, si speraret
omnia illa sic in vitam mortemque per vices ire, et composita dissolvi,
dissoluta componi, in hoc opere aeternam artem cuncta temperantis
Dei verti". Schleiermacher (Über die Religion. Erläuter. zur
2. Rede, 19) spricht über den ihm gemachten Vorwurf, daſs er das
höchste Wesen in unpersönlicher Form zu denken vorziehe und sagt,

„dafs, da es so schwer sei, eine Persönlichkeit wahrhaft unendlich und leidensunfähig zu denken, man einen grofsen Unterschied machen sollte zwischen einem persönlichen Gott und einem lebendigen". Er macht darauf aufmerksam, „dafs, wenn die eine Form der Vorstellung nicht an und für sich alle Frömmigkeit ausschliefst, diese ebensowenig durch die andere Form schon an und für sich gesetzt ist".

25) Den in sich widerspruchsvollen Standpunkt sucht z. B. Philo festzuhalten. Als rechtgläubiger Israelit verwirft er die stoische Auffassung Gottes als der Weltseele (De Migr. Abrah. p. 416): μήτε γὰρ τὸν κόσμον, μήτε τὴν τοῦ κόσμου ψυχὴν πρῶτον εἶναι θεόν. Doch aber frevelt derjenige gegen sich selbst, der Gott Eigenschaften beilegt (Leg. Alleg. I, p. 49): ὁ γὰρ ποιότητα οἰόμενος ἔχειν τὸν θεὸν ἑαυτὸν ἀδικεῖ οὐ θεόν. Freilich hat Philo selbst (z. B. l. c. p. 46) Gottes Verhalten gegen die Menschen daher erklärt, dafs er φιλόδωρος sei, und nennt ihn nicht blofs (p. 49 l. c.) einfach, unerzeugt, unvergänglich, unveränderlich, sondern verzichtet eigentlich nur darauf, einen seinem Wesen angemessenen Grad der Eigenschaften bezeichnen zu können. wenn er (De mund. opif. 2) von ihm sagt, er sei κρείττων τε ἢ ἀρετή, καὶ κρείττων ἢ ἐπιστήμη καὶ κρείττων ἢ αὐτὸ τἀγαθὸν καὶ αὐτὸ τὸ καλόν. Meint er aber von der Gottheit jede Eigenschaft und jeden Anthropomorphismus abwehren zu können (Leg. Alleg. 1, 47): ἄποιος γὰρ ὁ θεός, οὐ μόνον οὐκ ἀνθρωπόμορφος). — er, der eben die Persönlichkeit Gottes d. h. das menschliche Ich in Gott festhielt —, so mufs er auch folgern, dafs er nicht erkannt werde (l. c. p. 57): ὥσπερ γὰρ ὀφθαλμὸς τὰ μὲν ἄλλα ὁρᾷ, ἑαυτὸν δὲ οὐ βλέπει, οὕτω καὶ ὁ νοῦς τὰ μὲν ἄλλα νοεῖ, ἑαυτὸν δὲ οὐ καταλαμβάνει — εἶτα οὐκ εὐήθεις οἱ περὶ θεοῦ σκεπτόμενοι οὐσίας; οἳ γὰρ τῆς ἰδίας ψυχῆς τὴν οὐσίαν οὐκ ἴσασι, πῶς ἂν περὶ τῆς τῶν ὅλων ψυχῆς ἀκριβώσαιεν; — Man weifs also nichts von Gott als eben, dafs er ist (Quod Deus sit immutab. p. 302): ὁ δ' ἄρα οὐδὲ τῷ νῷ καταληπτὸς ὅτι μὴ κατὰ τό εἶναι μόνον.

26) Lotze (Grundzüge der Religionsphilosophie p. 34): „Wenn wir in dem „Nicht-Ich" und unserm Gegensatz zu ihm die Bedingung unserer Persönlichkeit fanden, so war es doch schon vollständig hinreichend, wenn das „Nicht-Ich" alles das bezeichnete, was nicht das „Ich" ist. Dazu aber gehören die eigenen inneren Zustände des „Ich" ganz ebenso gut als alle angenommenen äufseren Dinge. Persönlichkeit ist daher ein Geist dann schon, wenn er in Gegensatz gegen seine eigenen Zustände, zunächst also gegen seine eigenen Vorstellungen, sich als das einheitliche, sie alle vereinigende Subjekt weifs, an welchem sie blofs unselbständige Zustände sind. Nebenbei mag bemerkt werden, dafs ja auch dem menschlichen Bewufstsein unmittelbar gar nichts anderes gegeben ist, als diese innere Welt seiner Vorstellungen, dafs aber der Gedanke einer Aufsenwelt, welche der Grund für Inhalt und Ordnung dieser inneren Welt einschliefse, selbst nur ein

Erzeugnis unserer Vernunft ist, welche sich so jene Ordnung begreiflich zu machen sucht.' Wir können daher eigentlich auch von dem
Menschen sagen: wenn er Person werde durch Gegensatz zu einem
„Nicht-Ich", so werde er es nicht durch Gegensatz zu einem wirklichen
Realen aufser ihm, sondern durch Gegensatz zu seinen eigenen Vorstellungen und besonders zu der Vorstellung eines solchen unabhängigen Realen, welche er sich selbst in Konsequenz seiner Natur
geschaffen hat."

27) Man kann über Hegels Meinung hinsichtlich der Persönlichkeit Gottes nicht leicht ins klare kommen, doch hat wohl Straufs
(Die christliche Glaubenslehre, Bd. I, p. 512—523) das Richtige hierüber angegeben, soweit es sich überhaupt bestimmen läfst. Hegel
nimmt an, dafs innerhalb des göttlichen Geistes das Ich der Menschen
es ist, in welchem dessen Persönlichkeit als solche sich darstellt. Er
sagt zwar (Phänomen. p. 14): „Es kommt nach meiner Einsicht —
alles darauf an, das Wahre nicht als Substanz, sondern ebenso sehr
als Subjekt aufzufassen." — „Wenn. Gott als die Eine Substanz zu
fassen, das Zeitalter empörte (Spinozas), worin diese Bestimmung ausgesprochen wurde, so lag der Grund hiervon in dem Iustinkte, dafs
darin das Selbstbewufstsein nur untergegangen, nicht erhalten ist" —
aber diese Subjektivierung Gottes verwirklicht sich nach ihm eben
nur in der menschlichen „Person". Es heifst so (Über Fr. H. Jakobis
Werke. Hegels Werke, Bd. 17, p. 9): „Der Unterschied, ob das Absolute
nur als Substanz oder als Geist bestimmt ist, besteht allein in dem
Unterschiede, ob das Denken — das Bewufstsein dessen besitzt, was
es im Erkennen der absoluten Substanz bereits gethan, oder ob es
dieses Bewufstsein nicht hat". „Gott ist kein toter, sondern lebendiger Gott: er ist noch mehr als der Lebendige, er ist Geist und
die ewige Liebe, und ist dies allein dadurch, dafs sein Seyn nicht
das abstrakte, sondern das sich in sich bewegende Unterscheiden,
und in der von ihm unterschiedenen Person Erkennen seiner
selbst ist; und sein Wesen ist die unmittelbare d. i. seyende
Einheit, nur insofern es jene ewige Vermittlung zur Einheit ewig
zurückführt, und dieses Zurückführen ist selbst diese Einheit, die
Einheit des Lebens, Selbstgefühls, der Persönlichkeit, des Wissens von
sich." Allerdings ist (vid. Straufs l. c. p. 519) nach Hegel: „nicht
mein Wissen von Gott der Grund seiner Persönlichkeit; sondern,
weil Gott als Person sich ewig offenbar ist, wird er unserm Wissen
offenbar".

28) Ch. Sigwart (Logik, Bd. II, p. 464 fg.) spricht von der Analogie
als „heuristischem Prinzip für die Aufsuchung der Ursachen zu bestimmten Erscheinungen" und nennt es „glückliche Divination",
wenn eine treffende Analogie gefunden wird. Schon Aristoteles
(Poët. 22) erkannte es als Zeichen einer besonderen, natürlichen Be-

gabung, wenn jemand gute Metaphern bilde, das heifst die Analogie in den Vorgängen bemerke: πολὺ δὲ μέγιστον τὸ μεταφορικόν — μόνον γὰρ τοῦτο οὔτε παρ' ἄλλου ἔστι λαβεῖν εὐφυΐας τε σημεῖόν ἐστιν· τὸ γὰρ εὖ μεταφέρειν τὸ ὅμοιον θεωρεῖν ἐστίν. (Arist. meint hier seine μεταφορὰ κατὰ τὸ ἀνάλογον.)

29) Descartes stellt ein etwas unsicheres Kriterium der Wahrheit auf (De Meth. p. 21): „credidi, me pro regula generali sumere posse, omne id quod valde dilucide et distincte concipiebam verum esse", aber er denkt sich unter seiner Wahrheit etwas Ähnliches wie wir, wenn wir von der Sphäre der Wahrheit sprechen. Er sagt (l. c. p. 25): „Ratio nobis non dictat ea quae sic vel videmus vel imaginamur, idcirco revera existere. Sed plane nobis dictat, omnes nostras Ideas sive notiones aliquid in se veritatis continere; alioqui enim fieri non posset, ut Deus, qui summe perfectus et verax est, illas in nobis posuisset". Descartes konstruiert zwar einen Beweis für die Existenz eines (persönlichen) Gottes, aber seiner Überzeugung von derselben liegt ohne sein Wissen unsere Analogie zu Grunde (Medit. troisième p. 57): „Il faut necessairement conclure que de cela seul que j' existe et que l'idée d'un estre souverainement parfait est en moy, l'existence de Dieu est tres-evidemment demonstrée. Il me reste seulement à examiner de qu'elle façon j'ay acquis cette idée: Car je ne l'ay pas receuë par les sens, et jamais elle ne s'est offerte à moy contre mon attente — elle n'est pas aussi une pure production ou˘fiction de mon esprit, car il n'est pas en mon pouvoir d'y diminuer n'y d'y ajouster aucune chose, et par consequent il ne reste plus autre chose à dire, sinon que comme l'idée de moy-mesme, elle est née et produite avec moy dés lors que j'ay esté creé".

30) Kant bemerkt wohl (Proleg. p. 171), dafs, wenn wir ein höchstes Wesen denken, also ein Nooumenon, wir ein solches „Verstandeswesen zwar durch reine Verstandesbegriffe (d. h. durch Kategorieen) denken können", aber, da er die Kategorie des Ich nicht kennt, so mufs er nicht allein fortfahren: „wodurch wir uns wirklich nichts Bestimmtes denken", sondern auch schliefsen: „mithin ist unser Begriff ohne Bedeutung".

31) Leibnitz (Nouv. Ess. § 1. p. 206): Vous savez, que j'ai toujours été comme je suis encore pour l'idée innée de Dieu, que M. Descartes a soutenuë.

32) Descartes (Medit. troisième p. 42): Maintenant c'est une chose manifeste par la lumiere naturelle qu'il doit y avoir pour le moins autant de realité dans la cause efficiente et totale que dans son effect; Car d'où est-ce que l'effect peut tirer sa realité sinon de sa cause? et comment cette cause la luy pourroit-elle communiquer, si elle ne l'avoit en elle mesme?

33) Aristoteles (Poet. 21): Ἀνάλογον λέγω, ὅταν ὁμοίως ἔχῃ τὸ δεύτερον πρὸς τὸ πρῶτον καὶ τὸ τέταρτον πρὸς τὸ τρίτον· ἐρεῖ γὰρ ἀντὶ τοῦ δευτέρου τὸ τέταρτον ἢ ἀντὶ τοῦ τετάρτου τὸ δεύτερον· καὶ ἐνίοτε προστιθέασιν ἀνθ' οὗ λέγει πρὸς ὅ ἐστιν. λέγω δὲ οἷον ὁμοίως ἔχει φιάλη πρὸς Διόνυσον καὶ ἀσπὶς πρὸς Ἄρη. ἐρεῖ τοίνυν τὴν φιάλην ἀσπίδα Διονύσου καὶ τὴν ἀσπίδα φιάλην Ἄρεως. cf. Gerber, Sprache als Kunst, Bd. II, 1, p. 27, 78 fg.

34) Feuerbach sagt z. B. (Wesen des Christentums p. 367): „Das geheime Wesen der Religion ist die Identität des göttlichen Wesens mit dem menschlichen" — „Gott ist das menschliche Wesen" — „Gott ist nichts anderes als der mystische Gattungsbegriff der Menschheit".

35) Newton (Princip. Phil. Nat. Math. Def. VIII) sagt: „Voces attractionis, impulsus vel propensionis cujuscunque in centrum, indifferenter et pro se mutuo promiscue usurpo, has vires non physice sed mathematice tantum considerando. Unde caveat lector, ne per hujusmodi voces cogitet me speciem vel modum actionis causamve aut rationem physicam alicubi definire, vel centris (quae sunt puncta mathematica) vires vere et physice tribuere, si forte aut centra trahere, aut vires centrorum esse dixero".

36) Wenn Schäffle (Bau u. Leben des socialen Körpers. Neue Ausgabe, p. VII) für die erste Ausgabe sagt: „der einsichtige Leser" könne die von ihm gebrauchten Metaphern „vollständig ausmerzen, ohne an den vorgelegten Analysen etwas anderes als eben nur die Analogie und ihre Anschaulichkeit einzubüfsen", darum auch in der zweiten Ausgabe (l. c. p. IX) „die fraglichen Analogieen auf gelegentliche Veranschaulichungen reduziert", so unterschätzt er den Wert der reflektierten Metapher, indem er sie nur als Metapher der Sprachkunst betrachtet. Es „veranschaulichen" jene Metaphern nicht sowohl, als sie eine Art der Erkenntnis darstellen, welche durch Hinweisung auf eine verwandte Vorstellung am angemessensten ausgedrückt wird.

37) vd. Gerber, Sprache als Kunst, I, p. 280. (cf. ebenda, p. 279—312.)

38) St. Mill (Syst. d. Logik. Dtsch. v. Schiel, T. II, p. 396 fg.) giebt mehrere Beispiele irriger Generalisationen, welche auf Grund von Analogieen gemacht werden. Er sagt: „Eine Metapher ist zu betrachten nicht als ein Argument, sondern als eine Behauptung, dafs ein Argument existiert, dafs eine Gleichheit zwischen dem Falle, woraus die Metapher gezogen ist, und demjenigen existiert, auf den sie angewendet wird. Diese Gleichheit kann existieren, wenn die beiden Fälle anscheinend sehr weit von einander entfernt sind; die

einzige zwischen ihnen bestehende Ähnlichkeit kann eine Ähnlichkeit
der Relationen sein".

39) Es wird so, wenn ein Begriff durch die Metapher der
Reflexion ausgedrückt wird, eine Ohnmacht zugleich der Sprache
und des Erkennens kundgegeben, beide sind an der Grenze ihres Vermögens angelangt. Die Metapher, von dieser Seite betrachtet, wurde
schon von den Alten bezeichnet als τρόπος κατὰ τὸ ἀναγκαῖον oder
χρείας ἕνεκα (Tryphon und Gregor. Cor. Rhetor. Gr. ed. Spengel
Vol. III, p. 191, 215) „inopiae causa", vd. das oben p. 88 und p. 93
Angeführte). — Es ist indes bei der von uns gegebenen Einteilung
der Metaphern nicht zu vergessen, daſs sie aus einer Betrachtung
hervorgeht, welche von einer anderen gekreuzt wird. Wir haben es
hier mit dem Erkennen zu thun, welches sich in Sprache verwirklicht, und so kommen uns die Metaphern nur insofern in betracht, als
sie Bezeichnungen von Vorstellungen oder Begriffen sind, als sie bedeuten, und was sie bedeuten; andrerseits kann man sie auch darauf
ansehn, wie sie diesen Inhalt zum Ausdruck bringen, ob anschaulich,
treffend, umfassend, d. h. man kann sie ästhetisch würdigen. Es
hindert nichts, daſs dieselbe Metapher nach beiden Seiten zur Untersuchung gezogen werde. Wenn in einem Urteilssatze das Wort zum
Ausdruck eines Erkennens fehlt und nun für dasselbe ein anderes
gewählt wird, so ergiebt sich das Bedürfnis aus der Denkthätigkeit,
die Wahl aber kommt zustande durch Phantasie; so wird dann aus
der Not eine Tugend. Mit Bestimmtheit treten die Metaphern als
ästhetische Figuren nur da hervor, wo sich neben ihnen das „eigentliche" Wort (κύρια καὶ κοινὰ ὀνόματα) im Sprachgebrauch findet, so
daſs sie, als solche zur Bezeichnung des Sinnes entbehrlich, sich durch
die Freiheit, mit der sie eingeführt werden, als Kunstbildungen
(ἄκυρον) ausweisen. Quintilian (Inst. or. VIII, 6) sagt, daſs in Bezug
auf den „tropus": „inexplicabilis et grammaticis inter ipsos et philosophis pugna est, quae sint genera, quae species, qui numerus" cet.
Er selbst will nur hervorheben: „quosdam gratia significationis,
quosdam decoris adsumi", und er sieht, daſs die „bedeutenden"
Tropen zugleich doch auch „schmückende" sein können: „neque illud
ignoro, in isdem fere, qui significandi gratia adhibentur, esse et ornatum,
sed non idem accidet contra, eruntque quidam tantum ad speciem
accommodati".

40) Schopenhauer (Welt als W. u. Vorst. Bd. II, p. 687) stellt
dies kräftig dar: „Die Natur widerspricht sich geradezu, je nachdem
sie vom Einzelnen oder ∙vom Allgemeinen aus — vom Centro oder
von der Peripherie aus redet. Ihr Centrum nämlich hat sie in jedem
Individuo, denn jedes ist der ganze Wille zum Leben. Daher, sei
dasselbe auch nur ein Insekt, oder ein Wurm, die Natur selbst aus
ihm also redet: „Ich allein bin alles in allem: an meiner Erhaltung

ist alles gelegen, das Übrige mag zu Grunde gehen, es ist eigentlich
nichts." So redet die Natur vom besonderen Standpunkte, also von
dem des Selbstbewufstseins aus — Hingegen vom allgemeinen
Standpunkt — von der Peripherie aus, redet die Natur so: „Das Individuum ist nichts und weniger als nichts. Millionen Individuen zer-
störe ich tagtäglich, zum Spiel und Zeitvertreib: ich gebe ihr Geschick
dem launigsten und mutwilligsten meiner Kinder preis, dem Zufall,
der nach Belieben auf sie Jagd macht. Millionen neuer Individuen
schaffe ich jeden Tag, ohne alle Verminderung meiner hervorbringenden
Kraft; so wenig, wie die Kraft eines Spiegels erschöpft wird durch
die Zahl der Sonnenbilder, die er nach einander auf die Wand wirft.
Das Individuum ist nichts."

    Wenn freilich Schopenhauer dann, um diesen „offenbaren Wider-
spruch der Natur zu vereinen" und den „Egoismus zu überwinden,
den jeder jedem vorwirft", verlangt, dafs der Wille zum Leben, als
auf welchen „alle Schuld zuletzt zurückfalle", verneint werde, und sein
ethisches Prinzip: „Das Mitleid, die Basis der Gerechtigkeit und
Menschenliebe" auf die Brahmanenformel Tat twam asi („Dies bist Du")
gründet, so übersieht er, dafs das individuelle Ich nur mit Rücksicht
auf eine allgemeinere Ichheit und von dem Gefühl einer allgemeinen Ichheit durchdrungen dazu kommen kann, zu sagen:
Tat twam asi, für sich aber nur imstande ist zum: „Ich bin Ich",
so dafs die Verneinung des Willens zum Leben nur die Bejahung des
Willens zum Leben innerhalb eines höheren Lebens ist, nicht aber
Vernichtung des eigenen.

    41) Es wäre nicht uninteressant, gerade an Hegels Beispiel zu
zeigen, wie das Gefühl uns in Bezug auf die Prinzipien des Erkennens bestimmt. Man bedenke, dafs „Glaube" eben Ausdruck
einer Gefühls-Überzeugung ist, und lese etwa bei Hegel (Vorles.
über die Geschichte der Philosophie Bd. I, p. 32): „In der Bewegung
des denkenden Geistes ist wesentlich Zusammenhang. Es geht ver-
nünftig zu. Mit diesem Glauben an den Weltgeist müssen wir
an die Geschichte, und insbesondere an die Geschichte der Philosophie
gehen." So auch (l. c. p. 6): „Der Glaube an die Macht des
Geistes ist die erste Bedingung der Philosophie. Der Mensch, da er
Geist ist, darf und soll sich selbst des Höchsten würdig achten, von
der Gröfse und Macht seines Geistes kann er nicht grofs genug
denken."

    42) Wir haben schon oben mehrfach· darauf hingedeutet, wie
Hegel durch sein System in eine wunderliche Stellung zur Sprache
geraten ist. Wir erwähnen hier zu dem im Text Angeführten noch
eine Stelle (Encyklop. p. 5): „Vorstellungen können als Metaphern
der Gedanken und Begriffe angesehen werden."

43) Xenophon (Mem. I, 4): Σὺ δὲ σαυτὸν φρόνιμόν τι δοκεῖς ἔχειν, ἄλλοθι δὲ οὐδαμοῦ οὐδὲν οἴει φρόνιμον εἶναι; καὶ ταῦτα εἰδὼς ὅτι γῆς τε μικρὸν μέρος ἐν τῷ σώματι πολλῆς οὔσης ἔχεις, καὶ ὑγροῦ βραχὺ πολλοῦ ὄντος, καὶ τῶν ἄλλων δήπου μεγάλων ὄντων ἑκάστου μικρὸν μέρος λαβόντι τὸ σῶμα συνήρμοσταί σοι· νοῦν δὲ μόνον ἄρα οὐδαμοῦ ὄντα σε εὐτυχῶς πως δοκεῖς συναρπάσαι, καὶ τάδε τὰ ὑπερμεγέθη καὶ πλῆθος ἄπειρα δι' ἀφροσύνην τινὰ οὕτως οἴει εὐτάκτως ἔχειν;

44) Descartes (Medit. III): De cela seul que Dieu m'a creé, il est fort croyable qu'il m'a en quelque façon produit à son image et semblance, et que je conçoy cette ressemblance (dans laquelle l'idée de Dieu se trouue contenuë) par la mesme faculté par laquelle je me conçoy moymesme; c'est à dire que lors que je fais reflexion sur moy, non seulement je connois que je suis une chose imparfaite, incomplete et dependante d'autruy, qui tend et qui aspire sans cesse à quelque chose de meilleur et de plus grand que je ne suis, mais je connois aussi en mesme temps, que celuy duquel je dépens possede en soy toutes ces grandes choses ausquelles j'aspire, et dont je trouue en moy les idées, non pas indefiniment, et seulement en puissance, mais qu'il en jouit en effect, actuellement, et infiniment, et ainsi qu'il est Dieu: Et toute la force de l'argument dont j'ay icy usé pour prouuer l'existence de Dieu, consiste en ce que je reconnois qu'il ne seroit pas possible que ma nature fust telle qu'elle est, c'est à dire que j'eusse en moy l'idée d'un Dieu, si Dieu n'existoit veritablement, ce mesme Dieu, dis-je, duquel l'idée est en moy, c'est à dire qui possede toutes ces hautes perfections, dont nostre esprit peut bien avoir quelque idée sans pourtant les comprendre toutes, qui n'est sujet à aucuns deffauts — D'où il est assez euident qu'il ne peut pas estre trompeur.

45) Pascal (Pensées, Art. I): La nature ne m'offre rien qui ne soit matière de doute et d'inquiétude. Si je n'y voyais rien qui marquât une Divinité, je me déterminerais à n'en rien croire. Si je voyais partout les marques d'un Créateur, je reposerais en paix dans la foi. Mais, voyant trop pour nier, et trop peu pour m'assurer, je suis dans un état à plaindre, et où j'ai souhaité cent fois que, si un Dieu soutient la nature, elle le marquât sans équivoque; et que, si les marques qu'elle en donne sont trompeuses, elle les supprimât tout à fait; qu'elle dit tout ou rien, afin que je visse quel parti je dois suivre.

46) Aristoteles (Eth. Nicom. X, 8): ἡ τοῦ νοῦ ἐνέργεια σπουδῇ τε διαφέρειν δοκεῖ, θεωρητικὴ οὖσα, καὶ παρ' αὐτὴν οὐδενὸς ἐφίεσθαι τέλους, ἔχειν τε ἡδονὴν οἰκείαν· αὕτη δὲ συναύξει τὴν ἐνέργειαν· καὶ τὸ αὔταρκες δὲ καὶ σχολαστικὸν καὶ ἄτρυτον, ὡς ἀνθρώπινον, καὶ ὅσα ἄλλα τῷ μακαρίῳ ἀπονέμεται, κατὰ ταύτην τὴν ἐνέργειαν φαίνεται ὄντα· ἡ τελεία δὴ εὐδαιμονία αὕτη ἂν εἴη ἀνθρώπου —

Ὁ δὲ τοιοῦτος ἂν εἴη κρείττων βίος, ἢ κατὰ ἄνθρωπον· οὐ γὰρ ᾗ ἄνθρωπός ἐστιν, οὕτω βιώσεται, ἀλλ᾽ ᾗ θεῖόν τι ἐν αὐτῷ ὑπάρχει — εἰ δὴ θεῖον ὁ νοῦς πρὸς τὸν ἄνθρωπον, καὶ ὁ κατὰ τοῦτον βίος θεῖος πρὸς τὸν ἀνθρώπινον βίον.

cf. auch Met. XII, 7: Διαγωγὴ (scil. βίου) δ᾽ ἐστὶν οἵα ἡ ἀρίστη, μικρὸν χρόνον ἡμῖν — ἡ θεωρία τὸ ἥδιστον καὶ ἄριστον. εἰ οὖν οὕτως εὖ ἔχει, ὡς ἡμεῖς ποτέ, ὁ θεὸς ἀεί, θαυμαστόν· εἰ δὲ μᾶλλον, ἔτι θαυμασιώτερον. ἔχει δὲ ὧδε.

47) Plato (Menon, 81): ἅτε γὰρ τῆς φύσεως ἁπάσης συγγενοῦς οὔσης, καὶ μεμαθηκυίας τῆς ψυχῆς ἅπαντα, οὐδὲν κωλύει ἓν μόνον ἀναμνησθέντα, ὃ δὴ μάθησιν καλοῦσιν ἄνθρωποι, τἆλλα πάντα αὐτὸν ἀνευρεῖν, ἐάν τις ἀνδρεῖος ᾖ καὶ μὴ ἀποκάμῃ ζητῶν· τὸ γὰρ ζητεῖν ἄρα καὶ τὸ μανθάνειν ἀνάμνησις ὅλον ἐστίν.

48) cf. z. B. Plat. (Phileb. 28 sq.). Das Universum (τὰ ξύμπαντα καὶ τόδε τὸ καλούμενον ὅλον) wird von einer Vernunft gelenkt. Nun ist irgend etwas von allen Elementen desselben in den Menschen, obwohl in geringem Mafse und von geringer Beschaffenheit (σμικρὸν μέν τι τὸ παρ᾽ ἡμῖν καὶ ἀσθενὲς καὶ φαῦλον), und dies hat doch ohne Zweifel seinen Ursprung im Universum.

49) Dies lehrt z. B. Scotus Erigena (De naturae divisione, lib. I, p. 9 (ed. Gale): De Deo jam loqui volentibus duae patent viae, una ἀποφατικά, i. e. negativa sive repulsiva, altera vero καταφατικά, i. e. affirmativa et intensiva. — Porro ratio in his universaliter suadet et approbat, nihil proprie de Deo posse dici, cum superet omnem intellectum, omnesque sensibiles et intelligibiles significationes; unde etiam melius nesciendo scitur, qui verius fideliusque negando definitur quam affirmando. (cf. Rixner, Gesch. d. Phil. Bd. II, Urkund. Anhang, p. 4.)

50) cf. Gerber, Sprache als Kunst, Bd. I, p. 53 fg.

51) Lange (Gesch. d. Material. Bd. II, p. 378) will „den Bautrieb der Spekulation unter die Kunsttriebe zählen", und sagt, „dafs der Einheitstrieb der Vernunft stets zur Dichtung führt, die der Wissenschaft nur indirekt zu gute kommt."

52) Lange (l. c. p. 496) sagt: „In den Relationen der Wissenschaft haben wir Bruchstücke der Wahrheit, die sich beständig mehren, aber beständig Bruchteile bleiben; in den Ideen der Philosophie und Religion haben wir ein Bild der Wahrheit, welches sie uns ganz vor Augen stellt, aber doch stets ein Bild bleibt, wechselnd in seiner Gestalt mit dem Standpunkt unserer Auffassung."

Druck von Leonhard Simion, Berlin.